KB042213

사이버 범죄학

CYBERCRIMINOLOGY

최경식,   강 욱,   백신철,   박인선
Kyung-Shick Choi, Wook Kang, Sinchul Back, Insun Park

박영사

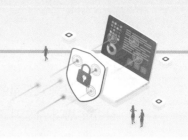

1984년 윌리엄 깁슨(William Gibbson)의 소설 뉴로맨서(Neuromancer)에서 '사이버 공간(Cyber Space)'이라는 용어를 처음 사용한 이래 '사이버 공간'은 현실 세계와 다른 모습으로 우리 삶의 중심에 위치해 있다. 사이버 공간에서의 생활과 실제 삶은 많은 영역에서 겹치고 있으며, 가상물리시스템의 발전에 따라 현실세계와의 구분이 모호해지면서 사이버 공간과 물리 공간을 모두 위협하는 공격의 발생 가능성 또한 높아지고 있다. 사이버 공간의 출현은 우리의 삶에 긍정적인 영향을 주기도 하지만, 다른 한편으로는 우리에게 큰 위협으로 다가오고 있다. 따라서 사이버 범죄를 예방하고 대응하기 위해 특별한 방안과 대책을 마련해야 할 시점이다. 따라서 본서에서는 먼저 사이버 범죄에 대한 실질적인 정의와 다양한 형태의 사이버 범죄 유형에 대해 살펴보았다. 그리고 사이버 공간의 범죄자 및 피해자, 범죄학 이론, 현행 법률 및 정책 그리고 예방 전략 등을 심도있게 논의하였다.

본서 작성을 위해 여러 전문가들이 함께 참여했으며 주요 저자들을 소개하면 다음과 같다. 미국 보스턴 대학교의 최경식 교수는 '사이버 일상 활동 이론'을 제시하는 등 사이버 범죄의 본질적 이해에 기여하였다. 2008년에 이론이 발표된 이후, 미국뿐만 아니라 세계적으로 사이버 범죄 분석의 틀로 널리 사용되었으며 본서에도 중점적으로 반영되었다. 경찰대학교의 강욱 교수는 4차 산업혁명과 사이버 보안, 주요 정책 개발에 많은 기여를 하고 있다. 미국 스크랜턴 대학교의 백신철 교수 그리고 미국 애크론 대학교의 박인선 교수는 본서의 핵심 내용과 구성에 참여하여 깊은 통찰력과 전문성으로 본서의 완성도를 더욱 높였다.

본서는 기존 범죄학적 관점과 사이버 범죄 이론을 근간으로 급증하고 있는 사이버 범죄를 과학적이고 체계적으로 분석하고자 하였다. 또한, 최근 발생하고 있는 사이버 범죄 수법과 양상을 파악하고 현행 법률 및 정책을 바탕으로 실무자들에게 필요한 효율적인 대응책 및 지침서의 역할을 하고자 하였다. 사이버 범죄 대응 전략, 예방대책 그리고 국내외 협력의 중요성 및 구체적 방안 등 사이버 범죄에 대응하기 위한 실질적인 해결방안을 제시하였다. 마지막으로 본서를 통해 사이버 범죄와의 전쟁의 최일선에 서 있는 모든 분들께 감사의 말씀을 전하며, 본서가 그 해결과정의 첫걸음이 되기를 기대한다.

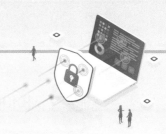

사이버 범죄학
차례

제14장　사이버 테러: 범죄 패턴 및 대책

제1부

사이버 범죄 개관

Korean
Cybercriminology

01 사이버 범죄의 역사적 진화: 컴퓨터 범죄부터 사이버 범죄까지

제1부 사이버 범죄 개관

최경식(Kyung-Shick Choi), **이승은**(Seungeun Lee, 메사추세츠 주립대학교-로웰)

개 요

이번 장에서는 기술 발전에 따른 사이버 범죄 변화에 대해 기술하고자 한다. 산업혁명의 기술적 발전과 혁신은 사이버 범죄 연구에 중요한 역할을 한다. 4차 산업혁명을 맞아 기존 사이버 범죄는 새로운 유형의 사이버 범죄와 공존하기도 하고, 전통적인 범죄와 혼합되기도 할 전망이다. 마지막으로 사이버 범죄 연구가 앞으로 직면하게 될 과제에 대해 논의하며 이 장을 마무리한다.

제1절

서 론

21세기의 사람들은 물리적인 공간과 사이버 공간, 이 두 세계에서 살고 있다. 사이버 공간은 인터넷과 같은 기술혁신을 통해 탄생하였는데, 원래 인터넷은 군사용 통신망으로 처음 설계되어 1990년대 초까지는 일반인들의 사용이 많지는 않다. 일반 대중들이 접근 가능한 사이버 공간이 등장하게 된 계기는 저렴해진 인터넷 이용요금, 광대역 인터넷 접속기술 개발 등에 따라 인터넷 보급률이 증가하고 사용자가 급증하였기 때문이다(Curran, 2016; Greenstein, 2015).

국제전기통신연합에 의하면, 인터넷 사용자 규모는 지난 30년 동안 대폭 증가하여 1990년에는 세계 인구의 0.049%만 인터넷을 사용한 반면, 2016년에는 45.8%로 증가하였다(<그림 1-1> 참고; World Bank, n.d.). 인터넷 보급률의 변화를 조금 더 면밀히 살펴보자면, 2003년 말 기준 세계 인터넷 보급률은 12.5%로, 1999년 말의 4.3%보다 크게 증가하였다. 국가별 비율을 보자면, 1999년에는 미국이 압도적인 선두 주자로서 세계 인터넷 사용자의 42.8%가 미국에 분포하였지만, 다른 나라들의 인터넷 보급이 확대에 따라 2003년 말에는 인터넷 사용자 중 미국 거주자 비율이 20.8%로 하락하여 절반도 넘게 줄어들었다. 또한, 국가별 인터넷 보급률 역시 증가하였다. 선진국 중 2003년 말 기준 인터넷 보급률이 50%를 넘는 나라는 캐나다(51.0%), 오스트레일리아(54.3%), 영국(54.6%), 미국(56.5%), 일본(70.3%), 대한민국(76.5%), 네덜란드(78.8%), 스웨덴(79.6%)이 있었다.

1999-2002년 동안 각국의 인터넷 사용자 일인당 전자 상거래 매출 또한 크게 증가하였다. 1999년 인터넷 사용자당 전자 상거래 매출은 1600달러였으나 2003년

[그림 1-1] 전 세계 인터넷 사용자 수(1993-2016)(전체 인구대비 비율)

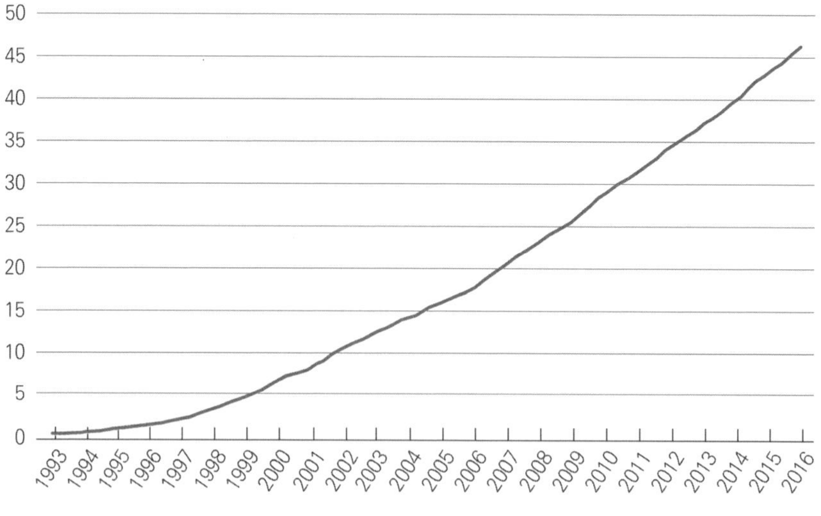

자료: International Telecommunication Union/World Bank(n.d.).

에는 5100달러였다. 이 5년(1999-2003) 동안 미국은 1인당 전자 상거래 매출 부분에서 압도적인 선두를 달렸다(Wei, 2005). 이러한 수치들은 정보통신기술의 초기발전단계에 따라 변화하며, 인터넷 보급률과 사용의 급격한 증가 역시 나타나고 있다. 이와 함께 인터넷 사용률은 현재도 계속 증가하는 추세이다(<그림 1-1>). 그 예로, 대륙별 인터넷 보급률은 지난 수십 년 동안 상당한 증가를 보였으며, 세계의 평균 인터넷 보급률은 현재 56.8%이다. 인터넷 접속률은 북미(89.4%), 유럽(86.8%), 오세아니아(68.4%), 라틴 아메리카(67.5%), 중동(67.2%), 아시아(51.8%) 및 아프리카(37.3%)로 대륙별로 차이가 있음을 알 수 있다(Internet World Stats, 2019).

　기술의 진보는 새로운 범죄를 만들어 내기도 한다. 1차 산업혁명은 공장, 철도와 함께 열차 강도를 등장시켰고, 2차 산업혁명에서는 전기, 자동차와 함께 자동차 절도가 나타났다(Stearns, 2018). 인터넷이 널리 보급됨에 따라, 사이버 공간에서의 범죄가 개인이나 기관에 영향을 끼치기 시작했다. 3차, 4차 산업혁명은 각각 컴퓨터, 인터넷의 도입으로 서로 밀접하게 연결된 세계와 관련되어 있다. <표 1-1>은 네 차례 산업혁명의 기술적 진보와 새로운 범죄를 요약하여 보여준다. 사이버 범죄 연구는 사이버 공간에서 발생하는 범죄의 원인 및 결과, 법적 문제, 윤리, 대책 그리고 관리제도 연구를 목적으로 두고 있다.

　4차 산업혁명은 현재 상호작용과 거래의 플랫폼인 인터넷에 기반을 두고 발전하고 있다(Schwab, 2016). 3차, 4차 산업혁명에 의해 등장한 기술들은 기존 또는 신종 사이버 범죄를 촉진하기도 하고 또 한편으로는 억제하기도 한다(Brenner, 2010;

[표 1-1] 산업혁명 시기별 주요 기술발전 및 신종 범죄 유형

분류	시기	주요 기술	신종 범죄
1차 산업혁명	1760-1840	공장, 철도, 탄광, 직물	기차, 강도 OUI/DUI 위조품
2차 산업혁명	1870-1914	전기, 자동차, 전구, 전화, 라디오, 석유 산업, 연방준비은행	자동차 강도, 전화 사기, 라디오 도청, 은행 강도
3차 산업혁명	1969-2010	마이크로프로세서, 인터넷 통신, 컴퓨터 트랜지스터, 원자력 에너지, 생명공학, 로봇, 자동화	해킹, 사이버 침해, 사이버 절도, 데이터 변조, 바이러스, 스파이웨어
4차 산업혁명	2010-현재	나노기술, 사물인터넷, 인공지능, 암호화폐	랜섬웨어, 딥페이크 사기

2012). 전 세계적으로 사이버 범죄에 의한 피해 규모는 미화 10억 달러 이상이라고 추정되지만, 법 집행기관과 정책 입안자들은 사이버 범죄를 예방하고 억제하는데 매우 비효율적인 모습을 보이고 있다(Anderson et al., 2013)(<표 1-1> 참고). 따라서 학계와 정부는 사이버 범죄자들을 국내외에서 찾아내고, 이해하고, 예방하고 기소할 새로운 기법을 개발하여야 한다(Brenner, 2008).

이번 장에서는 1969년부터 현재까지 사이버 범죄의 역사적 궤적을 조사하고자 하며, 특히 사이버 의존 범죄(cyber-dependent crime)와 컴퓨터 중심 범죄(computer-focused crime)에 초점을 두고 온라인 괴롭힘, 사이버 폭력, 아동 포르노 등 인간 중심 범죄는 연구범위에 포함하지 않는다. 본 장에서는 우선 사이버 범죄 관련 주요 용어를 정의하고, 사이버 범죄 생태계의 핵심 요소들에 대한 개요를 설명한다. 이어 3차, 4차 산업혁명 시기 사이버 범죄의 변화에 대해 알아본다. 마지막으로 현재 당면 과제와 범죄학적 관점에서 사이버 범죄의 미래 연구방향에 대해 제안하고자 한다.

제2절

범죄학에서의 사이버 범죄 연구

범죄학은 일탈(deviance)과 범죄에 대한 연구로서, 범죄의 성격, 원인, 결과, 피해자와 가해자의 구조, 범행 그리고 형사사법제도를 포함해왔다(ASC, 2019). 사이버 범죄 연구[1]는 범죄학의 하위 분야로서, 해킹, 악성 소프트웨어, 스파이웨어 등 컴퓨터와 전자기기를 대상으로 하는 컴퓨터 중심 범죄를 포함하여 사이버 공간에서 발생하는 새로운 유형의 범죄를 조사한다. 사이버 범죄 연구는 보다 넓은 개념으로서 컴퓨터 사용한 범죄를 포함하여 사이버 사기, 사이버 스토킹, 사이버 폭력 등 전자기기를 통해 행해지는 기존 범죄를 뜻한다(e.g., Choi, 2015; Furnell et al., 2015; Holt & Bossler, 2015; Maimon & Louderback, 2019; Yar, 2005a).

---

1) 사이버 범죄학은 현재 범죄학의 하위 구분으로 널리 인정되고 있지 않으며, 주로 "사이버 범죄 연구"라고 여겨지고 있다. 가까운 미래에 "사이버 범죄학"이 범죄학의 하위 분야로 받아들여지길 희망하며, 여기서는 "사이버 범죄 연구"라는 용어를 사용하기로 한다.

4차 산업혁명이 새로운 기술적, 산업적 변화를 수반하다 보니 개인 또는 해커 집단에 의한 사이버 범죄도 그 종류가 계속 늘어나고 있어 과학적 연구 또한 이에 대응하여 최신 상태를 유지해야만 한다. 이를 위해 새로운 정의, 새로운 범죄와 일탈 행위를 조사하기 위한 혁신적인 방법, 범죄자 프로파일(criminal profile)을 작성하고, 이를 이해하고 해석하기 위한 보다 나은 방법이 필요하다.

사이버 범죄 연구는 학제 간 연구 방법에 기반을 두고 (범죄학, 심리학, 사회학, 컴퓨터 공학, 사이버 보안 등의 연구를 인용한다) 사이버 범죄의 원인을 알아보는 것을 포함하고 있는데, 이는 사회와 형사사법제도 내의 사이버 범죄의 역할을 이해하기 위함이다. 특히 사이버 범죄 연구는 인터넷상의 범죄와 일탈의 원인 및 결과에 대해 조사하며, 각 범죄의 법적 문제, 윤리, 대책, 관리제도도 연구한다. 사이버 범죄 연구[2])는 자원을 직접적으로 법률 업무에 할당시키는 역동적인 응용 분야로서, 형사사법 제도에 영향을 끼치는 법령의 제정 및 시행과 직접적인 연관이 있다(Choi & Lee, 2018, p. 1).

1. 사이버 범죄의 정의

"사이버 범죄"라는 용어는 1982년 William Gibson에 의해 처음 사용된 후 (Wall, 2007a), 점차 정의가 넓어지게 되었다. 범죄학의 한 분야로서 "사이버 범죄"가 태동하던 시기에 당시 학자나 기관들은 "사이버 범죄"라는 용어 대신 컴퓨터 기반 사이버 범죄를 뜻하는 "컴퓨터 범죄"라는 더 좁은 의미의 단어를 선호하였는데, 일부에서는 컴퓨터가 이러한 범죄의 주요 매개이자 억제제라는 견해를 제기하면서 해당 일탈을 "컴퓨터 범죄"라고 정의하였다. 구체적으로 National White Collar

---

2) 사이버 범죄 연구는 크게 두 가지 방향으로 구분될 수 있다. 첫째, 보편적인 범죄 관련 이론을 사이버 범죄에 응용하는 것으로, 사회통제이론, 자기통제이론, 일상활동이론, 생활양식이론 그리고 비행이론 등의 사용을 예시로 들 수 있다. 둘째, 통합된 이론의 시험이나 사이버 범죄에 대한 새로운 이론을 만드는 것을 수반하며, 사이버 일상활동이론(Choi, 2008; 2015)과 공간전이이론(Jaishankar, 2008) 등이 그 예시이다. 하지만 더 많은 학제 간 관점과 이론들이 필요하며, 특히 범죄학, 심리학, 사회학 등 사회과학을 컴퓨터 공학, 사이버 보안 등 기술적인 관점과 연결해 줄 수 있는 이론들이 중요함에도 불구하고 이에 대한 심도 있는 논의 및 연구는 아직 부족한 실정이다(Choi & Lee, 2018, pp. 1-2).

Crime Center(2003)의 정의에 따르면, "컴퓨터 범죄"란 컴퓨터 관련 법령을 위반하는 것으로 "진정한" 컴퓨터 범죄는 컴퓨터 운영체제, 프로그램 또는 네트워크의 내용을 대상으로 삼는 것을 포함하는데, 주로 아래 항목이 하나 이상 포함된다.

    (a) 허락 없이 컴퓨터 시스템에 접근하는 것(무단접근)

    (b) 컴퓨터 시스템을 손상시키는 것(사보타주)

    (c) 컴퓨터 시스템에 저장되어 있는 정보를 허락 없이 습득하는 것(정보의 절도)

    (d) 허락 없이 컴퓨터 시스템의 서비스를 획득하는 것(서비스의 절도)(National White Collar Crime Center, 2003)

수십 년간의 기술 발전에 따라 최근에는 컴퓨터 범죄의 범위도 넓어져 많은 새로운 종류의 범죄를 포함하게 되었으며, 이제는 "사이버 범죄"라는 용어를 주류 학자, 정책 입안자 및 일반 대중들이 사용하고 있다. 사이버 범죄는 근래 "컴퓨터 시스템의 보안과 그 컴퓨터 시스템에 의해 가공된 정보를 대상으로 삼는 모든 불법적 전자장비 활동(United Nations' Definition of Cybercrime)(IDN WI)"이라고 정의되고 있는데, 이는 4차 산업혁명 시기에 발생하고 있는 다양한 사이버 범죄를 포함한 개념이다. 또한 특정 종류의 범죄들은 미국 컴퓨터 사기와 남용에 관한 법(18 U.S.C. 1030)이나 영국 컴퓨터 남용에 관한 법에 의해 정의되고 있음을 주목해야 한다. 컴퓨터 범죄에는 컴퓨터 서비스 절도, 보안 컴퓨터에 대한 무단 접근, 소프트웨어 무단 복제와 전자적 저장정보의 변조 또는 절도, 컴퓨터를 사용한 갈취, 은행, 신용카드 발행기관 또는 감독기관의 기록에 대한 무단 접근권한을 획득하는 것, 훔친 암호의 불법거래와 파괴적인 바이러스나 명령어를 전염시키는 것 등이 포함된다 (Choi, 2015, pp. 9-10; Dhillon & Moore, 2001; Moore, 2010).

2. 사이버 범죄의 분류와 사이버 범죄 생태계의 주요 요소

사이버 범죄를 분류하는 관습적인 방법 중 하나는 그 범죄가 사이버 의존 범죄인지 아니면 사이버 가능 범죄인지 알아보는 것이다. 사이버 의존 범죄(또는 "순수한" 사이버 범죄)는 컴퓨터, 컴퓨터 네트워크 또는 다른 형태의 정보통신기술을 통해서 저지를 수 있는 범행을 뜻한다. 이러한 범죄 행위에는 바이러스나 악성 소프트웨어의 유포, 해킹, 디도스 공격 등이 포함된다(McGuire & Dowling, 2013). 반면 사이버 가능 범죄는 사이버 테러리즘, 사이버 피싱 사기 등 기존의 범죄가 사이버 공간으로 확대되어 나타나는 것을 말한다(McGuire & Dowling, 2013, p. 75).

2012년 미국의 범죄 피해 조사(CVS)에 따르면 25%가량의 응답자들이 그들이 겪은 온라인 범죄 사건의 배후에 개인이 아닌 조직적인 범죄단체가 있을 것이라고 추정했다(McGuire and Dowling, 2013, p. 26). 하지만 사이버 의존 범죄와 사이버 가능 범죄는 범죄자의 기술적 능력뿐만 아니라 대상으로 삼는 피해자의 행동에도 큰 영향을 받는다. 범죄자들은 사회공학적 기법을 사용하여 그들이 보내는 파일이나 이메일의 진정한 용도를 숨긴다(McGuire and Dowling, 2013, p. 26). 사이버 범죄는 큰 생태계 내부에서 일어나며, 가해자(해커 등), 조력자(바이러스 개발자 등), 수호자(법집행자, 시스템관리자 등) 그리고 피해자 등 주요 등장인물들이 존재한다(Kraemer-Mbula et al., 2013; Arief et al., 2015; Maimon & Louderback, 2019). 사이버 범죄자의 특성을 분류하기 위한 사례 연구에 따른 7가지 범죄자 유형은 다음과 같다(McGuire & Dowling, 2013, p. 24).

[표 1-2] 사이버 범죄자 유형 구분 및 특징

순번	구분	비고
1	초보자 (newbies)	한정된 기술과 경험을 가지고 있으며 다른 사람들이 개발한 도구에 의존하고 "아마추어 해커" 라고도 불린다.
2	사이버 펑크 (cyberpunks)	의도적으로 공격하며 손상을 주는 자들
3	내부자 (internals)	접근권한을 가진 내부자들이며 보통 회사에 불만을 가진 직원인 경우가 흔하다.
4	프로그래머 (coders)	높은 숙련도를 가진 자들
5	창단멤버 해커 (old guard hackers)	범죄적인 의도가 없고 높은 숙련도를 가졌기에 화이트 해커와 동일시할 수 있다.
6	전문범죄자 (professional criminals)	전문적으로 범죄에 가담하는 자들
7	사이버 테러리스트 (cyber-terrorists)	정치적 등의 목적을 지니고 다른 국가 및 기관에 사이버 공격을 하는 자들

사이버 범죄는 컴퓨터 범죄를 포함하는 상위 개념으로서 가해자가 피해자를 공격하려면 기본적인 컴퓨터 능력이 필요하고, 사이버 의존 범죄를 저지를 때는 디지털 정보를 다루는 능력이 핵심이다. 그렇다면 결국 사이버 범죄와 컴퓨터 범죄 모두 사이버 공간이라는 가상 환경에서 범행을 저지는 것이고, 사이버 공간은 물리적인 공간과는 다른 영역이기 때문에 고유의 법률과 사법권이 마련되어야 한다 (Choi, 2015).

제3절
사이버 범죄 연구 간행물의 추세

다른 범죄와 비교했을 때, 사이버 범죄에 대한 학문적 관심은 지난 20여 년 간 대폭 증가하였다(Bossler, 2017; D'Arcy & Herath, 2011; Holt & Bossler, 2014; Maimon & Louderback, 2019의 보고서 참조). Google Scholar와 JSTOR 등의 학술 데이터베이스에서 2000년부터 2017년까지 사이버 범죄에 대한 연구논문과 '사이버 범죄'를 핵심 검색어로 하여 검색해 보면, 지난 20여 년간 출간된 영문 연구자료만 500건이 넘고, 최근에는 더 활발하게 발표되고 있음을 알 수 있다. 다만 다양한 종류의 사이버 범죄 연구에도 불구하고 핵심적인 연구가 부족하다는 점은 여러 학자들이 지적하였다(Bossler, 2017; Holt & Bossler, 2014; Maimon & Louderback, 2019).

사이버 범죄 문헌에 대한 연결 의미망 분석을 통해(Doerfel, 1998), 현존하는 사이버 범죄에 대한 대부분의 영문 연구가 "(컴퓨터와 관련된) 사이버 범죄"와 "인터넷"이라는 두 키워드와 관련이 있음을 알 수 있었는데, 이는 여러 논문의 사이버 범죄에 대한 정의와 부합했다.

사이버 범죄의 다른 중요한 측면은 범죄 행위가 어떻게 계획되며 가해자가 어떻게 범죄 행위에 대한 기회를 만들어 내는지에 있다. 그러므로 "계획(실제 범죄, 범죄 추세, 범죄에 대한 반응과 관련이 있다)", "시대" 그리고 "범죄"는 서로 연결되어 있다.

사이버 범죄와 기술 혁신

각각의 산업혁명은 그 당시 가장 큰 의미가 있었던 기술에 의해 특징지어진다. 1차 산업혁명은 증기와 기계식 제조가 지배하는 시대였다. 1차 산업혁명이 대량생산을 수반한 반면, 3차 및 4차 산업혁명은 각각 정보통신 기술과 가상 물리구조로 특징지어지며, 속도와 범위, 세계 경제에 미치는 영향으로 구별되는 시대라고 볼 수 있다.

우리가 살고 있는 지금은 생산, 경영, 통치 시스템의 전체적인 주기를 바꿀 힘이 있는 초연결의 시대이다. 이런 초연결시스템 속에서 예측 알고리즘을 통해 서비스업, 운송업, 사무 및 행정지원 업무, 제조업 등의 분야에서 일자리 창출과 실업문제 예측이 가능하다(Peters, 2017). 사이버 범죄 연구가 급증함에 따라, 사이버 범죄 연구를 최근의 기술 발전과 연관 지어 살펴볼 필요가 있다. 3차 산업혁명과 4차 산업혁명은 사이버 범죄 및 사이버 보안과 밀접한 관계가 있으므로 두 산업혁명에 대해 알아보기로 한다.

1. 3차 산업혁명과 사이버 범죄

1960년대 말 또는 1970년대부터 시작된 3차 산업혁명은 인터넷 통신기술 개발과 산업화 및 세계화의 확산으로 특징지어진다. 이 기간에 사이버 범죄 및 컴퓨터 범죄에 대한 연구가 활발히 진행되어 해킹, 신원도용, 바이러스, 디도스 공격, 악성 소프트웨어, 스파이웨어, 스케어웨어, 스피어 피싱, 랜섬웨어, 사이버 테러리즘 등에 대한 연구가 발표되었다. 미국 연방수사국(FBI) 인터넷범죄신고센터(Internet Crime Complaint Center(IC3))는 연례보고서를 통해 사이버 범죄 피해에 대한 관심과 피해 발생시 신고를 당부하였다(FBI, 2017).

특정한 범죄 사례와 더 광범위한 사안에 대한 연구 측면에서는 학술적인 관심 또한 증가하였다. "4−1−9(419) 사기"라고 알려진 나이지리아 사기는 사이버 범죄 중 신고 건수로는 두 번째지만 평균 피해액수는 가장 크다. 온라인 신원도용(Holt & Turner, 2012), 온라인 저작권 침해(Marcum, 2008) 그리고 온라인 도난 데이터 시장 (Holt, 2013a; Holt et al., 2016a, b; Hutchings & Holt, 2017) 등의 사이버 범죄 또한 하나의 범죄로서 조사되고 있다.

3차 산업혁명 기간에 발생한 사이버 의존 범죄들은 4차 산업혁명이 진행 중인 현재도 새로운 환경에 맞추어 진화하고 있다. 온라인 사기, 해킹, 디도스 공격 등의 기존 사이버 범죄들이 계속 자행되는 한편, 이 범죄들의 변형 또한 지난 수십 년 동안 새롭게 개발되었다. 이 기간 동안의 연구는 더 진보된 학문 연구의 토대를 세웠으며, 이에 대해서는 다음 섹션에서 논해 볼 것이다.

2. 4차 산업혁명 시기의 사이버 범죄 연구

4차 산업혁명이란 말은 세계경제포럼에서 Klaus Schwab에 의해 처음 사용되었으며, 2010년대에 시작된 것으로 추정된다(Schwab, 2016). 이는 우리 일상 생활뿐만 아니라 전 세계 범죄 유형에도 놀랄 만한 변화를 가져왔다. Schwab(2016)은 이 시기가 디지털, 물리적 및 생물학적인 세계가 융합되는 신기술 개발로 특징 지어지며, 이 기술들이 산업, 경제 및 지식분야에 영향을 끼칠 것이라고 주장하였다.

Schwab(2016)은 4차 산업혁명이 가상 및 물리적 제조 시스템이 전 세계적으로 적응 가능하고 통합된 방식으로 협력하는 세상을 만들 것이라고 주장하였다 (Schwab, 2016). 새 산업혁명은 스마트하고 연결된 기계와 시스템에 관한 것일 뿐만 아니라, 이러한 발전의 조합과 디지털, 물리적 및 생물학적 영역 간 협력이 4차 산업혁명을 다른 산업혁명들과 근본적으로 다르게 만든다. 신기술과 광범위한 혁신은 지난 산업혁명에 비해 더욱 빠르고 폭넓게 확산하고 있으며 특정한 지역에서 전개되고 있다(Schwab, 2016, p. 8).

이러한 기술적, 사회적 변화는 앞선 산업혁명과 마찬가지로 취약점 및 위험을 동반하는데, 특히 사이버 범죄와 사이버 보안에 큰 영향을 미쳐 우리는 일상에서 새로운 형태의 위협을 마주하게 되었고, 개인, 회사, 정부, 기관부터 심지어 법 집행

기관도 사이버 범죄의 피해자가 될 수 있다(Brenner, 2008).

3. 4차 산업혁명 시기 주요 사이버 범죄

이러한 기술적 추세와 그 추세가 사이버 범죄의 발생 정도에 끼치는 영향에 대응하여, 연구자들은 신종 사이버 범죄, 사이버 범죄 생태계의 주요 구성원 그리고 전후 사정에 대한 연구를 진행하기 시작했다. 4차 산업혁명에서 새로운 기술과 범죄가 발생하기 시작한 시기에는 비교적 소수의 연구자들만 사이버 범죄의 기원, 발달, 미래에 대한 연구를 진행하였지만, 이제는 사물인터넷, 로봇공학, 가상현실, 사이버 전쟁이 4차 산업혁명과 관련되어 내외부적인 위협과 보안 문제를 야기한다는 인식이 확산되어 컴퓨터 공학이나 다른 공학 분야의 연구자들이 사회과학, 특히 범죄학 분야의 연구자들보다 더 4차 산업혁명에 대한 관심을 보이고 있는 실정이다(e.g., Martellini et al., 2017).

이러한 차이에 대해 다루기 위해, 이 섹션에서는 4차 산업혁명과 그로 인해 발생하는 사이버 범죄 간 관계에 대해서 논한다. 일부 신종 사이버 범죄는 4차 산업혁명 기술로 인해 발생 빈도가 늘거나 더 복잡해진 기존 사이버 범죄를 포함한다. 4차 산업혁명이라는 배경 아래 사이버 범죄와 사이버 보안 문제로 이어질 수 있는 연결성 증가, 광범위한 자동화 및 인공지능 기술 등 주요 요소들이 존재한다.

첫째, 가상 물리시스템(Schwab, 2016)이라고도 알려진 인터넷/기술 생태계는 사물인터넷과 클라우드 컴퓨팅(Chaka & Marimuthu, 2018)을 포함하므로, 사이버 범죄자가 클라우드 컴퓨팅 시스템에 대한 불법 접근권한을 획득하면 많은 사람들에 대한 정보 및 파일에 동시에 접근할 수 있게 된다. 게다가 Alexa, Google Home 등 인공지능 기기가 널리 보급되고, 조명기기, 냉난방기기, 가전제품에도 사물인터넷 기술이 적용되는 스마트홈 구축이 확산됨에 따라 해커들이 타인의 집과 회사에 있는 물건을 원격으로 조종할 수 있게 되었다(Karlov, 2017).

둘째, 새로운 사이버 범죄 생태계 관련, 4차 산업혁명으로 생태계 내 기기들과 기술들 간 연결성이 증가하여 우리 일상에 점점 더 큰 비중을 차지하게 되었다.

이 연결성은 예전 생태계에도 있기는 했지만, 신종 사이버 범죄에서는 중요성이 더욱 부각되었다. 예를 들어, 안면인식 장치가 고도로 숙련된 사이버 범죄자에게 해킹되면 스마트폰, 태블릿, 노트북 컴퓨터에 무단 접근권한을 얻는 데 사용될 수 있다.

신기술은 새로운 형태의 범죄 탄생도 가능하게 하지만, 자료수집 및 공간분석을 기반으로 하는 예측적, 예방적 범죄패턴 분석 소프트웨어를 통해 범죄수사 능력을 향상시키기도 한다(공간 가중 회귀분석 등; Cowen et al., 2018). 예를 들면, Venmo나 Zelle와 같은 모바일 송금 시스템이나 암호화폐(Bitcoin, Ethereum 등), 블록체인 및 QR코드 같은 새로운 금융결제시스템은 범죄자에게는 새로운 기회를 제공함과 동시에 그에 상응하는 도전 과제를 피해자들과 법률 집행자들에게 안겨주었다(Brenner, 2012). 또한 해커들이 개인, 기업의 자료나 파일을 파괴하지 않는 대가로 암호화폐인 Bitcoin을 요구한 랜섬웨어 사건이 최근 주목을 받고 있다(Luo & Liao, 2009; Mansfield-Devine, 2016). 암호화폐는 거래 쌍방의 익명성을 보장하기 때문에, 중요한 자료를 지키는 대가로 암호화폐를 이용해 몸값을 지불한다면 초국가적 사이버 범죄 발달을 조장할 수 있다.

셋째, 무인자동차, 무인드론, 현금 자동 입출금기, 음식점 키오스크, 셀프 계산대 같은 자동화시스템의 출현으로 인공지능 및 자동화의 발전이 가속화되었다. 이와 같은 발전은 인간형 로봇의 모습을 띄기도 하는 자율지능 시스템의 등장을 포함한다(Peters, 2017). 인공지능은 디지털, 물리적, 생물학적 영역 간 경계를 허무는 기술들의 융합이라고 할 수 있다. 인공지능 혁명이 사업, 산업 및 일상생활에 끼치는 영향은 아직 가늠조차 할 수 없다.

인공지능, 빅데이터, 사물인터넷, 클라우드, 증강현실, 증강 가상공간, 비트코인, 블록체인 그리고 또 다른 신기술들은 우리의 삶을 편리하게 만들고 범죄 조사, 감지 및 예측을 돕기도 하지만, 동시에 새로운 취약점을 만들기도 한다. 우리의 생활수준 향상을 위해 고안된 기술 발달의 결과와 사회적 영향이 역설적이게도 사이버 범죄 급증에 일조하게 되는 것이다.

4. 메타버스의 개념 및 메타버스에서의 사이버 범죄

메타버스는 '가상'을 의미하는 영어 'meta'와 우주를 의미하는 'universe'의 합성어이다(Lee et al., 2021). 메타버스 개념은 사람들이 가상세계에서 현실세계의 시나리오를 경험할 수 있도록 하는 최첨단 기술인 가상현실(VR)보다 한 단계 더 진화했으며, 우리의 현실과 유사한 사회·문화적 활동을 하는 특성을 포함하고 있다. 메타버스는 최근 전자 상거래, 미디어 및 엔터테인먼트, 부동산 및 교육을 활용하여 논의되었다. 소셜미디어 선두기업인 페이스북은 최근 사명을 '메타'로 바꾸고 메타버스 중심의 기업으로 전환한 것은 메타버스가 널리 보급됨에 따른 파급효과를 염두에 둔 변화라고 할 수 있다. 메타버스에서 가장 많은 시장점유율을 차지하고 있는 3대 게임(Minecraft, Fortnite, Roblox)의 사용자는 젊은 편에 속하며, 대부분이 20세 미만이다(Zhou, 2022).

메타버스 기술의 발달로 온라인 매춘, 성폭력, 아동성착취 등 사이버 범죄가 발생할 수 있다. 최근 영국의 한 여성이 메타에서 개발한 가상게임 호라이즌 월드에 가입한 지 60초 만에 언어 및 성희롱을 당했다는 보도가 나왔다. 피해자는 자신의 아바타가 3~4명의 남성 아바타에게 성폭행을 당하는 것을 목격했다(Shen, 2021).

5. 사이버 범죄 및 사이버 보안 연구와 관련된 문제와 윤리적 고려 사항

지난 섹션에서 기술한 사이버 범죄 및 사이버 보안 문제들은 4차 산업혁명의 맥락에서 사이버/디지털 시스템, 정보, 감시 등과 함께 논의되어야 하며, 이는 여러 가지 윤리적 이슈들을 고려해야 할 필요가 있다.

첫째, 사이버/디지털 시스템, 특히 사물인터넷과 관련된 윤리적 관점에 주목해야 한다. 사물인터넷은 1990년대 말, Kevin Ashton에 의해 처음 제시된 개념으로써(Gabbal, 2015), 모든 하위 시스템, 과정, 내외부의 사물, 서로 소통하고 협조하는 공급자와 고객의 네트워크 그리고 사람들과 연결된 정보통신시스템을 뜻한다(Howard, 2015; Jan Smit, 2016, p. 22). 사물인터넷의 "사물"이란 말은 통신 기능을 내장하고 네트워크에 접속하여 정보를 주고받을 수 있는 모든 기기―이른바 스마트 사물을 뜻한다―이다(Karlov, 2017).

일부 전문가들의 예측에 따르면, 2020년쯤에는 항공기부터 바늘까지 약 300억 개의 기기가 인터넷에 연결될 것이라고 한다(Howard, 2015; Jan Smit, 2016, p. 22). Mohamed와 Køien이 주장하듯이, "사물인터넷은 교육, 의료, 사업 등 현대사회의 모든 영역에 스며들었으며, 여기에는 개인과 기업의 민감정보 저장, 재무자료 거래, 제품 개발과 마케팅이 포함된다"(Mohamed & Køien, 2015, p. 66).

네트워크에 연결된 기기들은 다음과 같은 이유로 사이버 공격자들에게 큰 가치를 지닌다(Cheng et al., 2012; Krudner, 2013): (a) 대부분의 사물인터넷 기기들은 무인으로 작동되어 공격자가 물리적으로 접근하기 쉽다; (b) 대부분의 사물인터넷 기기들은 무선 네트워크를 사용하므로 공격자가 도청으로 기밀자료를 얻을 수 있다; (c) 대부분의 사물인터넷 기기들은 저전력 및 연산능력이 부족으로 복잡한 보안조치를 지원하지 않는다; 그리고 (d) 사이버 공격은 모든 사물인터넷 기기와 시설에 가해질 수 있으며, 손상시키거나 시스템 작동을 무력화하고, 일반인들을 위험에 빠뜨리며, 소유주와 사용자들에게 심각한 경제적 손실을 입힐 수 있다(Mohamed & Køien, 2015, p. 68).

둘째, 정보와 관련된 윤리적인 문제들을 다루어야 한다. 인공지능과 "빅데이터"는 소비자와 기관 모두의 수준에서 정보의 보안 및 침해를 초래했다. "데이터 보안"이란 파괴적인 세력이나 권한 없는 사용자의 의도치 않은 행동으로부터 정보를 보호하는 것을 뜻한다(Jan Smit, 2016, p. 35). 최근 발생한 있었던 Facebook― Cambridge Analytica 정보유출 사건에서의 해킹(Lee, 2019 참조)이나 WikiLeaks (Brevini, 2017; Taylor, 2017) 및 외국 정보요원들에 의한 사건(Schnur & Wilson, 2018) 등 기밀정보 및 자료의 폭로로 이어지는 사이버 침해사고가 증가함에 따라 학자들은 사이버 범죄의 법률적, 윤리적 영향에 대해 더 깊이 고민해왔다(Sorell, 2015; Zureich & Graebe, 2015). 사이버 공간을 위한 객관적이고 보편적인 윤리규범 제정의 가장 큰 걸림돌은 바로 지속적인 기술 발전이다.

정보는 어디에나 존재하기 때문에, 개인정보보호와 사생활은 긴급하게 다루어야 할 문제로 부상하였다. 최근 클라우드 서비스와 컴퓨터 기술 발달로 인해 점점 더 많은 사람들과 조직들이 가상시스템에 정보를 저장하고 있다. 4차 산업혁명이 진행 중인 지금, 수많은 사물인터넷 기기들과 클라우드 시스템에 모인 정보는 데이터와 관련된 윤리적 문제들을 일으킬 수 있다. 이러한 기기들이 개인, 회사 및 공공 기관의 내밀한 정보를 담고 있기 때문에, 이에 대한 해킹은 새로운 차원으로 격상될 수 있다.

정보와 관련된 또 다른 윤리적 문제는 시스템 취약점과 관련이 있는데, 예를 들어 Microsoft의 2단계 인증시스템에는 Skype, 이메일 해킹으로까지 이어진 심각한 문제가 있었음이 밝혀졌으며, 이는 "안전하다고 느껴지는" 기술조차도 실제로는 제한적인 보호만 가능하다는 문제점을 보여주었다.

윤리학자들은 전자기기를 통해 사무실 내외부에서 직원들을 감시, 관찰하는 고용주에 대해 우려를 표명했다(Chory et al., 2016; West and Bowman, 2016). 많은 직원들이 업무 외 시간이나 사무실 밖에서, 소셜미디어에 올린 게시물이나 다른 사람이 온라인에 올린 그들에게 불리한 정보 때문에 직장을 잃었다(O'Rourke et al. 2018; Westrick 2016). 지난 수십 년과는 다르게 소셜미디어 사용 증가는 경쟁적인 노동시장과 맞물렸으며 그 결과 직원의 승진, 고객들의 무료쿠폰 당첨과 같은 이익을 위해 동료나 회사를 대상으로 사이버 범죄를 저지르는 것으로 이어질 수 있다(Grégoire et al. 2015; Obeidat et al. 2017).

향후 연구들은 사이버 공간에서의 프라이버시와 윤리에 관련된 문제를 조사하고, "결론과 향후 연구방향" 섹션에서 추가 제시된 주제들을 다루어야 할 것이다.

요약하자면, 4차 산업혁명 시대에서 사이버 범죄와 사이버 보안 문제는 과거보다 훨씬 더 일상화되고 복잡해졌으며, 시스템, 정보 및 감시 측면에서 보안, 위험 그리고 윤리에 대한 관심이 절실한 실정이다. 잠재적 피해자 및 피해자 보호 방안에 대한 대중의 인식을 개선하기 위한 적절한 교육 훈련 또는 가상 물리 생태계의 개선을 통해서 중요한 역할을 수행할 수 있다. 이 목표들은 신기술과 그 기술이 인간의 삶에 끼치는 영향을 더 잘 이해함으로써 달성될 수 있다.

기술이 고도로 발달한 환경에서 평범한 사람들에게 당면한 문제에 대한 유용한 정보를 알릴 수 있는 체계적인 방법을 제시하는 것이 중요하다. 교육 프로그램은 개인뿐만 아니라 산업 및 정부까지 제공되어야 하고, 이를 위한 범국가적 차원의 민관 협력이 필수적이며, 더 나아가 국제협력으로 확대되어야 한다.

결론 및 향후 연구 방향

사이버 범죄 연구는 범죄학의 하위 분야로서, 상대적으로 짧은 역사를 가지고 있지만 기술의 진보와 더불어 발전하고 있다. 학문 분야와 정책 적용에 유용한 이해가 존재함에도 불구하고, 소수의 학자들만이 사이버 범죄의 과거, 현재 및 미래에 대한 연구를 수행하였다(Bossler, 2017; Choi & Lee, 2018; D'Arcy & Herath, 2011; Holt & Bossler, 2014; Holt et al., 2016a; Maimon & Louderback, 2019). 이 장에서는 기술 발전에 따른 사이버 범죄 변화를 기술하고 이 분야의 주요 연구를 고찰하였다.

또한, 사이버 범죄 연구의 기틀을 정의하는 데 중요한 기준이 되는 산업적, 기술적 발달을 산업혁명과 연관 지어 설명하였다. 3차 산업혁명의 막바지에 학자들이 사이버 범죄의 문제점과 사회적 영향에 대해 더 폭넓게 연구할 수 있는, 이전에는 상상할 수 없었던 공간이 만들어졌다. 2010년부터 현재에 이르는 4차 산업혁명 시대에서 이전에 등장한 사이버 범죄들은 최근 산업발달에 의해 유발된 신종 사이버 의존 범죄들과 공존하고 있다. 신종 범죄에서는 이미 신기술이 사용되고 있으며, 기존 범죄와 새로운 범죄가 결합하여 혼합된 형태도 나타나고 있는데, 4차 산업혁명이 무르익으면서 이러한 경향이 더욱 가속화될 것이다.

사이버 범죄 연구의 미래과제는 인터넷, 가상 기술 및 법 집행의 변화를 중심으로 조사해야 한다. 신종 범죄가 증가하면서 평범한 사람들은 어떤 소프트웨어 프로그램이나 기술에 사이버 범죄가 숨어있는지 여부를 판단하기 어려워져(Arief & Adzmi, 2015), 사이버 범죄의 피해자가 될 가능성이 높아지고 있다. 정부나 국내외 법 집행기관들도 범죄의 새로운 범주를 만들 종합적인 법적 근거를 가지고 있지 않아(Brenner, 2010), 그러한 범죄들을 성공적으로 조사하는 데 어려움을 겪고 있다 (Dupont, 2017).

이러한 어려움에도 불구하고, 다행인 점은 사이버 범죄가 더욱 복잡해짐에 따라 최근 범죄행위 연구 학문들 간 공백이 메워지기 시작했으며, 일부 범죄학자들과 컴퓨터 공학자들이 학제적 학문영역 재편성법을 사용해 서로 협력하고 있다는 점이다(Holt, 2016, p. 8; Maimon et al., 2013, 2014). 4차 산업혁명 시대에서는 이러한 협력이 더욱 강화될 필요가 있다. 결론적으로 범죄학자들은 사이버 범죄 생태계의 구조와 기술을 이해할 수 있어야 하며, 이는 범죄 수사, 입법 조치 및 범죄예방 프로그램에 효과적으로 기여할 수 있게 해준다(Casey, 2011).

향후 연구는 사이버 범죄를 더 잘 이해하고 설명하기 위하여 질적, 양적, 기술적 기법을 사용하는 다중모드 연구 기법(Lagazio et al., 2014)을 사용해야 한다. 연구 분야로서의 사이버 범죄 연구의 새로운 시대에서 학제 간, 국가 간 협력은 사이버 범죄 문제를 다룰 새로운 전기를 마련할 수 있다. 정부, 기업, 연구재단 그리고 교육기관들은 성공적인 연구를 위해 젊고 저명한 학자들에 대한 재정 지원을 늘려야 하고, 마찬가지로 연구자들은 지식, 기술, 초국가적 협력을 통해 사이버 범죄의 원인과 결과에 대한 조사, 예측 및 분석에 관심을 보이고 선제적으로 나서야 한다.

참고문헌

American Society of Criminology (ASC). (2019). ASC homepage. https://www.asc41.com/.

Anderson, R., Barton, C., Böhme, R., Clayton, R., Van Eeten, M. J., Levi, M., Moore, T., & Savage, S. (2013). Measuring the cost of cybercrime. In B. Schneier (Ed.), *The Economics of Information Security and Privacy* (pp. 265−300). Berlin/Heidelberg: Springer.

Arief, B., & Adzmi, M. A. B. (2015). Understanding cybercrime from its stakeholders' perspectives: Part 2−defenders and victims. *IEEE Security and Privacy, 13*(2), 84−88.

Arief, B., Adzmi, M. A. B., & Gross, T. (2015). Understanding cybercrime from its stake−holders' perspectives: Part 1−attackers. *IEEE Security and Privacy, 13*(1), 71−76.

Bossler, A. M. (2017). Need for debate on the implications of honeypot data for restrictive deterrence policies in cyberspace. *Criminology and Public Policy, 16*(3), 681−688.

Brenner, S. W. (2008). Fantasy crime: The role of criminal law in virtual worlds. *Vanderbilt Journal of Entertainment and Technology Law, 11*, 1−91.

Brenner, S. W. (2010). *Cybercrime: Criminal threats from cyberspace*. Santa Barbara: ABC−CLIO.

Brenner, S. W. (2012). *Cybercrime and the law: Challenges, issues, and outcomes*. Boston: UPNE.

Brevini, B. (2017). WikiLeaks: Between disclosure and whistle−blowing in digital times. *Sociology Compass, 11*(3), 124−157.

Casey, E. (2011). *Digital evidence and computer crime: Forensic science, computers, and the Internet* (3rd ed.). Waltham: Academic Press.

Chaka, J. G., & Marimuthu, M. (2018). Curtailing the threats to cloud computing in the fourth industrial revolution. In Z. Fields (Ed.), *Handbook of research on information and cyber security in the fourth industrial revolution* (pp. 112−141). Hershey: IGI Global.

Cheng, Y., Naslund, M., Selander, G., & Fogelstrom, E. (2012). Privacy in machine−to−machine communications a state−of−the−art survey. In 2012 IEEE International Conference on Communication Systems (ICCS). *IEEE*, pp. 75−79.

Choi, K. S. (2008). Computer crime victimization and integrated theory: An empirical assessment. *International Journal of Cyber Criminology, 2*, 308−333.

Choi, K. S. (2015). Cybercriminology and digital investigation. El Paso: LFB Scholarly Publishing. Choi, K. S., & Lee, C. S. (2018). The present and future of cyber−crime, cyberterrorism, and cybersecurity. *International Journal of Cybersecurity Intelligence and Cybercrime*, 1(1), 1−4.

Chory, R. M., Vela, L. E., & Avtgis, T. A. (2016). Organizational surveillance of computer−mediated workplace communication: Employee privacy concerns and responses. *Employee Responsibilities and Rights Journal, 28*(1), 23−43.

Cowen, C., Louderback, E. R., & Roy, S. S. (2018). The role of land use and walkability in predicting crime patterns: A spatiotemporal analysis of Miami−Dade County neighborhoods, 2007−2015. *Security Journal*, 1−23. https://doi.org/10.1057/s41284−018−00161−7.

Curran, J. (2016). The Internet of history: Rethinking the internet's past. In *Misunderstanding the Internet* (pp. 48−84). Abingdon/New York: Routledge.

D'arcy, J., & Herath, T. (2011). A review and analysis of deterrence theory in the IS security literature: making sense of the disparate findings. *European Journal of Information Systems, 20*(6), 643−658.

Dhillon, G., & Moores, S. (2001). Computer crimes: Theorizing about the enemy within. *Computers and Security, 20*(8), 715−723.

Doerfel, M. L. (1998). What constitutes semantic network analysis? A comparison of research and methodologies. *Connect, 21*(2), 16−26.

Dupont, B. (2017). Bots, cops, and corporations: On the limits of enforcement and the promise of polycentric regulation as a way to control large−scale cybercrime. *Crime, Law and Social Change, 67*(1), 97−116.

Federal Bureau of Investigation (FBI). (2017). 2016 IC3 annual report. Washington, DC: Bureau of Justice Statistics. http://www.ic3.gov/media/annualreport/2016_IC3 Report.pdf.

Furnell, S., Emm, D., & Papadaki, M. (2015). The challenge of measuring cyber−de−pendent crimes. *Computer Fraud and Security, 10,* 5−12.

Gabbal, A. (2015). Kevin Ashton describes "the Internet Things". Smithsonian Magazine (January). Available at: http://www.smithsonianmag.com/innovation/kevin−ashton−describes−the−internetof−things−180953749/.

Greenstein, S. (2015). *How the Internet became commercial: Innovation, privatization, and the birth of a new network.* Princeton: Princeton University Press.

Grégoire, Y., Salle, A., & Tripp, T. M. (2015). Managing social media crises with your customers: The good, the bad, and the ugly. *Business Horizons,* 58(2), 173−182.

Holt, T. J. (2013a). Exploring the social organisation and structure of stolen data markets. *Global Crime, 14*(2−3), 155−174.

Holt, T. J. (2013b). Examining the forces shaping cybercrime markets online. *Social Science Computer Review, 31*(2), 165−177.

Holt, T. J. (Ed.). (2016). *Cybercrime through an interdisciplinary lens.* Taylor & Francis.

Holt, T. J., & Bossler, A. M. (2014). An assessment of the current state of cybercrime scholarship. *Deviant Behavior, 35*(1), 20−40.

Holt, T. J., & Bossler, A. M. (2015). *Cybercrime in Progress: Theory and prevention of technology−enabled offenses.* New York: Routledge.

Holt, T. J., & Turner, M. G. (2012). Examining risks and protective factors of on−line identity theft. *Deviant Behavior, 33*(4), 308−323.

Holt, T. J., Smirnova, O., & Chua, Y. T. (2016a). Exploring and estimating the revenues and profits of participants in stolen data markets. *Deviant Behavior, 37*(4), 353−367.

Holt, T. J., Smirnova, O., & Hutchings, A. (2016b). Examining signals of trust in criminal markets online. *Journal of Cybersecurity, 2*(2), 137−145.

Howard, P. N. (2015). *Sketching out the Internet of things Trendline.* Washington, DC: The Brookings Institution. https://www.brookings.edu/blog/techtank/2015/06/09/sketching−out−the−internet−of−things−trendline/. Accessed May 14, 2019.

Hutchings, A., & Holt, T. J. (2017). The online stolen data market: Disruption and inter-vention approaches. *Global Crime, 18*(1), 11−30.

IDN. (2018). *United nations definition of cybercrime*. https://idn−wi.com/united−na-tions−definition−cybercrime/. Accessed January 5, 2019.

Internet World Stats. (2019). Internet world penetration rates by geographic regions − March, 2019. https://www.internetworldstats.com/stats.htm. Accessed May 10, 2019.

Jaishankar, K. (2008). Space transition theory of cyber crimes. *Crimes of the Internet*, 283−301.

Jan Smit, S. K. (2016). *Industry 4.0. Directorate general for internal policies*. European Parliament.

Shen, M. U. T. (2022, February 1). Sexual harassment in the Metaverse? Woman alleges rape in virtual world. *USA TODAY*. https://amp.usatoday.com/amp/9278578002.

Karlov, A. A. (2017). Cybersecurity of Internet of things: Risks and opportunities. In *Proceedings of the XXVI International Symposium on Nuclear Electronics and Computing (NEC'2017)* Becici, Budva, Montenegro, September 25−29, 2017.

Kraemer−Mbula, E., Tang, P., & Rush, H. (2013). The cybercrime ecosystem: Online in-novation in the shadows? *Technological Forecasting and Social Change, 80*, 541−555.

Lagazio, M., Sherif, N., & Cushman, M. (2014). A multi−level approach to understanding the impact of cyber crime on the financial sector. *Computers and Security*, 45, 58−74.

Lee, C. S. (2019). Datafication, dataveillance, and the social credit system as China's new normal. *Online Information Review, 43*(6), 952−970.

Lee, L.−H., Braud, T., Zhou, P., Wang, L., Xu, D., Lin, Z., Kumar, A., Bermejo, C., & Hui, P. (2021). All One Needs to Know about Metaverse: A Complete Survey on Technological Singularity, Virtual Ecosystem, and Research Agenda, *arXiv: 2110.05352*.

Luo, X., & Liao, Q. (2009). Ransomware: A new cyber hijacking threat to enterprises. In Handbook of research on information security and assurance (pp. 1−6). *IGI global*.

Maimon, D., & Louderback, E. R. (2019). Cyber−dependent crimes: An interdisciplinary review. *Annual Review of Criminology, 2*(1), 191−216.

Maimon, D., Kamerdze, A., Cukier, M., & Sobesto, B. (2013). Daily trends and origin of computer−focused crimes against a large university computer network. *British Journal of Criminology, 53*, 319−343.

Maimon, D., Alper, M., Sobesto, B., & Cukier, M. (2014). Restrictive deterrent effects of a warning banner in an attacked computer system. *Criminology, 52*, 33−59.

Mansfield−Devine, S. (2016). Ransomware: Taking businesses hostage. *Network Security, 10*, 8−17.

Martellini, M., Abaimov, S., Gaychen, S., & Wilson, C. (2017). Assessing cyberattacks against wireless networks of the next global Internet of things revolution: Industry 4.0. In *Information security of highly critical wireless networks* (SpringerBriefs in computer science) (pp. 63−69). Cham: Springer.

McGuire, M., & Dowling, S. (2013). Cyber crime: A review of the evidence. Summary of key findings and implications. *Home Office Research report*, 75.

Mitch, D. (2018). The role of education and skill in the British industrial revolution. In *The British Industrial Revolution* (pp. 241−279). Routledge.

Mohamed, A., & Køien, G. M. (2015). Cyber security and the Internet of things: Vulnerabilities, threats, intruders and attacks. *Journal of Cyber Security, 4*, 65−88.

Moore, R. (2010). *Cybercrime: Investigating high−technology computer crime*. New York: Routledge.

National White Collar Crime Center (2003). *Check and Credit Card Fraud, WCC Issue Papers*. Morgantown, WV: National White Collar Crime Center Administration and Research Office.

O'Rourke, A., Pyman, A., Teicher, J., & van Gramberg, B. (2018). Old wine in new bot−tles? Regulating employee social media use through termination of employment law: A comparative analysis. *Common Law World Review, 47*(4), 248−271.

Obeidat, Z. M. I., Xiao, S. H., Iyer, G. R., & Nicholson, M. (2017). Consumer revenge using the Internet and social media: An examination of the role of service failure types and cognitive appraisal processes. *Psychology and Marketing, 34*(4), 496−515.

Peters, M. A. (2017). Technological unemployment: Educating for the fourth industrial revolution. *Educational Philosophy and Theory, 49*(1), 1−6.

Schnur, Z., & Wilson, R. (2018). Cold war echoes: The Russian effort to interfere in the 2016 election. In *International Conference on Cyber Warfare and Security (pp. 675−680)*. Academic Conferences International Limited.

Schwab, K. (2017). *The fourth industrial revolution*. Currency. New York: Crown Business.

Sorell, T. (2015). Human rights and hacktivism: The cases of Wikileaks and anonymous. *Journal of Human Rights Practice, 7*(3), 391−410.

Stearns, P. N. (2018). *The industrial revolution in world history*. New York: Routledge.

Taylor, C. A. (Ed.). (2017). *The ethics of WikiLeaks*. New York: Greenhaven Publishing LLC.

Wall, D. S. (2007a). *Cybercrime: The transformation of crime in the information age*. Malden: Polity Press.

Valencia, Caroline (2022, April 6). Considering legal remedies for harassment and assault in the Metaverse. *Business Law Review*. Retrieved August 21, 2022, from https://business−law−review.law.miami.edu/considering−legal−remedies−for−harassment−and−assault−in−the−metaverse/

Wall, D. S. (2007b). Policing cybercrimes: Situating the public police in networks of se−curity within cyberspace. *Police Practice and Research, 8*(2), 183−205.

Wei, J. (2005). Internet penetration analysis: The impact on global e−commerce. *Journal of Global Competitiveness, 13*(1−2), 9−24.

West, J. P., & Bowman, J. S. (2016). Electronic surveillance at work: An ethical analysis. *Administration and Society, 48*(5), 628−651.

Westrick, S. J. (2016). Nursing students' use of electronic and social media: Law, ethics, and e−professionalism. *Nursing Education Perspectives, 37*(1), 16−22.

World Bank. (n.d.). Individuals using the Internet (% of population). https://data.worldbank.org/indicator/it.net.user.zs?end=2017&start=1986&view=chart. Retrieved from October 20, 2018.

Yar, M. (2005a). The novelty of 'cybercrime': An assessment in light of routine activities theory. *European Journal of Criminology, 2*(4), 407−427.

Yar, M. (2005b). Computer hacking: Just another case of juvenile delinquency? *The Howard Journal of Criminal Justice, 44*(4), 387−399.

Zhou, L. (2022). *Metaverse statistics 2022: Market size, users, and industry growth*. Retrieved August 15, 2022, from https://www.luisazhou.com/blog/metaverse−statistics/#:~:text=Metaverse%20gamers%20are%2059%25%20male,38%25%20are%20aged%2010%2D20&text=Metaverse%20user%20demographics%20of%20gamers,under%20the%20age%20of%2020.

Zureich, D., & Graebe, W. (2015). Cybersecurity: The continuing evolution of insurance and ethics. *Defense Counsel Journal, 82*(2), 192−198.

일상활동이론과 사이버 범죄의 이해

박인선(Insun Park)

개 요

이전 장에서 서술했듯이 이 책은 사이버 범죄의 원인과 결과를 학문적·실증적으로 살펴보는 것을 목적으로 한다. 사이버 공간에서의 범죄를 이해하기 위해 사용되는 가장 기본적인 이론적 틀은 일상활동이론이다. 기존 일상활동이론의 개념을 살펴보고 일상활동이론의 하위 요소인 잠재적인 가해자, 적절한 표적, 유능한 보호자를 사이버 범죄에 어떻게 적용해야 하는지 살펴본다. 이 장은 사이버−일상활동이론(Cyber−Routine Activities Theory)의 이해를 돕기 위해 그 기반이 되는 이론인 일상활동이론(Routine Activities Theory)을 소개하고 범죄학 이론을 사이버 범죄에 적용하는 연습을 하기 위한 목적으로 준비하였다.

제1절

서 론

일상활동이론(Routine Activities Theory)은 1979년 Cohen과 Felson이 범죄 기회(opportunity)와 범죄 사건(event)을 중점으로 다루는 관점을 소개하면서 알려지게 되었다. 기존 이론들이 범죄자, 즉 범죄를 저지르는 사람의 특성에 초점을 맞추었다면, Cohen과 Felson은 범죄 사건(event)이 어떠한 상황(situation)에서 일어나는지 주목하였다. 따라서 어떠한 특성의 범죄자가 범죄를 저지르는지 연구하기보다는 범죄 사건이 일어나게 되는 상황의 특성을 규정하고 설명하였다.

특히, 하나의 공간과 하나의 시점에 다음 세 가지의 조건이 동시에 수렴하게 되면 범죄 사건이 일어난다고 보았다. (1) 범죄를 저지를 동기를 가지고 있는 잠재적인 가해자(motivated offender), (2) 범죄의 대상이 될 만한 적절한 표적(suitable targets) 그리고 (3) 범법행위로부터 표적을 보호할 수 있는 보호자의 부재(absence of capable guardians against a violation)가 동시에 충족되어야 한다고 보았다(Cohen & Felson, 1979; Cohen et al., 1981; Felson, 1986; 1988; Kennedy & Forde, 1990; Massey et al., 1989; Miethe et al., 1987; Roneck & Maier, 1991; Sherman et al., 1989). 즉, 범행동기를 지닌 사람이 알맞은 대상과 한 공간에 있게 되고(조건 1과 2 충족), 범행으로부터 대상을 보호해 줄 공식적인 보호자나 보호장치가 존재하지 않는다면(조건 3 충족), 범죄 사건이 일어나게 된다. 달리 말하면 위 요소 중 하나라도 해당하지 않는 경우 범죄 사건은 일어나지 않는다. 따라서, Akers(1997)와 Osgood 등(1996) 후대 학자들이 일상활동이론을 해석할 때, 대부분의 범죄는 개인의 일상적인 활동 반경과 그를 둘러싼 사회 반경의 요소와의 상호작용에 따라 일어나는 것으로, 범죄자의 개인적 특성보다는 외부의 상황적·기회적 요소를 중점적으로 범죄를 설명하는 이론으로 보았다.

사이버 범죄의 영역에 일상활동이론을 적용한 초기 시도를 한 학자는 영국의 사회학자이자 범죄학자인 Majid Yar이다. Yar은 2005년 저서에서 일상활동이론의 핵심 개념을 사이버 공간에서 컴퓨터 이용 범죄를 설명하기 위한 "원인론적 도식(etiological schema)"으로 사용하였다(Yar, 2005, p. 1). Yar의 이론적 주장을 다음과 같이 두 단계로 나누어 살펴보기로 한다. 먼저, 사이버 공간의 공간성(spatiality)과 시간성(temporality)을 기존의 개념과 비교하고, 두 번째로, 일상활동이론을 본격적으로 컴퓨터 사용 범죄에 적용할 것이다.

사이버 공간의 공간성과 시간성

Cohen과 Felson(1979)은 잠재적인 가해자가 범죄 동기를 실제 범죄 행위로 실행함에 있어서 범죄 기회를 결정하는 공간성(spatiality)과 시간성(temporality)을 이해하는 것이 중요하다고 보았다. 즉, 잠재적인 피해자가 어떤 사회적 공간 내에서 일상을 보내는지에 따라 범행 동기를 가진 가해자의 범죄 행위에 유리한 상황적 조건과 기회가 조성된다. 예를 들어, 여성의 사회진출이 늘어남에 따라 모든 가족 구성원들이 집 밖에서 많은 시간을 보낼 경우, 주거침입절도로부터 집을 보호할 수 있는 보호자가 줄어들어 주거침입절도에 유리한 상황이 형성된다(Garofalo, 1987). 실제로, 많은 연구에서 집을 비우는 빈도와 재산 범죄 피해 확률의 관계를 입증한 바 있다(Corrado et al., 1980; Gottfredson, 1984; Sampson & Wooldredge, 1987; Smith, 1982). 또한, 피해자의 주변에 잠재적인 가해자들이 얼마나 많이 분포해 있는지도 피해 확률을 결정하는 중요한 공간적 요소이다(Cohen et al., 1981; Lynch, 1987; Miethe & Meier, 1990). 하지만 이 장에서 가장 중요한 작업은 위와 같은 개념을 어떻게 물리적인 공간이 아닌 사이버 공간에 적용할 것인가이다.

1. 사이버 공간의 공간성

(1) 사이버 공간의 탄생

일상생활이론을 사이버 공간에 적용하기 위해 사이버-공간구조(cyber-spatial structure)와 사이버-시간구조(cyber-temporal structure)를 이해해야 한다. 먼저, 1966년 미국 국방부(United States Department of Defense)의 고등연구계획국(Advanced Research Projects Agency Network, ARPA) 주도로 "인터넷(Internet)"의 초기 개념이 수립되었고, 1969년 주요 구성요소들이 마련되었으며, 후에 네트워크와 연결된 "노드(Node)"와 같은 주변 장치들이 갖추어 지면서 실제로 사용할 수 있게 되었다. 1970년대 초에는 더 많은 노드를 추가함으로써 형성된 네트워크로 간단한 이메일 시스템을 구축하기에 이르러 "인터넷"의 개념에 더욱 부합하게 되었다. 1980년대 후반에 미국국립과학재단(National Science Foundation)과 여타 사기업이 인터넷의 근간에 해당하는 인프라를 마련한 후, 1990년 "월드 와이드 웹(World Wide Web)"의 등장과 함께 인터넷은 기하급수적으로 발달하였다. 1990년대 초반 이래로 인터넷은 개인적, 상업적 목적으로 다양하게 사용되었으며, 이제는 블로그, 채팅방, 커뮤니티, 카페와 같은 디지털 커뮤니티를 통해 서로 연결되는 사이버 공간이 조성되었다(Adams, 1998).

(2) 사이버 공간의 특성

물리적 공간과 사이버 공간의 가장 큰 차이점은 사이버 공간에서는 거리, 근접성 또는 물리적으로 분리되어 있는지의 여부와 상관없이 이용자들의 상호 접촉이 가능하다는 것이다(Yar, 2005). 이와 같은 특성에 주목하여 Mitchell(1995)은 사이버 공간을 "비 공간적(anti-spatial)"이라고 칭하였다(p.8). 같은 이유로 사이버 환경을 "제로 디스턴스(zero-distance)" 차원으로 이루어져 있다고 보았다. 사이버 공간에서는 사용자들이 아이콘을 클릭함으로써 어디든지 갈 수 있으며, 이에 따라 잠재적인 범죄자가 이동할 수 있는 공간의 범위도 대폭 늘어나는 것이다.

공간성을 고려할 때 사이버 공간의 특성과 물리적 공간의 특성을 모두 고려하는 것이 중요하다. 사이버 범죄라도 사회적 공간과 완벽히 분리되어 일어날 수 없으며, 물리적 공간과 사이버 공간의 특성이 상호작용하여 범죄 기회에 영향을 주기 때문이다. 물리적 공간에서의 사회적 맥락과 범죄 피해 확률의 상호 관계는 많은 연구를 통해 입증된 바 있다. 일례로, 미국의 전국범죄 피해조사(National Crime Victimization Survey)와 영국 범죄 조사(British Crime Survey)에서는 사회적 배경과 범죄 피해 정도의 관련성에 주목하여 설문 참여자의 나이, 인종, 소득, 결혼 여부 등을 묻고 있다.

Cohen과 Cantor(1980)의 연구에서는 연간 소득 2만 달러 이상의 가정, 16~29세, 독신 가정 그리고 직업이 없는 경우 절도 피해를 당할 확률이 높은 것으로 나타났다(p. 140). 대학생들을 상대로 소규모(피해액 50달러 이하)와 대규모(피해액 50달러 이상) 재산범죄 피해 경험을 조사했을 때, 인구통계학적 요소, 대학 내에서 참여하는 활동의 종류, 예방 조치 사용 유무, 주변 환경(소음 정도 등), 불법행위 참여 여부 등과 강력한 관련이 있는 것으로 나타났다(Mustaine & Tewksbury, 1998).

사이버 공간과 물리적 공간의 유사성 또한 주목할 만하다. Castells(2002)는 사이버 공간 또한 실제 공간의 특성을 반영하고 있으며, 특히 사회적 특성과 초국가적인(international) 특성이 나타난다고 보았다. 즉, 사이버 공간을 물리적 공간과 깊이 연관된 실제 공간(real world)으로 보아야 한다는 것이다. 물리적 세계에서 사람들이 각자 다른 특성의 공간을 이용하듯이 인터넷 사용자들은 각자의 관심사와 필요에 따라 다른 웹페이지를 방문한다. 나아가, 사용자들의 흥미에 따라 사이버 공동체가 형성되기도 한다(Castells, 2002). 기존의 일상생활이론에서 중요하게 여기는 "잠재적 가해자와의 접근성" 또한 사이버 공간에서 찾아볼 수 있다. 사이버 공간에서는 물리적 거리나 거리의 제한이 실질적인 의미를 상실하지만, 인터넷 사용자들은 목적에 따라 특정 사이트에 더 자주 접속하면서 다른 의미의 접근성이 조성된다. 구글(Google)과 같이 검색을 위해 잠시 방문하는 사이트가 아닌 사용자들이 다양한 목적을 위해 자주 이용하는 사회관계망(social network) 사이트에는 자연적으로 높은 인구 밀도가 형성되며, 결론적으로 잠재적 가해자와 피해자의 접촉이 일어나게 된다(Yar, 2005). 실제로 페이스북(Facebook), 트위터(Twitter), 핀터레스트(Pinterest), 아마존(Amazon)과 같이 널리 이용되는 사이트에서 더 많은 피해 사례가 보고되었다.

2. 사이버 공간의 시간성

기존의 일상활동이론에서는 범죄 사건이 일어나기 위해서 주요 3요소가 특정 공간에 동시에 수렴될 것을 가정한다. Cohen과 Felson(1979)의 이론에서는 잠재적인 가해자와 피해자의 "리듬(rhythm)"이 일치할 경우 한 공간과 시점에 모일 확률이 상승한다고 본다. 이 가정을 사이버 범죄에 적용하면 잠재적인 가해자와 피해자가 동일한 웹사이트에 접속할 경우 사이버 범죄가 일어나게 되므로 사이버 공간에서의 공간성을 이해하기 용이하다. 그러나 Cohen과 Felson의 시간성 개념은 사이버 범죄의 시간성과는 정확히 맞아떨어지지 않는 것 같다.

사이버 범죄의 시간적 특성은 컴퓨터 사용자와 잠재적 가해자들이 월드 와이드 웹을 통해 전 세계적으로 퍼져있는 것에서 나온다. 따라서 시간대(time zone)의 제약을 받지 않고 누구나 언제든지 접근이 가능한 것이다(Yar, 2005). 특정 시각에 얼마나 많은 범죄자들이 범죄 행위를 하고 있는지 정확히 산출하는 것은 불가능하다. 다시 말하면, 범법 행위를 할 수 있는 기회를 기다리고 있는 잠재적인 범죄자들이 시간 개념과 큰 상관없이 항상 존재하고 있다고 볼 수 있다.

제3절

사이버 범죄와 일상활동이론

1. 사이버 범죄와 잠재적인 가해자

일상활동이론에서는 상황적 요소 중 잠재적인 가해자들을 상시 주어지는 요소로 본다. 적절한 표적과 알맞은 상황이 주어질 경우 범죄를 저지를 가해자들은 항상 존재한다는 것이다(Cohen & Felson, 1979). 이에 따라, 일상활동이론을 다룬 기존 연구에서 가해자들이 얼마나 높고 낮은 범법 동기를 가지고 있는지는 자세히 다뤄지지 않았다. 하지만 사이버 범죄에서도 범죄자의 동기를 항상 존재하는 요소로 볼 수 있는지 살펴볼 필요가 있다.

인터넷을 통해 잠재적인 범죄자들은 새로운 방법을 이용해서 범죄를 저지를 수 있게 되었다. 이 중 "해커(hackers)"라고 불리는 집단이 있다. 해커라는 명칭은 1950년대와 1960년대에 매사추세츠 공대(Massachusetts Institute for Technology, MIT)에서 타인들의 시선을 즐기는 사람이라는 "hacks"라는 단어에서 유래했다. 초기의 해킹은 컴퓨터에 대한 지식을 갖춘 사람들이 서로의 프로그램 코딩을 수정해 주거나 고쳐주는 데에서 시작하였다. 소위 해커들은 컴퓨터 클럽과 사용자 클럽, 뉴스레터를 주고받고, 트레이드 쇼에 참석하고, 자신들만의 대회를 운영하기도 하였다. 그러나 최근에는 인터넷상 불법적으로 타인의 사생활을 침해하거나 보안을 침해하는 등의 부정적인 의미를 지니게 되었다(Knetzger & Muraski, 2009). 혹자는 부정적인 집단을 가리킬 때는 "크래커(cracker)", 본래의 집단을 이야기할 때에는 "해커(hacker)"라는 명칭으로 구분하여 사용하기도 한다.

Hoffer와 Straub(1989)이 수행한 컴퓨터 남용자들에 관한 연구에 의하면 34.1%의 해커들은 사적인 이득을 위해, 26%는 오락을 목적으로, 11.4%는 의도적으로 컴퓨터 시스템을 공격하고, 나머지 28.4%는 윤리 의식 부재에 의해 해킹을 저지른다. 2004년 호주 컴퓨터 범죄 및 보안 설문조사에서 해킹의 주된 목적에 대해 52%의 참가자들이 원치 않는 악성 피해 발생, 다른 참가자들은 불법적인 이익 취득 또는 상업적인 목적의 업무 방해(sabotage)(pp. 14–15) 등의 이유를 들었다.

컴퓨터 사용 범죄자들은 컴퓨터와 통신 기술을 통해 컴퓨터 시스템에 침입하는 것을 목적으로 위험하고 일탈적인 행동을 저지른다. 피해자들에게 소중한 정보, 소프트웨어, 전화 서비스, 신용카드 번호, 디지털 화폐 등을 절취한다. 이렇게 획득한 정보와 테크닉을 범죄 집단을 포함한 타인에게 전달하거나 판매함으로써 이득을 취한다. 잠재적 가해자들은 사이버 공간에서 부주의하거나 보안 소프트웨어를 쓰지 않고 온라인에 접속하는 이용자들을 표적으로 삼는다(Britz, 2004).

따라서, 사이버 공간에서는 주로 잠재적인 가해자들과 적절한 표적들이 접촉한다. Grabosky(2000)가 나열한 컴퓨터 사용 범죄자들의 동기는 탐욕(greed), 욕정(lust), 권력(power), 복수(revenge), 모험(adventure) 그리고 금지된 열매(forbidden fruit)를 맛보고자 하는 욕망 등이 있다. 부당하게 해고당한 IT 직원이 해킹을 통해 회사의 컴퓨터 시스템을 중지시키는 경우가 일례이다. 컴퓨터 이용 범죄자들은 "사이버 펑크(cyber-punk)"와 같이 타인의 컴퓨터 시스템에 침범하여 통제권을 장악하는 것을 즐기기도 한다(Britz, 2004). 이와 같은 유형은 검거된 이후에 호기심에 의한 행동이었다고 변명한다. 소위 "크래커"들은 악성 바이러스를 컴퓨터 시스템에 감염시키거나 신용카드 정보, 주민등록번호와 같은 개인정보가 담긴 파일을 유출 및 훼손시킨다. 이들은 불법적인 방법으로 정보를 판매하여 결국 기업 및 개인 프라이버시를 침범한다.

Parker(1998)의 연구에서 컴퓨터 사용 범죄자들의 동기를 탐욕, 필요 그리고 피해자들의 손해에 둔감하기 때문으로 보았다. 어떤 컴퓨터 범죄자들은 "로빈후드 신드롬"을 이용해서 범죄행위를 정당화한다. 이와 같이 사이버 범죄자들은 각자 다른 동기를 가지고 사이버 공간에 모여든다. 이런 면에서 Cohen과 Felson(1979)이 규정한 대로 사이버 공간의 범죄자들도 기존 이론에 따라 항상 충분한 범의를 가지고 존재한다고 볼 수 있는 것이다. 따라서, 일상활동이론의 요소 중 잠재적인 가해자에 대한 가정이 사이버 범죄에도 적용된다고 결론짓기로 한다.

2. 사이버 범죄와 적절한 표적

두 번째 요소인 적절한 표적은 범죄의 대상이 되는 물건이나 사람을 일컫는다 (Cohen et al., 1981; Felson, 1998). 표적이 되는 물건이나 사람이 지닌 가치가 잠재적인 가해자에게 얼마나 욕구의 대상이 되는지가 관건이 된다. 적절한 표적이 되는 개체의 특성을 가치(value) – 관성(intertia) – 가시성(visibility) – 접근성(accessibility), 즉 "VIVA"를 통해 알아본다. 다만, 어떤 학자들은 표적의 매력적인 정도보다는 표적이 얼마나 강한 보호장치 아래 있는지가 피해 확률을 결정짓는다고 본다(Cohen et al., 1981; Yar, 2005).

(1) 가치(Value)

첫 번째로, 컴퓨터 사용 범죄의 경우 가해자의 동기의 복잡성과 결부되어 표적에 대한 평가도 까다롭게 된다(Yar, 2005). 현재 존재하는 연구에서 도출할 수 있는 결론 중 가장 명확한 종류의 동기는 범죄자들이 개인이나 단체로부터 디지털 재산 (digital property)을 얻고자 하는 경우이다(Yar, 2005). 기업체의 웹사이트나 개인의 웹사이트 등 디지털 소유물을 훼손한다거나 금전적 가치가 있는 정보를 유출하는 행동이 해당한다. 따라서 사이버 범죄의 경우, 범죄자의 동기에 따라 가치가 있는 객체를 대상으로 침입(trespassing), 절도, 사이버 스토킹 또는 기물 파손(vandalism) 등이 일어날 수 있다(Bernburg & Thorlindsson, 2001; Birkbeck & LaFree, 1993).

(2) 관성(Inertia)

VIVA의 두 번째에 해당하는 관성은 표적의 적합성과 밀접한 관련이 있다. 표적의 관성과 적합성은 서로 반비례의 관계에 있어 표적의 관성이 강할수록 적합성은 감소하게 된다(Yar, 2005). 대인관계에서의 관성은 표적의 힘이 잠재적인 가해자에 비해 강력하여 쉽게 공격할 수 없는 경우에 해당할 것이다(Felson, 1998). 반면 사이버 공간에서의 관성은 표적에 연결되어 있는 데이터의 양에 해당할 수 있다. 즉, 가해자가 가지고 있는 하드 드라이브나, 메모리, 중앙처리 장치 등 컴퓨터 시스템에 제한이 있는 경우 표적이 가진 데이터 전부를 공격하지 못할 수 있다(Yar, 2005).

다만 컴퓨터 부속품 가격이 점차 저렴해지고 기술 발달로 인해 범죄자들이 효율적인 도구를 마련하는 것이 상대적으로 쉬워지면서 사이버 공간에서 표적의 관성의 중요성은 점점 줄어드는 추세이다.

(3) 가시성(Visibility)

VIVA의 세 번째 요소인 가시성은 표적의 적합성과 비례 관계에 있다(Bennett, 1991; Felson, 1998; Yar, 2005). 가시성이 높을수록 표적의 적합성 또한 증가하게 된다. 사이버 공간에 존재하는 표적은 보통 전자 정보를 담고 있는 무형의 객체로, 가시성을 논하기는 쉽지 않아 보인다(Yar, 2005). 하지만 사이버 범죄의 특성에 맞추어 바꿔 생각하면 범죄자들은 IP 추적기나 비밀번호 해독기(Password Sniffer) 등을 통해 전자 정보에 접근한다. 신용카드 정보, 개인정보, 비밀번호와 같이 모니터에서 눈으로 확인할 수 있는 것이 사이버 범죄의 객체에 해당한다고 볼 수 있다. 이러한 정보는 프린터를 통해 종이 문서에 인쇄 가능하기도 하다. 따라서 컴퓨터 사용 범죄의 객체 역시 잠재적 범죄자들에게 가시적으로 볼 수 있는 것으로 보아야 한다(Yar, 2005).

(4) 접근성(Accessibility)

마지막 요소인 접근성 역시 표적의 적합성과 비례한다. Felson(1998)은 접근성을 "잠재적 범죄자가 표적에 접근하여 범행에 성공한 후 도주할 수 있는 정도"로 정의하였다. 인터넷을 이용하면 잠재적인 범죄자들은 별다른 비용의 투자 없이 컴퓨터를 이용하는 것만으로 전 세계의 피해자들에게 피해를 입힐 수 있게 되는 것이다(Kubic, 2001). 게다가 컴퓨터 이용 범죄자들의 경우 본인의 정보를 익명화 또는 암호화하거나 우회접속을 하는 방법으로 법 집행기관의 수사망을 빠져나가곤 한다(Grabosky, 2000; Grabosky & Smith, 2001; Furnell, 2002; Yar, 2005). 즉, 인터넷의 익명성과 컴퓨터 기술의 복잡성에 힘입어 사이버 범죄자들은 피해자에의 접근성을 높이고 처벌의 확률을 낮춘다.

위의 VIVA 분석을 종합하면, 표적의 적합성 개념을 사이버 공간과 범죄에도 적절하게 적용할 수 있는 것으로 보인다. 인터넷 사용자가 인터넷에 접속하면 컴퓨터 내에 존재하는 개인정보는 자연적으로 잠재적인 범죄자들에게 매력적인 표적이 된다. 범죄자들이 충분히 유용한 시스템을 지니고 있을 경우 사이버 공간에서의 객체의 관성은 무력화되기 십상이다. 또한 인터넷의 특성상 가시성과 접근성이 쉽게 확대되고 잠재적인 범죄자는 전 세계 어디에서나 적절한 표적을 찾아 범행을 저지를 수 있다.

3. 사이버 범죄와 유능한 보호자

일상활동이론의 세 번째 요소인 유능한 보호자에 대해 살펴본다. 여기서 유능한 보호자란 잠재적으로 표적이 될 수 있는 객체를 범죄자로부터 보호해 줄 수 있는 사람이나 장치를 말한다(Eck & Weisburd, 1995). 보호자는 크게 공식적 사회 통제, 비공식적 사회 통제 그리고 타겟 하드닝(target hardening)으로 나눌 수 있다(Cohen et al., 1981).

첫째로, 공식적 사회 통제 장치는 형사 사법 시스템, 즉 경찰, 법원 또는 교정기관 등 정부 작용을 통해 범죄를 통제하는 것을 지칭한다. 사이버 공간에서 법 집행기관은 잠재적인 피해자들을 보호하고 범죄자들을 통제하는 역할을 수행하는데, 이와 같은 공식적인 보호장치가 부재할 경우 사이버 범죄가 일어나기 쉽다(Grabosky, 2000). 사이버 범죄의 객체는 형태가 없는 데이터인 경우가 많기 때문에 기존의 절도죄의 정의에 잘 부합하지 않아 수사와 기소의 어려움이 있다(Tiernan, 2000). 이 과정에서 공적 통제 장치의 적합성이 약화되고, 개인과 공공 컴퓨터 시스템을 표적으로 하는 범죄의 기하급수적 증가 추세와 맞물려 심각한 피해를 일으키기도 한다(Tiernan, 2000).

이에 대응하여 공적 보호 기관에서도 사이버 공간에서의 혁신적인 범죄 예방 방법과 대책을 강구하기 시작하였다(Taylor et al., 2006). 미국 연방 기관의 노력에도 불구하고 많은 주립 및 지방 법 집행기관 차원에서 효과적인 사이버 범죄 예방과 수사에 필요한 지식과 디지털 증거를 수집하고 처리할 수 있는 시스템이 부족한 실정이다(Taylor et al., 2006). 컴퓨터 관련 범죄는 빠르게 진화하고 변화하는 반면, 주 정부와 지방 정부 차원에의 자원과 기술 부족으로 인하여 적절한 대응에 어려움을 겪고 있다(Hinduja, 2010). 사이버 공간에서 피해자들을 보호할 수 있는 능력을 가진 요원들과 관련 자원에는 한계가 있으며, 인터넷 사용자들을 위한 강력한 공적 보호장치를 수립하는 데에 어려움을 겪고 있다(Grabosky, 2000; Grabosky & Smith, 2001). 게다가 인터넷의 특성상 잠재적인 범죄자는 인터넷이 연결된 곳이라면 어디든 표적을 찾아 어디서든 범죄를 저지를 수 있는 데에다, 급속도의 기술 발전에 힘입어 용의자 자신의 정보를 쉽게 감출 수 있게 되었다(Grabosky, 2000).

더욱이, 2006년 발표된 "2005 FBI 컴퓨터 범죄 설문조사(FBI Computer Crime Survey)"에서 알려져 있듯이 컴퓨터 사용 범죄 피해자들은 다양한 이유로 자신의 피해사실을 법 집행기관에 알리기를 꺼려한다. 신고를 하지 않는 이유로 약 23%의 응답자들이 법 집행기관에서 어떤 조치도 취해줄 것 같지 않아서, 비슷한 비율의 응답자들은 법 집행기관이 적절한 예방과 대응에 필요한 능력을 갖추고 있지 않기 때문이라고 답했다. 또한 형사사법시스템 전반에 대해 신뢰를 가지고 있지 않기 때문에 신고를 하지 않는 경우도 존재하였다.

다음으로, 비공식적 사회 통제 작용에 대해 살펴본다. 비공식적 사회 통제는 개인이나 사적인 집단의 노력을 통해 비행을 통제하는 방법으로, 물리적 공간에서는 가정의 부모, 학교의 교사, 친구들 또는 사설 경비 등이 해당할 것이다(Cohen et al., 1981; Eck, 1995; Felson, 1986). 사이버 공간에서의 비공식적 통제는 네트워크 관리자, 시스템 보안 직원 또는 다른 인터넷 사용자들의 감시 등이 해당한다(Yar, 2005, p. 423). 최근 형사사법 시스템에서도 비공식 보호자의 역할을 이해하고 사이버 범죄의 심각성과 보호자의 중요성을 대중에게 교육함으로써 자기 통제, 온라인 에티켓, 인터넷 사용 규칙, 모니터링 집단 등에 의지하는 경우도 있으나, 아직 전적으로 실행되고 있는 것은 아니다(Moitra, 2005).

종합하면, 공식적인 사회 통제 장치는 물론 비공식적인 보호장치 역시 사이버 공간에서 활발히 작용하고 있지 않은 실정이다. 게다가 사이버 범죄는 범죄자의 행위와 피해 발생 시간에 차이가 나는 점(temporal irregularity), 공간에 접점이 없는 점(cyber- spatiality)으로 인해 공식적 또는 비공식적 통제 장치에 완벽하게 의존하기는 불가능하다(Yar, 2005, p. 423). 따라서 공식적·비공식적 통제 장치를 통해 사이버 범죄를 예방하는 것은 효율적이지 않다고 가정한다.

유능한 보호자의 세 번째 유형은 타겟 하드닝(target hardening)이라고 불린다. 기존의 타겟 하드닝은 물리적인 보안을 강화하는 방법으로 자물쇠를 설치하거나 경보기를 이용하거나 장벽을 설치함으로써 절도를 예방하는 것에 해당한다(Tseloni et al., 2004). 물리적인 공간에서의 타겟 하드닝은 범죄 피해 확률을 감소하는 효율적인 방법으로 알려져 있다(Chatterton & Frenz, 1994; Clarke, 1992, 1995; Clarke & Homel, 1997; Laycock, 1985; 1991; Poyner, 1991; Tilley, 1993; Webb & Laycock, 1992). 반대로 사이버 공간에서는 컴퓨터 보안을 강화하는 것이 유능한 보호장치를 확충하는 중요한 행위로 볼 수 있다. 기술 발전이 잠재적 범죄자들에게 다양한 도구와 기회를 제공하지만 동시에 방어 도구의 발달도 의미한다. 즉, 컴퓨터 보안 시스템을 통해 갈수록 다양화하는 컴퓨터 사용 범죄를 효과적으로 예방할 수 있다. 인터넷상의 피해를 예방할 수 있는 보안 시스템을 구비하고 있지 않으면 피해를 입을 확률은 자연히 증가할 것이다. 따라서 컴퓨터 보안 시스템이 사이버 공간상에서는 범법행위로부터 표적을 보호할 수 있는 유능한 보호자이며, 다양한 보호 요소 중 가장 효과적이고 중요한 방법일 것이다.

컴퓨터가 모뎀이나 케이블을 통해 인터넷에 연결되는 순간 공격을 받을 수 있는 다양한 경로가 열리게 된다. 간단한 비밀번호 보호 장치 또한 쉽게 무력화될 수 있다(Denning, 1999). 해킹 방지 소프트웨어와 같은 보안 프로그램을 통해 인터넷상 공격에 대응하는 것이 필요하다. 보안 프로그램이 설치되어 있을 경우 우연한 또는 불법 정보 접근 행위로부터 컴퓨터 본체를 보호할 수 있다. 많은 기업체에서 방화벽(firewall), 안티바이러스(antivirus), 안티스파이웨어(antispyware) 프로그램 등을 의무적으로 설치하도록 하는 이유이다. 보안을 더욱 강화하기 위해 지문, 음성인식, 홍채 인식 등 생체인식을 이용한 보안 시스템을 이용하기도 한다. 유일하게 안전한 컴퓨터는 외부와 완벽히 단절된 컴퓨터뿐이라는 말이 있다(Denning, 1999). 인터넷에 연결되어 있는 이상 컴퓨터를 완전하게 보호하는 것은 불가능하며 잠재적인 범죄자들로부터 범죄기회를 완벽히 차단하는 것 또한 어렵다. 대신 컴퓨터 보안 장치를 적극 이용하여 범죄기회를 가능한 최소화하는 것을 지향해야 할 것이다.

제4절
사이버—일상활동이론(Cyber-Routine Activities Theory)

기존의 범죄학 이론이 물리적 공간성에 한정되었다면 사이버 공간과 같이 물리적으로 한계가 없는 공간에서의 사건에는 적절하게 적용하기 곤란하다. 앞에서 서술한 바와 같이 디지털 기술의 발전으로 인해 잠재적 가해자와 피해자들이 한 공간에 동시에 존재해야 하는 조건이 더 이상 중요하지 않게 되었다(Eck & Clarke, 2003; Holtfreter et al., 2008; Pratt et al., 2010). 따라서, 일상활동이론의 개념을 사이버 공간에 적용할 수 있는 이론적 수정이 필요하다.

이와 같은 목적을 위해 도입한 이론이 Choi(2008)의 사이버—일상활동이론이다. 일상활동이론의 개념을 컴퓨터와 인터넷이 포함된 피해 사건에 적용할 수 있도록 확장·수정한 이론으로, (1) 디지털 형태의 보호자로서의 사이버 보안, (2) 온라인 공간에서의 일상 활동의 개념이 중요하게 작용한다. 이론의 중심 내용은 온라인 상에서의 생활 방식과 디지털 보호자의 형태에 따라 컴퓨터 사용 범죄의 표적이 될 수 있다는 것이다. 이 이론의 주요 내용은 컴퓨터 해킹이지만 다른 사이버 이론에도 적용할 수 있다. 따라서 일상활동이론의 개념인 잠재적 가해자와 적절한 표적 그리고 온라인 네트워크가 갖춰져 있는지가 관건이 된다(Eck & Clarke, 2003; Tillyer & Eck, 2009).

피해자-가해자 중첩은 대인관계 범죄에서 가해자의 역할을 하는 집단이 피해자도 될 확률이 높다는 것에 착안한 개념으로 기존의 일상활동이론에서는 자주 검증된 개념이다. 그러나 온라인 범죄에 대한 연구는 비교적 최근에 시작되어, 주로 피해자 또는 가해자 한쪽에만 집중하고, 피해자-가해자 중첩이 일어나는지 여부가 검증되지 않았다(e.g., Chen et al., 2017; Dredge et al., 2014; Fenaughty & Harre, 2013; Patton et al., 2014; Pereira et al., 2016). 이러한 연구의 공백에 착안한 것이 아래 소개하고자 하는 Choi와 Lee(2017)의 연구이다.

사이버 공간에서 벌어지는 대인관계 범죄 중 사이버 추행(cyber-harassment)과 사칭(cyber-impersonation)에서 피해자와 가해자의 특성을 조사한 연구를 소개한다. 설문조사는 매사추세츠 주 소재 대학의 학생들을 대상으로 진행하였다. 총 샘플 수는 272명으로, 학생 또는 여가 시간 동안 온라인에서 각종 활동을 하고, 비교적 인터넷 사용에 능숙하므로 적절한 연구 집단으로 선정되었다. 이때 종속변수인 사이버 추행은 지난 12개월 동안 사적인 사진이 인터넷에 유포되었는지, 동의없이 성적인 메세지를 받았는지, 언어적인 추행을 경험했는지 등의 질문을 통해 파악하였다. 또 다른 종속변수인 사이버 추행 가해 행동은 인터넷에서 누군가를 언어적으로 추행하였는지, 누군가를 사칭했는지, 온라인에서 타인을 협박하거나 근거 없는 소문을 퍼트렸는지 등의 질문을 통해 파악하였다.

다음으로, 사이버-일상활동이론의 핵심 요소인 인터넷 이용 스타일과 유능한 보호장치의 여부를 조사하였다. 인터넷에서의 일상 활동 스타일을 측정하기 위해 다음과 같이 세 가지의 측면을 조사하였다: (1) 사회관계망 사이트에서의 활동 양상, (2) 여가 활동으로의 인터넷 사용 양상, (3) 업무와 관련된 인터넷 사용 양상. 첫 번째 개념인 사회관계망 사이트에서의 활동 양상 파악을 위해 나의 일상을 대부분 인터넷에 공유하는지, 나의 감정과 생각을 공유하는 편인지, 개인정보를 사회관계망 사이트에 공유하는지 등을 질문하였다. 두 번째 개념인 여가 활동 양상은 무료 게임, 음악, 영화를 다운로드받는지 여부를 통해 파악하였다. 마지막으로 업무와 관련된 활동 양상은 이메일 첨부파일을 열었는지, 메시지 시스템을 통해 메시지를 전송했는지, 웹사이트 링크나 팝업창을 클릭했는지 등을 통해 측정하였다.

결과는 사이버-활동 이론을 대부분 지지하는 방향으로, 온라인상에서 대인관계 범죄 피해 확률과 대학생의 성별, 온라인의 여가 활동 양상 그리고 사이버 보안 시스템의 부재와 유의미한 연관이 있었다. 즉, 온라인 여가 생활에 있어서 위험한 행동을 하는 학생들은 대인관계 범죄 피해를 입을 확률이 높았다. 사이버 보안 시스템, 즉 프라이버시 보안 세팅을 하지 않는 등의 조치를 취하지 않았을 경우 역시 온라인 대인관계 범죄 피해 확률이 증가했다. 또한, 남학생들에 비해서는 여학생들이 높은 범죄 피해를 보고했다. 다음으로 온라인에서의 범죄 가해 확률은 소셜 미디어 사이트에서의 위험한 행동이 유의미한 예측 변수로 나타났다. 그러나 범죄 피해 양상을 예측할 때 유의미하게 나타났던 여타 변수들은 가해 행동과는 의미가 크지 않은 것으로 밝혀졌다.

　　이와 같은 연구내용은 사이버-일상활동이론을 통해 온라인상에서의 대인관계 범죄, 특히 범죄 피해 양상을 유의미하게 설명할 수 있음을 증명한 것으로 의미를 지닌다. 온라인상에서 위험한 행동을 하는 경우 그리고 보안 설정을 알맞게 사용하지 않는 경우 범죄 피해 확률이 상승함으로써, 일상활동이론의 요소들을 통해 컴퓨터 사용 범죄와 범죄 피해를 이해할 수 있다는 점을 시사한다. 사이버-일상활동이론의 유용성은 이론과 연구 결과를 통해 직접적으로 정책적 함의와 실질적인 방안을 도출할 수 있다는 데에서 나온다. 예를 들어, 사이버 범죄를 무조건적으로 처벌하기보다는 잠재적 피해자들을 교육하고 더욱 안전하게 인터넷을 사용할 수 있는 방법을 가르침으로써 위험한 일상 활동을 피할 수 있도록 노력하는 것이 중요하다는 결론을 도출할 수 있게 된다. 특히, 처음 보는 웹사이트 링크나 메시지, 첨부파일을 클릭하기 전에 안전성을 점검하고, 공공 와이파이 사용 전 보안 상태를 확인하는 등 유능한 보호장치를 적극적으로 이용하도록 한다.

	온라인 대인관계 범죄 피해	온라인 대인관계 범죄 가해
성별(여성)	+	
온라인에서의 위험한 행동		
소셜 미디어 사이트에서의 위험한 행동		+
온라인 여가 활동 양상	+	
사이버 보안 시스템 구비 여부	+	

논의 문제 1

컴퓨터나 다른 전자기기 사용법을 배웠던 기억을 떠올려 보자. 이때 사회적 환경이 학습 과정과 정보 기기를 사용하는 것에 대한 태도에 어떤 영향을 주었는지 생각해 보자. 일상활동이론의 요소들을 이용해서 전자 기기 사용에 대한 인식에 사회적 환경이 어떤 영향을 주는지 생각해 보자.

논의 문제 2

사이버 공간에서 개인정보와 자산을 보호하는 것의 중요성에 대해 이야기해 보자. 전자 자산 중 하나를 선택하여 VIVA 요소의 특성을 분석해 보자.

참고문헌

Adams, P. (1998). Network topologies and virtual place. *Annals of Association of American Geographers, 88*(1), 88–106.

Akers, R (1997). *Criminological theories: Introduction and evaluation* (2nd ed.). Los Angeles: Roxbury.

Bennett, R. (1991). Routine activities: A cross–national assessment of a criminological perspective. *Social Forces 70*(1), 147–163.

Bernburg, J. G., & Thorlindsson, T. (2001). Routine activities in social context: A closer look at the role of opportunity in deviant behavior. *Justice Quarterly, 18*, 543–567.

Birkbeck, C., & LaFree, G. (1993). The situational analysis of crime and deviance. *Annual Review of Sociology 19*(2), 113–37.

Britz, M. T. (2004). *Computer forensics and cyber crime*. New Jersey: Pearson Prentice Hall.

Castells, M. (2002). *The internet galaxy: Reflections on the Internet, business, and society*. Oxford, United Kingdom: Oxford University Press.

Chatterton, M. R., & Frenz, S. J. (1994). Closed–circuit television: Its role in reducing burglaries and the fear of crime in sheltered accommodation for the elderly. *Security Journal, 5*(3), 133–139

Chen, H., Beaudoin, C. E., & Hong, T. (2017). Securing online privacy: An empirical test on Internet scam victimization, online privacy concerns, and privacy protection behaviors. *Computers in Human Behavior*, 70, 291e302.

Choi, K. (2008). Computer crime victimization and integrated theory: An empirical assessment. *International Journal of Cyber Criminology*, 2(1), 308–33.

Choi, K. S., & Lee, J. R. (2017). Theoretical analysis of cyber–interpersonal violence victimization and offending using cyber−routine activities theory. *Computers in Human Behavior*, 73, 394−402.

Clarke, R. V. (Ed.) (1992). *Situational crime prevention: Successful case studies*. Albany, NY: Harrow and Heston.

Clarke, R. V., & Homel, R. (1997). A revised classification of situational crime prevention techniques. In S. P. Lab (Ed.), *Crime prevention at the crossroads* (pp.17−30). Cincinnati, OH: Anderson.

Cohen, L. E., & Cantor, D. (1980). The determinants of larceny: An empirical and theo− retical study. *Journal of Research in Crime and Delinquency, 17*(1), 140−159.

Cohen, L. E., & Felson, M. (2004). Routine activity theory. In F. Cullen & R. Agnew (Eds.), *Criminological theory: Past to present* (3rd ed., pp. 433−451). New York: Oxford University Press.

Cohen, L. E., Felson, M., & Land, K. (1981). Social inequality and predatory criminal vic− timization: An exposition and a test of a formal theory. *American Sociological Review, 46*, 505−524.

Corrado, R., Roesch, R., Glackman, W., Evans J., & Leger, G. (1980). Lifestyles and per− sonal victimization: A test of the model with Canadian survey data. *Journal of Crime and Justice 3*(1), 125−149.

Denning, D. (1999). *Information warfare and security*. Boston: Addison Wesley.

Dredge, R., Gleeson, J., & de la Piedad Garcia, X. (2014). Cyberbullying in social net− working sites: An adolescent victim's perspective. *Computers in Human Behavior*, 36, 13e20.

Eck, J. (1995). Examining routine activity theory: A review of two books. *Justice Quarterly, 12*, 783−797.

Felson, M. (1986). Routine activities, social controls, rational decisions and criminal outcomes. In D. Cornish and R. Clarke (Eds) *The reasoning criminal* (pp. 302−327). New York: Springer Verlag.

Felson, M. (1998). *Crime and everyday life: Insights and implications for society*, (2nd ed.). Thousand Oaks, CA: Pine Forge Press.

Fenaughty, J., & Harre, N. (2013). Factors associated with distressing electronic harass− ment and cyberbullying. *Computers in Human Behavior*, 29(3), 803e811.

Furnell, S. (2002). *Cybercrime: Vandalizing the information society*. London: Addison

Wesley.

Garofalo, J. (1987). Reassessing the lifestyle model of criminal victimization. In M Gottfredson & T. Hirschi (Eds.), *Positive criminology* (pp. 23−42). San Francisco: Sage.

Gottfredson, M. R. (1984). *Victims of crime: The dimensions of risk. Home Office Research Study No.18.* London: Her Majesty's Stationer.

Grabosky, P. (2000, March). *Cyber crime and information warfare.*

Grabosky, P., & Smith, R. (2001). Telecommunication fraud in the digital age: The con− vergence of technologies. In D. Wall (Ed.) Crime and the Internet. London: Routledge.

Hinduja, S. (2010). Criminal Justice and Cyberspace. In G. Higgins (Eds.), *Cybercrime* (pp. 133150). New York: McGraw−Hill.

Hoffer, J. A., & Straub, D. W. (1989). The 9 to 5 underground: Are you policing computer crimes. *Sloan Management Review, 30*(4), 35−44

Kennedy, L. W., & Forde, D. R. (1990). Routine activities and crime: An analysis of vic− timization in Canada. *Criminology* 28, 137−151.

Knetzger, M., and Muraski, J., (2008). *Investigating High−Tech Crime.* New Jersey: Pearson.

Kubic, T. (2001, June 12). *The FBI's perspective on the cybercrime problems.* Washington, DC: Congressional Testimony, Federal Bureau of Investigation.

Laycock, G. (1985). *Property marking: A deterrent to domestic burglary?* London: Home Office.

Lynch, J. P. (1987). Routine activity and victimization at work. *Journal of Quantitative Criminology 3,* 283−300.

Massey, J., Krohn, M., & Bonati, L. (1989). Property crime and the routine activities of individuals. *Journal of Research in Crime and Delinquency 26,* 378−400.

Miethe, T., & Meier, R. (1990). Criminal opportunity and victimization rates: A struc− tural−choice theory of criminal victimization. *Journal of Research in Crime and Delinquency 27,* 243−266.

Miethe, T., Stafford, M., & Long, J. S. (1987). Social differentiation in criminal victim− ization: A test of routine activities/ lifestyle theories. *American Sociological Review 52*(2), 184−194.

Mitchell, W. J. (1995). *City of bits: Space, place and the Infobahn*. Cambridge, MA: MIT Press.

Moitra, S. D. (2005). Developing policies for cybercrime. *European Journal of Crime, Criminal Law and Criminal Justice, 13*(3), 435−464.

Mustaine, E., & Tewksbury, R. (1998). Predicting risks of larceny theft victimization: A routine activity analysis using refined lifestyle measures. *Criminology 36*, 829−857.

Osgood, D. W., Wilson, J. K., O'Malley, P. M., Bachman, J. G., & Johnston, L. D. (1996). Routine activities and individual deviant behavior. *American Sociological Review. 61*, 635−655.

Parker, D. B. (1998). *Fighting computer crime: A new framework for protecting information*. New York: Wiley.

Patton, D. U., Hong, J. S., Ranney, M., Patel, S., Kelley, C., Eschmann, R., et al. (2014). Social media as a vector for youth violence: A review of the literature. *Computers in Human Behavior*, 35, 548e553.

Pereira, F., Spitzberg, B. H., & Matos, M. (2016). Cyber−harassment victimization in Portugal: Prevalence, fear and help−seeking among adolescents. *Computers in Human Behavior*, 62, 136e146.

Poyner, B. (1991). Situational crime prevention in two parking facilities. *Security Journal, 2*, 96−101.

Roncek, D. W., & Maier, P. A. (1991). Bars, blocks, and crimes revisited: Linking the theory of routine activities to the empiricism of hot spots. *Criminology, 29*, 725−753.

Sampson, R. J., & Woodredge, J. D. (1987). Linking the micro− and macro−level dimensions of lifestyle−routine activity and opportunity models of predatory victimization. *Journal of Quantitative Criminology*, 3, 371−393.

Sherman, L. W., Gartin, P. R., & Buerger, M. E. (1989). Hot spots of predatory crime: routine activities and the criminology of place. *Criminology, 27*(2), 27−55.

Smith, S. J. (1982). Victimization in the inner city. *British Journal of Criminology*, 22(2), 386−402.

Taylor, W. R., Caeti, J. T., Loper, D. K., Fritsch, J. E., and Liederbach, J (2006). *Digital crime and digital terrorism*. New Jersey: Person Education.

Tiernan, B. (2000). *E-tailing*. Chicago: Dearborn.

Tilley, N. (1993b). *Understanding car parks, crime and CCTIV: Evaluation lessons from safer cities*. London: Home Office.

Webb, B., & Laycock, G. (1992). *Reducing crime on the London underground: An evaluation of three pilot projects*. London: Home Office.

Yar, M. (2005). The novelty of 'cybercrime': An assessment in light of routine activity theory. *European Society of Criminology, 2*, 407-427.

강욱(Wook Kang), 이주락(Julak Lee, 중앙대학교)

물리보안의 개념

물리보안(Physical Security)은 넓은 의미에서 논리적인 영역을 제외한 물리적인 영역 전체에 대한 보안을 의미한다. 하지만 현실적으로 보안 실무에서는 이러한 광의적 개념을 사용하지 않기 때문에 보다 구체적인 정의가 필요하다. 물리보안 분야 관련 가장 공신력 있는 단체인 미국산업보안협회(American Society for Industrial Security, 이하 ASIS)에 의하면, 보안은 위험(Risk)을 통제하여 안전한 상태를 유지하는 것이고, 위험은 자산, 위협, 취약성의 세 가지 요소로 구성된다(ASIS, 2012). 이를 바탕으로 물리보안의 개념을 이해할 수 있는데, 물리보안은 물리적인 자산(Asset)을 보호하기 위해 위협(Threat)과 취약성(Vulnerability)을 파악하고, 이를 통제하여 안전한 상태를 유지하는 보안 활동이라고 할 수 있다.

구체적으로, 자산의 측면에서 ASIS(2009)는 물리보안의 주요 보호 대상의 범위를 정보, 인명, 시설로 설명하고 있으나 이것만을 물리보안에서 보호하는 자산의 범위라고 단정할 수는 없다. 일례로, 물리적 보안의 통제수단 중 하나인 영상감시장치를 설치하는 것은 해당 시설의 인명, 정보, 시설을 보호하는 것은 물론, 해당 조직의 평판을 보호하는 역할도 한다. 따라서 물리적 보안을 통해 보호하는 자산의 범위는 정보, 인명, 시설뿐만 아니라, 해당 조직의 특성에 맞게 위험분석을 통해 도출되는 것을 포함해야 할 것이다.

위협 측면의 경우, 물리보안에서는 '고의적인 위협'에 대한 통제가 주로 다루어지며, '비고의적인 위협'이나 '자연재해'와 같은 통제는 방재와 안전 영역에서 주로 다루어진다. 다만, 물리보안의 통제기능을 실제 수행할 때는 방재나 안전에 대한 지원 역할도 함께 고려해야 한다. 실제로 물리보안 통제는 안전이나 방재 활동과 밀접하게 연관되어 있다. 예를 들어, 보안 감시카메라로 화재를 탐지한 후 보안 요원이 초기 진화를 하는 경우와 같이 물리보안 통제는 안전이나 방재 활동과 함께 수행되는 것이 효과적이다.

취약성 및 통제수단의 경우, '구조적 요소, 전자적 요소, 인적 요소'로 구성된다. 그러나 기존의 통제수단을 단순히 활용하는 것에 그치기보다 방재, 안전 영역의 통제수단들과 연동하거나 통합하는 것이 위협으로부터 자산을 보호하는 근본적인 목적에 부합할 것이다. 또한, 최근 보안 위협이 다양화됨에 따라 핵심 정보 유출 시도에 대한 차단의 효과성 증대를 위해 논리적 보안 및 물리적 보안 데이터를 종

[그림 3-1] 물리보안 프레임워크

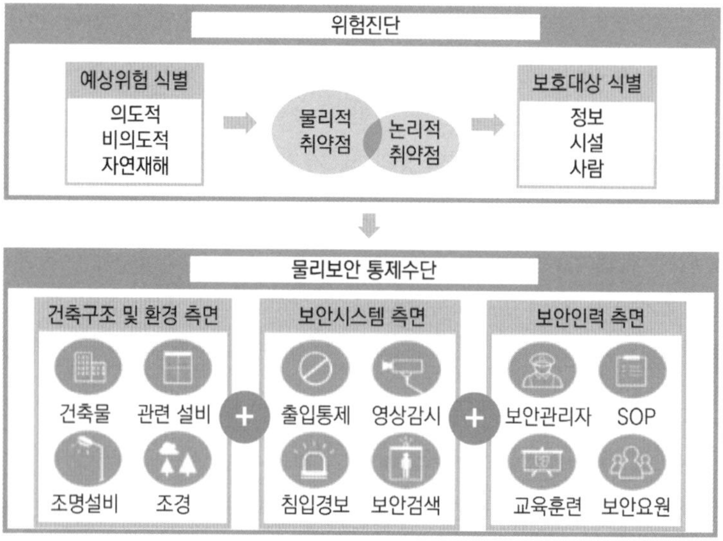

합 분석하는 기법들이 적용되고 있는데, 이러한 융합보안적 접근 역시 앞으로 더욱 크게 요구될 것이다.

종합하자면, 물리보안 프레임워크는 <그림 3-1>과 같다. 즉 물리보안은 인명, 정보, 시설 등을 포함한 자산을 다양한 '위협'으로부터 보호하기 위하여, 건축구조적 요소, 전자시스템적 요소, 운영인력적 요소를 이용하여 '물리적 취약성'을 통제하는 활동이라고 할 수 있다. 다만, 물리보안에서 위협은 의도적 위협을 중점적으로 다루지만, 비의도적 위협과 자연적 위협도 배제하지는 않는다(이상희·이주락, 2017). 물리보안 통제수단(요소)에 대한 구체적인 분류는 아래 <표 3-1>과 같다.

[표 3-1] 물리보안의 통제요소

구분	통제요소
건축구조적 요소	펜스, 장벽, 벽, 지붕, 바닥, 금고실, 볼라드
	출입문, 창문, 게이트, 개구부
	조명, 조경
	건물구조, 이동 동선
전자시스템적 요소	출입통제 시스템
	영상감시 시스템
	침입경보 시스템
	보안검색 시스템
	통합관제시스템
운영인력적 요소	보안관리자
	보안요원

보안 위험관리

위험은 자산에 대한 잠재적 손실 및 피해로 정의된다. 그런데 위험의 크기는, 자산, 위협, 취약성이라는 세 가지 요소에 의해 결정된다(ASIS, 2015). 이를 미국산업보안협회(ASIS)에서는 아래와 같은 위험공식으로 표현하고 있다.

[위험＝F(자산×위협×취약성)]

아래 <그림 3-2>에서 위험의 크기는 "가로×세로×높이"로 전체의 부피가 곧 위험의 크기라 할 수 있다. 그러므로 자산, 위협, 취약성 어느 하나라도 줄이면 전체 위험의 크기가 감소한다. 그러나 보안 분야에서 자산과 위협의 경우, 통제가 어려운 경우가 많기에 위험의 크기를 줄이기 위해서 취약성 경감을 목표로 하는 경우가 대부분이다. 그리고 물리보안 통제수단의 적용을 통해 취약성을 낮출 수

[그림 3-2] 위험의 요소 및 크기

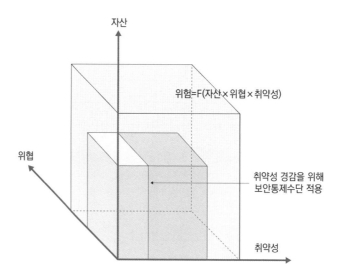

있는데, 물리보안 통제수단으로는 건축구조적 요소(펜스, 창문, 조명, 조경 등), 전자 시스템적 요소(출입통제시스템, 영상감시시스템 등), 운영인력적 요소(보안관리자, 보안 요원 등)가 있다. 이와 같은 과정을 통해 <그림 3-2>처럼 취약성의 가로 길이가 줄어들어 전체 위험의 크기(즉 부피)가 축소된다(이주락·이상희, 2022).

위험은 기업이나 조직의 성장 기회를 놓치게 할 수 있는 상당한 수준의 손실이나 피해를 발생시킬 수 있기에 조직 차원에서 위험관리는 기업의 미래를 좌우하는 가장 중요한 업무 중 하나이다. 그러므로 대부분의 글로벌기업에서는 전사적 위험 관리(Enterprise Risk Management, ERM)를 시행하고 있다.

전사적 위험관리란 내부통제 시스템을 적용하여 조직 내부에서 위험과 불확실성을 관리하는 조직관리에 기초한 위험관리 기법으로 사후적인 위험 대응뿐만 아니라, 사전에 위험을 예방하고 방지하는 것도 목표로 하여 손실 발생을 최소화하고 조직의 지속적인 성장을 도모한다(이주락·이상희, 2022). 전사적 위험관리는 전사적인 관점에서 여러 위험을 다룬다는 점에서 각각의 부서 및 기능 단위로 위험을 관리하던 기존의 위험관리 방식과 차별화된다.

특히, 보안 위험관리의 경우, 손실을 최소한의 비용으로 효과적으로 관리하는 것을 목표로 하고 있다. 보안 위험관리 절차는 위험 진단(Risk Assessment) 과정과 위험 처리(Risk Treatment) 과정으로 구성되고, 위험 진단 과정은 다시 위험 식별(Risk Identification) 단계, 위험 분석(Risk Analysis) 및 위험 평가(Risk Evaluation)의 단계로 이루어진다. 그리고 위험 처리 과정은 통제방안 도출 단계, 위험 감소 단계로 이루어진다.

먼저, 위험 식별 단계는 자산, 위협, 취약성을 찾아 목록화하는 단계이고, 위험 분석은 위험의 크기를 계산하는 것이며, 위험 평가 단계는 수립된 기준에 따라 위험 수준을 평가하여 우선순위를 정하고 대응이 필요한지 판단하는 것이다. 이때 도출된 위험은 영향도(Impact)와 발생가능성(Probability)의 두 가지 척도로 평가하며, 이때 <그림 3-3>과 같은 확률-영향도 매트릭스(Probability and Impact Matrix)가 사용된다.

물리보안 통제대책은 건축구조적 요소, 전자시스템적 요소, 운영인력적 요소로 구분되고, 이를 적용하기 위해선 먼저 비용 측면에서 합리적 의사결정을 가능하

[그림 3-3] 확률-영향도 매트릭스

		Very Low	Low	Medium	High	Very High
	Very High	Medium	Medium	High	High	High
	High	Low	Medium	Medium	High	High
Probability	**Medium**	Low	Medium	Medium	Medium	High
	Low	Low	Low	Medium	Medium	Medium
	Very Low	Low	Low	Low	Low	Medium

Impact →

게 해주는 비용편익분석(Cost Benefit Analysis)이 수반되어야 한다. 이후 이를 적용하여 위험을 처리(감소)한다.

[그림 3-4] 물리보안 위험관리 모형

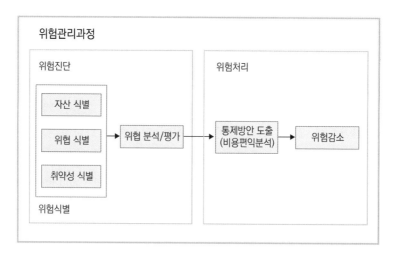

요약하자면, 보안 위험관리 절차는 <그림 3-4>와 같이 자산, 취약점, 위협의 식별 후 위험을 분석/평가하고, 통제방안을 도출한 후 위험을 처리(감소)하는 과정으로 이루어진다. 보안 위험관리 절차는 정기적으로 재평가해야 하는 순환적 프로세스로 인식되어야 한다.

제3절
위험 완화원칙

1. 5Ds

5Ds는 자산 보호를 위한 중요한 보안 접근 방식으로, 억제(Deter), 거부(Deny), 탐지(Detect), 지연(Delay), 제거(Destroy)라는 다섯 가지 단계로 이루어져 있다. 이 방식은 자산 보호의 거의 모든 측면에서 적용된다. 보안의 첫 번째 목표는 공격자가 침입할 수 없도록 가능한 모든 위협을 억제하는 것이다. 이를 위해 경고 표지판, 영상감시 카메라, 경비견 등이 사용될 수 있다. 다음으로, 접근을 거부하기 위해 통제된 출입구 등의 보안 수단을 쓸 수 있다. 이때 보통 범행 목표물에 대한 범행을 어렵게 만드는 타겟 하드닝(Target Hardening) 기법이 사용된다(박현호 외, 2018).

만약 억제와 거부가 실패하면, 가능한 한 빠르게 공격이나 위험 상황을 탐지하는 것이 중요하다. 이를 위해 침입 경보 시스템 및 영상감시 시스템을 이용할 수 있다. 위협 상황이 감지되면, 보안 담당자는 적절한 조치를 취하여 상황을 지연시킨다. 이를 위해 서로 다른 보안 대책을 연달아 설치하거나 중복으로 설치할 수 있다. 지연 후에는 보안요원이나 경찰 등의 대응 인력이 공격자를 무력화하거나 제거할 수 있다. 이러한 방식을 통해 자산 보호를 강화할 수 있다.

보호 프로그램의 효과를 평가할 때 5Ds를 고려하는 것이 중요하다. 물리적 보안 기능의 효과를 평가하기 위해서는 먼저 보호해야 할 자산, 공격자의 전략 및 공격 경로를 식별해야 한다. 이러한 분석 결과는 일반적으로 "설계 기준 위협(Design Basis Threat, DBT)"으로 알려져 있다(Doss, 2019). 물리적 보안의 기본 원칙은

[그림 3-5]   5Ds

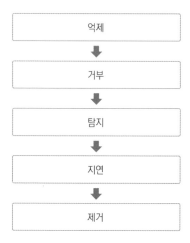

위협에 대한 현재 진단에 기반하여 보호를 적용하는 것이다. 따라서 잠재적인 공격자의 유형, 동기, 의도 및 능력에 대한 종합적인 이해인 DBT가 중요하다. 물리적 방어체계는 DBT를 기반으로 설계 및 평가되어야 하며, 이는 물리적 방호시스템(Physical Protection System, PPS) 설계의 기초 및 시스템의 적합성을 평가하는 데 필수적이다. DBT를 명시적으로 정의함으로써 새로운 또는 기존 PPS에 대한 성능 수준을 설정할 수 있다. 이를 통해 과도한 설계나 보호 미흡의 위험성을 줄이고, 적절한 수준의 보호를 제공할 수 있다.

2. 계층화된 보안

계층화된 보안(Layered Security) 또는 심층보안(Security in Depth)은 다중, 다층적인 방어 전략을 의미하는 심층방어(Defense in Depth) 개념에서 파생된 것으로, 보호 대상에 도달하기 위해 공격자가 여러 층의 보안 통제를 극복하도록 여러 층의 보안 대책을 취하는 것을 말한다. 이러한 여러 층의 보안 대책은 상호 통합될 때 가장 효과적이다.

[그림 3-6] 계층화된 보안

Security Layers

Physical Security

Storage Security

Access Management

Network Security

Internal Security

계층화된 보안 또는 심층보안은 물리적 보안과 논리적 보안 모두에 적용되며, 이는 단일한 보안 통제조치만으로는 보안의 유효성을 충분히 확보하기에 부족하고, 잘 계획되고 상호 통합된 보안 통제 조치에 의해서 자산이 보다 효과적으로 보호될 수 있다는 것이다.

계층화된 보안을 보다 구체적으로 설명하면, 외부에서 내부로 접근하는 것을 허용하기 위해 여러 단계의 보안장치를 설치함으로써 보호 대상에 최종적으로 도달하는 것을 막는 것이다. 예를 들어, 회사의 귀중품을 보호하기 위해 외부에 울타리, 침입경보 센서, 출입문, 영상감시 카메라 등의 보안장치를 설치하고, 내부에는 금고 등의 추가적인 보안장치를 설치함으로써 여러 단계의 보안장치를 적용하는 것이 이에 해당한다.

계층화된 보안은 공격자가 모든 층의 보안장치를 극복해야만 목표를 달성할 수 있다는 점에서 공격자에게 어려움을 준다. 이러한 다중, 다층적인 보안전략을 적용함으로써 자산이 더욱 효과적으로 보호될 수 있다(Fennelly, 2017).

3. 균형적 보호

균형적 보호(Balanced Protection)란 보호 대상에 접근하는 모든 경로가 같은 수준의 통제 효과나 방어력을 가져야 한다는 원칙을 의미한다(Garcia, 2005). 다시 말해, 어떠한 부분이라도 취약한 부분이 있다면 전체적인 보호 수준이 약화된다는 원리이다.

예를 들어, 출입문의 경첩이 쉽게 극복될 수 있다면, 침입자는 벽을 뚫거나 구멍을 내지 않고도 쉽게 출입할 수 있게 된다. 이 경우, 출입문의 보호 수준은 가장 약한 경첩의 보호 수준과 같다고 할 수 있다. 따라서, 보안 전문가들은 각 경로에서 제공되는 탐지(Detect)와 지연(Delay)의 균형성을 검토하여 불균형한 부분을 개선해야 하여 보호 시스템의 효과를 최대로 유지할 수 있다. 즉 균형적 보호야말로 가장 적은 노력으로 가장 높은 보안 유효성을 확보할 수 있는 방법이라 할 수 있다.

[그림 3-7] 침입경로도(예)

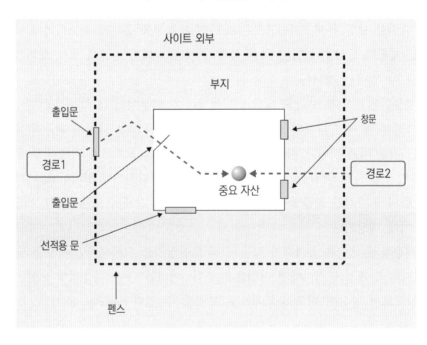

한편, 침입자 경로는 특정 사이트 내 목표물에 접근하기 위한 일련의 경로를 의미하고, 이 경로상에 위치한 통제요소들은 침입자를 탐지하고 지연시키는 역할을 수행한다. 침입경로도(Adversary Sequence Diagram) 분석은 특정 위협에 가장 취약한 경로, 즉 공격자가 가장 쉽게 침입할 수 있는 경로를 결정하는 데에 활용될 수 있다. 이를 위해 침입경로도는 인접한 물리적 영역을 구분하고, 각 영역 간의 보호 계층과 경로 요소를 정의하며, 각 경로 요소에 대한 탐지 및 지연값을 기록하는 세 가지 단계를 거쳐 결정된다(Seger, 2011).

① 인접한 물리적 영역으로 구분하여 사이트 설명
② 인접 영역 간의 보호 계층 및 경로 요소 정의
③ 각 경로 요소에 대한 탐지 및 지연값 기록

이를 통해 각 경로의 탐지 및 지연값을 비교하여 물리보안 시스템의 균형성 여부를 판단하고, 필요에 따라 통제요소의 보완 및 조정을 진행할 수 있다.

4. 통합보안

보안 프로그램의 효율성은 개별적인 보안 조치의 적용이 아닌, 상호 연관된 보안전략을 기반으로 한 종합적인 시스템 접근 방식(System Approach)을 채택해야 한다. 이러한 시스템 접근 방식은 물리적인 보안 수단뿐만 아니라 다른 보안 및 위험관리 분야와의 통합도 가능하며, 이를 물리보안 내부에서만 적용하는 것이 아니라 다른 분야와도 융합하여 적용할 수 있다(ASIS, 2015). 보통 통합보안 시스템은 다음과 같이 네 단계로 구성된다.

1단계는 전자보안 시스템의 통합이다. 전자보안 시스템은 출입통제 시스템, 영상감시 시스템, 침입경보 시스템, 보안검색 시스템 등으로 구성되어 있다. 이러한 기술들을 효과적으로 활용하기 위해서는 IT 인프라에 통합하는 것이 중요하다. 이러한 방식으로 체계를 구축하면 비용을 절감하고 전체적인 효율성을 높일 수 있다. 하지만 전자보안 장치들이 통합됨에 따라 전체 시스템이 복잡해지고 문제를 확인하고 해결하는 데 어려움이 생길 수 있다. 이러한 문제를 해결하기 위해서는 신중한 계획과 이해당사자 간의 긴밀한 협력이 필요하다.

2단계는 물리적 보안의 세 가지 통제요소들의 통합으로 이들이 통합되어 포괄적인 물리적 보안 전략의 일부로 작동해야 한다. 건축구조적 보안, 전자보안 시스템, 운영인력의 세 가지 통제요소들이 통합되어 운영되어야 최대의 보안 유효성을 확보할 수 있다.

3단계는 물리적 보안과 논리적 보안(정보보안, 기술적 보안, 사이버보안)의 통합으로 이를 융합보안이라 할 수 있다. 융합보안은 물리적인 보안 수단뿐만 아니라 기술적 보안, 인사 보안, 보안 교육 및 인식, 보안정책, 보안조사 등 다양한 보안 분야들을 종합하여 전반적인 보호 전략을 수립하고 운영하는 것이다. 이를 통해 논리적 보안 분야에서 발생할 수 있는 다양한 위협으로부터 기업을 종합적으로 보호할 수 있으며, 보안 대응 능력을 강화할 수 있다. 따라서, 융합보안은 물리적 보안과 논리적 보안을 포함한 종합적인 보안전략을 수립하는 데 중요한 역할을 한다 (Booz et al., 2005).

4단계는 전사적 위험관리(Enterprise Risk Management)이다. 기업이나 조직의 위험관리는 보안뿐만 아니라 법률적 책임관리, 위기관리 및 비상대비, 사업연속성 관리, 산업 보건 및 안전관리 등 다양한 기능과 활동을 포함하고 있으므로, 물리적 보안 프로그램은 전체적인 위험관리 전략의 일부분으로 통합되어 운영되어야 한다. 특히, 보안 기능은 종종 일반적인 보안 분야 이외에도 조직의 위험을 다루는 데 관여하는 경우가 많다. 이러한 위험은 감염병 예방, 의료 비상 상황, 위험 물질 사고, 사건 조사, 평판 관리 등이 있으며, 이러한 위험과 전체적인 위험관리를 통합하는 것이 중요하다.

물리보안 통제 수단

1. 전자적 보안 통제

전자시스템적 통제요소는 물리적 보안의 핵심적인 영역이며, 미국에서 전자공학 분야가 발전하면서 보안의 많은 분야에 응용되었다. 이러한 응용 기술은 보안 분야에서도 전자보안 시스템으로 발전하였다(Baker & Benny, 2013). 이와 관련하여 일본 경비업법에서는 기계경비 시스템이라는 용어를 사용하고, 일본 경비업법을 본떠 1976년 제정된 우리나라의 경비업법에서도 기계경비라는 용어를 사용하고 있지만, 이는 전자보안 시스템을 제대로 표현하지 못하므로 적절하지 않다고 할 수 있다.

전자시스템적 통제요소는 장치와 시스템들을 상호 연결하여 전체 전자보안 시스템을 구성한다. 적절한 제원과 기능을 갖춘 장비들을 필요한 위치에 배치하여 상호 연결하여 전자보안 시스템을 구성하면, 위협을 탐지하고 상황 발생 후에는 기록 및 저장된 정보를 바탕으로 추적을 가능하게 한다. 이러한 시스템은 보통 출입통제 시스템, 영상감시 시스템, 침입경보 시스템의 세 가지가 상호 연동 및 통합되는 형태로 구성된다.

영상감시 시스템: 영상카메라를 사용하여 특정 장소를 촬영하고 원격에서 모니터링하는 것을 말한다. 폐쇄회로 텔레비전(Closed Circuit Television, CCTV)이라고도 불리지만, 현재는 클라우드 기술이 적용된 영상감시 시스템도 많이 사용되므로 영상감시 시스템이라 부르는 것이 더 타당하다. 영상감시 시스템은 일반적으로 다음과 같은 구성요소를 포함한다.

- 카메라 등의 영상 촬영장치
- 영상 저장장치
- 영상 제어장치
- 영상 표출장치

- 통신 네트워크 등의 전송매체
- 영상감시 소프트웨어

출입통제 시스템: 특정 시설이나 지역에 출입하는 인원, 차량, 물건 등을 출입통제 정책에 따라 통제하는 시스템이다. 인증 방법으로는 기억에 의한 방법(예: 비밀번호), 소유에 의한 방법(예: 출입카드, 열쇠), 신체적 특징(예: 얼굴, 지문)에 의한 방법이 있으며, 최근에는 신체적 특징에 의한 방법인 생체인식 기술이 주목받고 있다. 출입통제 시스템은 일반적으로 다음과 같은 구성요소를 포함한다.

- 출입카드 등의 인증수단
- 리더기 등의 인식장치
- 전기정 등의 잠금장치
- 컨트롤러 등의 처리장치
- 도어 하드웨어(출구버튼, 도어클로저)
- 통신네트워크
- 출입통제 소프트웨어

침입경보 시스템: 권한이 없는 인원이나 차량의 침입 시도를 감지하여 경보를 제공하는 시스템이다. 이를 위해 적절한 감지기의 선정과 감도 설정이 필요하며, 잘못된 설치는 위협탐지 확률을 낮출 수 있다. 침입감지기는 자기장, 빛의 성질, 열, 물체의 운동 등을 전기신호로 변환하는 장치이다. 침입경보 시스템은 감지된 정보를 식별, 전송, 처리, 표시 및 기록하는 활동을 수행하며, 대응 수준을 판단하기 위한 정보를 제공한다. 따라서 침입경보 시스템은 각종 정보를 제공하는 구성요소와 감지기 등의 하드웨어 구성으로 이루어진다.

- 침입탐지용 감지기(Sensor)
- 컨트롤패널 등의 처리장치
- 로컬 조작장치
- 로컬 경보장치
- 원격 관제센터에 설치되는 침입경보 모니터링 콘솔

■ 통신네트워크

2. 건축구조적 보안 통제

물리적 보안의 가장 기초가 되는 건축구조적 보안은 건축물의 구조와 주변 환경 그리고 각종 설비 요소들을 물리적 보안 통제에 적합하게 활용하는 것이다. 건물은 기둥, 벽, 지붕으로 구성되어 형태를 유지하고 외부와 분리되는 동시에 문, 창문, 셔터 등을 통해 외부와 연결된다. 내부에는 전기, 기계, 공조, 통신 등의 각종 설비가 배치되어 건축물의 용도에 따른 기능을 수행하며, 외부에는 펜스나 조경 등을 통해 외곽을 구분한다(ASIS, 2015). 건축구조적 보안 통제요소들은 보통 다음과 같다.

■ 펜스, 장벽(볼라드, 장애물, 벽체) 등
■ 게이트, 문, 창문, 셔터 등
■ 전기설비, 공기조화설비
■ 조명 및 조경, 옥외시설물

초기 단계인 건축설계 과정에서 건축구조적 보안이 고려되지 않으면 많은 취약성이 생길 수 있으나, 우리 사회에서는 이를 초기 단계에서 고려하는 경우가 드물다. 그러나 차후에 이러한 문제를 해결하려면 전자시스템적 수단이나 운영인력적 수단이 추가로 필요하며 이에는 막대한 비용과 노력이 소요된다.

건축구조적 보안은 대개 물리적 경로를 통제하여 무단침입이나 자산의 무단 반출을 방지하는 데 적용된다. 이러한 보안 통제 방법은 범죄예방환경설계(Crime Prevention Through Environmental Design, CPTED)나 테러예방설계(Anti-Terrorism Design, ATD)와 같은 보안설계(Security Design) 기법으로 발전해 왔다. CPTED나 ATD와 같은 보안설계 기법을 건축구조적 보안에 적용하면 다른 물리적 보안 통제조치의 효과성을 증대시키거나 그 필요성을 감소시킬 수 있다. 최근에는 CPTED가 물리적 보안의 주요 관심사가 되어 많은 연구가 이루어지고 있다(이주락·이상희, 2022).

CPTED는 적절한 설계와 건축 환경의 효과적인 활용을 통해 범죄와 범죄두려움을 감소시켜 삶의 질을 향상시키는 것이라 할 수 있다(Crowe, 2000). 이러한 CPTED는 가시권을 최대화시킬 수 있도록 건물이나 시설물을 배치하는 '자연적 감시', 허가받지 않은 사람들의 범죄목표물에 대한 접근을 어렵게 만드는 '접근 통제', 울타리와 같은 소유권의 표시를 통해 공적·사적 영역을 구분하여 사적 영역 침범에 대한 부담감을 가중하는 '영역성 강화', 공공장소에 대한 사람들의 활발한 사용을 유도하여 자연스러운 감시를 강화하는 '활동의 활성화', 시설물/공공장소 등을 청결히 유지 관리하여 일탈행동 심리를 경감시키는 '유지관리'의 다섯 가지 기본 원리를 실천전략으로 한다(박현호, 2017).

[그림 3-8]   CPTED 실천전략

한편 테러예방설계(ATD)는 테러 및 테러에 준하는 반사회적인 범죄를 예방하고, 테러가 발생하였을 때 피해를 최소화할 수 있도록 건축물을 설계하는 기법을 총칭하는 것이다. 2001년에 발생한 9.11 테러 이후 폭발물 테러에 의한 피해경감을 위해 미국 연방재난관리청(FEMA)은 건물에 대한 테러 공격에 대한 피해경감 매뉴얼인 FEMA 426과 테러 위협에 대비한 주요 시설물의 보안설계 개념을 제공한 FEMA 430과 같은 테러예방설계 기준들을 다수 발간하며 테러예방설계가 발달하였다(이주락·이상희, 2022).

3. 인적 보안 통제

물리보안 통제체계의 유효성을 책임지는 인력적 요소는 필수적이며, 일상적인 보안 운영부터 위협 대응까지 인간의 판단 능력이 필요한 모든 물리보안 업무에 관여한다. 정보통신기술의 발전으로 물리보안 시스템이 발전해도, 운영인력은 여전히 필수적인 요소이며, 건축구조와 전자보안 시스템과 통합하여 효율성을 극대화해야 한다. 그러나 운영인력 요소에는 비용이 많이 들 수 있으므로, 주기적으로 그 활용의 타당성을 평가해야 한다. 미국산업보안협회는 인적 요소를 물리보안 통제요소 중 가장 유효성이 높은 요소로 높게 평가하지만, 이의 활용에는 비용이 많이 소요되므로 적재적소(The Right Fit)에만 배치할 것을 권고하고 있다(ASIS, 2015).

한편, 인적 보안 통제요소에는 정책, 규정, 교육, 인식 등도 모두 포함되는 것으로 보아야 한다. 그러나 이 책에서는 많은 인적 보안 통제요소 중 보안관리자(Security Manager)와 보안요원(Security Officer)에 한정하여 다룰 것이다. 먼저, 보안관리자는 조직의 경영 및 위험에 대한 이해와 통찰력을 기반으로 보안정책을 수립하고 이를 체계적으로 관리하는 사람이다. 그러나 보안관리자의 역할은 조직의 특성, 규모, 사업 영역에 따라 다르게 적용된다. 국내 기업에서는 보통 정보보안 관리가 중점적으로 다뤄지지만, 글로벌기업에서는 물리적 보안을 비롯한 다양한 보안관리 업무를 수행하는 경우가 많다. 그러므로 보안관리자는 조직의 경영과 위험에 대한 통찰을 기반으로 보안정책을 수립하고 그것이 효과적으로 이행될 수 있도록 관리하는 사람으로 정의할 수 있다(ASIS, 2015).

다음으로 보안요원은 도보 및 차량 출입 통제, 보안 순찰, 현장 감시 활동, 주요 자산 보호를 위한 보안 검색, 비상 대응, 의전 경호, 출입 권한 발급 및 회수, 영상 정보 보호 및 관리, 업무일지 작성 및 보관 등의 주요 업무를 수행한다(ASIS, 2012). 이들은 복잡하고 다양한 기준에 의해 통제 대상이나 상황을 처리하고, 위협에 대응하기 위해 신체적·정신적 활동이 필요한 경우나 사람들과 합리적인 의사소통 능력이 요구는 상황에 필요하다. 보안요원의 배치는 다른 보안 통제 장치들에 비해 높은 비용이 들어가는 것이 일반적이다.

인간을 대체할 수 있는 수준의 인공지능(AI)이 등장하기 전까지는 보안관리자와 보안요원이 필요한 역할을 수행할 것으로 예상된다. 이에 대해 미국산업보안협회는 보안요원과 관리자의 필요성을 완전히 없애기 어려울 것으로 판단하며, 보안의 제반 통제수단을 통합하는 과정에서 인력적 요소가 중요한 역할을 담당한다고 하였다(ASIS, 2015).

제5절

융합보안

1. 융합보안의 역할

정보통신기술이 융·복합됨에 따라 융합보안의 중요성이 점차 커지고 있다. 융합보안은 물리적 보안과 논리적 보안이 결합하여 보다 체계적이고 종합적인 보안체계를 구축하는 것을 의미한다. 공간은 물리적(Physical) 공간과 논리적(Logical) 공간으로 구분된다. 그런데 앞서 설명한 바와 같이, 물리적 보안은 물리적 공간의 보안 취약성을 개선하기 위하여 보안 통제 수단을 적용하는 것으로 정의할 수 있다. 그리고 논리적 보안은 논리적 공간의 보안 취약성을 보안 통제 수단을 적용하는 것으로 정의할 수 있다. 한편 논리적 보안은 기술적 보안 또는 사이버 보안이라고 표현하기도 하며, 우리나라의 정보보호산업진흥법 등에서는 이를 정보보안이라고 부르기도 한다. 그러므로 <그림 3-9>와 같이 융합보안은 물리적 보안과 논리적 보안(기술적 보안, 사이버 보안, 정보보안)의 결합으로 보는 것이 타당하다.

융합보안의 역할은 다음과 같다. 먼저, 융합보안은 보안 위협 대응의 효율성을 높이고, 새로운 보안 문제에 대한 대응 능력을 강화한다. 여러 보안 분야를 한 번에 관리하기에 다양한 환경에서 발생한 보안 위협에 대한 대응 및 처리 능력이 향상되는 것이다. 예를 들어, 건물 내부에 침입한 공격자가 있다면 물리적 보안 분야에서는 영상감시 시스템을 통해 공격자의 이동 경로를 파악하거나 출입통제를 강화하는 등의 조치를 취할 수 있고, 논리적 보안 분야에서는 공격자의 해킹 시도를 차단하거나 공격자의 동작 패턴을 분석하여 이를 예방할 수 있을 것이다.

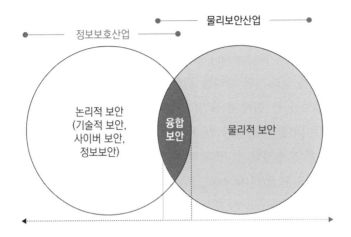

[그림 3-9] 보안의 범위

정보보호산업

물리보안산업

논리적 보안
(기술적 보안,
사이버 보안,
정보보안)

융합
보안

물리적 보안

　　다음으로 융합보안은 종합적인 보안 효과를 제공한다. 융합보안은 기존의 보안 체계에서 부족한 부분을 보완하며, 다양한 보안 분야를 종합하여 전반적인 보안 효과를 제공하고, 하나의 보안 체계를 구축함으로써 보안의 일관성과 효과성을 높인다. 물리적 보안과 논리적 보안 각각에 대해 일관적인 보안 원칙을 적용함으로써 보안의 신뢰성을 높일 수 있는 것이다.

　　또한, 융합보안은 기업 경쟁력을 강화하는 역할을 한다. 보안은 기업 경쟁력을 유지하는 데 매우 중요한 역할을 하는데, 기업이 융합보안 체계를 구축함으로써 기존의 보안 체계보다 높은 보안 수준을 유지하며, 고객들의 신뢰를 얻는 데 기여할 수 있다. 예를 들어, 제품 및 서비스 개발에 전문적인 융합보안 기술을 적용하는 것은 고객들의 요구를 만족시키는 제품과 서비스를 개발할 수 있도록 돕고, 제품과 서비스의 경쟁력을 강화함으로써 기업 경쟁력을 높일 수 있다(Kim et al., 2009).

　　종합해보면, 물리적 보안과 논리적 보안을 포함한 여러 보안 분야의 융합을 통해 더 높은 수준의 보안을 제공할 수 있고, 기업은 비즈니스를 확장하고 기업 경쟁력을 높일 수 있을 것이다.

2. PSIM과 SIEM

물리보안 정보관리(Physical Security Information Management, PSIM)와 보안정보 및 이벤트 관리(Security Information and Event Management, SIEM)는 모두 보안관리 솔루션으로 PSIM은 물리보안 관리를 위한 통합 플랫폼으로 다양한 보안장치 또는 정보시스템의 정보를 한 번에 수집 및 관리하는 역할을 한다(이상희 외, 2020). 예를 들어, PSIM은 데이터를 수집함에 있어 영상감시시스템, 출입통제 시스템, 화재 감지 시스템 등을 통해 수집할 수 있다. 현재 PSIM은 각종 중요시설 및 글로벌기업에서 활발하게 사용되고 있다(Norman, 2014).

SIEM은 기존 SEM(Security Event Management)과 SIM(Security Information Management)이 결합된 솔루션으로 보안 이벤트 및 정보 관리를 위한 통합 플랫폼이다(이종화 외, 2019). 즉, SIEM은 보안 관련 이벤트 및 정보 관련 로그 데이터를 수집, 분석, 보고하여 보안 위험을 감지하고 대응하는 역할을 하고, 사용자 권한, 서비스 권한, 디렉토리 서비스의 구성 변경 등을 모니터링하여 도움을 준다(차병래 외, 2017). 예를 들어, SIEM은 악성 코드 감지, 불법 로그인 시도 탐지, 서버 침입 시도 탐지 등의 보안 이벤트를 감지하고, 이를 기반으로 보안 조치를 취한다.

요약하자면, PSIM은 물리보안 시스템을 통합하여 관리하고, 물리보안과 관련하여 생성된 이벤트 데이터를 수집 및 분석하는 반면, SIEM은 사이버 보안 시스템을 통합하여 관리하고, 주로 네트워크 및 사이버 보안과 관련하여 생성되는 이벤트 데이터를 수집 및 분석한다.

이렇듯, PSIM과 SIEM은 모두 보안관리 솔루션이라는 점에서 공통점이 있지만, 각각 목적과 대상 시스템, 데이터 유형 등에 있어 차이가 있다. 그렇기에 PSIM과 SIEM을 통합하여 운영한다면, 물리보안과 사이버 보안 모두의 영역에 대하여 종합적으로 관리할 수 있고, 보다 정확한 위협 분석 및 대응이 가능해지기에 보안 위협 대응에 있어서 매우 유용할 수 있다. 현재 PSIM과 SIEM을 통합하려는 다양한 노력들이 행해지고 있다. PSIM과 SIEM 두 솔루션을 통합하면 조직 및 기업은 운영에 있어 다양한 보안 위협으로부터 자산을 빠르고 효과적으로 보호할 수 있을 것으로 사료된다.

참고문헌

[국내문헌]

박현호. (2017). 범죄예방환경설계 CPTED와 범죄과학. 박영사.

박현호, 조준택, 김강일. (2018). WDQ분석을 통한 타겟하드닝 CPTED의 침입범죄 예방효과 검증: 안산시 사례 중심으로, 시큐리티연구, 56, 9-30.

이상희, 이주락. (2017). 물리보안의 정의에 관한 연구-위험평가이론을 중심으로. 한국산업보안연구, 7(2), 33-52.

이상희, 이상학, 최연준. (2020). 물리보안정보관리 (PSIM) 플랫폼을 활용한 팬데믹 대응방안. 한국경호경비학회지, 171-184.

이종화, 방지원, 김종욱, & 최미정. (2019). 네트워크 보안을 위한 SIEM 솔루션 비교 분석. KNOM Review, 22(1), 11-19.

이주락, 이상희. (2022). 물리보안론. 박영사.

차병래, 최명수, 강은주, 박선, 김종원. (2017). Cybersecurity 를 위한 SOC & SIEM 기술의 동향. 스마트미디어저널, 6(4), 41-49.

[해외 문헌]

ASIS(2009). *Facilities Physical Security Measures Guideline*, ASIS International.

ASIS(2012). *Protection of Assets*, ASIS International.

ASIS(2015). *Physical Security Principles*, ASIS International.

Baker, P. & Benny, D. J. (2013). *The Complete Guide to Physical Security*. CRC Press.

Bindra, L., Eng, K., Ardakanian, O. & Stroulia, E. (2020). *Flexible, Decentralized Access Controlfor Smart Buildings with Smart Contracts*, IEEE/ACM 5th International Workshop on SoftwareEngineering for Smart Cyber-Physical Systems, 32-38.

Booz, E. G., Allen, J. L., & Hamilton, C. L. (2005). Convergence of enterprise security organization. *The Alliance for Enterprise Security Risk Management*.

Crow, T. (2000). *Crime Prevention through Environmental Design: Applications of Architectural Design and Space Management Concepts* (2nd ed.). Butterworth-Heinemann.

Doss, K. T. (2019). *Physical Security Professional Study Guide* (3rd ed.). ASIS International.

Fennelly, L.(2017). *Effective Physical Security* (5th ed.). Butterworth-Heinemann.

Garcia, M. L.(2005). *Vulnerability Assessment of Physical Protection Systems.* Butterworth-Heinemann.

Kim, J. D., Kim, K. W., & Lee, Y. D. (2009). 융합보안의 개념 정립과 접근방법. *Review of KIISC*, 19(6), 68-74.

Seger K. A. (2011). *Utility Security: The New Paradigm.* PennWell.

[기타 문헌]

과학기술정보통신부, 개인정보보호위원회, & 한국인터넷진흥원. (2022). 정보보호 및 개인정보보호 관리체계 (ISMS-P) 인증기준 안내서. https://isms.kisa.or.kr/main/ispims/notice/?boardId=bbs_0000000000000014&mode=view&cntId=16

김태형. (2011). [보안시장 결산-5] UTM, 네트워크 보안 종결자로 우뚝!. 보안뉴스. https://www.boannews.com/media/view.asp?idx=29300

한국인터넷진흥원. (2020). 클라우드서비스 보안인증제 안내서. https://isms.kisa.or.kr/main/csap/notice/?boardId=bbs_0000000000000004&mode=view&cntId=62

제2부

사이버 범죄자

Korean
Cybercriminology

04 | 사이버 범죄자 유형론

백신철(Sinchul Back)

개 요

전 세계적으로 인터넷사용인구가 세계 인구의 66%인 53억 명에 달하고, 국내에서도 지난 2022년 4천 2백만 명을 넘어섰다. 이렇게 많은 사람들이 이용하는 인터넷이라는 사이버 공간의 확장과 더불어 블록체인 기술이 발전함에 따라 온라인상에서의 교류활성화를 포함한 인터넷쇼핑 및 온라인뱅킹, 가상화폐거래 등 전자상거래의 발달과 같은 많은 유익한 발전이 있어 왔지만, 그 역기능으로써 사이버음란물의 범람, 사이버폭력의 확산, 인터넷사기 및 사이버도박의 증가 등 다양한 사이버 범죄를 초래하였으며, 그로 인해 형사정책분야의 과제 영역이 현실공간에서 사이버 공간으로, 그 패러다임 또한 변화되어 왔다. 따라서 이번 장에서는 사이버 범죄 의 분류와 사이버 범죄 실태에 대해 알아보고, 최근 사이버 범죄 동향과 트렌드를 살펴보고자 한다. 그리고 최근 연구된 자료들을 검토해보고 사이버 범죄자 유형과 패턴, 특징을 분석해 보고자 한다.

사이버 범죄의 유형 분류와 실태

1. 사이버 범죄의 유형 분류

경찰청(사이버수사국)에서는 사이버 범죄의 유형을 크게 (1) 정보통신망 침해범죄 (2) 정보통신망 이용범죄 그리고 (3) 불법 컨텐츠 범죄 등 3가지 유형으로 구분하고 있다(경찰청, 2023).

(1) 정보통신망 침해범죄

정보통신망 침해범죄는 정당한 접근권한 없이 또는 허용된 접근권한을 넘어 컴퓨터 또는 정보통신망(컴퓨터 시스템)에 침입하거나 시스템, 데이터 프로그램을 훼손, 멸실, 변경한 경우 및 정보통신망(컴퓨터 시스템)에 장애(성능저하, 사용불능)를 발생하게 한 경우를 의미한다. 보통 고도의 기술적인 요소가 동반되며, 컴퓨터 및 정보통신망 자체에 대한 공격행위를 수반하는 범죄로, 정보통신망을 매개한 경우 및 매개하지 않은 경우도 포함된다. 구체적으로 해킹, 서비스거부공격(DDoS 등), 악성프로그램 등이 정보통신망 침해범죄의 유형으로 분류된다.

1) 해킹

정보통신망법 규정에 의하면 해킹이란 정당한 접근권한 없이 또는 허용된 접근권한을 초과하여 정보통신망에 침입하는 행위로 일컬어지며, 경찰청의 사이버 범죄 매뉴얼의 정의에서는 컴퓨터 또는 네트워크와 같은 자원에 대한 접근제한 (Access Control) 정책을 비정상적인 방법으로 우회하거나 무력화시킨 뒤 접근하는 행위를 의미한다.

- 계정도용: 정당한 접근권한 없이 또는 허용된 접근권한을 넘어 타인의 계정 (ID, Password)을 임의로 이용한 경우
- 단순침입: 정당한 접근권한 없이 또는 허용된 접근권한을 넘어 컴퓨터 또는 정보통신망에 침입한 경우

- ■ 자료유출: 정당한 접근권한 없이 또는 허용된 접근권한을 넘어 컴퓨터 또는 정보통신망에 침입 후, 데이터를 유출, 누설한 경우
- ■ 자료훼손: 정당한 접근권한 없이 또는 허용된 접근권한을 넘어 컴퓨터 또는 정보통신망에 침입 후, 타인의 정보를 훼손(삭제, 변경 등)한 경우(홈페이지 변조 포함)

2) 서비스거부공격(DDoS등)

서비스거부공격은 정보통신망에 대량의 신호, 데이터를 보내거나 부정한 명령을 처리하도록 하여 정보통신망에 장애(사용불능, 성능저하)를 야기한 경우를 의미한다.

3) 악성프로그램

악성프로그램에 의한 공격은 정당한 사유 없이 정보통신 시스템, 데이터 또는 프로그램 등을 훼손, 멸실, 변경, 위조하거나 그 운용을 방해할 수 있는 프로그램을 전달 또는 유포하는 경우를 의미한다.

(2) 정보통신망 이용범죄

정보통신망 이용범죄란 정보통신망(컴퓨터 시스템)을 범죄의 본질적 구성요건에 해당하는 행위를 행하는 주요 수단으로 이용하는 경우와 컴퓨터 시스템을 전통적인 범죄를 행하기 위하여 이용하는 범죄(인터넷 사용자 간의 범죄)를 의미한다.

1) 사이버 사기

사이버 사기란 정보통신망(컴퓨터 시스템)을 통하여, 이용자들에게 물품이나 용역을 제공할 것처럼 기망하여 피해자로부터 금품을 편취(교부행위)한 경우를 의미한다. 단, 온라인을 이용한 기망행위가 있더라도, 피해자와 피의자가 직접 대면하여 거래한 경우 등은 사이버 범죄 통계에서 제외된다고 경찰청 사이버 범죄 신고시스템(ECRM)에서는 정의하고 있다. 사이버 사기 범죄에 해당하는 사건은 다음과 같다.

- ■ 직거래 사기: 정보통신망(컴퓨터 시스템)을 통하여, 물품 거래 등에 관한 허위의 의사표시를 게시하여 발생한 대금 편취 사기
- ■ 쇼핑몰 사기: 정보통신망(컴퓨터 시스템)을 통하여, 허위의 인터넷 쇼핑몰 등

을 개설하여 발생한 대금 편취 사기

- 게임 사기: 정보통신망(컴퓨터 시스템)을 통하여, 게임 캐릭터 및 아이템 등 인터넷 게임과 관련하여 발생한 대금 편취 사기
- 기타 사이버 사기: 직거래, 쇼핑몰, 게임사기에 해당하지 않고, 정보 통신망(컴퓨터 시스템)을 통한 기망행위를 통해 재산적 이익을 편취한 경우

2) 사이버 금융범죄(피싱, 파밍, 스미싱, 메모리해킹, 몸캠피싱 등)

사이버 금융범죄란 정보통신망을 이용하여 피해자의 계좌로부터 자금을 이체 받거나, 소액결제가 되게 하는 신종 범죄를 일컫는다. 사이버 금융범죄에 해당하는 사건은 구체적으로 다음과 같다.

- 피싱(Phishing): 개인정보(Private data)와 낚시(Fishing)의 합성어이다.
  - 금융기관을 가장한 이메일 발송
  - 이메일에서 안내하는 인터넷주소 클릭, 가짜 은행사이트로 접속 유도
  - 보안카드번호 전부 입력 요구 등의 방법으로 금융정보 탈취
  - 피해자 계좌에서 범행계좌로 이체
- 파밍(Pharming): 악성코드에 감염된 피해자 PC를 조작하여 금융정보를 탈취하는 경우가 이에 해당한다.
  - 피해자 PC가 악성코드에 감염
  - 정상 홈페이지에 접속하여도 피싱(가짜) 사이트로 유도
  - 보안카드번호 전부 입력 요구 등의 방법으로 금융정보 탈취
  - 피해자 계좌에서 범행계좌로 이체
- 스미싱(Smishing): 문자메시지(SMS)와 피싱(Phishing)의 합성어이다.
  - '무료쿠폰 제공' 등의 문자메시지 내 인터넷주소를 클릭
  - 악성코드가 스마트폰에 설치
  - 피해자가 모르는 사이에 소액결제 피해 발생 또는 개인, 금융정보 탈취
- 메모리해킹: 피해자 PC 메모리에 상주한 악성코드로 인하여 정상 은행사이트에서 보안카드번호 앞, 뒤 2자리만 입력해도 부당 인출하는 수법이다.
  - 피해자 PC가 악성코드에 감염

- 정상적인 인터넷 뱅킹 절차(보안카드 앞, 뒤 2자리) 이행 후, 이체 클릭
- 오류 반복 발생(이체정보 미전송)
- 일정시간 경과 후, 범죄자가 동일한 보안카드 번호 입력, 범행계좌로 이체
■ 몸캠피싱: 음란화상채팅(몸캠) 후, 영상유포하겠다고 협박하여 금전을 갈취하는 행위이다.
- 타인의 사진을 도용하여 여성으로 가장한 범죄자가 랜덤 채팅 어플 또는 모바일 메신저를 통해 접근
- 미리 준비해 둔 여성의 동영상을 보여주며, 상대방에게 얼굴이 나오도록 음란행위 유도
- 화상채팅에 필요한 어플이라거나, 상대방의 목소리가 들리지 않는다는 등의 핑계로 특정파일 설치를 요구 → 다양한 명칭의 apk파일로 스마트폰의 주소록이 범죄자에게 유출
- 지인의 명단을 보이며, 상대방의 얼굴이 나오는 동영상을 유포한다며 금전 요구

3) 개인·위치정보 침해

개인·위치정보 침해란 정보통신망(컴퓨터 시스템)을 통하여, 디지털 자료화되어 저장된 타인의 개인정보를 침해, 도용, 누설하는 범죄로서, 컴퓨터 시스템을 통하여, 이용자의 동의를 받지 않거나 속이는 행위 등으로 다른 사람의 개인, 위치정보를 불법적으로 수집, 이용, 제공한 경우도 포함된다.

4) 사이버 저작권 침해

사이버 저작권 침해란 정보통신망(컴퓨터 시스템)을 통하여, 디지털 자료화된 저작물 또는 컴퓨터프로그램저작물에 대한 권리를 침해한 경우를 말한다.

5) 사이버 스팸메일

사이버 스팸메일이란 정보통신망(컴퓨터 시스템)을 통하여, 법률에서 금지하는 재화 또는 서비스에 대한 광고성 정보를 전송하는 경우 및 이와 관련 허용되지 않는 기술적 조치 등을 행한 경우(정보통신망법 제74조 제1항 제4호, 제6호)를 가르킨다. 이의 경우 법률에서 금지하는 재화, 서비스 전송의 경우이나, 이에 관련하여 허용

되지 않는 기술적 조치에 대한 처벌 규정도 있는 점 감안하여, 불법 콘텐츠 범죄 항목이 아닌 정보통신망 이용 범죄로 포섭하여 처벌한다고 규정하고 있다.

(3) 불법 컨텐츠 범죄

불법 컨텐츠 범죄란 정보통신망(컴퓨터 시스템)을 통하여, 법률에서 금지하는 재화, 서비스 또는 정보를 배포, 판매, 임대, 전시하는 경우를 의미한다.

1) 사이버 성폭력

사이버 성폭력은 정보통신망(컴퓨터 시스템)을 통하여, 음란한 부호, 문언, 음향, 화상 또는 영상을 배포, 판매, 임대하거나 공공연하게 심각한 사회적 문제가 되는 음란물을 유통 및 이용하는 것을 포함한다. 사이버 성폭력에 해당하는 사건은 다음과 같다.

- 불법 성(性)영상물: 정보통신망(컴퓨터 시스템)을 통하여, 일반 보통인의 성욕을 자극하여 성적 흥분을 유발하고 정상적인 성적 수치심을 해하여 성적 도의 관념에 반하는 내용의 표현물을 배포, 판매, 임대, 전시하는 경우
- 아동성착취물: 정보통신망(컴퓨터 시스템)을 통하여, 아동 또는 청소년으로 명백하게 인식될 수 있는 사람이나 표현물이 등장하여 성교 행위, 유사 성교 행위, 일반인의 성적 수치심이나 혐오감을 일으키는 행위, 자위행위를 하거나 그 밖의 성적 행위를 하는 내용의 표현물을 배포, 판매, 임대, 전시하는 경우(아동, 청소년의 성보호에 관한 법률 제2조 정의 참조)
- 불법촬영물 유포: 카메라 등을 이용하여 성적 욕망 또는 수치심을 유발할 수 있는 사람의 신체를 촬영대상자의 의사에 반하여 촬영한 촬영물 또는 복제물을 영리목적 혹은 영리목적 없이 반포·판매·임대·제공 또는 공공연하게 전시·상영하거나 촬영 당시에는 촬영대상자의 의사에 반하지 아니한 경우에도 사후에 그 촬영물 또는 복제물을 촬영대상자의 의사에 반하여 반포 등을 하는 경우

2) 사이버 도박

사이버 도박은 정보통신망(컴퓨터 시스템)을 통하여, 도박사이트를 개설하거나

도박행위(또는 사행행위)를 한 경우를 의미한다. 사이버 도박에 해당하는 사건은 다음과 같습니다.

- 스포츠토토: 정보통신망(컴퓨터 시스템)을 통하여, 체육진흥투표권이나 이와 비슷한 것을 발행하는 시스템을 이용하여 도박을 하게 하는 경우
- 경마, 경륜, 경정: 정보통신망(컴퓨터 시스템)을 통하여, 경마, 경륜, 경정 등의 경주를 이용하여 도박을 하게 하는 경우
- 기타 인터넷 도박: 정보통신망(컴퓨터 시스템)을 통하여, 위와 같은 방법 이외의 방법으로 영리의 목적으로 도박사이트를 개설하여 도박을 하게 하는 경우

3) 사이버 명예훼손·모욕, 사이버스토킹

- 사이버 명예훼손·모욕: 정보통신망(컴퓨터 시스템)을 통하여, 다른 사람의 명예를 훼손하는 경우(정보통신망법 제44조의7 제1항 제2호)
- 사이버스토킹: 정보통신망(컴퓨터 시스템)을 통하여, 공포심이나 불안감을 유발하는 부호, 문언, 음향, 화상 또는 영상을 반복적으로 상대방에게 도달하도록 하는 경우(정보통신망법 제44조의7 제1항 제3호)

2. 사이버 범죄의 실태

(1) 사이버 범죄의 발생건수

최근 한국의 사이버 범죄의 발생건수는 2014년도 11만여 건, 2015년도 14만4천여 건, 2016년도 15만3천여 건, 2017년도 13만1천여 건, 2018년도 14만9천여 건, 2019년도 18만여 건, 2020년도 23만4천여 건 그리고 2021년도 21만7천여 건으로 매년 꾸준히 증가해 왔다. 특히 코로나로 인한 팬데믹이 선포된 2020년에는 사이버 범죄의 발생이 20만여 건을 넘는 등 급격한 증가를 보여 코로나19의 대유행이 사이버 범죄의 증가 요인으로 작용되었을 것으로 추정된다.

<표 4-1>은 경찰통계자료에 근거해 전체 사이버 범죄 발생 현황 및 사이버 범죄 분류별 발생건수를 보여준다.

[표 4-1] 전체 사이버 범죄 발생·검거 현황

구분	총계		정보통신망침해범죄		정보통신망이용범죄		불법콘텐츠범죄	
	발생(건)	검거(건)	발생(건)	검거(건)	발생(건)	검거(건)	발생(건)	검거(건)
2014	110,109	71,950	2,291	846	85,519	56,461	18,299	14,643
2015	144,679	104,888	3,154	842	118,362	86,658	23,163	17,388
2016	153,075	127,758	2,770	1,047	121,867	103,172	28,438	23,539
2017	131,734	107,489	3,156	1,398	107,271	88,779	21,307	17,312
2018	149,604	112,133	2,888	2,888	123,677	93,926	23,039	17,305
2019	180,499	132,559	3,638	3,638	151,916	112,398	24,945	19,154
2020	234,098	157,909	4,344	4,344	199,594	134,969	30,160	22,302
2021	217,807	138,710	3,845	3,845	174,684	111,172	39,278	26,284

출처: 경찰청 통계자료.

(2) 사이버 범죄 검거인원

경찰청 통계자료에 의하면 한국의 사이버 범죄의 검거건수는 2014년도 7만1
천여 건, 2015년도 10만4천여 건, 2016년도 12만7천여 건, 2017년도 10만7천여 건,
2018년도 11만2천여 건, 2019년도 13만2천여 건, 2020년도 15만7천여 건 그리고
2021년도 13만8천여 건으로 꾸준한 증가추세를 보이고 있다. 수사기관들의 꾸준한
노력에도 불구하고 최근 사이버 범죄 발생건수가 기하급수적으로 늘어나고 있어
사이버 범죄발생 건에 대한 전원 검거는 어려움이 있어 보인다. 특히, 2019년도 18
만여 건 발생건 중 13만여 건을 검거하고 5만여 건이 미검거되었고, 2020년도 23만
4천여 건 발생건 중 15만여 건을 검거하고 7만여 건이 미검거되었으며, 2021년 21
만7천여 건 발생건 중 13만여 건을 검거하고 무려 8만여 건이 미검거되었다. 최근
발생하는 사이버 범죄의 경우 사회적 현안을 이용한 사회공학적 기법 및 신종 IT첨
단기술을 동원하여 범행수법이 고도화·정교화되고 있어 사이버 범죄 수사와 범죄
자 검거에 또 다른 도전과제를 안겨주고 있다.

사이버 범죄의 주요동향과 분석

본 절에서는 경찰청 국가수사본부 사이버수사국에서 발간한 사이버 범죄 트랜드보고서(2022)와 국립외교연구원에서 발간한 북한의 사이버 공격에 대한 보고서(송태은, 2022)를 기반으로 2021－2022년 사이 발생한 주요 사이버 범죄들의 수법들을 분석하고 주요 검거 사례들을 소개하고자 한다. 또한 미래 사이버 범죄 및 사이버 보안 위협 전망에 대해 논의하고자 한다.

2021－2022년 사이에는 랜섬웨어, 사이버 명예훼손·모욕, 심 스와핑, IoT대상 해킹, 메타버스 내 사이버성폭력, 사이버 사기, 스미싱 등의 사이버 범죄가 주요 범죄 유형으로 주목받았다. 사이버사기 및 스미싱 등에 대한 동향 분석 및 전망은 다음 장인 제5장에서 본격적으로 논의하기로 하고 이 절에서 나머지 위에서 언급한 주요 사이버 범죄들에 대한 분석을 하고자 한다.

1. 전 세계를 뒤흔든 랜섬웨어

랜섬웨어(Ransomware)는 몸값(Ransom)과 소프트웨어(Software)의 합성어로, 시스템을 잠그거나 저장된 문서나 사진, 동영상 파일을 암호화하여 사용자가 데이터를 열거나 사용할 수 없게 하는 악성코드의 일종이다. 랜섬웨어 유포자는 이를 해제하는 대가로 금전을 요구한다. 랜섬웨어는 2021년 58건 발생하여 2020년 24건 대비 141.7% 증가하였다. 랜섬웨어의 확산에 따라 2022년 2월 과학기술정보통신부와 한국인터넷진흥원은 랜섬웨어 침해사고 주의보를 발령하였다.

국내뿐 아니라 해외 국가 역시 랜섬웨어 공격으로 인해 심각한 피해가 발생하고 있어, 전 세계적으로 랜섬웨어 위협에 대해 촉각을 곤두세우고 있다. 2021년 미국 FBI의 인터넷 범죄 신고 센터(Internet Crime Complaint Center, IC3)의 연간보고서에 의하면, 847,376건의 사이버 범죄 피해가 보고되었으며, 이는 2020년보다 7% 증가하였고 그에 따른 잠재적 손실은 69억 달러를 초과했다. 또한 사이버 범죄 피해 사례 중 랜섬웨어, BEC(Business Email Compromise) 체계, 가상암호화폐의 범죄적 사용이 가장 많이 보고된 사건으로 나타났다.

최근 국내외 랜섬웨어 사례를 간략하게 요약하면 다음과 같다:

- 독일 '뒤셀도르프 대학병원' 랜섬웨어 사건(2020년 9월)
  - 병원 시스템이 마비되어 긴급환자를 타 병원으로 이송시키는 과정에서 환자 사망
- '이○○' 그룹 대상 랜섬웨어 공격(2020년 11월)
  - 랜섬웨어의 공격으로 인해 '이○○'그룹에서 운영하는 백화점, 매장 등 운영 중단
- 배달 대행 업체 '슈퍼○○○' 대상 랜섬웨어 공격(2021년 5월)
  - 배달 플랫폼 운영이 마비되어 국내 점포 및 라이더들의 영업 피해 발생
- 미국 '콜로니얼 파이프라인' 사건(2021년 5월)
  - 미국 최대 송유관 기업 시스템이 마비되어 송유관 가동이 전면적으로 중단

■ 주요 범행 수법

- 피해자가 이메일 또는 다른 경로를 통해 유포된 랜섬웨어 파일을 클릭하면, 아래의 그림과 같이 피해자의 시스템이 잠기거나 데이터가 암호화된다.
- 이후 랜섬웨어 유포자는 랜섬노트를 통해 협상할 수 있는 사이트를 알려준

[그림 4-1] 랜섬웨어 피해 사례

출처: 경찰청 국가수사본부 사이버수사국.

후 비트코인 등을 통해 복호화 대금을 지불할 것을 요구한다. 최근에는 주요 기업을 특정하여 다수의 루트를 통해 지속적으로 공격을 시도하는 경향이 있으며, 피해자의 컴퓨터에 저장된 데이터를 탈취하여 이를 유포하겠다며 추가적인 협박을 하기도 한다.

[그림 4-2] 랜섬노트 사례

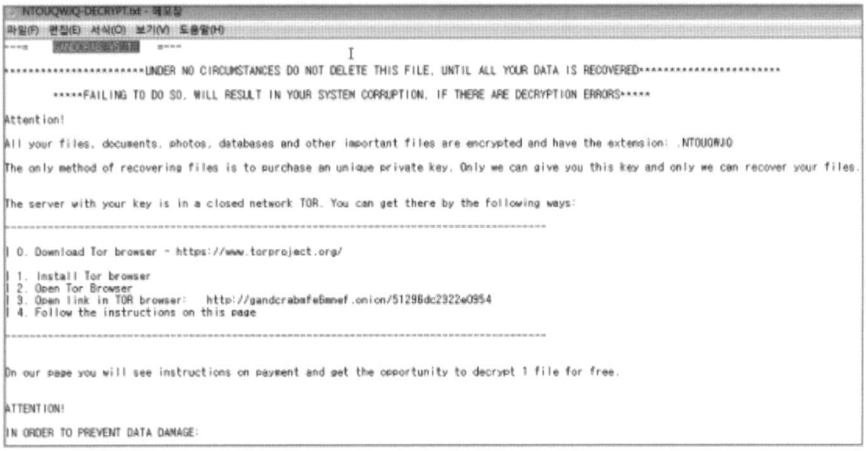

출처: 경찰청 국가수사본부 사이버수사국.

■ 랜섬웨어 대응 사례

● 경찰은 2021년 2월 가상자산 추적과 국제형사사법공조 등을 통해 랜섬웨어 「갠드크랩」을 유포한 피의자를 검거하여 구속하였으며, 2021년 11월 랜섬웨어 「클롭」을 유포한 피의자를 우크라이나 경찰, 미국 연방수사국(FBI) 및 인터폴과 함께 검거하였다.

[그림 4-3] 국제공조를 통한 랜섬웨어 대응 사례

출처: 경찰청 국가수사본부 사이버수사국.

2. 보이지 않는 폭력, 사이버명예훼손·모욕

사이버명예훼손·모욕은 정보통신망을 통하여 다른 사람의 명예를 훼손하거나 공연히 사람을 모욕하는 범죄로서, 비대면 일상의 확대로 발생건수가 증가하고 있다. 사이버명예훼손·모욕은 2021년 28,988건 발생하여 2020년 19,388건 대비 49.5% 증가하였다. 이는 뉴스 포털, 유튜브, 인터넷 커뮤니티 등 사이버 생활공간의 확장, 인터넷 공간의 익명성을 이용한 혐오표현의 증가, 사회갈등의 심화 등이 그 원인으로 파악된다.

■ 주요 사례

- 사이버 명예훼손·모욕은 인터넷 포털상 뉴스 기사에 악성 댓글을 달거나, SNS 계정에 비난글을 게시하거나, 커뮤니티에 욕설을 하는 방법으로 이뤄지는 경우가 다수이다. 특히 최근에는 사이버 공간에서 특정인을 의도적이고 지속적으로 괴롭히는 사이버불링(Cyberbullying)의 형태로 사이버명예훼손·모욕이 발생하고 있다.
- 사이버불링은 일반인들에게도 심각한 범죄 피해를 발생시키고 있다. 일례로 단체 대화방에서 동급생에 대해 허위 내용을 퍼뜨리거나 욕설하는 사이버 학교폭력이 이에 해당한다. 사이버명예훼손·모욕 관련 신종 학교 폭력 유형은 아래와 같다.

[그림 4-4] 사이버명예훼손·모욕 피해 사례

지속적 괴롭힘	결 과
유명 배구선수 [전문] 배구선수 김○○, 악플 고통 호소 "버티기 힘들다" (2021년8월19일 스포츠경향) 인터넷 방송인 ○○ "방송 그만둘 것 …. 악플 때문에 우울증약 복용 중" (2020년5월11일 MBN)	유명 배구선수 "악플 지친다" 호소했던 배구선수 김○○ 숨진 채 발견 (2022년2월4일 조선일보) 인터넷 방송인 '극단적 선택' BJ○○ 유족 "악성 댓글로 우울증 앓아" (2022년2월5일 SBS)

출처: 경찰청 국가수사본부 사이버수사국.

- '떼카' – 피해학생을 단체대화방에 초대한 후 다수 가해자가 일방적으로 욕설을 퍼붓는 행위
- '카톡감옥' – 피해학생의 의사에 반하여 끊임없이 대화방에 초대하는 행위
- '방폭' – 따돌림을 당하는 피해학생만 남겨두고 단체대화방에서 모두 나가버리는 행위

- 사이버명예훼손·모욕은 1인 인터넷 방송을 중심으로 확인되지 않은 사실이 유포되고 왜곡·과장되며 피해가 더욱 확산되기도 한다. 이러한 인터넷 방송을 비판하며 최근 '사이버렉카'라는 신조어가 등장하기도 하였다. 사이버렉카(Cyberwrecker)란 온라인 이슈가 발생할 때 조회수를 높이기 위해 재빠르게 기존자료를 편집하여 자극적인 영상을 만드는 유튜버를 의미한다.

　▪ 사이버안전지킴이

- 경찰은 <그림 4-5>와 같이 '사이버 범죄 예방 강사'를 활용하여 사이버명예훼손·모욕에 대한 예방 교육을 실시하고 있다.

[그림 4-5] 경찰청 사이버 범죄 예방교육 사례

출처: 경찰청 국가수사본부 사이버수사국.

3. 심 스와핑 범죄 새롭게 등장

'심 스와핑(SIM Swapping)'은 피해자 휴대폰 유심정보를 복제한 후 개인정보 및 예금·가상자산을 탈취하는 해킹 범죄이다.

■ 주요 범행 수법

● 심 스와핑의 방법으로는 물리적인 유심칩을 직접 복사하는 방법과 사용자에 게 URL주소를 보내 클릭을 유도하여 정보를 탈취하거나, 통신사 서버를 해

[그림 4-6] 심 스와핑 범죄 수법

①통신사 사칭, 해킹 등을 통한 개인정보 탈취 　②개인정보 도용을 통한 SIM 발급·복제·교체 　③개인정보, SNS 계정 등을 이용하여 가상자산 등 탈취

출처: 경찰청 국가수사본부 사이버수사국.

킹하는 방법이 있다.

- ▪ 주요 사례
- ● 해외에서는 2017년부터 심 스와핑이 발생하였으나, 최근 우리나라에서도 피
  해사례가 경찰에 신고됨에 따라 신종 범죄로 주목받고 있다. 심 스와핑 범죄
  는 SNS 계정 도용, 가상자산 탈취와 같은 결과로 이어져 그 피해는 더욱 심각
  해질 우려가 있다.

> 2021년 심 스와핑 관련 주요 언론보도
> - 유심 뺐다 끼우니 '가상자산' 증발 … 신종 범죄 '심 스와핑'을 아십니까?(2022년1월19일 경향신문)
> - '심 스와핑' 주의보 … "유심 변경 문자 오더니 가상화폐 증발"(2022년2월10일 문화일보)
> - 한순간에 가상화폐 증발 … '심 스와핑' 의심사례 증가(2022년2월20일 연합뉴스)

4. IoT 대상 해킹 범죄 증가

사물인터넷(Internet of Things, IoT)은 현실에 존재하는 사물에 센서 및 통신 기
능을 장착하여 상호간 실시간으로 데이터를 주고받는 환경으로, 최근 정당한 접근
권한 없이 IoT의 정보통신망에 침입하는 행위가 발생하고 있다.

- ▪ 주요 범행 수법 및 주요 사례
- ● 2021년에는 아파트 월패드를 해킹하여 아파트 내부를 촬영한 영상이 다크웹
  에서 판매된 사례가 신고되어 현재 경찰 수사 중이다. 최근에는 IP카메라를
  해킹하여 전 세계의 아파트 복도, 식당, 마사지 업소 등을 비추는 영상이 러
  시아 웹사이트에서 생중계되어 큰 파문이 일었다. 이처럼 IoT 해킹은 장소를
  가리지 않고 발생하여 일상생활을 크게 위협하고 있다.
- ● 월패드(Wallpad) – 가정 주방 또는 거실 벽면에 부착되어 출입통제, 가전제품
  제어, 화재감지 등 기능을 담당하는 관리용 단말기

5. 메타버스 내 아동·청소년 대상 사이버성폭력 발생

메타버스(Metaverse)는 '초월'을 의미하는 '메타(Meta)'와 세계를 의미하는 '유니
버스(Universe)'의 합성어로 현실세계와 상호작용하며 경제·사회 활동이 가능한 인

[그림 4-7] IoT 대상 해킹 범죄 수법

월패드 보안취약점을
이용하여 해킹

월패드를 통해 아파트 내부
몰래 촬영

다크웹에서 영상물 판매

출처: 경찰청 국가수사본부 사이버수사국.

터넷 기반의 온라인 공간을 의미한다.

■ 주요 범행 수법 및 주요 사례

● 메타버스 산업의 발달에 따라 가상현실에서 아바타를 통한 비대면 활동영역
  이 넓어지고 있다. 이에 따라 일상생활에서 발생했던 범죄 또한 메타버스에
  서 재현될 가능성이 농후하다. 특히 메타버스의 주사용자가 10대이고 익명
  의 낯선 사람과 쉽게 교류할 수 있는 공간인 점을 고려할 때, 메타버스 내
  아동·청소년 사용자를 상대로 사이버성폭력이 발생할 가능성이 크다.

● 실제로 메타버스에서 아바타를 조종하여 강간·유사성행위·스토킹을 하거

[그림 4-8] 메타버스 내 대화내용 예시

출처: 경찰청 국가수사본부 사이버수사국.

나 아이템을 선물하여 환심을 산 뒤 사진을 요구하거나 현실에서 만남을 제안하는 범행이 발생하기도 하였다. 이와 관련된 주요 언론보도는 아래와 같다.

- "대학생 오빠 만나볼래?" 초딩 모인 '제페토'에 나타난 그놈(2021년 7월 24일 연합뉴스)
- "오빠가 아이템 줄게" … 아동·청소년 메타버스 성착취 노출, 예방책은 미비(2021년 12월 5일 뉴시스)
- 가상세계서 만난 11살 여아에게 결혼서약서 등 요구 … 어디까지(2022년 2월 14일 KBS)

6. 북한의 지속적인 사이버 공격

북한이 수행한 사이버 공격은 빈도와 규모 차원에서도 급증하고 있고 공격의 형태도 다양해진 만큼 북한이 구사하는 사이버 위협의 배후와 형태도 많이 드러나 있다(송태은, 2022, p. 1-2). 라자루스그룹(Lazarus Group)과 김수키(Kimsuky)를 비롯하여 북한의 정찰총국 3국과 5국, 인민무력부 총참무부, 국가보위성 4국과 6국이 현재까지 알려진 북한의 사이버 공격주체들이고, 해외의 다양한 IT업체와도 불법적으로 공조하고 있는 북한 주도의 사이버 위협은 한국을 넘어 세계적 수준에서 대규모 피해를 양산하고 있다.

■ 주요 범행 수법 및 주요 사례

- 북한은 2000년대 초부터 취해 온 군사기관이나 방산기업, 금융망, 에너지 시설 등 핵심 인프라 공격이나 정보탈취 외에도 국제사회의 제재로 인해 경험하는 경제적 피해를 만회하고 핵과 미사일 개발을 위한 자금을 확보하는 효과적인 수단으로써 사이버 공간을 활용하고 있다.

- 코로나19 팬데믹 시기에 북한은 다양하고 정교한 사이버 기술을 활용하여 암호화폐 거래소나 SWIFT와 같은 국제결제시스템을 해킹하여 디지털 자금을 탈취하였다. 최근 미 재무부(Department of Treasury)는 2022년 8월 8일 북한이 한국을 포함한 전 세계를 상대로 한 해킹을 통해 탈취해 온 약 4억 5천 500만 달러의 가상화폐의 세탁에 가담한 믹서(mixer)기업 토네이도캐시(Tornado Cash)를 제재 대상에 올렸다. 북한의 해킹조직인 라자루스 그룹은 토네이도캐시가 제공하는 이러한 자금세탁 서비스를 통해 지난 4월에만 4억 5천만 달러를 세탁했다.

사이버 범죄자 12유형론

1. 사이버 범죄자 12유형

프로파일링은 특정 범죄에서 용의자의 범위를 좁히기 위해 독특한 행동 패턴을 분석하며 형사 사법 분야에서 일반적으로 사용되고 있다. 사이버 범죄 프로파일링이 범죄수사에 제한적으로 사용되고 있지만 사이버 범죄학자들과 형사사법기관들은 순차적이며 지속적으로 사이버 범죄 프로파일링 기법을 구축하기 위해 노력 중이다. 예를 들면, Shoemaker와 Kennedy(2009)는 2009년 발간된 그들의 저서에서 형사사법기관 및 정보보안기업들이 정기적으로 접할 수 있는 사이버 범죄자들의 특징을 12개의 프로파일로 분류하여 설명하고 있으며, 이는 아래의 <표 4-2>와 같이 분류된다.

[표 4-2] Shoemaker & Kennedy의 사이버 범죄자 12유형별 분류

범죄자 유형	범행의도	범행동기	범죄자 서술	공격기법/툴	파괴/공격 수준
Kiddies	Trespass	Ego	Any Age/ Technologically Inept/New to Crime	Preprogramed Tool Kits	Level 1
Cyberpunk Hackers	Trespass or Invasion	Ego or Exposure	Young/Technically Proficient/Outsider	Virus, Application Layer, and DOS Attacks	Level 2
Old-timer Hackers	Providing their art by trespassing	Ego	Middle Age/The most technically proficient/Professional history	Website defacement	N/A
Code Warriors	Theft or Sabotage	Ego or Revenge or Monetary	Age range between 30 to 50/ Technically superb/ A degree in Tech,	Application Layer and Trojan Horse	Level 3

		Gain	but unemployed/Socially inept		
Cyber-thieves	Illegal possession of valuable information or outright theft	Monetary Gain	Any Age (usually younger than code warriors)/Most are organizational insiders/Use social engineering techniques	Surreptitious network attacks via sniffing or spoofing/Simple programming exploits such as Trojans and malware	N/A
Cyber-hucksters	Commercialization	Monetary Gain	Older (business types)/Use social engineering techniques	Tracking cookies, spyware, and legal data mining to find victims	N/A
Unhappy Insider	Theft, Sabotage, or harm items of value to the company	Revenge or Monetary Gain	Any age/Employed/Unhappy with company	Extortion or Exposure of company secrets via destructive logic bombs or malicious applications	Level 5
Ex-insider	Theft, Sabotage, or harm items of value to the company	Extortion, Revenge, Sabotage, or Disinformation	Any age/Terminated former employee/Unhappy with company	Extortion or Exposure of company secrets via destructive logic bombs or malicious applications	Level 4
Cyber-stalker	Invasion of Privacy	Ego and Deviance	Any age/Psychological issue	Key-logger, Trojan horse or sniffers	N/A
Con Man	Theft or Illicit commercialization	Monetary Gain	Any age/Difficult to catch due to anonymity	Spoofing, the Nigerian scam, or phishing	N/A
The Mafia Soldier	Theft, extortion and invasion of privacy	Monetary Gain	Any age/Organized crime group member/Active in the Far	All types with the best technology	N/A

			East and Eastern Europe		
	for the purposes of blackmail				
Warfighter	Protection for friends and harm to the enemy	Info war	Any age/ Technically superb/ non-criminal type/If on the other side against law, violence can increase/Members of an elite government agency	Application layer, logic bombs, DOS attacks	Level 5

출처: Shoemaker & Kennedy, Crime and Cybercrime investigation, 2009.

2. 사이버 범죄자의 주요 범행동기

Shoemaker와 Kennedy의 사이버 범죄자 12유형과 연계해 백신철 외(2019)의 사이버 범죄자 프로파일링 연구에서는 사이버 범죄자들의 11가지 주요 범행동기에 대해서 제시하고 있다. 그 주요 범행동기는 아래와 같다.

■ 첫 번째 범행동기는 "revenge"로서 사이버 범죄자들은 자신이 부적절한 대우를 받았거나 피해를 입어 이에 대해 복수하기 위한 사이버 범죄를 일으키며, 그들의 사이버불법행위는 개인, 기업 또는 사회적으로 피해를 입힌다고 보고 있다.

■ 두번째 동기로 "exposure"가 있으며, 사이버 범죄자는 사회적으로 관심과 주목을 받고 명성을 얻기 위해 사이버 범죄에 가담한다고 본다.

■ 셋째, "hacktivism"으로서 서로 다른 정치적, 이데올로기적 또는 종교적 사상이 공격자와 피해자 사이 존재하고 이로 인한 갈등을 사이버 공격이라는 도구로서 문제를 해결하려고 한다는 것이다.

■ 넷째, "ego"는 사이버 범죄자가 특정 해킹그룹에 속하고 싶어 하거나 자신이 그러한 해킹그룹의 리더로서 활약하기를 갈망하는 동기로 인해 사이버 불법행위에 가담한다고 본다.

■ 다섯째, "monetary gain", 즉 범죄자가 금전적인 이득을 취하려는 동기 때문

에 사이버 범죄를 일으킨다고 본다.

- 여섯째, "entertainment"는 범죄자가 쾌락주의적인 동기로 인해 사이버 범죄에 가담한다고 본다.
- 일곱째, "personality disorder"는 사고적/감정적/행동의 발달적장애로 인해 해커나 사이버 범죄자처럼 행동한다고 보고 있다.
- 여덟째, "extortion and exploitation"은 피해자와 범행타겟으로부터 강탈과 착취의 동기로 사이버 범죄에 가담하며 사이버스토킹이나 사이버괴롭힘을 통해 정신적 피해를 입힌다고 본다.
- 아홉째, "blackmail"은 피해자로부터의 금전적 이익 또는 성적이고 물리적인 이익을 얻기 위한 동기에 의해 사이버 범죄 행위를 하며, 특히 민감한 정보를 공개하지 않는다는 조건을 내걸고 협박한다고 한다.
- 열번째, "sabotage"는 의도적으로 하드웨어를 손상시키거나 개인 또는 국가 이익을 위한 소프트웨어를 파괴하는 행위이다.
- 마지막으로 "espionage"는 산업스파이를 사주하여 정치적/군사적 기밀을 훔치는 행위로서 일반적으로 특정 정부나 기관에 의해 동기부여되고 고용되어, 이 같은 사이버불법행위를 저지른다고 보고 있다.

제4절

해커와 해커 관련 연구

최근 매스미디어들은 해커를 정보를 탈취하고 기밀 보안 시스템에 침투하고 다른 사람의 돈을 훔치는 미스터리한 존재로 묘사하곤 한다. 실제로 해커들은 해킹이나 바이러스 등을 일으켜 개인이나 기업만이 아닌 중대한 국가안보의 문제로 인식되고 있어, 보다 적극적인 해킹의 분석과 해커에 대한 심도있는 논의 및 대응책 개발이 필요해 보인다. 따라서 본 절에서는 해커란 어떤 사람이고 해커들과 해킹에 대해 자세히 알아보도록 하겠다.

1. 해커

(1) 해커는 누구인가?

한국정보보호센터에서 발간한 정보시스템 해킹 현황 및 대응 관련 발간문서 (1996)에 의하면, 해커란 컴퓨터 시스템의 내부 구조 및 동작 등에 심취하여 이를 알고자 노력하는 사람으로서 대개 뛰어난 컴퓨터 및 통신실력을 가진 사람을 가리킨다. 하지만 현재는 다른 컴퓨터에 불법 침입하여 자료의 불법열람, 변조, 파괴 등의 행위를 하는 침입자·파괴자를 통칭하여 해커로 부르고 있으며, 이 발간문서에서는 해커, 침입자, 파괴자, 지능형 침입자 등을 통칭하여 해커라는 용어를 사용하고 있다. 침입자, 파괴자(Intruder, Cracker)란 다른 기관의 컴퓨터에 전산망 등을 이용하여 불법으로 침입하여 자료를 유출, 변조, 파괴 등의 범죄적인 행위를 하는 사람을 의미하며, 지능형 침입자(Uebecracker)란 해커와 침입자를 합친 용어로서 스스로 시스템의 보안문제점을 파악하거나 불법침입프로그램 등을 작성할 수 있는 능력을 가진 해커를 의미한다.

(2) 해커 분류

Wilhelm 외(2015) 등은 그들의 저서 "실전 모의 해킹과 침투 테스트"에서 해커의 종류와 정보보호 분야에서 해커의 역할에 대해 설명하고 있다. 특히 해커는 블랙햇(blackhat) 해커, 화이트햇(Whitehat) 해커, 그레이햇(greyhat) 해커 3가지 종류로 분류된다고 한다.

1) 블랙햇 해커

정보 보안에서 블랙햇 해커는 정보시스템에 허가되지 않은 침투 공격을 행하는 사람이다. 이런 행위는 단순한 호기심에서부터 금전적 이득을 취득하는 데 이르기까지 다양한 이유를 갖지만, 피해자들의 허가를 받지 않고 행동한다는 데 공통점이 있다. 어떤 경우 블랙햇 해커는 다른 나라에 자리를 잡은 채 법망을 피해가기도 하지만, 목표가 어디에 있든지 간에 해당 국가의 법을 위반한 경우에는 여전히 불법으로 간주한다. 물론 말할 것도 없이 블랙햇 해커는 전 세계 도처의 프록시

(Proxy) 서버를 공격에 이용한다. 따라서 국가가 관련 법망을 제대로 갖추지 못하고 있으면 그들을 기소하는 데 어려움을 겪게 된다.

2) 화이트햇 해커

화이트햇 해커는 계약을 바탕으로 보안성 평가를 수행하는 사람들을 의미한다. 화이트햇 해커는 영화에서 묘사되는 히어로들처럼 좋은 일을 하는 사람들처럼 보인다. 그들이 주로 하는 일은 고객사 내의 시스템이나 네트워크에 대한 보안 상태를 개선하는 것이다. 또한 악의적이거나 인가되지 않는 사용자가 접근 가능한 취약점이나 익스플로잇을 찾아내는 것도 그들의 몫이다. 화이트 해커에 의해 취약점 내지 익스플로잇이 발견되면 기업은 그들이 가진 위험성과 취약점을 보완할 수 있다.

3) 그레이햇 해커

그레이햇 해커는 전형적으로 법의 테두리 안에서만 해킹을 수행하면서 조금씩 영역을 넓혀나가는 이들을 지칭하곤 한다. 저작권자가 분명한 소프트웨어 코드를 대상으로 리버스 엔지니어링(Reverse Engineering)을 하는 사람들을 이 부류로 구분하는데, 이들의 특징은 금전적 이득에 큰 관심이 없이 행동하며 공개적으로 유명해지는 것을 추구하는 경향이 있다고도 보고 있다.

2. 해킹

(1) 해킹(Hacking)의 정의

해커(침입자)들의 저지르는 모든 불법적인 행위들을 전산망 보안 침해사고라고 볼 수 있으며, 이들의 행위는 드러나는 행위에 의해 다음과 같이 나눌 수 있다.

1) 불법 침입: 인가되지 않은 침입자가 불법으로 다른 시스템에 접근하는 행위

2) 불법 자료 열람: 허가되지 않은 불법접근을 통해 주요 정보를 열람한 행위

3) 불법 자료 유출: 개인이나 기관의 주요 정보를 불법으로 유출한 행위

4) 불법 자료 변조: 시스템의 자료를 불법으로 파괴한 행위

5) 불법 자료 파괴: 시스템의 자료를 불법으로 파괴한 행위

(2) 해킹의 대상과 유형

해커들의 해킹 대상을 데이터, 시스템 프로그램, 네트워크 등으로 분류하여 해커들이 저지를 수 있는 해킹 행위들을 불법삽입, 불법유출, 불법변조, 파괴·거부 등의 행위로 나누어 다음과 같은 표로 요약할 수 있다.

[표 4-3] 해킹의 대상과 사고유형

대상	사고유형			
	불법 삽입	불법 유출	불법 변조	파괴 및 거부
데이터	개인신상정보에 대한 잘못된 정보	주요 비밀정보, 개인 신상정보 등의 유출	일반자료 변조, 불법금융거래를 노린 변조	일반·중요정보의 파괴
시스템/SW	바이러스, 웜, 백도어, 트로이 목마 등	주요 프로그램 (예: 패스워드 파일)	악의적 이용을 위한 프로그램 변조	프로그램파괴, 고장 유발하는 장애 행위
네트워크 환경	시스템과 부하를 노린 행위	시스템제어 정보 유출	통신지연, 잘못된 라우팅 유도	접근 방해, 망 운영 방해

출처: 한국정보보호센터, 1996.

(3) 해킹에 사용되는 프로그램의 유형

해커들이 주로 사용하는 수법과 해킹에 사용되는 프로그램의 유형을 알아보는 것도 중요할 것이다. 아래는 해킹에 주로 사용되는 프로그램의 유형이다.

- 백도어(Backdoor): 시스템에 불법 접근을 가능케 하는 프로그램
- 논리폭탄(Logic Bomb): 주어진 조건을 만나면 불법 행위를 하는 숨겨진 프로그램
- 바이러스(Virus): 프로그램 변조, 파괴 목적의 프로그램
- 웜(Worm): 네트워크를 통해 전달되는 바이러스
- 트로이목마(Trojan Horse): 정상프로그램을 가장한 불법 프로그램

■ 박테리아(Bacteria): 자신을 무한 복제하여 시스템 동작 방해

해커 관련 연구

기존 사이버 범죄 관련 연구에 있어 사이버 범죄 피해자를 대상으로 한 연구는 국내외 학자들에 의해 많이 다루어졌으나, 사이버 범죄자를 행동적/사회적 특성을 분석하는 것은 그다지 활발하게 이루어지지 않았다. 특히 해커들에 대한 연구는 매우 희소성이 있을 만큼 그 동안 연구가 거의 이루어지지 않았다. 본 절에서는 사이버 범죄 프로파일링 모델에 기반한 해커 연구와 청소년해커들의 행동적/사고적 특징과 해킹에 가담하는 정도에 대한 연관성을 알아보고자 한다. 이를 통해 실무자들과 형사정책입안자들의 해킹사고를 예방하기 위한 대안책에 대해 고찰하고자 한다.

1. 사이버 범죄자 프로파일링 모델

(1) FBI 프로파일링 모델

범죄 프로파일링 기법은 주로 미국 연방수사국(FBI)에서 잠재적 용의자/범죄자의 수사와 범죄예방을 하기 위한 목적으로 오랫동안 사용되어 왔다. FBI가 적용하고 있는 두 종류의 프로파일링 기법은 연역적(Deductive) 프로파일링과 귀납적(Inductive) 프로파일링으로 구분하고 있다. 먼저 연역적 프로파일링은 특정 범죄 현장으로부터 수집된 증거들을 분석한 후 프로파일러들의 경험과 전문지식에 기반하여 가능한 용의자 및 범죄자의 캐릭터를 좁혀가는 방식이다. 반대로 귀납적 프로파일링의 경우 과거에 반복되어 발생한 범죄데이터(범행동기, 범행수법, 기존범죄자들의 캐릭터, 기타)의 분석을 통해 수립된 특정 범죄의 유사성, 패턴 그리고 연관성 등을 적용하여 수사 중에 있는 범죄사건의 용의자를 좁히는 데 사용하는 기법이다. 최근 FBI에서는 귀납적 프로파일링 기법을 자주 사용하고 있으며 성범죄, 살인죄,

강력범죄, 방화범죄 사건 등에 적용시켜 효율적인 수사를 지원하고 있다. 반면, 해킹사건을 포함한 사이버 범죄사건 수사에 FBI 프로파일링 기법을 도입하는 것은 전통적인 범죄수사에 비해 아직 시작하는 단계이며, 향후 적극적으로 도입되어 사용되기까지 상당한 기간이 필요할 것으로 사료된다(Back et al., 2019).

(2) SSBACO 사이버 범죄 프로파일링 모델

Back 등(2020)은 사이버 범죄 프로파일링 연구에서 FBI 프로파일링 기법을 응용한 SSBACO 사이버 범죄 프로파일링 모델을 아래와 같이 제시하고 있다.

우선 환경 범죄 이론(예: 일상 활동이론/합리적 선택이론/상황적 범죄 예방이론)들에 의하면, 특정 상황 및 범죄 기회는 범죄자가 범죄타겟을 선택하고 범죄를 저지르는 것에 대한 의사 결정에 중요한 요인으로 작용한다고 보고 있다. 그렇기 때문에 유사한 범죄자의 유형 및 범죄수법/패턴을 도출해낸 것에 중요한 정보를 제공해 줄 수 있다는 것이다. 이같은 이론적 배경에 기반하여 Back(2020)은 'SSBACO 사이버 범죄 프로파일링 모델'을 고안해서 사이버 범죄자와 상황적/기회적 요인들 간의 관

[표 4-4] SSBACO 사이버 범죄자 프로파일링 기법

요인	요소
상황적 요인 (Situational Factors [S])	(1) 범죄를 저지르기 전에 알코올 또는 약물 사용 유무 (2) 범죄를 저지르기 전에 음란물 시청 유무 (3) 범죄를 저지르기 전에 무언가/누군가에 대해 화를 내거나 적개심 유무 (4) 정치적 목적의 존재 유무 (5) 범죄자 유형(국가에 고용된 해커, 개인해커그룹, 조직범죄 그룹해커) (6) 타겟의 가치 정도
사회인구학적 배경 요인 (Sociodemographic Background Factors [SBA])	(1) 연령, (2) 성별, (3) 국적, (4) 사이버 범죄 재범 유무
사이버 범죄의 기회적 요인 (Characteristics of Cybercrime Opportunity Factors [CO])	(1) 범죄자와 피해자 간의 친밀한 관계 유무 (2) 공동 범죄자의 존재 유무 (3) 피해자와 함께 보낸 시간 정도 (4) 피해자 또는 대상의 저항 수준(예: 사이버 보안 수준)

출처: Back et al., 2020.

계를 밝히고자 하였다. 구체적으로 Back(2020)의 논문에서 'SSBACO 사이버 범죄 프로파일링 모델'은 상황적 요인(Situational Factors [S]), 사회인구학적 배경 요인(Sociodemographic Background Factors [SBA]) 그리고 사이버 범죄의 기회적 요인(Characteristics of Cybercrime Opportunity Factors [CO])으로 구성된다고 주장했다. 각 요인들은 아래와 같은 각각의 요소들을 포함하고 있다.

2. 해커 관련 연구

해커 그리고 해킹과 관련된 연구들은 그동안 꾸준히 연구되고 발전되어 학문적인 토대를 마련하는 상황으로 판단된다. 위의 사이버 범죄자 프로파일링 모델을 응용한 연구를 소개해보면 아래와 같다. 먼저 Back 등(2020)의 연구 결과를 살펴보면, 선행연구들과 유사하게 상황적 요인이 범죄의 심각성 정도와 피해 정도 그리고 사이버 범죄 타겟 선정에 영향을 미치는 것으로 나타났다. 예를 들면, 국가가 지원하는 사이버 범죄자는 국가적으로 중요한 시설과 정보를 보유하고 있는 정부/군사기관을 중요한 범죄 대상으로 선택하는 경향이 높은 반면에, 개인해킹그룹 또는 조직 사이버 범죄그룹에게 정부/군사조직의 시설이나 시스템은 비교적 높은 수준의 사이버 보안체계를 유지하고 있을 것으로 예상되기에 전반적으로 다소 범죄 성공확률이 떨어진다고 인식하며 범죄타겟으로서의 매력도가 높지 않다. 다시 말해 국가가 후원하는 사이버 범죄자는 국가의 기간산업/시설을 타겟의 공격에 주력하는 반면, 해킹그룹/조직적 사이버 범죄그룹은 민간 및 기업 부문을 대상으로 하는 사이버 범죄를 주로 자행하는 것이다.

두 번째로 소개할 논문은 Youth Hackers와 Adult Hackers에 관한 연구이다. 위에서 언급된 SSBACO 사이버 프로파일링 모델에 의하면, 사이버 범죄자들의 사회인구학적 배경 요인이 범죄자의 특징과 연관성이 있다고 본다. 이 같은 주장을 뒷받침하는 연구로서 Back 등(2019)의 "Youth hackers와 adult hackers in South Korea" 연구 논문을 살펴보도록 하겠다. 위 논문에서는 83건의 해킹사건에 연류된 한국의 사이버 범죄자들을 15세부터 24세 사이의 사이버 범죄자들은 Youth 해커그룹으로, 25세 이상의 사이버 범죄자들은 Adult 해커그룹으로 나누어 해커들의 나이와 범행동기 그리고 공범 유무 간의 관계성을 분석하였다. 그 결과 각 그룹별 범행동기는 조금씩 다른 것으로 나타났다. 예를 들면, Youth 해커그룹에 소속된 사이버 범죄자들은 monetary gain(55%), hacktivism(24.1%), entertainment(13.8%) 그리고 revenge(3.4%)와 exposure(3.4%)로 각각 나타났고, 반면에 Adult 해커그룹에 소속된 사이버 범죄자들은 monetary gain(87%), entertainment(7.4%), blackmail(3.7%) 그리고 personal disorder(1.9%)로 각각 나타났다. 해커들의 나이와 공범 유무 간의 관계성에 대한 결과로, Youth 해커그룹에 소속된 사이버 범죄자들 중 62.1%의 범죄자들이 공범이 있었으며, Adult 해커그룹에 소속된 사이버 범죄자들 중 무려 90.7%의 범죄자들이 공범들과 함께 해킹사건에 가담한 것으로 나타났다. 결론적으로 위의 연구결과는 해커들의 상황적 요인과 사이버 범죄의 기회적 요인을 줄인다면 잠재적 해커들의 사이버 범죄를 저지를 가능성도 낮출 수 있다는 것이 사이버 범죄대응책 마련에 있어 중요한 시사점일 것이다.

마지막으로 Gottfredson과 Hirschi의 자기통제이론(Self-Control Theory, 1990)에 의하면 범죄나 비행을 저지름에 있어서 개인 간의 차이는 인생의 초기단계에서 만들어지고, 그 이후로는 한평생 안정적인 경향을 보인다고 한다. 따라서 유소년 시절에 개인이 범죄나 비행에 가담하지 않도록 가정과 학교를 중심으로 한 초기 사회화의 과정에서 자기통제력을 키워줌으로써 범죄 예방효과가 있다는 것이다. 이처럼 기존 청소년해커들의 자기통제력과 기질을 분석하여 다른 유소년들이 잠재적인 해커가 되지 않도록 예방책을 수립하는 것도 매우 중요한 사안일 것이다. 이같이 청소년해커들의 자기통제력과 성향이 해킹행위에 미치는 영향에 대한 연구들을 살펴보면 아래와 같다.

Hollin(2002)은 자신의 연구를 통해 청소년 해커들이 컴퓨터 해킹으로 인한 보상이나 손실을 고려하지 않고 쾌락주의적 충동에 따라 행동할 가능성이 높은 등 도덕적으로 미숙함을 가지고 있다고 밝혔다. 유사하게, DeMarco(2001)는 청소년의 윤리적 결함이 컴퓨터 관련 범죄를 저지르는 것과 밀접한 관련이 있다고 컴퓨터 해킹 관련 연구에서 주장했다. 흥미롭게도 Verton(2002)은 컴퓨터에 중독된 청소년 해커가 마리화나, 크랙 코카인, 헤로인 등 마약에 중독된 청소년과 유사한 자기통제력이 낮고 비행적인 행동 패턴을 가지고 있다는 것을 발견했다. 또한 Back 등

(2018)은 Gottfredson과 Hirschi의 자기통제력이론을 바탕으로 컴퓨터 해킹행위에 미치는 영향을 알아보았다. 미국, 베네수엘라, 스페인, 프랑스, 독일, 폴란드, 헝가리, 러시아 등 8개국 각 나라별로 평균 2000여 명의 학생들이 참가한 설문조사의 통계 결과로 자기통제력이 낮은 학생일수록 자기통제력이 높은 학생에 비해 80% 이상까지 해킹행위에 가담한 확률이 높았다. 즉, 자기통제력이 낮고 충동적이고 쾌락주의를 선호하는 청소년일수록 컴퓨터 해킹행위에 참여할 가능성이 더 높다는 결과가 밝혀졌다.

Hirschi와 Gottfredson(1990)은 유소년기에, 이상적으로는 자기통제력 강화를 위한 교육을 해야 한다고 강조하고 있다. 또한 그들은 효과적인 자기통제력 강화를 위해서는 부모와 학교가 그 중심이라고 주장한다. 여기에는 부모가 자녀의 행동을 모니터링하고, 자녀가 비정상적인 행동을 할 때를 인식하고, 그러한 행동을 바로잡기 위해 적절한 지도를 하는 것이 중요하다고 보고 있다. 또한 그들은 자기통제력 강화를 위한 교육의 중심이 되는 부모들에 대한 효과적인 지도프로그램도 필요하다고 제안하고 있다. 결론적으로 아동 및 가족을 대상으로 하는 효과적인 조기 양육―교육 프로그램 등은 유청소년들의 미래의 비행(예: 해킹행위)을 줄이는 데 기여할 수 있는바 실무자 및 정책입안자로서 적극 반영하여 시행하는 것이 위의 연구들이 주는 시사점일 것이다.

제6절

결 론

본 장에서는 사이버 범죄의 분류와 사이버 범죄 실태에 대해 알아보았으며, 최근 사이버 범죄 동향과 트렌드를 살펴보았다. 특히 정보통신망법 규정에 의하면 해킹은 정당한 접근권한 없이 또는 허용된 접근권한을 초과하여 정보통신망에 침입하는 행위이자 2차, 3차 범죄의 시작점으로서 이를 차단하기 위한 지속적인 노력이 필요하다. 이 같은 정보를 바탕으로 사이버수사관으로서 범죄현장에서 응용하고 적용시킨다면 업무 역량을 극대화시켜 효율적인 범죄수사를 이끌 수 있을 것이라 판단된다.

그리고 사이버 범죄자 유형과 최근 연구된 자료들을 검토를 통해 사이버 범죄자들의 패턴과 특징을 분석해 보았으며, 특히 해커들의 프로파일링과 행동패턴의 분석은 사이버 범죄에 대한 효율적인 대응책 마련을 위해 적극적으로 반영되어야 할 부분일 것이다. 예를 들어 해커들의 상황적 요인과 사이버 범죄 기회적 요인을 고려하여 보안대책을 수립하고, 잠재적 해커가 될 수 있는 청소년을 대상으로 윤리교육/사이버보안 교육을 선제적으로 실시한다면 범사회적차원에서의 효율적 사이버 위협 대응체제를 구축할 수 있을 것이다.

참고문헌

[국내문헌]

경찰청. (n.d.). 경찰통계자료. https://www.police.go.kr/www/open/publice/publice0204.jsp

경찰청. (n.d.). 사이버 범죄 신고시스템(ECRM). https://ecrm.police.go.kr/minwon/main

경찰청 국가수사본부 사이버수사국. (2022, May 19.). 사이버 범죄 트랜드(2022)
    https://www.police.go.kr/user/bbs/BD_selectBbs.do?q_bbsCode=1001&q_bbsctt
    Sn=20220519141449594

송태은. (2018). 북한의 사이버 공격과 우리의 대응. 외교안보연구소, IF 2022−28K, 1−4.
    https://www.ifans.go.kr

[해외문헌]

Back, S., Soor, S., & LaPrade, J. (2018). Juvenile hackers: An empirical test of self−con−
    trol theory and social bonding theory. *International Journal of Cybersecurity
    Intelligence & Cybercrime, 1*(1), 40−55.

Back, S., Stoelers, L., & Kim, J. (2020). Cybercriminal Profiling: An Application of
    SSBACO Methods. 디지털포렌식연구, *14*(2), 195−204.

DeMarco, J. V. (2001). It's Not Just Fun and War Games−Juveniles and Computer Crime.
    US Att'ys Bull., 49, 48.

Gottfredson, M. R., & Hirschi, T. (2022). A general theory of crime. In A General *Theory
    of Crime*. Stanford University Press.

Hollin, C. (2002). Criminological psychology. *The Oxford handbook of criminology, 43*,
    48−50.

Shoemaker, D., & Kennedy, D. B. (2009). Criminal profiling and cyber criminal
    investigations. *Crimes of the Internet*, 439−455.

Verton, D. (2002). *The hacker diaries*. McGraw−Hill, Inc.

사이버 사기, 사이버 금융범죄, 개인정보 침해사고

제2부 사이버 범죄자

백신철(Sinchul Back)

개 요

코로나19 시대를 거치며 인간의 사회생활 패러다임이 변화하면서 비대면 원격근무가 활성화되고, 클라우드 도입의 가속화와 더불어 온라인쇼핑/온라인뱅킹업무 등의 경제적 활동이 사이버플랫폼으로 전환되는 등 온라인유저들의 인터넷상에서의 활동과 노출의 빈도가 늘어남에 따라 인터넷망에서의 범죄도 꾸준하게 증가되고 있다. 이번 장에서는 정보통신망 이용 범죄로 분류되는 사이버 사기와 사이버 금융범죄(피싱, 파밍, 스미싱) 그리고 개인정보 침해범죄의 실태에 대해 알아보고, 최근 정보통신망 이용범죄의 동향과 쟁점사안에 대해 논의하겠다.

제1절

사이버 금융범죄, 사이버 사기 그리고 개인정보 침해사고의 실태

제4장에서 경찰청 사이버수사국의 가이드라인을 인용해 사이버 금융범죄를 전반적으로 살펴보았다. 이번 장에서는 사이버 금융범죄 및 사이버 사기 그리고

개인정보 침해사고를 간략하게 논의하고 각각의 현실태에 대해 자세히 알아보고자 한다.

1. 사이버 사기범죄

사이버 사기범죄란 인터넷이라는 사이버 공간을 활용해 사기 행위를 벌이는 범죄를 말한다. 따라서 인터넷 사기가 성립하기 위해서는 인터넷이란 수단을 통해 사기의 법적 해당요건을 갖춰야 한다. 사기는 "사람을 기망하여 재물의 교부를 받거나 재산상의 이익을 취득한" 행위(형법 제347조)를 말한다. 즉, 사기가 법적으로 성립하기 위해서는 사람을 기망하는 행위가 있어야 하고, 이러한 기망행위로부터 피해자가 착오에 빠져 재산처분 행위를 해서 재산상의 손해가 발생하고, 가해자는 재산상의 이익을 취하는 구조를 가져야 한다. 따라서 인터넷 사기란 인터넷 정보통신망을 이용하여 피해자들에게 물품이나 서비스를 제공할 것처럼 속여 재산상의 이득을 취하는 사기 행위의 한 유형으로 볼 수 있다. 사이버 사기범죄의 주요 유형으로는 인터넷 직거래 사기와 인터넷 쇼핑몰 사기가 대표적이며 유형별로 그 자세한 내용을 살펴보면 다음과 같다(정진효 외, 2015, pp. 142-143).

(1) 인터넷 직거래 사기

인터넷 직거래 사기의 경우 중간 중개 업체를 통하지 않고 개인과 개인이 인터넷을 통해 직접 거래를 하는 형태를 말한다. 중개업체를 거치지 않으므로 유통비용을 절감할 수 있어 전자 상거래에 있어서 비중이 점점 늘어나고 있다. 휴대폰, 노트북 등 전자제품뿐만 아니라 농수산물, 콘도 이용권, 심지어 외환과 부동산까지 인터넷 직거래 영역이 확대되고 있다. 지금까지 발생한 인터넷 직거래 사기는 주로 인터넷 중고 사이트를 이용한 사례가 많다. 중고제품 거래이므로 싼값에 살 수 있다는 장점에 별도의 보안대책 없이 대금을 입금하여 피해를 입는 경우가 계속 증가하는 것이다. 더욱이 최근에는 조직적, 지능적으로 사기 행각을 벌이고 있어서 조금만 방심해도 피해를 당하는 사례가 늘고 있다는 것이다(정진효 외, 2015, pp. 143-144).

(2) 인터넷 쇼핑몰 사기

인터넷 쇼핑몰 사기범죄는 피의자들이 온라인 쇼핑몰을 개설해놓아 마치 정상적으로 운영되는 쇼핑몰 같지만 실제로는 사업자 번호나 사무실 주소 등이 모두 허위의 정보로서, 가짜 사이트를 운영하여 구매 대금을 편취하는 수법이다. 그리고 또 다른 수법으로 사업자 번호나 사무실도 실제로 존재하고 쇼핑몰 홍보도 적극적으로 하는 등 초기에는 정상적인 판매를 진행하는 듯하지만, 일정 기간이 지나 구매자가 증가하면 배송 지연을 핑계로 물건을 제대로 보내주지 않고 구매 대금을 편취하는 수법이다(문성호, 2021). 특정 인터넷 쇼핑몰 사기 사건의 경우 스마트폰이나 가전제품 혹은 명품가방 등 고가의 상품을 취급하며 '할인코드'를 이용해 사기행각을 벌인 것으로 나타났다. 판매자가 할인을 미끼로 쇼핑몰 주소를 보내 거래를 유도한 뒤, 물건값을 입금할 때 입금자명에 복잡한 할인코드 또는 추천인 아이디를 입력하라고 요구하는 식이다. 이후 할인코드나 입금자명이 잘못됐다며 재입금을 유도해 피해액을 불린다고 한다. 최근 가격이 현저하게 저렴함을 미끼로 해외에 서버를 두고 추적이나 차단을 피하는 사기 온라인 쇼핑몰 피해가 늘어나고 있다(이청아, 2022).

[그림 5-1] 온라인 쇼핑몰 사기 사례

명품 구매대행 온라인 쇼핑몰로 오픈한 '사크라스트라다' 홈페이지의 4일 화면. '카라프'로 상호명을 바꾼 뒤 여전히 영업하고 있다. [홈페이지 캡처]

출처: 중앙일보, 2022, https://www.joongang.co.kr/article/25106865

2. 사이버 금융범죄

사이버 금융범죄란 정보통신망을 이용하여 피해자의 계좌로부터 자금을 이체받거나 소액결제가 되게 하는 신종 범죄를 의미하며, 주요 범죄유형으로는 피싱, 스미싱, 파밍 등이 있다. 전자금융거래 과정에서 사이버 수단을 이용해 발생하는 신종의 사기 범죄를 '사이버 금융사기' 또는 '전자금융사기'라고 부르는데, 관련 법률에서는 '전기통신금융사기'라고 일컫기도 한다(임철현, 2019, pp. 259-260). 사이버 금융범죄의 유형별로 그 자세한 내용을 살펴보면 다음과 같다.

(1) 피싱

'피싱(phising)'은 온라인상에서 계좌번호, 카드번호, 계좌비밀번호 등의 정보를 탈취하여 금전을 편취하는 범죄를 말하며, 그 방법에 따라 웹기반 피싱, 이메일 피싱, 메신저 피싱 등이 있다. '웹기반 피싱'은 웹사이트나 게시판에 주소를 게시하거나 팝업을 띄워서 피싱사이트에 연결되도록 하고 여기에 관련 정보를 입력하게 함으로써, '이메일 피싱'은 이메일에 피싱사이트 주소의 링크를 기재하여 이를 클릭하게 하고 위 사이트에 정보를 입력하도록 해서 금융정보를 탈취하는 방법이다. 그리고 '메신저 피싱'은 해킹 등의 방법으로 메신저 ID와 패스워드를 알아내 타인의 메신저 계정에 로그인한 후 메신저에 등록된 지인들을 상대로 "돈을 빌려 달라"는 등의 거짓 요청을 해서 금전을 편취하는 방법이다.

(2) 파밍

'파밍(pharming)'에서는 범죄자가 피해자의 PC나 스마트폰을 악성코드에 감염시켜 허위의 금융회사 사이트로 유도·접속케 한 후, 그 허위 사이트를 정상 사이트로 착각한 피해자로 하여금 자신의 계좌번호 등 금융정보를 입력케 한다. 그리고 해당 정보를 이용해 범죄자 자신이 피해자 명의의 공인인증서를 재발급받아 피해자 이름으로 대출을 받거나 그의 예금을 계좌이체 등에 의해 빼돌리게 된다. 파밍은 기술적 수단에 따라 윈도우즈 host 파일 변조방식, DNS 세팅 변경방식, 자동 프록시 설정(PAC) 기능 이용방식으로 나뉜다.

(3) 스미싱

'스미싱(Smishing)'은 문자메시지(SMS)를 이용한 전자금융사기 수법으로서, 청첩장, 이벤트 당첨, 경찰 출석요구 등 다양한 문자 메시지를 전송하여 여기에 포함된 링크에 접속이 이루어지면, 피해자의 스마트폰에 악성코드나 악성앱이 설치되고 이를 통해 피해자의 인증정보를 탈취하거나 직접 소액결제를 유도하는 범죄 수법이다.

(4) 메모리 해킹

'메모리 해킹'은 피해자의 PC메모리에 침투하여 피해자가 입력한 정보를 해킹하거나, 이체 상대방 계좌를 해커 자신 또는 제3자의 계좌로 조작하는 방식으로 돈을 빼돌리는 수법이다. 피싱이나 파밍은 계좌나 공인인증서 비밀번호 등을 외부에서 빼내는 방법인 반면에, 메모리 해킹은 악성 프로그램을 설치하여 메모리에 있는 비밀번호를 탈취하거나(정보유출형), 범죄자가 지정하는 계좌 등으로 데이터를 변경·조작하는 방법(정보변조형)으로서 인터넷뱅킹 프로세스에 직접 개입한다는 데에 차이점이 있다.

(5) 스캠

'스캠(scam)'은 범죄자가 어느 기업의 이메일을 해킹한 다음, 그 기업의 거래 상대방에게 대금 계좌번호가 변경되었다는 이메일을 보내어 그 변경된 계좌로 송금토록 함으로써 송금주체인 거래상대방으로부터 금전을 편취하는 범죄를 말한다. 나이지리아 스캠, 419 스캠 또는 이메일해킹 무역사기라고 부르기도 한다.

(6) 랜섬웨어

'랜섬웨어(ransomware)'는 컴퓨터 시스템에 저장된 문서·사진·동영상을 암호화한 다음에 암호를 풀어주는 조건으로 금전을 요구하는 범죄를 말한다. 기술적으로보아 ① 크립토락커(CripToLocker), ② 레베톤(Reveton), ③ 심플락커(SimpleLocker)로 나눌 수 있다. '크립토락커'는 감염된 PC의 시스템 파일을 제외한 MS 오피스, 한글

문서 파일, 압축파일, 동영상, 사진 등을 암호화한 다음 해당 국가 언어로 작성된 txt.html 파일을 생성해 피해자의 PC에 게시하면서 금품을 요구하는 수법이고, '레베톤'은 거짓으로 법 집행 기구의 경고문구를 표시하고 피해자가 법률을 어겨 PC 내 파일이나 소프트웨어의 사용이 제한된다고 경고하면서 금품을 요구하는 수법이다. 그리고 '심플록커'는 스마트폰의 파일을 암호화하고 금품을 요구한다는 면에서 모바일에 적용된 새로운 랜섬웨어 수법을 말한다.

3. 개인정보 침해

개인정보란 살아 있는 개인에 관한 정보로써 성명, 주민등록번호 및 영상 등 개인을 알아볼 수 있는 정보를 말한다. 국가 입장에서 개인정보는 공공질서 유지와 치안, 국가방위 등을 위해 이용 가능한 사회적 가치를 가진다고 할 수 있으며, 기업 입장에서 개인정보는 수익극대화 및 비용극소화 추구에 도움이 되는 경제적 가치를 가지며, 개인 입장에 개인정보는 개인의 사생활과 밀접하게 연관되는 사회적 가치를 가진다고 할 수 있다. '개인정보 침해' 범죄란 개인정보 처리의 전 과정에서 발생하는 것으로 근거 없는 개인정보의 수집·이용·제공은 물론 개인정보 유출, 오남용, 불법유통 등을 모두 포괄하는 것으로 볼 수 있다. 이러한 개인정보 침해는 그 자체로도 피해가 발생하지만 이로 인한 2차, 3차 피해가 추가로 발생하는 등 피해의 위험이 높다. 따라서 사전에 개인정보 침해를 예방하는 것이 무엇보다 중요하다.

개인정보 침해에 따라 피해개인은 정신적 피해뿐만 아니라 명의도용, 보이스피싱에 의한 금전적 손해, 유괴 등 각종 범죄에 노출되기도 하고, 기업의 경우 기업의 재화 또는 서비스를 이용하는 고객의 신뢰와 기업의 이미지가 훼손되기도 하며, 다수 피해자에 대한 집단적 손해배상 시 기업 경영에 큰 타격을 입는다. 국가의 경우 IT산업의 해외수출 애로, 전자정부의 신뢰성 하락으로 국가 브랜드 가치의 저하를 가져온다(개인정보보호 포털, n.d.).

이와 같이 사회적으로 큰 피해를 주는 개인정보 침해사고를 줄이기 위해 정보통신망법 제28조와 시행령 제9조에서는 개인정보 보호조치에 대한 사항이 명시되어 있다. 정보통신서비스 제공자 등이 개인정보를 처리할 때에는 개인정보의 분실,

도난, 유출, 위조, 변조 또는 훼손을 방지하고 개인정보의 안전성을 확보하기 위하여 대통령령으로 정하는 기준에 따라 개인정보를 안전하게 처리하기 위한 내부관리계획의 수립 및 시해 그리고 개인정보에 대한 불법적인 접근을 차단하기 위한 침입차단시스템 등 통제장치의 설치, 운영 및 접속기록의 위조, 변조 방조를 위한 조치와 개인정보를 안전하게 저장, 전송할 수 있는 암호화 기술 등을 이용한 보호조치 등의 기술적, 관리적 조치를 하여야 한다.

(1) 개인정보 유출

법령이나 처리장의 자유로운 의사에 의하지 않고, 정보주체의 개인정보에 대하여 처리자가 통제를 상실하거나 또한, 권한 없는 자의 접근을 허용한 것을 말한다. 구체적인 개인정보 유출사례는 아래의 그림과 같다.

[그림 5-2] 개인정보 유출 사례

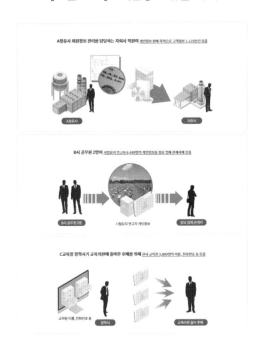

출처: 개인정보보호 포털, n.d., https://www.privacy.go.kr/nns/ntc/pex/personalExam.do

(2) 개인정보 불법유통

개인정보 불법유통이란 다양한 경로를 통해 수집한 개인정보가 이용 및 관리 과정에서 관리부주의 및 실수, 악의적인 유출, 해킹 등으로 인해 유출된 후 금전적 이익 수취를 위해 불법적인 방법을 통해 거래되는 경우를 말한다.

[그림 5-3] 개인정보 불법유통 사례

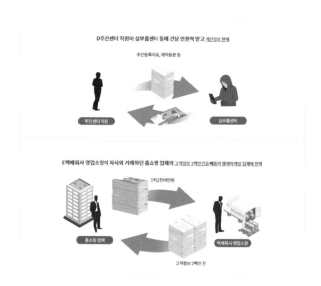

출처: 개인정보보호 포털, n.d, https://www.privacy.go.kr/nns/ntc/pex/personalExam.do

(3) 개인정보 오남용

개인정보 오남용이란 다양한 경로를 통해 수집한 개인정보가 이용 및 관리 과 정에서 관리 부주의 및 실수, 악의적인 유출, 해킹 등으로 인해 유출된 후 불법스팸, 마케팅, 보이스 피싱 등에 악용되어 개인정보 침해가 발생하는 경우를 말한다.

[그림 5-4] 개인정보 오남용 사례

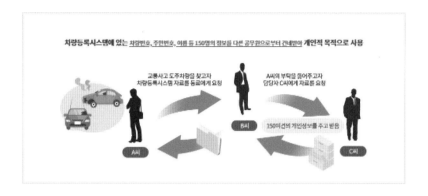

(4) 홈페이지 노출

홈페이지 노출사고란 관리 부주의로 인하여 개인정보가 웹페이지의 게시물, 파일, 소스코드 및 링크(URL)에 포함되어 노출되는 경우를 일컫는다.

[그림 5-5] 홈페이지 노출 사례

(5) 허술한 관리/방치

허술한 관리/방치란 개인정보처리자는 개인정보를 처리함에 있어서 개인정보가 분실, 도난, 유출, 위조, 변도 또는 훼손되지 아니하도록 안전성 확보에 필요한 기술적, 관리적 및 물리적 안전조치를 취하여야 하나 안전 조치가 미비한 경우를 말한다.

4. 정보통신망이용 범죄(사이버 금융범죄 외)의 실태

최근 한국의 정보통신망이용 범죄의 발생건수는 2014년도 8만5천여 건, 2015년도 11만8천여 건, 2016년도 12만1천여 건, 2017년도 10만7천여 건, 2018년도 12만3천여 건, 2019년도 15만1천여 건, 2020년도 19만9천여 건 그리고 2021년도 17만4천여 건으로 꾸준한 증가추세를 보이고 있다. 특히 2020년 코로나19 팬데믹 이후 사이버사기 범죄와 사이버금융 범죄는 급격하게 증가한 반면, 개인정보 침해사고와 사이버저작권 침해사고는 2016년을 기점으로 현저하게 줄어드는 경향을 보였다. 또한 경찰청 통계자료에 의하면 정보통신망이용범죄의 검거건수는 2014년도 5만6천여 건, 2015년도 8만6천여 건, 2016년도 10만3천여 건, 2017년도 8만8천여 건, 2018년도 9만3천여 건, 2019년도 11만2천여 건, 2020년도 13만4천여 건 그리고 2021년도 11만1천여 건으로 꾸준한 증가추세를 보이고 있다.

<표 5-1>은 경찰통계자료에 근거해 정보통신망이용범죄별 발생/검거 현황을 보여준다.

[표 5-1] 정보통신망이용범죄 발생·검거 현황

구분	총계		정보통신망이용범죄				
	총발생 (건)	총검거 (건)	사이버사기	사이버금융 범죄	개인정보 침해	사이버 저작권침해	기타
2014	85,519	56,461	56,667	15,596	939	14,168	2,149
2015	118,362	86,658	81,849	14,686	609	18,770	2,448
2016	121,867	103,172	100,369	6,721	2,410	9,796	2,571
2017	107,271	88,779	92,636	6,066	413	6,667	1,489
2018	123,677	93,926	80,740	2,632	298	4,134	975
2019	151,916	112,398	136,074	10,542	179	2,562	2,559
2020	199,594	134,969	174,328	20,248	241	2,183	2,183
2021	174,684	111,172	141,154	28,123	217	2,423	2,423

출처: 경찰청 통계자료.

제2절

정보통신망 이용범죄의 주요동향과 분석

본 절에서는 경찰청 국가수사본부 사이버수사국에서 발간한 사이버 범죄 트랜드보고서(2022)를 기반으로 2021-2022년 사이에 발생한 주요 정보통신망 이용범죄들의 수법들을 분석하고 이 주요사건들과 관련된 주요 검거 사례를 소개하고자 한다. 또한 미래 사이버 범죄 및 사이버 보안 위협 전망에 대해 논의하고자 한다.

2021-2022년 사이에는 온라인 직거래 사기와 온라인 쇼핑몰 사기 그리고 스미싱 등의 사이버 범죄가 주요 범죄 유형으로 주목받았다. 사이버 사기 및 스미싱 등을 포함한 주요 정보통신망 이용범죄들에 대한 분석을 하고자 한다.

1. 조직화된 수법으로 진화한 사이버 사기

사이버 사기는 정보통신망을 이용하여 물품이나 용역을 제공할 것처럼 속여 피해자로부터 금품을 교부받는 범죄로서, 전체 사이버 범죄 총 건수에서 가장 큰 비중을 차지하고 있다. 사이버 사기는 2021년 총 141,154건이 발생하며, 2020년 174,328건 대비 19.0% 감소하였다. 이는 경찰의 집중 단속, 게임업체 및 정부 유관 기관과의 협업, 사이버 범죄 예방활동으로 인해 발생건수가 예년 수준으로 감소한 것으로 분석된다. 하지만 2019년 이전 사이버 사기 발생건수 추이와 비교하면 여전히 증가하고 있는 추세이다.

- ▪ 주요 범행 수법
- ● 사이버 사기의 가장 대표적인 수법은 중고거래 카페·앱에서 개인 간 거래를 빙자하여 이뤄지는 '직거래 사기'이다. 최근에는 해외 사무실을 두고 체계적 조직을 구성하여 치밀하게 범행을 저지르기도 한다.
- ▪ 주요 검거 사례: 2018−2020년 베트남 사무실에서 콜센터직원과 인출책을 모집한 뒤 인터넷 중고거래 사이트에서 중고 생활 물품을 판매한다는 허위글을 게시하여 피해자 약 600여 명을 상대로 약 3억 4천만원을 편취한 총책 2명 한국 송환
- ● 또한 카카오스토리, 인스타그램 등 SNS로 공동구매 쇼핑몰을 홍보하며 물품 구매자들로부터 금전을 편취하는 범행도 다수 발생하고 있다.
- ▪ 주요 검거 사례: 2021년 공동구매 쇼핑몰 9개를 운영, 골드바·육아용품 등을 시중 가격보다 저렴하게 판매하겠다는 허위글을 게시하고 SNS로 홍보하여 피해자 22,238명으로부터 물품대금 약 4,653억원 편취한 피의자 14명 검거 (구속 3)
- ● 뿐만 아니라 재테크 등 투자에 대한 관심이 과열됨에 따라, 주식·가상자산 투자를 미끼로 한 사이버 사기 피해 사례가 속출하고 있다.
- ▪ 주요 검거 사례: 2021년 허위 투자사이트 개설 후 전화나 메시지를 통해 전문가에게 가상자산(비트코인) 투자를 위임하면 고수익이 보장된다고 속여 회원을 모집, 피해자 4명으로부터 약 15억원을 편취한 피의자 19명 검거(구속 7)

■ 사이버캅

● 경찰청은 아래의 그림과 같이 최근 3개월 동안 3회 이상 경찰에 신고된 인터넷 사기 의심 전화·계좌번호를 조회할 수 있는 서비스인 '사이버캅'을 제공 중이다. 거래 전 사이버캅에서 상대방의 정보를 조회하여 사기 피해를 사전에 차단할 수 있다.

[그림 5-6] 경찰청 사이버캅 운영 사례

출처: 경찰청 국가수사본부 사이버수사국.

2. 코로나19 관련 이슈를 악용한 스미싱

스미싱(Smishing)은 웹사이트 링크가 포함된 문자메시지를 전송한 후 이를 클릭하면 악성 앱을 설치하여 금융정보를 탈취하는 범죄로서, 사회적 관심사를 이용한 수법이 주로 사용된다. 스미싱은 2021년 1,336건 발생하여 2020년 822건 대비 62.5% 증가하였다. 스마트폰 대중화에 따라 문자 또는 모바일 메신저 사용이 활성화되면서 범죄 발생건수 또한 상승한 것으로 보인다. 특히 경찰에 접수된 스미싱 발생건수는 2019년까지 계속 감소하는 추세였으나, 2020년부터 코로나19 관련 재

[그림 5-7] 코로나19 백신 관련 스미싱 사례

코로나19 백신 관련 스미싱 사례	〈유사 문자〉
[질병관리청] 8/5 코로나19 백신 예약 인증 본인확인 https://ya.mba/3pm	[방역센터] 방역증명서 발급완료, 개인정보 인증 바랍니다. 〈URL〉 [코로나19예약시스템] 전자예방접종증명서 발송 완료 〈URL〉

출처: 경찰청 국가수사본부 사이버수사국.

난지원금, 특별대출 등 사회적 이슈들을 이용한 스미싱 범죄가 급증하면서 발생건수가 증가한 것으로 분석된다.

■ 주요 범행 수법

● 2021년에는 코로나19 백신 접종을 가장한 스미싱 범행으로 인하여 피해가 발생하기도 하였다.

[그림 5-8] 정부지원금 사칭 스미싱 사례

정부지원금 사칭 주요 스미싱 사례	〈유사 문자〉
[○○부 지원금 신청 안내] 귀하는 국민지원금 신청대상자에 해당되므로 온라인센터(http://kr.nnillida.com)에서 지원하시기 바랍니다.	귀하는 국민지원금 신청대상자에 해당되므로 온라인센터 〈URL〉에서 지원하시기 바랍니다. 손실보상금 지원을 위해 아래에 접속 후 신청해 주십시오. 〈URL〉
지원금 신청이 접수되었습니다. 다시 한번 확인 부탁드립니다. http://kr.jiwon.com	지원금 신청이 접수 되었습니다. 다시 한번 확인 부탁 드립니다. 〈URL〉 긴급 희망회복 자금 신청접수 실시(2021년 11월 ~) 〈URL〉

출처: 경찰청 국가수사본부 사이버수사국.

- 뿐만 아니라 코로나19 지원금 대상자인 것처럼 속이는 내용의 문자를 전송한 후 인터넷주소(URL)를 클릭하도록 유도하는 수법 또한 다수 사용되었다.
- 범죄조직은 스미싱, 메신저피싱 같은 범행수법을 통해 피해자들이 핸드폰에 악성앱을 설치하도록 한 후 이를 이용해 피해자들의 금전을 취득한다.
  - 주요 검거 사례: 2021년 코로나 정부지원 대출을 가장, 피해자로 하여금 휴대전화에 원격제어 앱을 설치하도록 한 후 모바일 결제를 진행하는 메신저피싱 수법 등으로 피해자 685명으로부터 약 25억원을 편취한 주범 3명 등 7명 검거, 중국 소재 주범 2명 수배
  - 시티즌 코난 보이스피싱 대응 플랫폼
- 경찰청은 아래의 그림과 같이 모바일 앱 '시티즌 코난'을 개발하여 악성앱을 발견하고 삭제할 수 있도록 하는 등 범죄예방을 위해 지속적인 노력을 기울이고 있다.

[그림 5-9] 경찰청 시티즌 코난 운영 사례

출처: 경찰청 국가수사본부 사이버수사국.

3. 스피어피싱 공격과 결합한 '랜섬웨어'

　　최근 전 세계적으로 기승을 부리고 있는 랜섬웨어 공격이 고도화된 스피어피싱(Spearphishing)과 결합해 다수의 공공기관 및 기업들에게 경제적 타격을 주고 있다. 그들의 범행 수법을 아래의 사례를 통해 알아보겠다(한국인터넷진흥원, 2022).

　　■ 주요 범행 수법

- 중요 관리자 PC가 스피어피싱 공격으로 인해 악성코드에 감염된 후, 해커는 관리자 PC를 경유하여 다수 시스템에 접속 및 랜섬웨어 실행시킨다고 한다. 과학기술정보통신부의 보고서에 의하면, 2022년 상반기 발생된 주요 랜섬웨어 사고 중 20%에서 동일한 문제가 발생했다고 밝혔다.

- 공격방식: 1단계는 해커가 타겟 기업의 시스템 관리자에게 악성 이메일을 발송한다. 2단계는 관리자 PC에서 악성 이메일 첨부파일 실행, 이후 관리자 PC는 원격제어 악성코드가 설치되어 해커의 명령을 수행한다. 3단계는 해커가 관리자 PC를 경유하여 서버 접근을 제어하는 보안 시스템 침투, 보안 시스템에 연결된 서버에 접속 및 랜섬웨어 등을 실행시키게 된다.

- 발견된 문제점과 주요 점검포인트: 중요 관리자 PC가 망분리 없이 인터넷에 연결되어 악성코드에 감염된 점과 관리자 PC에 대한 주기적인 보안점검이 부재하여 감염사실조차 인지하지 못했다는 것이 문제점들이다. 따라서 시스템을 관리하는 중요 관리자 PC는 확실하게 인터넷과 분리하여 사용하여야 한다. 그리고 주기적으로 관리자의 PC의 보안 상태를 철저히 점검해야 할 것이다. 구체적으로 주요 공격방식은 다음과 같다.

[그림 5-10] 스피어피싱과 결합된 랜섬웨어 공격 사례

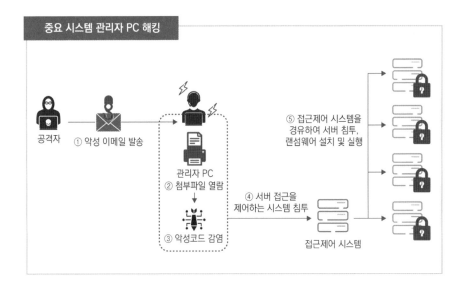

출처: 한국인터넷진흥원.

4. 스피어피싱 공격과 결합한 '정보유출 침해사고'

최근 해커들은 고도화된 스피어피싱(Spearphishing)을 앞세워 타겟 컴퓨터나 네트워크에 침투하여 기밀자료를 탈취하는 등 국가안보와 경제적시스템에 큰 위협이되고 있다. 그들의 범행 수법을 아래의 사례를 통해 알아보겠다(한국인터넷진흥원, 2022).

■ 주요 범행 수법

- 중요 관리자 PC가 스피어피싱 공격으로 인해 악성코드에 감염된 후, 공격자가 관리자 PC를 경유하여 다수 시스템에 접속하여 개인정보 탈취하고 있다. 주목할 점은 이메일 첨부파일에 악성코드를 삽입하여 감염을 유도하는 공격기법을 주로 사용하고 있다.
- 공격방식: 1단계는 공격자가 타겟 기업의 시스템 관리자에게 악성 이메일을 발송한다. 2단계는 관리자 PC에서 악성 이메일 첨부파일 실행, 이후 관리자

PC는 원격제어 악성코드가 설치되어 공격자의 명령을 수행한다. 3단계는 공격자가 관리자 PC를 경우하여 내부에 있는 개인정보 DB서버에 접근 및 공격자가 구축한 외부 서부로 개인정보를 전송시킨다.

- 발견된 문제점과 주요 점검포인트: 스피어피싱＋랜섬웨어 공격과 유사하게 중요 관리자 PC가 망분리 없이 인터넷에 연결되어 악성코드에 감염된 점과 관리자 PC에 대한 주기적인 보안점검이 부재하여 감염사실을 미인지했다는 것이 문제점이다. 따라서 시스템을 관리하는 중요 관리자 PC는 확실하게 인터넷과 분리하여 사용하여야 한다. 그리고 주기적으로 관리자의 PC의 보안 상태에 대해 주기적으로 점검하고 백신탐지 이력 등을 세세하게 분석해 보아야 할 것이다. 구체적으로 주요 공격방식은 아래와 같다.

[그림 5-11] 스피어피싱과 결합된 정보유출 침해사고 사례

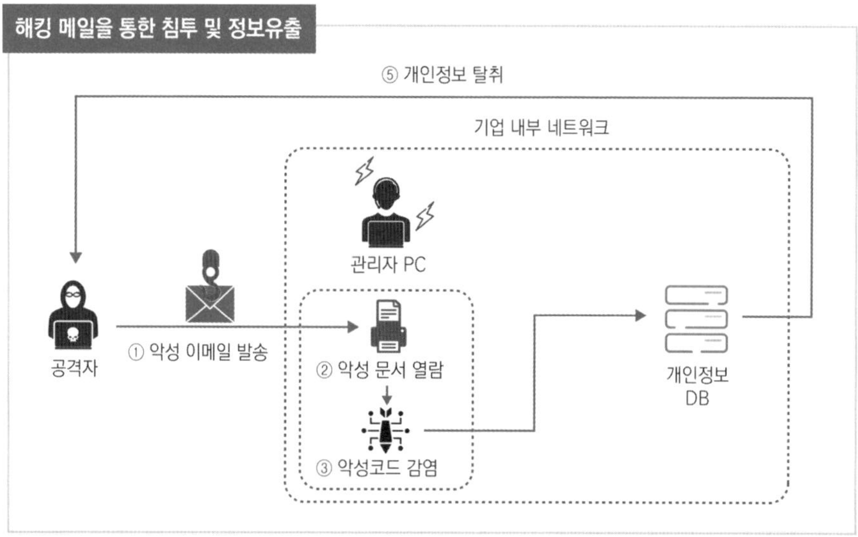

출처: 한국인터넷진흥원.

결 론

최근 전통적인 사이버 공격으로 인한 피해뿐만 아니라 코로나19를 포함한 재난 등의 민감한 사회적 이슈를 악용한 사이버 공격이 지속적으로 발생하였다. 정보통신망 이용범죄는 2020년 코로나19 팬데믹 이후 사이버 사기 범죄와 사이버 금융범죄는 급격하게 증가한 반면 개인정보 침해사고와 사이버저작권 침해사고는 2016년을 기점으로 현저하게 줄어드는 경향을 보였다. 또한 범행수법이 다양해지고 더욱 정교해지고 있어 수사와 검거 등에도 도전적 과제가 늘어나고 있는 듯하다. 특히 최근 고도화된 스피어피싱(Spearphishing)이 랜섬웨어, 개인정보 침해범죄와 결합해 다수의 공공기관 및 기업들에게 큰 경제적 타격을 주고 있다. 스피어피싱 공격자들은 수익 극대화를 위해 공격 대상의 규모, 대외 신뢰도, 피해 파급력, 데이터 민감도 등을 미리 조사하여, 피해사실을 대외에 공개하기를 꺼리거나 신속한 복구가 필수적인 기관·기업을 목표로 선정하여 공격할 가능성이 높다. 또한, 직접적인 수익 창출을 위해 가상거래소, 전자지갑, 디파이(Decentralized Finance, DeFi, 탈중앙화 금융) 등을 겨냥한 가상자산 타겟형 공격도 더욱 활발해질 것으로 예상된다.

참고문헌

개인정보보호포털. (n.d.). 개인정보 침해피해. https://www.privacy.go.kr/nns/ntc/pex/personalExam.do

경찰청. (n.d.). 경찰통계자료. https://www.police.go.kr/www/open/publice/publice0204.jsp

경찰청. (n.d.). 사이버 범죄 신고시스템*(ECRM)*. https://ecrm.police.go.kr/minwon/main

경찰청 국가수사본부 사이버수사국. (2022, May 19.). 사이버 범죄 트랜드*(2022)* https://www.police.go.kr/user/bbs/BD_selectBbs.do?q_bbsCode=1001&q_bbscttSn=20220519141449594

문성호. (2021.12.09). 인터넷 물품 사기, 세상에 가장 싸고 좋은 물건은 없다. 경인방송. http://www.ifm.kr/news/313161

이청아. (2022.06.23). 서울시, '해외서버' 온라인쇼핑몰 사기피해 급증. 동아일보. https://www.donga.com/news/Society/article/all/20220622/114066297/1

임철현. (2019). 전자금융사기 피해에 대한 적극적인 사법구제의 필요성. 법학논고, *(65)*, 257–282.

정진호. (2022.10.04). '5개월간 배송 0건' 사기 명품 쇼핑몰 그런데도 버젓이 영업. 중앙일보. https://www.joongang.co.kr/article/25106865#home

정진효, & 이창무. (2015). 인터넷 직거래 사기의 실태 및 보안대책. 한국전자거래학회지, 20(2), 141–153.

한국인터넷진흥원. (2022). 범부처 사이버보안 사고사례. https://www.krcert.or.kr/data/reportView.do?bulletin_writing_sequence=67085

제3부

사이버 범죄의 범죄학적 접근

Korean
Cybercriminology

06 │ 사이버 범죄의 원인: 범죄학적 설명

제3부 사이버 범죄의 범죄학적 접근

최경식(Kyung-Shick Choi)

제1절

서 론

　범죄학의 과학적 과정은 다른 학문과 비슷하다. 경험적 증거를 전달하기 위해, 우선 원인과 결과로부터 비롯된 특정 현상을 조사하고 가설을 세운다. 이러한 가설은 잠정적인 예측으로서, 개념화와 조작화 과정을 고려하여 세심하게 연구하고 자료를 수집한 후 이를 분석하여 결과를 도출한다. 마지막으로 이러한 결과를 토대로 추론을 진행하고, 이 추론은 이론으로 구체화된다. 이러한 과정을 통해 설립된 많은 범죄학 이론이 존재한다.

　사회적 일탈, 학대 및 범죄가 왜 발생했는지 근본적으로 이해하는 것은 사회보호 차원에서 중요하며, 이를 통해 범죄예방 가능성이 증가한다. 범죄의 이론적 설명을 이해하는 것은 전문가들이 범죄와 기밀 정보를 모으고 분석하는 것, 범죄자를 조사하고 기소하는 것 그리고 개인이나 단체의 범죄에 대응한 프로그램 설계에 도움이 된다. 유감스럽게도 범죄학자들이나 범죄학 문헌에서는 하이테크 범죄의 이론적 설명이나 기술의 역할에 대해서는 관심을 덜 기울이고 있다. 이 장의 목표는 왜 어떤 사람들은 컴퓨터를 이용하여 범죄를 저지르는 반면, 다른 사람들은 그러지 않는지에 대한 이론적 설명을 이해하는 것이다. 우리는 사이버 범죄자의 사고방식과 그들의 불법행위에 대한 동기를 이해하기 위해 다양한 이론적 관점을 탐구할 것이다.

범죄학 이론과 형사사법제도는 서로 필수적인 관계에 있다. Sutherland(1947)에 따르면, 범죄학은 범죄를 사회적 현상으로 간주하는 지식체계이다. 범죄학은 "법의 제정, 위반 및 집행" 과정을 포함하고 있으며, 형사사법제도와 집행은 이러한 과정과 밀접하게 연관되어 있다. 특히 법을 제정하고 집행하는 과정과 크게 관련되어 있는데, 이는 범죄학 이론의 방향이 실증적 연구를 이끌기 때문이다. 만일 실증적 연구가 경험적 타당도를 기반으로 어떤 이론을 뒷받침한다면, 그 이론은 형사사법제도에 반영되는 것이 일반적이다. 다시 말해서 만약 이론이 실증적으로 타당하다면, 그 이론은 형사사법제도의 기반으로 사용될 수 있다. 본 장에서는 여러 가지 주요 범죄이론의 응용을 통해 다양한 사이버 범죄에 대해서 논할 것이다. 고전주의 이론(Classical Theories), 기질이론(Trait Theories), 사회과정이론(Social Process Theories) 및 사회구조이론(Social Structure Theories) 등 이론적 관점의 설명을 검토한 후, 그 이론들을 사이버 범죄와 관련된 문제들에 적용해보고자 한다. 그리고 미시적, 거시적 규모의 사이버 범죄 예방 전략과 사이버 범죄의 본질에 대한 생각해보기 위한 질문을 던져본다.

제2절

고전주의 이론

1. 개요

형사사법제도의 주된 목표 중 하나는 범죄의 예방이다. 범죄학 초기의 억제적 관점은 고전주의 학파에서 시작되었다. 고전주의 범죄학은 1789년 이전부터 존재했던 부당한 법과 형벌체계에 대한 반발로부터 탄생하였다(Vold et al., 2002). 고전주의 학파는 범죄행위에 대한 연구보다 입법과 법적 절차에 더 관심이 있었다. 미국의 독립선언과 헌법은 고전주의 운동을 반영하고 있어 오늘날 미국의 법은 고전적인 본질을 가지고 있다(Akers, 1997).

　　Beccaria와 Bentham은 유명한 고전주의 이론가들로서 인권과 자유의지 운동을 주도했다. 고전주의 이론은 행동과 결정이 자유의지를 행사하는 사람에 의해 이루어진다는 것을 전제로 삼는다. 고전주의 이론가들은 사람들이 잠재적인 즐거움에 대한 고통의 위험을 합리적으로 계산하여 법을 따르거나 위반할지 결정한다고 보았다. Beccaria(1764/1963)는 위험이 이득을 넘어설 때 사람들이 범죄를 저지르지 않을 것이라 믿었다. 또 그는 형벌은 저지른 범죄에 비례해야 하며 범죄행위는 형벌의 확실성(certainty), 신속함(celerity) 그리고 엄격성(severity)에 의해 억제될 것이라고 생각했다. Bentham(1789/1973)은 최대 다수의 최대 행복을 주장한 공리주의자로서 사람들은 계산적으로 행동하기 때문에 범죄를 저지르는 위험이 이득보다 커야 하며, 역시 형벌은 저지른 범죄에 비례해야 한다고 주장했다. 범죄학자들은 Beccaria와 Bentham의 생각에 기반하여 범죄행위를 억제하고 범죄를 줄이는 방법에 대한 가설을 세울 수 있었고, 고전주의 범죄학자들이 개발한 이론들은 모든 현대 형사사법제도의 기반이 되었다(Vold et al., 2002). 억제이론, 형사사법제도와 그 이행에 대한 가장 분명한 관계는 형벌의 엄격성에 대한 개념과 관련이 있다. 고전주의 학파는 억제에 특별 억제(specific deterrence)와 일반 억제(general deterrence)의 두 가지 형태가 있다고 보았다. 특별억제는 범죄자를 처벌함으로써 그 범죄자의 재범을 방지하는 것이고 일반억제는 범죄자를 처벌하여 다른 일반인들이 범죄를 저지르는 것을 예방함을 말한다.

　　Gibbs(1986)는 형벌의 확실성과 엄격성을 정의하여 처음으로 억제이론(deterrence hypothesis)을 시험해 본 인물이다. Gibbs(1986)는 구속 수감에 대한 높은 확실성과 엄격성이 1960년 50개 주에서의 살인사건 감소에 영향을 미쳤음을 밝혀냈다. 또한 Tittle(1969)은 확실성의 증가가 미국 FBI 범죄통계보고서의 7개 분류 범죄 모두의 감소와 관련이 있다는 것을 알아냈다. Paternoster(1987)는 인식된(perceived) 억제 및 객관적 억제와 범죄가 반비례함을 발견했지만 그 상관관계는 매우 낮았다. 또한 Paternoster(1989)는 초등학생에 대한 연구에서 체벌에 대한 확실성이 엄격성보다 더 효과가 있다는 것을 발견했다. 요컨대 확실성은 그 자체로 범죄에 대한 억제 효과가 있지만 엄격성은 확실성이 높을 때만 효과가 있다는 것이다

(Vold et al., 2002).

　　현대 형사사법제도는 억제이론의 한 측면인 엄격성에 주로 초점을 맞추어 "삼진아웃제(three strikes)", "양형의 정직성(truth-in-sentencing)", "최소 의무형량제(mandatory minimums)" 등의 제도를 도입하였으며, "엄벌주의 운동(Get-Tough movement)" 및 "마약과의 전쟁(War on Drugs)"과 같은 억제 정책들은 수감자 증가라는 부작용을 가져왔다. 현대 형사사법제도는 아직도 엄격성을 더 중시하고, 억제이론의 다른 요소인 확실성은 경시하는 경향이 있는데 앞에서 언급하였듯이 확실성은 범죄행위의 억제에 큰 영향을 미치므로, 많은 범죄학자들은 억제이론을 정책 시행에 반영할 때, 엄격성 대신 체포와 유죄 선고의 확실성에 초점을 맞춰야 한다고 강조하고 있다.

　　억제이론이 "합리적인 선택(rational choice)"으로 재해석된 1980년대에 미국에서 범죄가 크게 증가하자 다른 이론들도 주목받기 시작했는데, 그중 하나인 합리적 선택이론(Rational choice theory)은 1968년 경제학자 Becker에 의해 최초 제안되었다가 1986년 Cornish와 Clarke가 발전시켰다(Williams III & McShane, 1999). 합리적 선택이론은 범죄의 의사 결정과 동기에 초점을 맞추고 범죄자와 법을 준수하는 자를 확실하게 구분하지 않는데, 이는 잡히지 않을 자신이 있다면 우리 모두가 범죄를 저지를 것이라고 추정하기 때문이다(즉, 모두가 타고난 악인이다). 따라서 합리적 선택이론은 범죄 선택을 가치 없는 것으로 만드는 것을 추구하여 형사사법제도와 집행에 다양한 영향을 주었다. Clarke(1980)는 범죄기회를 줄이기 위한 네 가지 합리적 선택목표를 제시하였다: (1) 범죄를 저지르기 위해 필요하다고 여겨지는 노력을 증가시킨다; (2) 인지되는 위험을 증가시킨다; (3) 예상되는 보상을 감소시킨다; (4) 범죄의 구실을 제거한다. 이러한 목표들은 많은 성공적인 범죄예방 정책으로 이어졌다.

　　Cohen과 Felson(1979)은 억제이론의 다른 형태로 일상활동이론(Routine Activities Theory)을 제안하였는데, 이는 주로 범죄의 기회에 초점을 맞춘다. Cohen과 Felson은 범죄 동기는 항상 풍부하다는 것과 범죄자들은 기본적으로 범죄 동기가 있다는 것을 주장했다. 그들은 또한 범죄가 범죄 기회를 제공하는 상황 요인에 영향을 받는다고 믿었으며, 약탈적 범죄 행위에 동기가 있는 범죄자, 적절한 타겟

(목표) 및 유능한 보호자의 부재라는 세 가지 주요 요소가 필요하다고 주장하였다. 이러한 요소들이 모두 존재하면 범죄가 발생할 가능성이 높아지지만, 세 가지 중 하나라도 빠진다면 범죄가 일어날 확률은 낮아진다는 것이 이론의 주장이다. 일상활동이론은 조건과 환경을 개선시키는 상황적 범죄예방(situational crime prevention) 조치의 적용으로 이어졌다. 예를 들어 타겟(목표)강화(target hardening)는 상황적 범죄예방 전략 중 하나로써, "우범지역(hot spot)"에 대한 순찰 강화, 문단속 강화, 경보시스템 설치 및 지역사회 범죄감시 프로그램의 도입 등을 통해 범죄자들이 특정 목표에 대해 범죄를 저지르는 것을 더 어렵게 만든다.

2. 정책적 함의

고전주의 학파 이론은 선택의 관점을 중시하며 개인은 법을 준수할지 또는 위반할지에 대한 합리적인 선택을 내릴 능력이 있다는 것을 전제로 한다. 범죄를 억제하기 위해서는 형벌이 범죄행위를 저지르며 얻는 즐거움보다 커야 한다. 만약 억제이론이 사실이라면 높은 확실성을 가진 가혹한 형벌을 적용함으로써 범죄를 억제할 수 있을 것이다. 억제와 선택을 주요 요소로 사용한 다양한 프로그램들이 미국에서 시도되었는데, Scared Straight 프로그램은 공포와 억제를 사용한 시도로써 젊은 범죄자들을 수감생활의 현실에 노출시키고, 소년원에서도 공포, 규율 및 단기 구속을 통해 청소년 범죄자들이 추가 범행을 저지르는 것을 막으려 했지만 이러한 정책들은 많은 논란을 불러일으켰으며 상반된 결과를 도출해내었다.

3. 고전주의 이론의 고려

잠재적인 이득과 잠재적 비용을 저울질 한다는 개념이 어떻게 범죄를 저지를지 선택을 하는 핵심이 될 수 있을까? 그리고 사람들의 생활 속 상황을 바꾸는데 어떻게 합리적 선택이론이 적용될 수 있을까? 고전주의 이론으로 범죄행위를 이해하는 핵심은 우리에게는 비이성적으로 보이는 일이 범죄자에게는 매우 합리적이거나 심지어는 필요한 일이 될 수도 있다는 것을 깨닫는 것에 있다.

통제 이론

1. 개요

통제이론들은 논리적으로 그들의 명제와 일치한다는 것이 특징이다. 통제이론은 범죄나 비행에 대한 설명을 "그가 왜 그랬을까?"가 아닌 "그가 왜 그러지 않았을까?"라는 물음에 기반한다. 이 이론은 어떤 비행에 대한 통제가 부재할 때 그 비행이 자연적으로 발생한다고 가정하고, 주로 사회 통제, 사회 유대 및 애착에 초점을 맞추며(Hirschi, 1969), 이러한 통제들이 강력할수록 비행이 일어날 가능성이 낮아진다는 것이 통제이론의 주장이다.

Sykes와 Matza(1957)는 왜 일부 미성년 범죄자(delinquent)가 비행에 손을 댔다가 떼는 것을 반복하는지 설명하기 위해 사회 통제에 대한 다른 관점을 개발하였다. Sykes와 Matza에 따르면, 미성년 범죄자들은 법을 준수하는 시민들과 아주 유사한 가치, 믿음 및 태도를 가지고 있지만, 비행 행위 전에 특별한 합리화 이유(변명거리)들을 만들어 법을 준수하는 사람들의 가치와 태도를 일시적으로 무효화시킬 기술을 학습하고 그에 따라 합법과 불법적인 행동 사이를 오간다. 이러한 기술들은 미성년 범죄자가 도덕적 질서와 연결된 제약에서 벗어날 수 있게 해주는 방어기제의 역할을 한다.

Sykes와 Matza는 5가지 중화 기술(techniques of Neutralization)을 제시하였다. 해커가 제공한 샘플 응답과 함께 각각의 중화 기술을 아래 제시하였다.

책임 부인(Denial of responsibility): 미성년 범죄자들은 그들이 피해자들이며 스스로의 통제를 벗어나 해당 상황에 밀어 넣어졌다고 주장한다	"제 친구들이 제가 바이러스를 보내도록 부추겼습니다."
피해 부인(Denial of injury): 미성년 범죄자들은 그들의 행동이 어떠한 피해도 입히지 않았거나 피해자가 그 손해를 감당할 여유가 된다고 생각한다	"왜 모두들 이 문제를 가지고 난리를 떠는 거지? 아무도 물리적 피해를 입지 않았잖아."

피해자 부인(Denial of the victim): 미성년 범죄자들은 그 행위가 틀리지 않았으며, 피해자들이 피해를 입을 만했거나 실질적인 피해자가 없다고 생각한다	"마이크로소프트 사는 그들의 시스템이 얼마나 취약한지 알아야 해."
비난자에 대한 비난(Condemnation of the condemners): 미성년 범죄자들은 남에게 책임을 전가한다	"마이크로소프트 사는 그들의 쓸모 없는 소프트웨어에 비싼 값을 매기며 소비자들에게 더 나쁜 짓을 하고 있어."
더 높은 충성심에 호소(Appeal to higher loyalties): 로빈 후드 신드롬과 같다	"난 보안 공백을 드러내기 위해 그들의 컴퓨터 시스템에 침투했어."

　Sykes와 Matza는 더 많은 중화 기술을 받아들이는 사람이 범죄를 저지를 확률이 높으며, 범죄성향이 있는 주변인과 어울리게 되면 범죄로 이어질 가능성이 높다고 주장하였다. 이러한 중화는 범죄자뿐만 아니라 사회 전반에 걸쳐 발견될 수 있다는 것을 강조하였다. 그러나 Sykes와 Matza의 이론은 합리화, 중화 그리고 태도의 특정한 내용에 대한 경험적 타당도가 부족하여 많은 관심을 받지는 못하였다. Hirschi는 중요한 질문을 제기하였다: 범죄자들이 법률위반 행위의 중화를 하는 것이 범죄행위의 전인가 후인가? 중화 이론은 해당 청소년들이 비행을 저지르기 전 중화 기술을 사용하면 신뢰성을 잃는다는 것을 주장한다. 비록 방법론적 문제가 존재하고, 연구 결과가 일관적이지 않으며 관계가 약하지만 Sykes와 Matza의 이론은 일부 실증적 연구에서 뒷받침을 받았다.

　Hirschi(1969)의 사회 유대 이론은 사회와의 유대가 약하거나 끊어졌을 때 불량행위가 발생한다고 추정한다. 가족, 학교 또는 교회와 같은 사회적 통제와 밀접하게 연결된 사람은 범죄행위에 가담할 확률이 적다. Hirschi는 사람들이 자연적으로 비행을 저지르는 성향을 가지고 있으며, 비행이 사회적 유대의 네 가지 주요 요소인 애착, 관여(헌신), 참여, 신념을 통해 통제된다고 주장했다. 애착은 가족, 친구 그리고 지역사회와 같은 다른 중요한 사람들과의 심리적, 정서적 연결을 의미한다. 부모에 대한 애착이 가장 중요하다고 강조하며, 이는 사회 유대 이론의 핵심이다. 관여(헌신)는 통상적인 작용선에 들어가는 시간, 에너지 및 노력을 포함하며, 취업이나 진학에 대한 열망은 사람이 일탈하는 것을 방지합니다. 참여는 학교 활동, 취미, 운동 경기와 같은 합법적인 활동에 참여하는 것을 뜻하며, 이는 범죄행위의 기회를 제한한다. 신념은 전통적인 가치 체계의 수용을 말하는데, 사회유대이론은 일반적인 도덕적 신념이 없거나 약화되면 개인이 반사회적 행동에 참가할 확률이 높아진다고 가정한다. Hirschi는 모든 사회계층에서 애착과 관여(헌신)가 긍정적으로 연관되어 있으며, 애착, 관여(헌신), 참여, 신념 또한 서로 긍정적으로 연결되어 있다고 주장한다. 특히, 사회유대이론은 애착이 비행에 대한 가장 강력한 보호책이라고 가정하며, 이를 통해 비행을 방지할 수 있다는 것을 강조한다.

자기통제이론(Self-control theory)은 사회 통제의 주요 요소가 자제력이라고 가정한다. Gottfredson과 Hirschi(1990)는 사람들이 범죄를 저지르려는 경향을 통제하려는 습성을 기르게 되며, 이 잠재적 특성인 자제력은 어렸을 때(8살 정도)부터 나타나서 시간이 지나도 안정적으로 유지된다고 주장했다. 낮은 자제력을 가진 사람들은 충동적이고, 둔감하며, 물리적이고, 위험을 감수하고, 근시안적이며 비언어적인 경향이 있다. 낮은 자제력은 범죄와 관련이 있을 뿐만 아니라 음주, 흡연, 간통과 같은 "유사 행동(analogous behavior)"과도 연관이 있다(Akers, 2004). 덧붙여서 Gottfredson과 Hirschi(1993)는 낮은 자제력이 범죄행위로 이어지는 "원동력"이 아니며, "자제력과 범죄 사이의 연결은 결정론적이지 않고 확률론적이며 기회와 다른 제약들에 영향을 받는다"고 명시했다.

Gottfredson과 Hirschi(1990)에 따르면 낮은 자제력의 가장 큰 원인은 비효율적인 양육이다. 부모의 적절한 관리란 아이의 행동을 관찰하고 어떤 일탈행동이든 즉시 알아채고 처벌하는 것으로써 아이의 높은 자제력으로 이어지게 되는데, Gottfredson과 Hirschi는 부모의 역할이 자녀 사회화의 가장 큰 원천임을 정확하게 기술하였다.

2. 정책적 함의

Hirschi는 사회 유대 이론을 통해 청소년이 다른 사람들에게 애착을 가지고 법의 도덕적 타당성에 대해 강한 신념을 가질 때 비행을 저지를 확률이 낮아진다고 주장하였다. 정책적 함의는 사회적 유대의 네 요소인 애착(attachment), 관여(헌신;

commitment), 참여(involvement), 신념(belief)에서 도출될 수 있다. Big brother/Big sister program과 같은 멘토링 프로그램이나 통행 금지법(curfew law)은 사회적 애착을 증가시키고 감독을 강화할 수 있다. 젊은이들에게 일거리를 제공하는 것은 경제적 시스템에 대한 그들의 책무를 증가시키기 때문에 효율적이다. 방과 후 활동들은 합법적인 활동에 대한 참여를 증가시킨다. 또한 도덕교육 프로그램들은 규칙을 지킬 때 모두가 사회로부터 이익을 얻는다는 것을 가르침으로써 법의 타당성에 대한 믿음을 강화한다.

정책적 함의는 어린 시절 효율적인 육아가 비행을 억제하는 높은 자제력을 만들 수 있다는 자기통제이론의 주요 개념으로부터 도출될 수 있다. 그러므로 정책들은 조기교육과 효율적인 보육 프로그램에 초점을 둘 필요가 있다. 또한 잠재적 부모를 위해 고등학교에서 육아수업을 듣게 하는 것은 비행과 범죄를 줄이는 데 있어 아주 효율적인 방법이 될 것이다.

3. 사회 통제이론의 고려

책임감 있게 컴퓨터를 사용하는 사람과 피해를 끼치기 위해 컴퓨터를 사용하는 사람은 어떻게 다른가? 그들은 어렸을 때부터 책임감 있는 컴퓨터의 사용을 권장하는 부모 밑에서 자랐는가? 법을 준수하는 대부분의 정보통신기기 사용자들은 자라면서 컴퓨터나 다른 통신기기 사용과 관련해 긍정적인 영향을 받았는가?

사회학습이론

1. 개요

사회학습이론은 사회학, 심리학, 형사 행정학 및 범죄학에 일반적인 개념으로 사용되어 범죄 가치, 아이디어, 기술 및 표현이 어떻게 한 사람으로부터 다른 사람에게 전달되는지 설명하는 데 쓰였다. Sutherland(1974)는 그의 교재 범죄학 원리 (Principles of Criminology)의 세 번째 개정판에서, 범죄행위의 원인을 설명하기 위해 차별적 접촉이론(7개 명제)을 발표하였고, 후에 9개 명제로 이를 확장하였다. 이 이론은 생리학적, 병리학적인 주장보다는 사회적 학습과정에 초점을 맞추었다. Sutherland의 이론은 개인과 다양한 사회집단의 범죄행위를 설명하기 위해 개발되었으며, 생태론적 이론, 상징적 상호작용 이론 및 문화갈등 이론에 영향을 받았습니다. 이는 Sutherland가 문화갈등적 접근의 각각 다른 범죄율을 사용했으며, 상징적 상호작용 접근은 개인이 범죄자로 변하게 되는 과정을 묘사하기 위해 사용되었다는 것을 보여준다.

Sutherland는 범죄가 개인이 아니라 속한 사회적 환경에 의해 발생한다고 주장한다. 그의 이론의 주요 명제는 일탈행위가 가족이나 친구와 같은 중요한 사람들과의 상호작용을 통해 학습된다는 것이다. 범죄자가 되기 위해서는 범법행위에 대한 경향과 동시에 범죄행위를 어떻게 저지르는지 배워야 한다. 차별적 접촉이론의 가장 중요한 명제는 여섯 번째이며, 개인이 법 위반에 불리한 의미가 법 위반에 유리한 의미보다 지나치게 많기 때문에 범죄자가 된다고 서술한다. 다시 말해, 만약 개인이 반복적으로 일탈이 이익을 가져온다는 것을 경험한다면(일탈에 유리한 조건), 그 개인이 범죄자가 될 확률이 높아지며 이는 우선순위(priority), 강도(intensity) 및 지속기간(duration)에 의존한다는 것이다.

차별적 접촉이론(differential association theory)은 개인이 범죄활동을 하기 위해 배워야 할 특정한 기술과 범죄행위를 받아들이기 위해 배워야 하는 가치, 동기, 합리화, 태도, 타당성 등 범죄자 사고방식으로 그 과정을 명시한다. Akers(1985)는 Sutherland의 차별적 접촉이론을 확장하기 위해 조작적, 반응적 조건형성의 요소와 합리적 선택이론의 요소를 추가하였다. 사회학습이론은 사회적 행동이 내면의 성격이나 외부의 사회적, 환경적 요인에 의해 결정되지 않는다는 것을 기본 전제로 하며, 인지 과정에서 성격과 환경이 상호작용(reciprocal process)하는 연속적인 과정이라고 설명한다. 이론의 주요 관점은 범죄를 긍정적으로 보게 만드는 집단의 힘에 기반한다.

Akers의 이론은 1) 차별적 접촉, 2) 의미(definitions), 3) 차별 강화 그리고 4)

모방이라는 네 가지 주요 개념에 초점을 둔다. 차별적 접촉은 개인이 합법 또는 불법적 행동에 유리하거나 불리한 규범적 정의에 노출되는 과정을 의미한다. 의미는 개인이 특정한 행동에 부여하는 개인적 태도를 의미한다. 차별 강화는 행동의 결과에 따른 실질적 보상과 처벌의 균형을 뜻한다. 모방은 다른 이들이 행한 비슷한 행동을 관찰한 후 그 행동에 관여하는 것을 말한다. Akers에 의하면 이러한 과정은 개인이 일탈적인 동료와 차별적 접촉을 하거나, 그들 자신의 의미(definition)가 일탈행위를 저지르는 것에 유리하거나, 일탈행위가 순응행위(conforming behavior) 대신 차별 강화되거나, 순응사례 대신 일탈사례에 더 노출될 때 일탈행동을 낳을 가능성이 높다. 또한 사회적 행동은 이득과 처벌에 영향을 받는다. 어떤 특정 행동은 처벌보다 더 큰 이득이 뒤따를 때 계속되거나 증가하는 경향이 있다. 이 이론은 범죄와 비행이 순응하는 행동과 같은 과정으로 얻어지고 반복되며 변화한다고 설명한다.

2. 정책적 함의

학습 이론가들은 해당 행동의 이득을 없애고, 부정적인 결과를 늘리거나 이득과 처벌의 균형을 바꾸는 것으로 일탈행동을 없애거나 수정하는 것이 가능하다고 믿는다. 범죄의 해결책은 이러한 관점을 겨냥해야 한다. 범죄예방 전략들은 범죄자들을 분리시키고 사람들을 좋지 않은 영향으로부터 떼어놓는 것에 초점을 둬야 한다. 덧붙여 재교육과 재사회화를 통한 재활은 범죄를 예방하는 데 매우 효과적일 것이다. 이를 위해 교육을 통해 법의 가치를 가르치고 육아기술과 동료 간 평가 훈련을 통한 재사회화가 범죄를 줄이는 데 도움을 줄 것이다.

Sutherland는 개인의 유대가 범죄행위의 원인을 설명하는 데 있어 가장 중요한 요인이라고 믿었는데, 이는 개인이 일탈적인 다른 사람들과의 상호작용을 통해 일탈행동을 배우기 때문이다. 이 이론의 주요 개념인 일탈적인 친구(동료)와의 접촉을 제한한다는 것으로부터 정책적 함의를 도출할 수 있는데, 아이들이 친구 사귀는 것을 지켜보고 감독하는 것처럼 적절한 부모의 관리감독을 통해 이룰 수 있다. 각 이론들로부터 여러 가지 정책적 함의를 도출할 수 있다. 정책적 함의의 초점은 개인이 경험하고 받는 상호작용과 강화(reinforcement)에 맞춰져야 한다. 사회학습이론이 어떻게 정책에 적용되고 있는지는 여러 가지 예시가 있다. 멘토링 프로그램은 이론상 미래의 범죄행위를 예방하기 위한 정책이 될 수 있는데, 아이는 본인과 짝지어진 어른의 행동으로부터 배운다는 것에 착안한 것으로써 대부분의 프로그램에서 아이는 긍정적인 무언가를 얻음으로써 바른 모습이 강화되었다. 동료, 가족, 학교 그리고 다양한 기관의 치료 및 예방 프로그램은 사회학습이론을 응용한 정책이다. 예를 들어, G.R.E.A.T(Gang Resistance Education and Training, 갱 저항교육 및 훈련)는 갱단에 대한 거부감을 기르고, 갱과의 접촉을 줄이며 법 집행기관과의 긍정적 관계를 촉진하는 것에 목적을 둔 중학생 대상 예방프로그램이다.

3. 사회학습이론의 고려

컴퓨터의 유혹에 빠진 젊은이들은 자연스럽게 기술적으로 능숙한 친구를 찾아 모방하고, 그들에게 잘 보이고, 그들로부터 인정을 받으려 할 것이며, 이는 젊은이에게 IT를 가르칠 수 없거나 컴퓨터 활용 능력을 칭찬하기 싫어하는 부모를 두고 있거나 훌륭한 다른 어른이 없으면 특히 더 그럴 것이다. 당신의 컴퓨터 사용 경험 초창기를 회상해본다면 누구로부터 가장 많이 배웠는가? 못된 사람들과 어울리는 바람에 컴퓨터나 다른 정보통신기기들을 남용하는 법을 배울 수 있다는 것에 대해 어떻게 생각하는가?

제5절
사회구조이론

1. 개요

Merton(1938)은 미국의 문화적 구조와 사회적 구조 차이 때문에 범죄가 발생한다고 믿는다. 문화적 구조는 미국 사회의 주요 목표가 금전적인 성공을 거두어 높은 지위와 명망을 얻는 것이라는 걸 뜻한다. 사회적 구조는 금전적 성공이라는 문화적 목표를 이루기 위해 개인이 사용할 수 있는 방법을 뜻한다. Merton은 모든 사람들이 금전적 성공이라는 동일한 문화적 목표를 이루려고 분투하지만, 돈 버는 합법적인 수단은 상위계층에게 더 제공된다고 말하며 하위계층의 높은 범죄율을 설명한다. Merton의 이론은 거시적 수준의 이론으로써 왜 특정 개인이 범죄를 저지르는가보다 왜 특정 집단이 범죄를 저지르는지를 설명하고자 한다. Merton은 하위계층의 사회적 무질서가 범죄와 비행의 원인이 된다고 가설을 세웠다. 관련 연구들은 계층과 인종에 관련된 가설을 일부 뒷받침하지만 일반적으로 그 관계는 약하다.

Cohen(1955) 또한 Merton처럼 사람들이 문화적 목표를 추구한다고 믿었지만, Cohen은 젊은이들이 금전적 성공 외에 다른 목표에 관심이 있다고 생각했다. Cohen은 성취지위와 생득지위, 이 두 지위에 대해 말한다. 성취지위는 개인이 성취한 지위를 뜻하며 생득지위는 태어나면서 생긴 지위를 뜻한다. 성취지위는 일반적으로 좋은 교육을 통해 얻을 수 있지만 대부분의 하위계층은 생득지위가 낮아 학교에서 높은 성취지위를 얻지 못한다. 이러한 상황은 하위계층에게 심각한 긴장(strain)을 주어, 갱을 만들거나 가입하여 그들만의 가치와 지위시스템을 만들어 낸다.

Cloward와 Ohlin(1960)은 갱 내의 비행적 하위문화와 관련된 긴장이론의 또 다른 거시적 관점을 제시하였다. Cloward와 Ohlin(1960)이 제기한 차별적 기회 이론은 갱을 세 종류로 분류하였다. 첫 번째로 "범죄 갱(criminal gang)"은 합법적 수단의 부재와 불법적 수단의 존재의 조합으로부터 형성된다. 그들은 범죄행위를 통해 금전적 성공을 얻기 위해 분투한다. 두 번째로 "폭력적 갱(violent gang)" 또는 "갈등 갱(conflict gang)"은 합법적 수단과 불법적 수단 모두 존재하지 않을 때 형성된다. 세 번째로 "퇴각론자 갱(retreatist gang)"은 합법적이거나 불법적인 수단을 얻는 데 실패하고 그 후 "음주나 마약에 의지하고는 탈퇴한다". 전반적으로 Cloward와 Ohlin은 갱의 비행에 대해 합리적으로 분석하였지만, 애초에 왜 비행이 저질러지는지에 대한 설명이 충분하지 않다는 한계가 있다. 정책적 함의 면에서, Cloward와 Ohlin은 청소년비행 예방 및 통제를 위한 법률(Juvenile Delinquency Prevention and Control Act of 1961)이라고 알려진 포괄적인 정책을 개발하여 교육 개선, 일자리 창출, 하위계층 공동체 조직을 통해 개인, 갱 및 가족들을 지원하였다.

Agnew의 일반긴장이론(1992)은 다른 이들과의 긍정적 관계의 부재에 주목한 사회통제이론이나 차별적 접촉이론과는 달리, 다른 이들과의 부정적인 관계에 초점을 두고 미시적 관점으로 접근한 유일한 주요 범죄학 이론이다(Agnew and White, 1992). 다시 말해 이 이론은 개인이 범죄를 저지르도록 만드는 압박에 주로 초점을 맞추고 있다(Agnew, 1992). Agnew(1992)는 세 가지 주요 긴장에 대해 알아냈다. 첫 번째는 금전적 성공, 존경, 자주성 등의 긍정적인 가치를 지닌 목표를 달성하는 데 실패하는 것이다. Agnew는 개인의 실질적 성취가 스스로의 기대에 미치지 못할 때 이 긴장이 더 증가한다고 상정했다. 두 번째는 긍정적 자극의 상실인데, 가족 구성원이나 친구의 죽음이나 그들과의 관계가 무너지는 상황이 이에 속한다. 세 번째는 부정적 자극의 제시이며 아동 학대, 방치, 부모 및 선생과의 부정적 관계 등이 그 예시이다.

이러한 부정적 관계로부터 부정적인 감정들이 나타나며 Agnew는 이를 긴장이라고 규정한다. 분노 또는 불만 등의 이러한 부정적 감정은 개인이 행동하도록 하는 활력을 공급하며 복수에 대한 욕구를 생성하고 억제력을 낮춘다. Agnew에 따르면 범죄는 긴장에 대한 반응이 분노일 때 발생 확률이 가장 높다. 하지만 사람들이 긴장에 대응하는 방법이 범죄만은 아니며, 사람들의 대응기제에 따라 생활 속 긴장을 다를 수 있다. 대응기제의 예시로는 가족과 친구들의 지원, 자기 효능감, 개인적 지능 등이 있다. 만약 긍정적 대응기제가 존재하지 않는다면, 청소년들이 비행을 저지를 가능성이 높다. 또한 긴장을 유발하는 부정적 관계에서 벗어날 수 없는 청소년들이 비행을 저지를 확률이 높다. 요컨대 사람들은 좋지 않은 대우를 받았을 때 화가 나고 범죄를 저지를 수 있다는 것이 일반긴장이론을 구성하는 기본적 생각이다(Agnew, 1992).

Shaw와 McKay의 사회해체이론(social disorganization theory)은 왜 특정한 지역에서 범죄활동 패턴이 발생하는지 설명한다. 이 이론은 사람들의 이동과 그들이 특정한 지역에 집중되는 것을 조사한다. 범죄학의 초창기 사회해체 관점은 시카고 학파에서 시작되었다. 시카고 학파의 이론가들은 집단 내 합의와 활동의 조정에 대해 살펴보았다. 그들은 이민, 도시화, 산업화에 따른 급격한 변화가 사회가 발전하도록 긴장 상태에 두거나 사회를 와해시킨다고 믿었다. 사회가 와해되면 사람들은 도덕적으로 고립되고 사회적 합의로부터 동떨어지게 된다. 사람들이 합의와 규칙에 대해 알지 못하게 되거나 그러한 합의가 그들에게 더 이상 이익이 되지 않는다고 느낄 때 일탈이 일어난다.

Park와 Burgess(1928)는 범죄의 원인에 대한 생태학적 분석을 통해 범죄행위 대신 해당 지역의 특성을 조사하여 높은 범죄율을 설명하려 했다. 그들은 동심원 지역(시내 주요 상업지역부터 주거지역까지)을 포함한 자연적 시가지라는 개념을 개발하여 각 지역마다 고유의 구조, 특성 그리고 주민을 가지고 있다는 것을 발견하였다. Shaw와 McKay(1942)는 Park와 Burgess의 시카고 내 "자연적 시가지(natural urban area)"라는 개념에 관심이 있었고, 이 모델을 사용해 시카고의 다양한 지역들과 범죄율(주로 비행) 사이의 관계를 조사하여, 특정지역(2 지역)은 거주하는 이민자 집단과 상관없이 비행 발생률이 항상 높다는 것을 밝혀냈는데, 이 지역은 이민자(유색 인종 및 저소득 가정) 비율이 높다는 특징이 있었으며 통상적인 규범에서 벗어나는 비관습적 규범을 잘 받아들였다. 결국 범죄는 지역별 환경과 높은 관련이 있으며, 가난, 거주자의 유동성, 인종적 이질성 등 사회해체가 높은 범죄율을 낳는다는 것을 밝혀냈다.

사회해체이론은 청소년들의 높은 범죄율을 설명하는 다른 시각을 제시하며, 범죄행위로 이어지는 청소년들의 사고 과정이 개인이 아닌 포괄적인 사회적 상황에 영향을 받는다고 설명한다. 청소년들은 그들을 도덕적으로 고립시키고 사회적 합의로부터 동떨어지게 만드는 환경에 의해 희생되었다는 것이다. 이러한 설명은 유연한 결정론을 포함하며, 젊은이들이 스스로 선택을 하지만 사회의 공통 도덕성에 얽매이지 않는 것을 의미한다.

2. 정책적 함의

각 이론들로부터 여러 정책적 함의가 파생될 수 있다. 일반긴장이론은 부정적 관계, 부정적 감정, 대응기제에 초점을 두고 있으므로 관련 정책도 이를 중시하였다. Agnew(2014)는 비행을 줄이기 위한 다양한 프로그램들을 제안했는데, 가족 중심 프로그램들은 건설적인 문제해결 방법을 가르쳐 주고 부모에게는 자녀를 효율적으로 훈육하는 방법을 지도한다(Agnew, 2014). 이는 가족 간 갈등으로 인한 부정적 감정을 줄이고 가정 내 긴장을 낮출 것이다. 가족 중심 프로그램, 학교 중심 프로그램, 친구(동료) 중심 프로그램들 또한 긍정적 대응 기제를 향상시켜 청소년들이 비행행위를 피할 수 있게 도와준다.

사회해체이론과 관련된 범죄 대처 전략은 대부분 문화적 적응과 동화, 지역사회 역량 강화에 초점을 맞추고 있다. 이민자들이 새로운 나라나 지역 또는 도시 재개발의 문화를 수용하도록 지원하는 것은 문화적 적응과 동화를 예시로 들 수 있다. 지역사회 역량 강화에는 풀뿌리 조직의 강화와 더 넓은 정치적, 사회적, 경제적 지원을 통해 네트워크를 통합하는 것이 포함된다.

생태학 이론을 기반으로 한 사회해체이론은 청소년 범죄 문제를 해결하기 위해 개인보다는 사회적 환경에 집중하고 있다. 이론에 따르면, 위험한 환경 속에서 보내는 시간을 줄이는 방과 후 학습 프로그램이나 다양한 교육 프로그램 등의 지역사회 개발 프로그램을 도입하여 청소년들이 위험한 상황에서 벗어나도록 돕는 것이 필요하다. 또한, 청소년들이 도덕적 고립에서 벗어나 사회적 합의와 연결되도록 하는 것이 중요하다. 이를 위해 지역사회의 가치를 소개하고, 책임감을 가지고 살아가는 것의 중요성을 가르치는 교육 프로그램을 도입하는 것이 필요하다. 이러한 프로그램은 청소년들이 건강한 사회 구성원으로 성장할 수 있도록 돕고, 단절을 방지할 수 있는 효과를 가지고 있다.

3. 사회구조이론의 고려

가난한 사람들은 컴퓨터를 갖지 못해 사이버 범죄를 저지를 수 있는 능력이 상대적으로 제한될 것이라 짐작할 수 있다. 당신은 이 전제에 동의하는가? 예외를 떠올릴 수 있는가? 데스크톱이나 노트북은 전혀 사용하지 않지만, 휴대전화나 태블릿을 사용하여 연락처와 매출 자료를 정리하고 공급책, 고객 및 공범과 연락을 주고받는 마약상은 어떤가? "컴퓨터 보유자"들이 "컴퓨터 비보유자"들보다 사이버 범죄를 저지를 확률이 높은가? 사이버 범죄와 정보보호와 관련하여 기술적인 측면에서 다른 집단을 구성하는 사람들은 누구인가? 더 나아가 만약 누군가의 사회적 지위와 교육이 컴퓨터를 많이 접할 수 있게 한다면, 이러한 요인의 조합이 어떻게 그 사람이 성장기 또는 그 이후에 사이버 범죄를 저지르는 것에 기여할 수 있는가? 상대적으로 부유한 가정에서 자라고 컴퓨터와 다른 전자기기를 쉽게 접할 수 있다는 점이 사이버 범죄를 저지를 수 있는 능력과 경향에 기여하는가? 이러한 관점이 일반적으로 젊고, 중상류층의 사회경제적 지위를 가지고 있으며, 기술적 소양이 있고, 범죄 기록이 없는 해커에 대한 고전적 편견을 설명하는 데 도움을 주는가?

논의 주제 1

사이버 범죄와 그 처벌에 대한 본인의 견해를 논하시오. 스팸 메일을 보내거나, 디도스 공격을 하고, 악성 소프트웨어를 퍼뜨리고, 신용카드 사기를 저지르는 등의 사이버 범죄에 대비하는 억제 효과에 대한 본인의 판단을 적으시오. 발각될 가능성과 더 가혹하게 처벌될 가능성에 대한 자각을 증가시키기 위해 사회가 노력해야 하는가? 고전주의 이론적 관점으로 서술하시오.

논의 주제 2

게임중독 문제에 대해 생각해 보시오. 인터넷중독 장애를 설명하고 예방책을 개발하기 위해 이론적 관점을 활용하시오.

참고문헌

Agnew, R. (1985). Social control theory and delinquency: A longitudinal test. *Criminology*, 23(1), 47−61.

Agnew, R. (1992). Foundation for a general strain theory of crime and delinquency. *Criminology, 30*(1), 47−88.

Agnew, R. (2014). A general strain theory approach to violence. In Violence (pp. 45−58). Routledge.

Agnew, R., & White, H. R. (1992). An empirical test of general strain theory. *Criminology, 30*(4), 475−500.

Akers, R. L. (1997). *Criminological Theories: Introduction and Evaluation.* 2nd ed. Los Angeles: Roxbury.

Akers, R. L. (1985). *Deviant Behavior: A Social Learning Approach*, Belmont, CA: Wadsworth.

Beccaria, C. (1764/1963). *On Crimes and Punishments.* (H. Paolucci, Trans.) Indianapolis, IN: Bobbs−Merrill.

Bentham, J. (1789/1973). *Political thought.* New York, NY: Barnes and Noble.

Clarke, R. V. (1980). Situational crime prevention: Theory and practice. Brit. J. *Criminology, 20*, 136.

Cloward, R. A. & Ohlin, L.E. (1960) *Delinquency and opportunity: A theory of delinquent gangs.* New York, NY: The Free Press.

Cohen, A. (1955). *Delinquent Boys.* Glencoe, IL: Free Press

Cohen, L., & Felson, M. (1979). Social Change and Crime Rate Trends: A Routine Activities Approach. *American Sociological Review, 44*, 588−608.

Gibbs, J. P. (1986). *Deterrence theory and research.* In Gary B. Melton (ed.), The Law As a Behavioral Instrument: Nebraska Symposium on Motivation. Lincoln:

University of Nebraska Press.

Gottfredson, M. & Hirschi, T. (1990). *A general theory of crime*. Stanford, CA: Stanford University Press.

Hirschi, T. (1969). *Causes of Delinquency*. Berkeley, CA: University of California Press.

Merton, R. K. (1938). Social structure and anomie. *American sociological review, 3*(5), 672−682.

Park, R. E., Burgess, E. W., & MacKenzie, R. D. (1928). *The City*. Chicago, IL: University of Chicago Press.

Paternoster, R. (1989). Absolute and restrictive deterrence in a panel of youth: Explaining the onset, persistence/desistance, and frequency of delinquent offending. *Social Problems, 36*(3), 289−309.

Paternoster, R. (1987). The deterrent effect of the perceived certainty and severity of punishment: A review of the evidence and issues. *Justice Quarterly, 4*(2), 173−217.

Shaw, C. R., & McKay, H. D. (1942). *Juvenile delinquency and urban areas*. Chicago, IL: University of Chicago Press.

Sutherland, E. H. & Cressey, D. R. (1974). Criminology (9th ed.). Philadelphia, PA: J.B. Lippincott.

Sutherland, E. H., Cressey, D. R., & Luckenbill, D.F. (1992). Principles of criminology (11th ed.). Lanham, MD: General Hall.

Sykes, G. M. & Matza, D. (1957). Techniques of neutralization: A theory of delinquency. *American Sociological Review, 22*, 664−670.

Tittle, C. R. (1969). Crime Rates and Legal Sanctions. *Social Problems.* 16(Spring): 409−423.

Vold, G. B., Bernard, T. J., & Snipes, J. B. (2002). *Theoretical Criminology*. 5th ed. New York/Oxford: Oxford University Press.

Williams III, F. P., & McShane, M. D. (2017). *Criminological theory*. Pearson.

휴대전화 기술과 한국의 청소년 사이의 온라인 성희롱: 자제력과 사회 학습의 효과(Mobile Phone Technology and Online Sexual Harassment among Juveniles in South Korea: Effects of Self-control and Social Learning)

최경식(Kyung-Shick Choi), 이성식(Seong-Sik Lee, 숭실대학교),
이진(Jin Ree, 조지메이슨 대학교)

1. 서론

현대사회에서는 매일 기술과 전자기기를 접하는 청소년 인구가 증가하고 있다. CNN 보고서에 따르면 2세 이하 미국 어린이의 90%가 어떠한 형태로든 온라인 인터넷을 접하고 5세가 되면 50% 이상이 컴퓨터 및 태블릿을 정기적으로 사용한다. 이 보고서에 따르면 10대 청소년들은 한 달에 평균 3,400건의 문자를 전송한다(Clinton, 2012). 이 수치가 온라인 일탈을 분명하게 암시하고 있지는 않지만, 청소년의 기술 및 전자기기에 대한 노출의 증가는 온라인 성희롱과 같은 다양한 형태의 온라인 일탈 행동을 낳을 가능성이 있다는 우려가 있었다(Mitchell, Wolak, & Finkelhor, 2008; Soo, Ainsaar, & Kalmus, 2012). 즉, 기술이 앞서 말한 일탈을 증가시키지는 않지만 그러한 행위가 발생할 수 있는 플랫폼이 될 수는 있다.

많은 기술이 지난 몇 년 동안 급속한 성장을 보였지만, 휴대전화보다 더 급속하게 확산된 기기는 없었다. 휴대전화는 "사용자가 프로그램이나 '앱'을 다운로드할 수 있게 해주는, 컴퓨터와 유사한 운영 체재를 가졌으며", "사용자들이 인터넷에서 그 내용을 다운로드받거나 업로드할 수 있게 해주는" 전자 휴대기기이다(National, 2013). 그러나 모니터링 기능, 자녀보호 설정, 자녀 모니터링프로그램이 있는 컴퓨터와 달리 휴대전화는 실질적인 모니터링 기능을 가지고 있지 않아

(Mesch, 2009), 개인화된 설정이 가능은 하지만 이 기능은 해당 휴대기기와 주요 사용자 사이에만 적용 가능하다.

주요 모니터링 기능이 없기는 하지만, 부모와 보호자가 청소년의 휴대전화 사용을 감시할 수 있게 해주는 프로그램들이 증가하고 있는 점은 주목할 만하다. 이 프로그램들 중 일부는 청소년의 휴대전화에서 일어나는 어떤 활동을 감시하고 차단할 수 있지만, 다수의 어플리케이션은 프라이버시 문제를 야기하기도 하고, 사용자 감지를 불가능하게 하고 프라이버시를 강화해주는 다른 프로그램들에 의해 쉽게 무력화된다. 철저한 모니터링 시스템이 없다 보니 휴대전화를 이용한 활동은 부모가 자녀의 온라인 행동을 효과적으로 감독하는 데 제약이 될 수 있다. 다시 말해, 청소년들은 다양한 형태의 일탈행동을 은밀히 행하면서도 그에 대한 처벌을 받지 않을 수 있다(Choi, 2015).

모든 청소년이 온라인 성희롱을 하지는 않지만, 여기서 강조하는 것은 청소년의 연령, 호르몬 수준 및 기술사용의 빈도를 감안할 때 이들은 다른 인구통계학적 집단보다 이러한 행위에 더 취약하다는 점이다(Choi, 2015; Mitchell, Wolak, & Finkelhor, 2008). 이는 청소년이 온라인 성희롱에 관련되는 게 불가피하다는 설명은 아니지만, 이 인구집단에 대한 부모의 보살핌과 감독의 중요성을 일깨워준다. 그러나 결국 청소년의 휴대전화 사용을 감독할 수 없다는 점에서 이 온라인 성희롱은 특히 문제가 되고 걱정스러운 일이다(Choi, 2015).

Ybarra와 Mitchell(2008)은 소셜 네트워킹 서비스를 통한 온라인 성희롱 빈도를 조사하였는데, 주요 산출 측정지표는 인터넷상의 원치 않는 성희롱(피해자의 의사에 반해 성에 대해 이야기하거나, 개인의 성에 관련된 정보 제공을 요구하거나, 성적인 행위를 할 것을 요구하는 것으로 정의됨) 및 인터넷 괴롭힘(무례하거나 못된 말을 하거나 나쁜 소문을 퍼뜨리는 것으로 정의됨)이었다. 이 연구에 따르면 전년도에 청소년의 15%가 원치 않는 성희롱을 당했다고 보고했으며, 이 중 4%는 특정 소셜 네트워킹 서비스에서 사건이 발생했음을 알렸다. 또한 33%는 전년도에 온라인 괴롭힘을 당했다고 했으며, 이 중 9%는 소셜 네트워킹 서비스에서 해당 사건이 일어났음을 보고했다. 대상 표본 중 성희롱은 인스턴트 메시지(43%)나 대화방(32%)에서 발생한 반면, 괴롭힘은 소셜 네트워킹 서비스보다 인스턴트 메시지(55%)에서 주로 발생하였다. 이 연구가 휴대전화를 통한 온라인 성희롱을 분명하게 강조하진 않았지만, 소셜 미디어, 대화방 및 인스턴트 메시지 서비스가 휴대전화에서 점점 더 많이 이용되고 있다는 점을 감안할 때, 이러한 통계는 휴대기기로 인한 온라인 성희롱이 미국 내에서 증가하고 있음을 드러낼 수 있다.

청소년층의 온라인 성희롱을 조사한 또 다른 연구는 Mitchell 등(2008)에 의해 진행되었는데, 이 연구는 온라인 블로거들이 온라인 성희롱과 괴롭힘의 위험을 더 많이 당하는지를 조사하였다. 10~17세 사이 청소년 인터넷 사용자 1,500명을 대상으로 한 전화 설문 결과, 전년도에 청소년 인터넷 사용자의 16%가 블로깅을 했다는 것이 밝혀졌다. 10대와 소녀들이 가장 일반적인 블로거였으며 블로거들은 다른 청소년들보다 인터넷에 개인정보를 게시할 가능성이 더 컸지만 연구 결과 개인정보 게시가 위험도를 증가시키지는 않았다. 온라인에서 접촉한 사람과 교류한 청소년들은 블로그 사용 여부와 관계없이 온라인 성희롱을 당할 확률이 더 높았고(교환 및 만남(exchange and encounter)에 따라 온라인 성희롱, 사이버 스토킹, 성적 언어폭력으로 분류될 수 있다), 교류하지 않은 블로거들은 성희롱 피해 위험이 증가하지 않았다. 또한 젊은 블로거들은 온라인에서 다른 이들과 교류했는지 여부와 관계없이 온라인 괴롭힘에 대한 위험도가 높았다. 휴대전화 발달과 관련하여 두드러지는 또 다른 청소년 행동은 청소년들이 직접 만들고 출연한 온라인 음란물이다. Holt, Blevins 및 Burkert(2010)에 따르면 18세 미만의 청소년 3명 중 1명은 의도치 않게 나체 사진이나 성관계 동영상을 본다고 하는데, 이는 웹캠, 디지털 사진 등 미디어기술의 발전으로 인해 사이버 공간 내에서 나체 사진 및 비디오를 보여주고 배포하기 쉬워졌기 때문이다. 게다가 휴대전화 발달로 인해 청소년들은 휴대전화의 인터넷 접속 기능을 사용해 사이버 공간에서 보다 손쉽게 음란물을 볼 수 있게 되었다. 휴대전화를 통한 인터넷 서비스는 청소년들에게 사이버 공간의 음란물을 보여주는 것 이상의 기능을 수행할 수 있다. 청소년들은 휴대전화를 통해 잘못에 대해 질책받거나 공개적으로 폭로되는 두려움 없이 모바일 환경에서 성적인 자료를 생산·유포하거나 이를 이용해 다른 사람을 괴롭힐 수도 있다(Choi, 2015). 휴대전화의 이동성을 고려해보면 이런 사건은 부모, 보호자, 또래 및 다른 권위자의 감시·감독 없이 언제 어디서나 발생할 수 있다(Choi, 2008).

전 세계 여러 집단에서 온라인 성희롱이 만연하고 증가 추세임에도 불구하고 이러한 온라인 행동을 설명하는 이론적 연구는 아직 철저하게 이루어지지 않았다. 따라서 본 연구에서는 주요 범죄학 이론을 이용하여 청소년 사이에 떠오르는 휴대기기를 사용한 온라인 성희롱에 대해 분석하고자 한다. 본 연구의 목표는 이러한 온라인 행동과 범죄학 이론의 요소 간에 관계가 있는지 조사하는 것으로써, 두 가지 주요 질문은 다음과 같다: (1) 주요 범죄학 이론이 휴대기기로 유발되는 사이버 공간 속 청소년 온라인 성희롱을 실증적으로 설명할 수 있는가? 그리고 (2) 이러한 행동에 영향을 미치는 핵심 요인을 식별하고 효과적인 예방프로그램을 시행할 수 있는가? 본 연구에서 사용될 주요 범죄학 이론은 Akers(1985)의 사회학습이론과 Gottfredson과 Hirschi(1990)의 자기통제이론이다.

본 연구에서 온라인 성희롱을 가늠하기 위해 사용될 세 가지 이론적 척도는 (1) 문화적 접촉, (2) 정의 그리고 (3) 자기통제로써, 모두 한국에서 수집한 온라인 성희롱 정보와 함께 각각의 관계와 전반적인 중요성을 알아내는 것에 활용될 것이다. 본 연구는 크게 세 가지 가설을 제시한다. 첫째, 사회학습이론의 이론적 요소, 특히 문화적 접촉과 정의는 청소년들의 휴대기기로 인한 사이버 공간 속 온라인 성희롱 증가를 유발할 것이다. 둘째, 높은 자기통제는 휴대기기로 인한 온라인 성희롱을 감소시킬 것이다. 마지막으로 성별, 휴대기기 사용 그리고 연령은 온라인 성희롱 행위에 차등적으로 영향을 끼칠 것이다.

2. 이론적 프레임

이 섹션에서는 기존의 청소년 비행과 사이버 범죄 연구 모두에 적용될 수 있는 다양한 이론적 요소로써 Akers(1985)의 사회학습이론과 Gottfredson과 Hirschi(199)의 자기통제이론을 논의해 볼 것이다. 일반적으로 사회학습이론과 자기통제이론이 범죄학의 양대 이론으로 꼽히지만, 이를 사용하여 청소년 간 온라인 성희롱에 초점을 맞춘 연구는 거의 없었다. 이러한 문제점을 보완하고자 본 연구는 휴대기기로 인한 청소년 온라인 성희롱에 대한 이론적 근거를 제시해보고자 한다.

(1) 사회학습이론

사회학습이론의 기본 전제는 사회적 행동이란 사람의 성격과 주변 환경이 호혜성 상호작용을 통해 형성하는 인지과정이라는 것이다(Akers & Sellers, 2004). 이 이론의 중점 전제는 주어진 상황에 따라 행동이 합리화되고, 학습되며, 내부화되고 수행된다는 것을 암시한다. Burgess와 Akers(1966)는 오퍼런트 조건 부여 및 반응 조건화 그리고 합리적 선택이론의 요소를 더함으로써 Sutherland(1947)의 차별적 접촉이론을 확장시켰다. 이후 Akers(1985)는 이 이론을 수정하여 현재 사회학습이론을 개념화했다(Vold, Bernard, & Snipes, 2002). 이 이론은 아직 사이버 범죄 및 컴퓨터 기반 일탈의 연구에서 광범위하게 쓰이진 않았지만, 여전히 범죄학의 주요 이론 중 하나로 평가되며 청소년 비행을 포함한 광범위한 기존 범죄를 조사하는 데 활용되었다.

사이버 범죄 문제에 사회적 학습 요소를 사용한 초기 연구는 Skinner와 Fream (1999)을 들 수 있는데, 그들은 사회학습이론 원리를 사용하여 컴퓨터 범죄를 조사하였으며 문화적 접촉 및 정의를 주요 요소로 사용하였다. 이 연구는 비슷한 범죄를 저지른 친구들과 어울리는 것이 컴퓨터 불법복제와 컴퓨터 범죄의 가장 강력한 예측 변수라고 결론지었다. 또 가족이나 친구를 모방하는 것도 개인이 유사한 컴퓨터 범죄를 저지를 가능성을 높였다. 이 연구 결과는 오래된 연구임에도 불구하고 컴퓨터 범죄가 학습된 행동임을 이미 시사했다. 보다 최근에 이루어진 Higgins (2005)의 연구는 사회적 학습 원칙이 소프트웨어 불법복제 행위를 결정하는 데 강력한 영향을 미치는 것으로 밝혀졌다는 이전 연구 결과를 재확인했다(Choi, 2015).

Soo 등(2012)의 연구는 에스토니아 어린이를 대상으로 온라인 성적 메시지를 받을 위험성을 조사한 것으로, 이 연구는 본 연구와 깊은 연관성을 가진다. 이 연구에서는 780명의 11~16세 어린이를 대상으로 "EU Kids Online" 설문 조사를 실시하여, 인터넷 사용 어린이 중 19%가 온라인에서 성적인 메시지를 받은 적이 있었으며, 그중 6%는 이에 대해 불편함을 느꼈다는 결과를 보였다. 또한, 위험한 행동을 하는 어린이들은 온라인에서 성적인 메시지를 받을 확률이 더 높았으며, 인터넷 사용에 대한 또래 조정과 과도한 인터넷 사용이 이에 영향을 미치는 요소로 나타났다. 이는 일상활동 요소와 더 연관될 수 있지만, 인터넷 사용에 대한 또래 조정과 과도한 인터넷 사용은 주목할 가치가 있는 요소로 판단된다.

이 이론이 다른 연구에 적용된 다른 예는 Jones 등(2013)의 연구에서 찾을 수 있다. 간단히 요약하자면 Jones 등은 청소년 인터넷 사용자를 대상으로 하는 전국적인 전화 설문조사 3건을 사용하여 청소년 온라인 괴롭힘을 조사하였다. 이 연구는 사회학습이론의 요소를 이론적 뼈대로 분명히 사용하지는 않았지만, 청소년 온라인 괴롭힘에 영향을 끼치는 또래 사회관계의 중요성을 확인할 수 있었는데, 구체적으로 또래와의 사회적 관계와 그들이 일반적으로 참여하는 활동 모두가 청소년이 유사한 온라인 괴롭힘을 저지를 가능성을 높이는 데 작용하였다. 이러한 연구 결과는 궁극적으로 청소년 온라인 괴롭힘이 혼합된 개인적, 사회적 및 환경적 배경에서 나오는 학습된 행동임을 시사한다.

요약하자면, 사회적 학습 요소를 사용한 일련의 연구는 일탈 또래와의 연관 및 정의가 청소년 일탈을 결정하는 주요 요소임을 시사했다. 따라서 본 연구는 문화적 접촉과 정의가 휴대기기를 이용한 청소년 온라인 성희롱 가능성에 상당한 영향을 끼친다는 가설을 세웠다.

(2) 자기통제이론

Gottfredson과 Hirschi(1990)의 자기통제이론은 사람들이 범죄 성향을 통제하는 개인적 특성을 발달시킨다는 주장을 한다. 자제력이라고도 알려진 이 잠재 특성은 어린 시절에 나타나 평생 동안 안정적으로 유지된다. Gottfredson과 Hirschi에 따르면 자제력이 낮은 사람들은 충동적이고, 둔감하고, 신체적이며, 위험을 감수하고, 근시안적이며 비언어적인 경향이 있다. 낮은 자제력은 범죄뿐만 아니라 흡연, 음주, 간통과 같은 "유사 행동"과도 관련이 있다(Akers & Sellers, 2004). 또한 Hirschi와 Gottfredson(1993)은 "낮은 자제력과 범죄 사이의 연관성은 결정론적이지 않으며, 기회와 다른 제약에 의해 영향을 받는 확률론적"이라고 주장한다. 즉, 낮은 자제력은 범죄 행동으로 이어지는 원동력이 아니라 다른 개입 변수에 의해 영향을 받는 확률론적 요소이다.

Higgins(2007)는 디지털 불법 복제와 관련하여 낮은 수준의 자제력을 시험하였다. 이 연구는 자제력과 관련된 가치의 역할과 디지털 불법 복제에 대해 연구하여 개인의 자제력이 낮을수록 디지털 불법 복제를 행할 가능성이 더 높다고 결론지었다. Higgins(2005)는 이전에도 대학생의 자제력 수준과 사이버 불법 복제 간 관계를 조사하였는데, 이 연구에 따르면 대학생은 소프트웨어 불법 복제를 저지를 가능성이 가장 높은 연령이며 자제력이 낮은 학생은 자신의 행동에 따른 결과를 인지하지 못할 수 있다(Choi, 2015).

본 연구와 관련된 최근의 사례는 Bossler와 Holt(2010)의 연구이다. 여기서 탐구하고자 하는 행동과 똑같지는 않지만, Bossler 등은 자제력이 온라인 괴롭힘을 포함한 사이버 범죄를 보다 일반적으로 설명할 수 있는지 밝히고자 했다. 이들은 자제력이 다양한 유형의 사이버 범죄를 설명하는 역할을 하지만, 이는 범죄가 무작위적이지 않고 개인의 선택에 의해 영향을 받는 경우에만 해당한다고 결론지었다. 달리 말해 자제력은 문제의 행동이 컴퓨터 기반 범죄가 아니라 사람 기반 범죄로 분류되는 경우에만 사이버 범죄의 주요 예측 변수였다. 자기통제이론이 온라인 괴롭힘과 관련된 행동을 포함하여 사람 기반 사이버 범죄를 예측하였지만, 이는 가해자 척도가 통제되지 않았을 경우에만 가능했다. 즉, 가해자 척도(응답자 및 또래에 대한 모욕)가 통제되었을 경우, 자제력은 더이상 사람 기반 사이버 범죄를 예측하지 못하였다. 궁극적으로 이 연구는 휴대전화를 통한 청소년 온라인 성희롱 행동에 특별히 초점을 맞추지는 않았지만, 응답자 및 또래에 대한 모욕의 척도를 통제했을 경우 왜 자제력이 낮은 사람들이 온라인 괴롭힘을 경험할 확률이 더 높은지 보여주었다.

본 연구와 관련된 연구 중 하나는 Holt, Bossler, 및 May(2011)의 연구이다. 이 연구는 미디어 불법 복제, 음란물, 괴롭힘, 해킹 그리고 소프트웨어 불법 복제와 같은 사이버 일탈 행동을 설명하기 위해 켄터키 주에 거주하는 중·고등학생 435명을 대상으로 낮은 자제력과 일탈적인 또래와의 연관성을 조사했다. Holt 등은 일탈적 또래가 사이버 일탈에 대한 낮은 자제력의 영향을 악화시키지만, 자제력은 어떤 형태의 사이버 일탈도 예측하지 못한다는 결론을 내렸다. 이는 본 연구의 가설과는 다르게, 자제력이 청소년 온라인 성희롱 행동을 예측하지 못한다는 것이다. 본 연구는 자제력의 부족이 온라인 성희롱이라는 일탈을 저지를 가능성에 중요한 역할을 한다고 가정한다. 또한 Holt 등은 사이버 일탈 행동을 결정하는 데 있어 또래에 대한 모욕이 자제력보다 더 강한 상관관계가 있다는 것을 발견했는데, 이는 사회학 습이론의 전형적인 요소인 사회학습이론과 차별적 접촉이론 모두에서 강조된 사회 구성원들 간의 상호작용을 통해 일탈이 학습된다는 측면을 뒷받침한다.

궁극적으로, 이 연구는 일탈적 동료와의 유대, 정의 그리고 자제력의 수준을 조사하여 휴대기기를 통한 온라인 성희롱 행동을 분석하고자 한다. 이 분석을 위해 적용될 통계적 방법은 이항 로지스틱 회귀 분석[1])의 적용이며, 궁극적으로 이 연구 는 온라인 성희롱 분석을 통해 사회적 학습의 요소와 자제력 수준 사이의 잠재적 관계를 강조함으로써 범죄학 발전에 기여하고자 한다.

3. 방법론

(1) 표본 및 절차

이 연구는 Lee(2008)가 수집한 2차 데이터를 활용하여 수행되었다. 이 데이터 는 한국 청소년들의 다양한 휴대기기를 이용한 일탈 형태를 조사하는 데 사용되었 다. 이 데이터를 선택한 이유는 방대하게 수집된 데이터로써 타당성이 높고 기술적 가용성이 좋기 때문이다. 한국은 인터넷 사용자 수가 2010년에 3,702만 명으로 조 사되었으며(Leading Industries, 2013), 추가적인 연구에 따르면 거의 대부분의 한국 청소년이 인터넷이나 컴퓨터를 사용한다. 한국은 기술 발전을 가속화하여 통신 기 술 분야에서 선두 국가 중 하나가 되었다. 이러한 통계는 한국 내에서 중요하지만, 국경을 넘어서 전 세계적으로 인터넷 사용자 비율이 점점 높아지는 상황에서 한국 이 사이버 공간 문제에 대해 연구하기에 적합한 대상임을 강조한다.

한국을 분석 대상국으로 지정한 것 외에도, 인터넷 사용자를 연령대로 구분하 였을 때 19세 미만이 두 번째[2])로 인터넷을 오래(지속 시간 및 기간) 사용하는 연령대 라는 연구 결과(Lee, 2011)를 참고하여, 서울시 거주 만 12~15세 중학생(1~3학년)을 대상으로 현실과 사이버 공간 모두에서 저지를 수 있는 일탈 행동의 범위를 조사했

---

1) Reyns, Henson & Fisher(2015)가 사이버 스토킹에 대한 그들의 실증적 연구에서 수행한 바 있다.
2) 인터넷을 가장 오래 사용하는 연령대는 20세에서 29세 사이라고 조사되었다(Lee, 2011).

다. 이 연령과 학년이 선택된 이유는 인구통계학적으로 이 단계에서 사춘기가 자리
잡고, 더 정기적으로 인터넷과 전자기기를 사용하는 것으로 보고되었기 때문이다.

서울의 377개 중학교 중 7개 공립중학교가 무작위로 선정되어 718건의 설문조
사 응답 중 미완성이거나 과장된 3건을 제외한 715건의 응답이 최종적으로 사용되
었다. 각 학교별로 약 100건의 응답이 수집되었는데, 해당 데이터 세트의 평균 연령
은 13.88세였고 표본의 50.9%가 남성, 47.0%가 여성이었다.

(2) 척도

이 연구에서 온라인 성희롱을 가늠하기 위해 사용된 세 가지 이론적 척도는:
(1) 문화적 접촉, (2) 정의 그리고 (3) 자기통제로써, 모두 한국에서 수집한 온라인
자료와 함께 상관관계와 전반적인 중요성을 확인하기 위해 활용된다. 이 설문조사
에는 사이버 공간에서 일탈적인 또래와의 유대, 온라인 일탈 행동에 대한 인식, 자
가보고한 온라인 성희롱 활동 및 인구 통계학적 특성을 측정하는 일련의 질문이
포함되었다.

세 가지의 주요 가설이 제시되었다. 첫째, 사회학습이론의 이론적 요소, 특히
문화적 접촉과 정의는 사이버 공간 속 청소년들의 일탈 행동 증가로 이어질 것이다.
둘째, 높은 자제력은 온라인 성희롱에 대한 참여를 감소시킬 수 있다. 마지막으로
성별, 휴대기기 사용 및 연령은 온라인 성희롱 행위에 차등적으로 영향을 미친다.

(3) 종속 변수

Choi(2005)는 온라인 성희롱을 사진이나 동영상을 포함하는 상대가 원치 않는
성적인(암묵적이든 명시적이든) 메시지를 보내는 것으로 정의한다. Wolak 등(2006)은
위협이나 해를 끼치려는 의도와 관계없이 상대가 원치 않는 노골적인 나체 사진을
전송하거나 자신의 은밀한 디지털 이미지를 온라인으로 보내도록 요청하는 것이라
고 이 정의를 더 확장하였다. 이러한 유형의 괴롭힘에는 타인에게 지속적으로 나체
사진을 요청하고 소셜 미디어를 사용하여 상대가 무엇을 하고 있는지, 어디로 가는
지를 계속 파악하는 것이 포함된다. 이 용어의 범위가 광범위하다는 점을 고려하여
이 연구에서는 네 가지 항목을 사용하여 온라인 성희롱을 측정하였다. 모든 항목은

응답자의 개인적인 경험을 반영했다.

휴대기기를 통한 온라인 성희롱 측정에 사용된 네 가지 항목은 다음과 같다: (1) 성희롱, (2) 사이버 스토킹, (3) 성적 언어폭력 그리고 (4) 음란물이다. 성희롱의 첫 번째 항목은 상대가 계속 거부함에도 불구하고 사적이고 은밀한 메시지를 보내거나 받으려 요구하는 것을 구체적으로 언급하였다. 성희롱이라는 용어는 다양한 일반적인 행동에 사용될 수 있지만, 이 연구에서 성희롱이란, 상대의 거부에도 불구하고 휴대전화를 통해 개인의 은밀한 디지털 이미지를 요청하여 발생하는 괴롭힘으로 정의되었다. 응답자들은 이러한 요청을 거부했음에도 불구하고 인터넷에서 개인의 나체 사진을 요청하여 누군가를 성희롱한 적이 있는지 구체적으로 질문받았다. 두 번째 항목인 사이버 스토킹은 소셜 미디어를 통해 개인의 정보를 반복적으로 추적하고 모니터링하는 것으로 정의되었다. 응답자들은 소셜 미디어를 통해 매우 개인적인 정보를 계속 확인하거나 요구했는지 질문받았다. 세 번째 항목에서, 성적 언어폭력은 암묵적이든 명시적이든 성적 의미를 나타내는 표현을 사용하여 온라인에서 다른 사람을 공격하고 위협하는 것으로 정의되었다. 응답자들은 소셜 네트워킹 포럼에서 다른 사람들을 위협하기 위해 성적으로 암시하거나 노골적인 욕설을 반복해서 사용했는지 질문받았다. 마지막 항목인 음란물은 합의없이 온라인에서 성적인 내용을 배포하는 것으로 정의되었다. 응답자들은 합의없이 인터넷을 통해 성적인 내용이나 음란물을 보낸 적이 있는지 질문받았다. 이러한 설문 항목에 대한 각 응답은 이분화되어(0=아니오, 1=네) 네 개의 종속 척도를 형성했다. <표 5-2>는 각 종속 척도에 대한 기술통계를 나타낸다.

[표 5-2] Descriptive Statistrics for Study Measures

VARIABLES	Mean	SD	Minimum	Maximum
Dependent Variables				
Sexual Harassment	0.04	0.20	0	1
Cyber-stalking	0.02	0.15	0	1
Sexual Verbal Harassment	0.56	0.02	0	1
Porn Materials	0.10	0.30	0	1

Independent Variables				
SOCIAL LEARNING				
Differential Association				
Deviant Peer Association	0.79	1.19	0	4.00
Definition				
Perception of Deviant Behavior	4.11	1.02	1.00	5.00
SELF-CONTROL				
12 Self-control Traits	38.67	8.91	12	60.00
Control Variables				
Gender	0.51	0.50	0.00	1.00
Mobile Usage	2.64	1.55	1	5
Age	13.88	0.96	12	16

(4) 독립변수

본 연구는 휴대전화로 유발된 청소년 온라인 성희롱에 대한 범죄학 이론의 영향과 요소를 살펴보았다. 후속 분석을 위해 세 가지의 독립 척도가 사용되었다: (a) 문화적 접촉 및 정의, (b) 자기통제 그리고 (c) 성별, 휴대기기 사용 및 연령의 통제 변인이 그것이다.

1) 문화적 접촉과 정의

문화적 접촉과 정의는 이 연구에서 시험되는 두 가지 사회적 학습 구성요소이다. 일탈적인 또래는 문화적 접촉 요소로 시험되었다. 일탈적 또래 척도는 청소년과 이 연구에서 식별된 일탈 행동들을 행하는 또래와의 관계이다. 이 연구에서 청소년들을 대상으로 온라인 성희롱 행위를 저지른 친구가 몇 명인지를 조사하였다. 해당 친구의 수는 네 가지 범주로 분류되었다. 일탈적 또래의 범위는 0~4(0=0명의 친구, 1=1명의 친구, 2=2~3명의 친구, 3=4~10명의 친구, 4=11명 이상의 친구)였다. 더 높은 등급은 더 많은 수의 일탈적인 또래를 나타낸다. 이 표본에 대한 문화적 접촉의 평균은 0.79였으며, 표준 편차는 1.19, 비대칭도는 1.06, 첨도는 −0.56이었다.

또한 청소년들이 행동의 심각성에 따라 나열된 온라인 성희롱 행동을 어떻게 인식하는지도 조사하였는데, 이는 청소년이 자신의 행동을 과연 일탈로 인식하는지 여부에 대한 통찰을 제공한다. 청소년들에게 이전에 목격한 범죄를 어떻게 인식하는지 질문하여 크게 동의하지 않음, 동의하지 않음, 중립적, 동의함, 매우 동의함의 5점 Likert 척도로 조사하였다. 이 척도의 동의의 정도가 높을수록 온라인 성희롱 행위가 용납될 수 없다는 데 동의하는 것을 나타낸다. 이 표본에 대한 정의의 평균은 4.11이었고, 표준 편차는 1.02, 비대칭도는 −1.35, 첨도는 1.69였다.

2) 자기통제

자제력의 수준은 12가지 항목으로 측정되었다. 청소년의 자제력 수준은 (a) 충동성, (b) 신체 활동에 대한 선호, (c) 위험 추구, (d) 자기중심성, (e) 단순 작업 선호 그리고 (f) 변덕스러운 기질(Connor et al., 2009, p. 137)의 6가지 범주에서 평가되었다. Grasmick 등(1993)이 이제는 많이 사용되는 그들의 척도를 발표했을 때 측정 논쟁은 줄어들었지만 반대가 없어진 것은 아니다. 많은 이들이 Grasmick 등의 척도가 1차원적인 구조를 측정하지 못한다고 비판했다(e.g., DeLisi et al. 2003; Winfree, Taylor, He, & Esbensen 2006). 따라서 이 6개 항목은 (총 12개 항목) Grasmick 등의 항목과 설문조사에 사용된 Allahyerdipour 등(2006)의 측정 개념을 포함한다. 항목은 크게 동의하지 않음, 동의하지 않음, 중립적, 동의함, 크게 동의함으로 고정되었다. 이는 5점 Likert 척도로 측정되었으며 역으로 기록되었다. 척도의 총 범위는 1에서 60까지이며 점수가 높을수록 자제력이 높음을 나타낸다. 이 표본에 대한 자기통제의 평균은 38.67이었고, 표준 편차는 8.91, 비대칭도는 0.09, 첨도는 0.70, Cronbach's Alpha는 0.845였다. 이들 항목을 기반으로 한 척도는 비대칭도와 첨도 수준이 만족스러웠으며, 주 요인 분석과 Scree 시험을 통해 항목들이 단일 개념임을 검증하였다.

3) 통제 변인

본 분석에서는 성별, 연령, 모바일 기기 사용을 통제 변인으로 사용하였다. 성별은 남성(52%)과 여성(48%) 응답자를 구별하는 이분법적 변수이다(0 = 여성, 1 = 남성). 또한 응답자들은 연령을 밝히고 일일 휴대전화 사용 시간을 5가지 항목(1 = 1시간 미만, 2 = 약 2시간, 3 = 약 3시간, 4 = 약 4시간, 5 = 5시간 이상) 중 하나를 선택하여 기입하였다. <표 5-2>는 각 통제 변인의 기술 통계를 보여준다.

(5) 분석 방안

사회적 학습 및 자기통제의 변수가 네 가지 성희롱 행위에 어떻게 영향을 미치는지 조사하기 위해 네 가지 회귀 모델이 사용되었다. 이 연구에 사용된 분석 방법은 사이버 스토킹 피해에 대한 Reyns, Henson 및 Fisher(2015)의 연구를 활용했다. 이전의 연구가 사이버 스토킹 피해 위험을 줄이는 효용성 측면에서 일상활동이론의 보호자(guardianship) 개념을 조사한 반면, 본 연구는 동일한 분석 과정을 사용하지만 한국 표본 중 휴대기기를 통한 청소년 온라인 성희롱 행동을 조사한다. Reyns 등(2015)의 분석 방법을 채택한 이유는 이론을 온라인 행동으로 개념화하는데 보인 명료성과 효율성 때문이었다.

SPSS를 활용한 로지스틱 회귀모델을 통해 휴대기기를 통한 온라인 성희롱에 대한 참여를 평가하였는데, 이는 종속 척도가 연속적이지 않고 이분법적 특성을 가졌기 때문이다. 온라인 성희롱 활동의 네 가지 범주에 대한 응답자의 참여를 보여주는 이분형 로지스틱 회귀 모델은 <표 5-3>에 나와 있다.

[표 5-3] Binary Logistic Regression for Cyber Sexual Harassment Behaviors

Varialbes	Model 1: Sexual Harassment			Model 2: Cyber-stalking			Model 3: Sexual Verbal Harassment			Model 4: Porn Materials		
	Coef.	SE	Exp(B)	Coef.	SE	Exp(B)	Coef.	SE	Exp(B)	Coef.	SE	Exp(B)
Self-Control	-0.45	0.03	0.96	-0.09*	0.04	0.92	-0.06***	0.01	0.94	0.10***	0.02	0.91
Social Learning												
Deviant Peers	0.22	0.17	1.25	0.11	0.25	1.11	0.46***	0.09	1.58	0.46***	0.13	1.58
Definitions	-0.61***	0.18	0.54	-0.79**	0.26	0.46	0.003	.010	1.00	-0.44**	0.16	0.64
Control Variables												
Gender	0.70	0.52	2.02	0.64	0.74	1.89	0.49*	0.21	1.64	1.04**	0.40	2.82
Mobile Usage	-0.10	0.17	0.91	-0.07	0.23	0.94	0.12	0.07	1.13	-0.10	0.12	0.91
Age	0.10	0.24	1.10	0.67	0.39	1.95	0.04	0.10	1.04	0.49*	0.19	1.62

-2 Log Likelihood 153.69	84.06	606.69	232.99
Nagelkerke R^2 0.134	0.219	0.176	0.252
n 493	491	491	493

*p≤.05.**p≤.01.***p≤.001

4. 결과

괄호 안의 표는 Wald 2 통계의 p-value로 매개변수 추정치를 추정된 표준 오차로 나눈 것의 제곱으로 계산된다.

(1) 성희롱

<표 5-3>의 모델 1에서는 온라인 성희롱 행위를 사회적 학습과 자기통제 이론적 요소를 반영하여 측정하였다. 연구 결과에 의하면 모델 1에서 통계적으로 유의미한 요소는 정의뿐이라는 것을 나타낸다. 특히 상대방이 거부했음에도 불구하고 개인의 나체 사진을 요구하는 행위를 심각한 행위로 인지할 때, 청소년들은 성희롱 행위를 저지를 확률이 낮았다(b=-0.61 and Odds Ratio=0.61, p<0.001). 본 연구는 높은 자제력을 청소년이 온라인 성희롱을 할 가능성이 적음을 나타내는 지표라고 가정했으나, 모델 1에 따르면 자제력은 유의미한 요인이 아니었고 통제 변인 또한 통계적으로 유의미하지 않았다.

(2) 사이버 스토킹

이전 모델과 유사하게 <표 5-3>의 모델 2는 높은 수준의 정의가 소셜 미디어를 통해 개인정보를 지속적으로 확인하고 요청하는 등 사이버 스토킹에 가담할 가능성을 실질적으로 최소화한다는 것을 확인해주고(b=-0.79 and Odds Ratio=0.46, p<0.01), 자제력이 높은 청소년은 자제력이 낮은 청소년에 비해 사이버 스토킹을 저지를 가능성이 더 낮다는 것을 보여준다(b=-0.09 and Odds Ratio=0.92, p<0.05). 그러나 통제 변인은 이 관계에서 유의미한 요인이 아니었다.

(3) 성적 언어폭력

연구 결과에 따르면 일탈적인 또래와의 교류가 많은 청소년일수록 온라인 성적 언어폭력에 가담할 가능성이 높았다는 것을 보여준다. <표 5-3>의 모델 3의 결과에 따르면 문화적 접촉 척도가 온라인 성적 언어폭력에 가담할 가능성에 상당한 영향을 끼쳤다(b=0.46 and Odds Ratio=1.58, p<0.001). 자제력과 온라인 성적 언어폭력 수준 간에는 음(-)의 상관관계로서 통계적으로 유의한 관계가 있었다 (b=-0.06 and Odds Ratio=0.94, p<0.001). 또한 성별은 온라인 성적 언어폭력 가담에 유의미한 영향을 미쳤다. 남성이 여성에 비해 성적 언어폭력 행위를 할 가능성이 1.6배 더 높았다(b=0.49 and Odds Ratio=1.64, p<0.05). 하지만 다른 제어 변수에서는 유의한 관계를 발견하지 못했다.

(4) 음란물

<표 5-3>의 모델 4는 제안된 자제력과 사회적 학습 이론적 요소가 모두 성적인 내용/음란물을 유포할 가능성에 통계적으로 유의미한 영향을 끼친다는 결과를 보여준다. 이전 모델과 유사하게, 온라인 일탈적인 또래와 많은 교류를 하는 청소년들은 합의 없이 성적인 내용 및 음란물을 다른 사람들에게 유포할 가능성이 약 1.6배 더 높았다는 것을 확인했다(b=0.46 and Odds Ratio=1.58, p<0.001). 또한, 자제력이 높고 온라인 성희롱을 심각하게 여기는 청소년일수록 온라인 성희롱에 가담할 가능성이 낮다는 가설을 검증했다(b=-0.10 and Odds Ratio=0.91, p<0.001; b=-0.44 and Odds Ratio=0.64, p<0.01). 또한, 성별과 연령이라는 두 가지 통제 변수는 온라인 성희롱 가담에 유의미하게 연관되었다. 남성은 음란물 유포에 가담할 가능성이 2.8배 더 높았고, 나이가 더 많은 청소년은 특정 온라인 성희롱에 가담할 가능성이 60% 정도 더 높았다는 것을 확인했다(b=1.04 and Odds Ratio=2.82, p<0.01; b=0.49 and Odds Ratio=1.62, p<0.05).

요약하자면, 본 연구의 주요 결과는 사회적 학습 요인, 정의 및 자기통제가 청소년의 온라인 성희롱 가담에 실질적인 영향을 미친다는 것을 보여준다. 일탈적인 또래가 많은 청소년일수록 성적 언어폭력, 음란물 유포 등의 온라인 성희롱 행위를

저지르는 경향을 보였고, 정의는 문화적 접촉과 비교할 때 온라인 성희롱 활동에 참여하는 데 더 실질적으로 작용하였다.

더 중요한 것은 자기통제 척도가 대부분의 온라인 성희롱에 통계적으로 유의미한 영향이 있다는 것을 밝혀냈는 데, 그간의 많은 연구가 온라인 성희롱을 유발하는 주요 요인으로 낮은 자제력이 있다는 것을 확인하지 못했기 때문에 이는 매우 중요한 발견이다.

전반적으로, 다수의 일탈적 또래와 어울리고, 온라인 성희롱을 긍정적으로 보며, 자제력이 낮은 연령대가 높은 남성 청소년이 온라인 성희롱에 가장 취약하다. 이러한 결과는 사회적 학습과 낮은 자기통제 요인이 사이버 공간에서 휴대기기를 통한 청소년 성희롱을 예측하는 데 사용될 수 있음을 보여준다.

5. 논의 및 시사점

본 연구는 한국 청소년 사이의 휴대기기를 이용한 온라인 성희롱에 대해 조사하였는데, 사회학습이론과 자기통제이론의 이론적 요소들이 휴대기기를 통한 온라인 성희롱을 설명하고 예측할 수 있다는 점을 도출할 수 있었다. 선행 연구에서 사회학습이론이 청소년 범죄 및 일탈을 설명하는 주요 요인으로 활용되었던 것처럼, 본 연구도 휴대기기를 통한 온라인 성희롱을 설명하기 위해 사회학습이론이 활용될 수 있음을 뒷받침한다. 이는 청소년이 인생에서 성장하는 방식 때문인데, 청소년들은 다른 사람들이 행동하는 것과 방식을 따라 하며 배운다. 예를 들어, 친구가 휴대전화를 사용한 온라인 성희롱을 저지르는 것을 본다면 청소년도 그 행위에 가담할 가능성이 더 높아진다. 요컨대, 이 청소년들은 주변 환경을 통해 배우고 어떠한 행동이 심각하지 않다고 인식하면 그 행동을 저지르는 경향이 있다.

연구 결과에 따르면, 낮은 수준의 자제력은 청소년들이 온라인 성희롱을 증가시킬 가능성이 있음을 보여준다. 자제력이 높은 청소년은 충동성에 대한 욕구, 신체 활동에 대한 선호, 위험 추구, 자기중심성, 단순한 일에 대한 선호, 변덕스러운 기질에 대한 저항력이 높을 가능성이 있다. 이러한 결과는 사회학습이론과 자기통제이론이 사이버 스토킹과 사이버 괴롭힘을 포함한 사이버 공간에서의 대인 범죄를 설명할 수 있다는 것을 시사한다. 이러한 이론적 요소는 범죄예방 프로그램 개발에 다양한 방법으로 기여할 수 있다.

적절한 온라인 사회친화적 행동을 학습하기 위한 청소년의 자기주도적 결정이 점점 더 중요해지고 있지만, 현재의 형사사법 범죄예방 프로그램은 이러한 문제의 중요성을 무시하는 경향이 있다. 그러나 사이버 범죄예방 프로그램은 학교 기반 범죄예방 프로그램으로 분류될 수 있으며, Gottfredson(1998)은 행동에 대한 규범과 기대치를 설정하기 위한 개입이 학교기반 범죄예방 프로그램에서 가장 효과적인 전략 중 일부라고 주장한다. 따라서 학교에서의 사이버 범죄예방 프로그램 개발은 중요하다.

따라서 휴대기기를 통한 온라인 성희롱 문제를 해결하기 위한 청소년 대상 프로그램이 필요하다. 사이버 일탈에 대해 일반화된 개념화를 지향하고 있지만 이미 시행 중인 프로그램인 "I-Safe"가 있다. 이 프로그램은 어린이들을 대상으로 휴대전화 및 기타 휴대용 기기를 포함하여 안전하고 책임감 있게 사이버 공간에서 활동하는 방법을 교육한다. 이 프로그램은 전 세계의 초등학교 및 중학교에서 2002년부터 활용되어 왔다. 교육 내용은 사이버 괴롭힘, 사이버 보안(스팸 메일, 바이러스), 개인정보 보호(ID 안전), 디지털 사용법(미디어 이해 및 사용) 등 다양한 사이버 공간 문제를 다룬다(The I-Safe Foundation, 2013).

I-Safe 프로그램의 궁극적인 목적은 청소년이 이 연구에서 논의된 온라인 성희롱을 시작하지 못하도록 예방하는 것이다. 프로그램이 현재 초점을 두고 교육하는 내용은 강력하고 효과적이지만, 친구 집단으로부터 받는 사회적 압력에 대한 대처하는 방법을 추가한다면 더욱 도움이 될 것이다. 학교에서 일탈 행동을 저질렀을 경우 받게 되는 결과를 안다고 해도, 또래 집단과의 관계는 청소년들에게 큰 영향을 미치므로, 청소년들은 올바른 결정을 내리는 법과 또래의 압력을 피하는 법을 배워야 한다. 이것이 I-Safe 프로그램에 통합된다면 청소년 대상 프로그램을 통해 온라인 성희롱 발생 빈도를 줄이는 데 큰 도움이 될 것이다.

자기통제이론의 핵심 개념에서 도출 가능한 다양한 예방프로그램 중 가장 주목할 만한 것은 능동적인 자녀보육 계획이다. 즉, 어린 시절 효과적인 보육은 아이가 일탈 행동을 억제하는 높은 자제력을 함양할 수 있게 하므로(Gottfredson &

Hirschi, 1990), 예방 프로그램들은 조기개입 조치와 효과적인 보육 계획에 중점을 둘 필요가 있다. 이 프로그램의 목표는 관련 아동들을 가르치는 것뿐만 아니라 교사, 부모를 위해 친구의 압력, 성희롱 및 사이버 스토킹 등 관련 문제를 해결할 방법을 제공하는 것이다. 요컨대 부모와 교사가 자녀의 사이버 일탈 징후와 다양한 형태의 온라인 성희롱 피해 예방법에 대해 배우기를 목표로 한다.

6. 결론

이 장에서는 청소년들이 휴대전화를 이용한 온라인 성희롱 문제를 사회학습이론과 자기통제이론의 요소를 이용하여 설명하였다. 대부분의 청소년 온라인 성희롱은 이러한 이론들을 통해 예측할 수 있다. 본 연구 결과는 앞으로의 청소년 비행에 관한 연구에 유용하게 활용될 수 있으며, 이를 통해 청소년들이 사이버 공간에서 안전하게 활동할 수 있기를 바란다.

한계점을 보완하기 위해 추가적인 연구가 필요하다는 것이 이 연구의 결론이다. 이 연구는 대상 인구가 한국 청소년으로 한정되어 있어 다른 나라에서 수행한 연구 결과와 비교해 볼 필요가 있다. 또한 다른 문화를 가진 다른 나라 사람들은 사회적 학습 가치와 조기 보육, 개입 측면에서 다를 수 있기 때문에 이러한 점을 고려해야 한다. 문화적 가치와 뉘앙스는 사람들의 행동과 가치에 영향을 미칠 수 있으며, 육아에 대한 서로 다른 견해와 능력 때문에 다른 결과가 나타날 수 있다.

또한, 이 연구에서는 구형 휴대전화(피처폰)를 사용하는 청소년을 대상으로 조사를 실시했기 때문에 스마트폰이 보급된 현재와는 달리, 휴대전화의 기능이 제한적이었다. 이러한 이유로 현재의 스마트폰은 기능과 성능 면에서 크게 발전하여 다른 결과를 가져올 수 있다는 가능성이 있다. 따라서 이 연구에서 발표된 결과를 적용하기 전에 현재의 기술적 환경을 고려해야 한다.

마지막으로, "사이버 괴롭힘"이라는 용어는 다른 사이버 범죄 용어들과 서로 혼용되어 사용되고 있어 온라인 성희롱을 정확하게 측정하는 것이 어려운 문제가 있다. 이에 따라 보다 정제된 척도가 필요하다. 이러한 한계점들을 보완하여 더욱 정확하고 유용한 연구 결과를 얻을 수 있기를 바란다.

참고문헌

Akers, R.L. (1985). *Deviant behavior: A social learning approach* (3rd ed.). Belmont: Wadsworth.

Akers, R.L., & Sellers, C.S. (2004). *Criminological theories: Introduction, evaluation, and application* (4th ed.). Los Angeles: Roxbury Publishing.

Allahverdipour, H., Hidarnia, A., Kazamnegad, A., Shafii, F., Fallah, P., & Emami, A. (2006). The status of self—control and its relation to drug abuse—related be—haviors among Iranian male high school students. *Social Behavior & Personality: An International Journal*, 34(4), 413—423.

Anwar, S., & Loughran, T.A. (2011). Testing a Bayesian learning theory of deterrence among serious juvenile offenders. *Criminology*, 49(3), 667—698. doi:10.1111/j.1745—9125.2011.00233.x

Brauer, J.R. (2009). Testing social learning theory using reinforcement's residue: A mul—tilevel analysis of self—reported theft and marijuana use in the national youth survey. *Criminology*, 47(3), 929—970. doi:10.1111/j.1745—9125.2009.00164.x

Brenner, S.W. & Koops, B. (2004). Approaches to cybercrime jurisdiction. *Journal of High Technology Law*, 4(1), 1—46. Retrieved February 3, 2013, from http://www.jhtl.org/docs/pdf/JHTL_Brenner_Koops_Article1.pdf

Cernkovich, S.A. & Giordano, P.C. (1992). School bonding, race, and delinquency. *Criminology*, 30(2), 261—291.

Chapple, C.L. (2005). Self—control, peer relations, and delinquency. *JQ: Justice Quarterly*, 22(1), 89—106. doi:10.1080/0741882042000333654

Choi, K. (2008). Computer crime victimization and integrated theory: An empirical assessment. *International Journal of Cyber Criminology*, 2(1), 308—333.

Choi, K. (2015). *Cybercriminology and digital investigation*. El Paso: LFB Scholarly

Publishing LLC.

Clinton, C., & Steyer, J.P. (2012, May 21). Is the internet hurting children? In CNN. Retrieved February 3, 2013, from http://www.cnn.com/2012/05/21/opin－ion/clinton－steyer－internet－kids/index.html

Cox Communication in Partnership with National Center for Missing & Exploited Children. (2009, May). Teen online and wireless safety survey: Cyberbullying, sexting, and parental controls. Retrieved March 12, 2012, from http://ww2. cox.com/wcm/en/aboutus/datasheet/takecharge/2009－teen－survey.pdf?camp code＝takecharge－research－link_2009－teen－survey_0511

Conner, B.T., Stein, J.A., & Longshore, D. (2009). Examining self－control as a multi－dimensional predictor of crime and drug use in adolescents with criminal histories. *Journal Of Behavioral Health Services & Research*, 36(2), 137－149. doi:10.1007/s11414－008－9121－7

Evans, D.T., Cullen, F.T., Burton Jr., V.S., Dunaway, G.R., & Benson, M.L. (1997). The social consequences of self－control: Testing the general theory of crime. *Criminology, 35*(3), 475－504.

Gottfredson, D. (1998). "School－based crime prevention", In preventing crime: What works, what doesn't, what's promising: A report to the United States Congress, edited by L.W. Sherman, D.C. Gottfredson, D. MacKenzie, J. Eck, P. Reuter, and S. Bushway. Washington, DC: U.S. Department of Justice, Office of Justice Programs, National Institute of Justice.

Gottfredson, M., & Hirschi, T. (1990). *A general theory of crime.* Standford: Standford University Press.

Hirschi, T., & Gottfredson, M. (1993). Commentary: Testing the general theory of crime. *Journal of Research in Crime and Delinquency*, 30, 47－54.

Grasmick, H.G., Tittle, C.R., Bursik, R.J., & Arneklev, B.J. (1993). Testing the core em－pirical implications of Gottfredson and Hirschi's general theory of crime. *Journal of Research In Crime & Delinquency, 30*(1), 5－29.

Grenoble, R. (2012, October 11). Amanda Todd: Bullied Canadian teen commits suicide after prolonged battle online and in school. In *Huff Post Crime*. Retrieved February 3, 2013, from http://www.huffingtonpost.com/2012/10/11/a－manda－todd－suicide－bullying_n_1959909.html?utm_hp_ref＝amanda－todd

Hart, C.O., & Mueller, C.E. (2013). School delinquency and social bond factors: Exploring gendered differences among a national sample of 10th graders. *Psychology In The Schools*, 50(2), 116−133. doi:10.1002/pits.21662

Hay, C., & Forrest, W. (2008). Self−control theory and the concept of opportunity: The case for a more systematic union. *Criminology, 46*(4), 1039−1072. doi:10.1111/j.1745−9125.2008.00135.x

Higgins, G.E., Wilson, A.L., & Fell, B.D. (2005). An application of deterrence theory to software piracy. *Journal of Criminal Justice and Popular Culture, 12*(3), 166−184. Retrieved February 3, 2013, from http://www.albany.e−du/scj/jcjpc/newsite/vol12is3/featured%20article%202.pdf

Higgins, G.E. (2005). Can low self−control help with the understanding of the software piracy problem?. *Deviant Behavior, 26*(1), 1−24. doi:10.1080/01639620490497947

Higgins, G.E. (2007). Digital piracy, self−control theory, and rational choice: An exami−nation of the role of values. *International Journal of Cyber Criminology*, 1(1), 33−55. Retrieved February 7, 2013, from http://www.cybercrimejournal.com/georgeijcc.pdf

Hinduja, S., & Patchin, J.W. (2010). Lifetime cyberbullying victimization and offending rates. In Cyberbullying Research Center. Retrieved March 12, 2012, from http://www.cyberbullying.us/research.php

Hinduja, S., & Patchin, J.W. (2007). Offline consequences of online victimization: School violence and delinquency. *Journal Of School Violence*, 6(3), 89−112.

Holt, T.J., Blevins, K.R., & Burkert, N. (2010). Considering the pedophile subculture online. *Sexual Abuse: A Journal of Research and Treatment*, 22(1), 3−24.

Holt, T.J., Bossler, A.M., & May, D.C. (2011). Low self−control, deviant peer associations, and juvenile cyberdeviance. *American Journal of Criminal Justice*, 37(3), 378−395. doi:10.1007/s12103−011−9117−3

Hussain, R. (2011). Cyberspace task force for child protection. *International Journal Of Academic Research*, 3(2), 1001−1007.

Ingram, J.R., & Hinduja, S. (2008). Neutralizing music piracy: An empirical examination. *Deviant Behavior*, 29(4), 334−366. doi:10.1080/01639620701588131

Jenson, G.F., Erickson, M.L., & Gibbs, J.P. (1978). Perceived risk of punishment and self−reported delinquency. *Social Forces*, 57(1), 57−78. doi: 10.1093/sf/57.1.57

John, Y.J., & Gorman, G.E. (2002). Internet use in South Korea. *Online Information Review*, 26(5), 335−344.

LaGrange, T.C., & Silverman, R.A. (1999). Low self−control and opportunity: Testing the general theory of crime as an explanation for gender differences in delinquency. *Criminology*, 37(1), 41−72. doi: 10.1111/j.1745−9125.1999.tb00479.x

Leading Industries. (2013). In Korea.net: Gateway to Korea. Retrieved February 7, 2013, from http://www.korea.net/AboutKorea/Economy/Leading−Industries

Lee, S. (2011). Testing both Risk and Control Factors of Juvenile Delinquency in Offline, Internet, and Cell Phone Media. *Korean Criminological Review*, 85, 112−135. Retrieved May 3, 2013

Matsueda, R.L. (1982). Testing control theory and differential association: A causal model approach. *American Sociological Review*, 47, 489−504. Retrieved March 3, 2013

Matsueda, R.L., & Heimer, K. (1987). Race, family structure, and delinquency: A test of differential association and social control theories. *American Sociological Review*, 52(6), 826−840. Retrieved March 3, 2013.

Mesch, G.S. (2009). Parental mediation, online activities, and cyberbullying. *CyberPsychology & Behavior*, 12(4), 387−393.

Mitchell, K.J., Wolak, J., & Finkelhor, D. (2008). Are blogs putting youth at risk for online sexual solication or harassment? *Child Abuse & Neglect*, 32(2), 273−294.

Moon, B., Blurton, D., & McCluskey, J.D. (2008). General strain theory and delinquency. *Crime & Delinquency*, 54(4), 582−613. doi:10.1177/0011128707301627

Moon, B., McCluskey, J.D., & McCluskey, C.P. (2010). A general theory of crime and computer crime: An empirical test. *Journal of Criminal Justice*, 38, 767−772. doi:10.1016/j.jcrimjus.2010.05.003

Moon, B., Morash, M., & McCluskey, J.D. (2012). General strain theory and school bul−lying: An empirical test in South Korea. *Crime & Delinquency*, 58(6), 827−855. doi:10.1177/0011128710364809

Nagin, D.S., & Paternoster, R. (1993). Enduring individual differences and rational choice theories of crime. *Law & Society Review*, 27(3), 467−496. Retrieved March 3, 2013.

National Center for Missing & Exploited Children. (2013). Cellphones. In *NetSmartz Workshop*. Retrieved February 3, 2013, from http://www.netsmartz.org/CellPhones

Pratt, T.C., Cullen, F.T., Sellers, C.S., Winfree, T.L., Madensen, T.D., Daigle, L.E., Fearn, N.E., & Gau, J.M. (2010). The empirical status of social learning theory: A meta–analysis. *JQ: Justice Quarterly*, 27(6), 765–802. doi:10.1080/07418820 903379610

Skinner, W.F., & Fream, A.M. (1997). A social learning theory analysis of computer crime among college students. *Journal Of Research In Crime & Delinquency*, 34(4), 495–518.

Soo, K., Ainsaar, M., & Kalmus, V. (2012). Behind the curtains of e–state: Determinants of online sexual harassment among Estonian children. *Studies of Transnation States and Societies*, 4(2), 35–48.

Stack, S., Wasserman, I., & Kern, R. (2004). Adult social bonds and use of internet pornography. *Social Science Quarterly (Blackwell Publishing Limited)*, 85(1), 75–88. doi:10.1111/j.0038–4941.2004.08501006.x

The I–Safe Foundation. (2013). In I–Safe. Retrieved April 20, 2013, from http://isaf–e.org/wp/?page_id=211

Wiatrowski, M.D., Griswold, D.B., & Roberts, M.K. (1981). Social control theory and delinquency. *American Sociological Review*, 46(5), 525–541. Retrieved March 3, 2013.

Wolak, J., Mitchell, K. J., & Finkelhor, D. (2006). Online Victimization of Youth: Five Years Later.

Yar, M. (2005). Computer hacking: Just another case of juvenile delinquency?. *Howard Journal Of Criminal Justice*, 44(4), 387–399. doi:10.1111/j.1468–2311.2005. 00383.x

사이버 범죄와 피해

Korean
Cybercriminology

최경식(Kyung-Shick Choi)

제1절

서 론

이 전의 장들을 통해서 사이버 범죄의 피해에 대해 일부 논의해 보았다. 제4부에서는 개인과 대중의 의식, 피해자의 신상 명세, 피해의 본질과 범위 그리고 사이버 범죄 피해자들의 반응에 기반한 사이버 범죄의 피해에 초점을 둔다. 게다가 제7장은 일상활동이론의 타겟(목표) 적합 요소와 강한 연관이 있다. 사이버 범죄 피해를 제대로 조사하기 위해 왜 개인의 온라인 활동 방식이 Cohen과 Felson(1979)의 일상활동이론 속 타겟(목표) 적합 요소와 양립되어야 하는지에 대한 필자의 주장에 초점을 둔다. 제8장에서는 필자가 제안하였고 컴퓨터 사이버 범죄 피해의 패턴을 실증적으로 시험한 "사이버 일상활동이론(2008; 2010)"을 소개한다.

제2절

사이버 범죄 피해의 종류

사이버 공간은 범죄자들에게 피해자들과 상호작용할 수 있는 새로운 기회를 제공한다. 금전적 손해를 입거나, 위협을 당하고 스토킹을 당한 사이버 범죄 피해 자들이 증가함에 따라 이에 대한 조사가 필요해졌다. 가해자 관점의 사이버 범죄에 대한 연구는 증가하고 있지만 사이버 범죄 피해자에 관한 연구는 많지 않다.

물리적 공간에서 피해자 없는 범죄의 예로 성매매와 불법약물 사용을 들 수 있다. 사이버 공간에서는 어떠한가? 자발적으로 참여하는 개인과 사회에게 손해를 입히는 불법 온라인도박 및 사이버 저작권 침해가 좋은 예이다. 사이버 공간에서 피해자 없는 범죄의 다른 예에 대해 고려하는 것 또한 중요하며, 이 문제는 이후 장에서 더 논의해 볼 것이다.

1. 사이버 범죄의 기회와 해로운 영향

Wall(2005)은 아래 표의 y축에 있는 세 단계를 통해 인터넷이 범죄 기회와 범 죄 행위에 끼치는 영향을 보여준다. 인터넷은 프리킹(phreaking), 치핑(chipping), 사 기 및 스토킹 같은 기존 범죄에 더 많은 기회를 제공했는데, 사실 이런 범죄는 이전 에도 있었지만 인터넷이 범죄자들에게 더 많은 기회를 제공함으로써 더욱 증가, 확산되고 있다. 인터넷이 범죄 행위에 끼치는 영향의 다른 단계에는 크래킹 및 해 킹, 바이러스, 대규모 사기, 온라인 성매매 그리고 편파적 발언이 포함된다. 세 번째 단계는 스팸, 서비스 거부, 지적재산권 침해, 온라인 도박, 온라인 경매 사기, 사이 버 섹스 등 신종범죄에 대한 새로운 기회이다.

Wall이 주장하듯이 이러한 범죄의 각 유형마다 최소, 중간, 가장 해로움이라는 세 단계의 피해가 존재한다. 예를 들어, 무결성 관련 유해 유형에서는 프리킹 및 치핑이 최소로 유해한 반면 서비스 거부 공격 및 사이버 전쟁이 가장 유해하다. Wall이 어떻게 유해 단계를 규정하였는지는 불확실하다. 사실 유해(harm)는 금전적 손해, 감정적 및 정신적 피해 그리고 신체적 피해로 분류할 수 있다. Wall의 주장은 실증적으로 입증된 것처럼 보이진 않지만 그의 예시는 다른 유형의 범죄 기회 조사 에 도움을 준다.

[표 7-1] Level of Criminal Opportunity by type of Cybercrime

	Integrity-related (Harmful Trespass)	Computer-related (Acquisition theft/deception)	Content-related (Obscenity)	Content-related (Violence)
More opportunities for traditional crime	Phreaking Chipping	Frauds Pyramid schemes	Trading sexual materials	Stalking, Personal Harassment
New opportunities for traditional crime	Cracking/Hacking Viruses Hactivism	Online Frauds 419 Scams Trade secret theft ID Theft	Online Gender Trade/ Cam-girl sites	General hate speech/ Organized pedophile rings (Child abuse)
New opportunities for new types of crime	Spam/ Denial of Service/ Information warfare	Cyber-piracy/ Online Gaming/ Internet Auction Scams	Cyber-sex Cyber-pimping	Bomb talk/ Drug talk/ Hate speech

출처: Wall, David S. 2005. "The Internet as a Conduit for Criminal Activity." pp. 77-98 in Information Technology and the Criminal Justice System, edited by April Pattavina. Sage Publications.

2. 사이버 범죄가 어떻게 발생하는가

사이버 공간의 본질에서 다루었듯이 익명성이 있고 사용하기 쉽다는 인터넷 고유의 특징은 범죄자들이 범죄를 저지를 새로운 방법을 제공하였다. 이 장에서는 실제 사례를 통해 사이버 범죄 피해의 본질에 대해 보여 줄 것이다.

인터넷은 사이버 범죄자들이 빠르게 소통하고 인터넷 대화방, 이메일, 전자 게시판 또는 웹 사이트를 통해 많은 피해자들에게 다량의 정보를 효율적으로 전송하도록 해준다. 대부분의 경우 사이버 범죄자들은 기본적인 컴퓨터 기술과 인터넷에 연결된 컴퓨터만 있으면 되고, 그 결과 컴퓨터 한 대가 범죄의 집합체를 수행하는 데 필요한 다양한 매체를 제공한다. 범죄자들은 컴퓨터를 사용하여 인터넷을 통해 잠재적 피해자들과 연락하고, 금융 사기를 저지르고, 합법적 제품과 정보를 불법적으로 복제하거나 배포하고, 은밀하고 개인적인 정보를 끌어들인다(co-opt). 컴퓨터 범죄는 범죄가 저질러지는 과정에서 자주 겹친다.

사이버 범죄에는 마케팅 사기, 온라인 경매, 재택근무 사기, 도박 운영 및 스팸 등이 있다. 온라인 뱅킹 사기범들은 "유효한 웹 사이트로 위장하고, 기만적인 웹 사이트를 만들고, 합법적으로 보이는 사기를 온라인 대화방에서 홍보하는" 방식으로 개인정보를 수집한다. 범죄자가 은행계좌 정보를 획득하게 되면 한 번의 거래만으로 불법 송금을 할 수 있다.

인터넷에 전자적으로 저장된 사회보장번호,[1] 어머니의 결혼 전 성,[2] 은행 비밀번호, 사진 등 개인정보는 범죄자의 절도 대상이 될 수 있으며 (불법적으로 수집된 개인정보는) 돈 되는 상품이 되었다. 인터넷 사용자가 본인의 이름이나 신용카드 번호를 입력할 때 범죄자들이 신원도용을 저지를 수 있다고 지적하였다. 어떻게 이런 일이 가능할까? 보고서는 "개인정보를 획득하는 방법은 믿을 만한 자리에 있는 (내부)직원이 전자 파일에 접속하여 고객의 비밀정보를 훔치는 것이다. 또 다른 방법은 컴퓨터를 이용하여 합법적인 상거래 중에 불법적으로 신용카드 번호를 복제하는 것이다. 신원도용의 피해자들은 누가 정보를 훔쳤는지 알아채지 못하는 경우가 많다"라고 기술하였다.

제4장에서는 인터넷 사기와 신원 절도 사례의 다양한 예시에 대해서 논하였다. 미국 국무부는 인터넷 사기를 "잠재적 피해자에게 사기성 금전 요청을 하거나, 부정 거래를 하거나, 금융 기관이나 사기 연루자들에게 사기 수익을 전송하기 위해 소셜 네트워킹 서비스, 인터넷 대화방, 이메일, 전자 게시판 또는 웹사이트 등 인터넷의 하나 이상의 요소를 사용하는 모든 유형의 사기 행각"이라고 정의하였다. 인터넷의 출현으로 다양한 유형의 사기가 그 어느 때보다 빠르게 벌어질 수 있게 되었다. 미국 법무부가 지적하듯이 "인터넷 탄생 전 다년간 소비자와 투자자를 괴롭혔던 것과 동일한 사기 행각들이 (때로는 인터넷에 특화되어 개량된 형태로) 온라인에서 나타나기 시작하였다."

419 사기(419 fraud)라고 할 수 있는 인터넷 사기에는 여러 유형이 있지만, 미국 법무부에 의해 발표되는 주요 형태는 온라인 경매 및 소매 사기, 온라인 사업 기회/

---

1) 미국에서 사회보장번호(Social Security Number)는 한국의 주민등록번호처럼 본인여부 확인용으로 흔히 사용된다.
2) 미국에서는 여자가 결혼하면 남편 성을 쓰는 경우가 흔하며, 가족이 아니면 결혼 전 성을 알 수 없으므로 본인여부 확인 질문으로 흔히 사용된다.

재택근무 사기, 신원도용 및 사기, 온라인 투자 사기, 시장조작 사기 그리고 신용카드 사기가 있다. 경매 사기는 온라인 사용자가 eBay, Craigslist 등에서 구매한 물품을 실제 받지 못했을 때 발생한다. 이러한 사기 사건의 문제는 피해자들이 판매자들에 대한 정보라고는 한정된 이메일 주소 정도밖에 알지 못한다는 것이다. 신원도용은 "이름, 사회보장번호 또는 운전면허와 같은 개인정보를 불법적으로 사용하여 돈, 물품, 서비스를 속임수를 통해 얻는 것"이라고 정의하고 있다. 신원도용은 부정하게 신용을 얻거나, 피해자의 신용카드 번호를 사용하여 피해자 은행계좌에서 돈을 인출하거나, 피해자 명의로 공익기관 계정을 만들거나, 아파트를 빌리거나 심지어는 파산신청을 하는 것을 말한다.

시장조작 사기는 주식시장 조작 또는 피해자들이 온라인으로 돈을 벌 기회를 통해 이익을 얻으려 할 때 발생한다. 범죄자들은 스팸 메일이나 인터넷 전자게시판 등 여러 방법을 통해 특정 주식의 가격을 올린 후, 가격이 두세 배로 뛰었을 때 보유주식을 매각하여 "상당한 이윤"을 내지만 피해자들은 폭락한 주식과 함께 남겨진다. 인터넷은 유언비어나 거짓말을 통해 주가를 조작하는 데 사용될 수 있다.

3. 사이버 범죄 내 강력범죄 피해: 인신매매, 성희롱, 캣피싱, 스토킹 및 사이버 폭력

강력범죄 피해는 물리적 세계뿐 아니라 온라인 세계에서도 문제가 되고 있다. 이는 사람들이 인터넷에서 스스로를 어떻게 보호할 수 있는가에 대한 문제로 이어지며 가해자들을 기소할 때 관할권 및 범죄 정의 때문에 더욱 심각한 문제로 커진다. 스토킹, 인신매매, 캣피싱, 성희롱 및 사이버 폭력 등은 사람들의 삶에 직접적인 영향을 끼칠 수 있는 중대한 문제들인데, 소셜 네트워킹 서비스가 사람들을 더 큰 위협에 노출시키고 있어 악화되고 있다

Pew Research Center's Internet & American Life Project(2012)의 연구는 56%의 어른들이 스마트폰을 가진 반면, 젊은이들(18~29세)은 80%가 스마트폰을 이용한다고 조사했다. 또한 최근 가족, 친구 및 비슷한 관심사를 공유하는 사람들과 소통하기 위한 페이스북이나 트위터 같은 소셜 네트워킹 사이트들이 인기를 끌고 있는데,

이처럼 스마트폰 사용 증가와 일상생활 속 소셜 네트워킹 서비스 유행은 사람들을 성적 피해의 위험에 노출 시킬 수 있다. 그리고 이러한 성적 피해의 위험은 사람들이 위험한 온라인 행동을 할 때 더욱 가능성이 높아진다.

(1) 인신매매

인신매매 또한 물리적 세계와 온라인 세계 모두에서 초국가적인 문제가 되었다. NaJat Maalla M'jid(2014)는 성적 및 경제적 목적, 아동 섹스관광, 온라인 아동 성착취 등 성착취가 증가하고 있다고 주장하였다(UN News, 2014). 또한 M'jid는 기술 발달로 범죄자들이 아동 인신매매와 온라인 아동 성매매에 쉽게 접근할 수 있다고 말하였다. 유엔아동권리협약(United Nations Convention on the Right of the Child)에 따르면, 아동의 권리는 모든 종류의 범죄와 아동 인신매매로부터 보호되어야만 하며 성매매는 반인간적 행동이다. 다시 말해 온라인 성매매는 우리의 아동을 더 큰 위험에 빠뜨리고, 사회를 망치기 때문에 법 집행체계에 의해 단속되어야만 한다. 미국에서는 인신매매의 정의를 상업적 성행위를 위해 18세 미만의 사람을 이용하는 것으로 보고 있으므로 미성년자 성매매를 하는 포주들은 모두 인신매매범으로 간주된다. 그러므로 인신매매는 국제적인 문제일 뿐만 아니라 미국에 만연한 문제이기도 하다.

앞에서 언급한 것처럼 인신매매는 사람들의 삶에 직접적인 영향을 줄 수 있으며, 이러한 문제들은 소셜 네트워킹 서비스와 모바일 어플리케이션의 인기로 인해 더욱 악화되고 현대 기술들은 사람들을 인신매매 피해의 더 큰 위험에 노출시키고 있다. 기존의 인신매매범들과 달리 범죄자들은 소셜 네트워킹 서비스를 통해 잠재적 피해자들에게 접근하여 신뢰를 얻는다. 이들은 피해자를 유명인으로 만들어 주겠다는 약속을 하거나 피해자의 집에서 먼 새로운 장소를 여행할 수 있는 쿠폰을 주기도 하고 거주지 이전과 매우 높은 급여를 제의하는 사기성 온라인 채용 광고를 게시하기도 한다. 폴란드와 이탈리아 경찰의 합동 수사에서도 채용대행 웹사이트가 인신매매 피해자를 모집하는 주요 수단인 것으로 나타났다. 피해자가 가해자와 접촉하게 되면 일반적으로 피해자는 집에 연락할 수 없고 가해자의 통제하에 움직여야 한다. 인신매매를 당한 여성들은 보통 성 산업에 종사하게 되며 가해자는 주로 위협, 마약, 물리적 폭력을 통해 피해자를 통제한다.

(2) Craigslist에서의 성폭력

온라인에서 물리적 세계로 이어지는 성적 피해와 관련된 유명 사례 중 일부는 Craigslist[3]라는 웹사이트와 관련이 있다. Jacqueline Lipton(2011)은 사이버 공간과 물리적 세계 모두에서 발생하는 범죄의 기소에 대한 책을 집필하였는데, 그녀가 제기한 문제 중 하나가 온라인 세계와 오프라인 세계가 충돌할 때 피해자가 저항할 수 없다는 점이 있다. 예를 들어, 강간에 대한 환상과 관련된 Craigslist 게시물로 인해 현실 세계에서 피해자가 된 사람이 있는데, 이 사건에서 피해자의 개인정보가 사이트에 게시되었기 때문에 피해자의 초대에 따라 행동했다고 주장하는 제3자에

---

3) 한국의 네이버 중고나라처럼 물품 거래, 구인, 구직, 주택매매, 토론 공간 등을 제공하는 종합 광고 웹사이트이다.

의해 실제 강간사건이 발생했지만 이런 정보를 누가 온라인에 게시했는지 파악하기 어렵기 때문에 사건이 종결되기 어렵다(Lipton, 2011).

(3) 캣피싱 사기

온라인 성 피해는 소셜 네트워크, 온라인 경매 및 게임 사이트들을 이용하는 것과 같은 행동으로 시작되는데, 다수의 성 피해 사례가 오프라인 세계로 확산되지만 일부는 인터넷에 남아 있기도 한다. 가장 최근 사례는 "캣피싱"으로서 다른 사람을 사칭하여 사람들과 소통하는 것을 뜻하는데(Shaw, 2013), 보통 한 명의 범죄자와 두 명의 피해자, 즉 범죄자에 의해 조종당하는 직접적 피해자와 가짜 프로필을 만들기 위해 화상(주로 사진)이 도용된 2차 피해자로 구성되므로(Viacom International Inc, 2014), 사기당한 사람뿐 아니라 가해자에 의해 화상이 도용된 사람도 영향을 받는다.

캣피싱의 가장 유명한 사례는 2013 NFL 선수선발이 가까워지던 시기, NFL 라인배커[4]인 Manti Te'o와 관련된 것이다. 노트르담대학교 재학 시절 Te'o는 Lennay Kekua라는 여성과 교제하기 시작하였는데, 그들의 관계는 온라인과 전화상으로만 이어졌다. Te'o는 Kekua와 사귀는 도중 Kekua가 심한 교통사고를 당했고 나중엔 백혈병 진단을 받아 죽었다는 소식을 들어 그 죽음을 풋볼 경기에서 분발하는 계기로 사용했다. 그런데 Te'o는 전미대학풋볼챔피언십 경기 전 Kekua가 죽지 않았으며 실제로 존재한 적도 없다는 사실을 전해 들었고, 대학의 조사 결과 Ronaiah Tuiasosopo라는 트렌스젠더 여성이 같은 고등학교를 다녔던 여성의 사진을 이용해 날조한 캣피싱 사기였음이 밝혀졌다(Burke & Dickey, 2013). Tuiasosopo는 트렌스젠더였던 본인의 정체성과 스스로가 마음에 들지 않던 현실로부터 도피하고자 Kekua를 만들었다고 한다(Associated Press, 2013). Te'o는 결국 San Diego Chargers에 의해 2라운드 전체 38순위로 선발되었고 매우 성공적인 신인 시즌을 보냈다.

뉴욕의 다른 사례에서는 어느 모델이 데이팅 웹사이트인 Match.com을 고소했는데, 이는 그 사이트가 누군가 모델의 사진을 도용할 수 있게 하였고, 범죄자는 어떤 남자에게서 한 푼도 남지 않을 때까지 돈을 뽑아내고 결국 자살로 이르게 했

---

4) 풋볼 수비 포지션 중 하나로서 축구의 미드필더와 유사한 역할을 담당한다.

기 때문이었다(Fishbien, 2013). 이는 캣피싱 피해자가 범죄자에게 돈을 제공하는 캣피싱 범죄의 흔한 결과이다. 사람들은 온라인에서 만난 사람과 사랑에 빠지는 경우가 많이 있는데 그 후엔 납기일이 지난 고지서와 같은 "문제"가 발생하고, 피해자는 범죄자인 상대방에게 도움을 주고자 돈을 송금한다. 캣피싱 범죄자들은 종종 검거하기 힘들지만, 그들의 존재는 더 널리 알려지고 있다.

(4) 사이버 스토킹

사이버 범죄의 또 다른 유형으로 사이버 스토킹이 있다. 사이버 스토킹을 "한 사람이 이메일, 온라인 채팅방, 토론방, 메일 폭파기(mail exploders) 및 월드와이드 웹(www) 등의 다양한 전송 수단을 이용하여 다른 사람을 인터넷상에서 괴롭히는 것"으로 정의하고 있다.

사이버 스토커들은 피해자의 개인정보(집주소, 전화번호 등)를 인터넷을 통해 획득하고, 이를 피해자와 직접 만나는 것에 활용할 수 있다. 사이버 스토킹은 다양한 형태를 취하는데 협박 메시지를 담은 이메일, 스팸 메일 보내기(스토커가 피해자에게 아주 많은 정크메일을 보내는 것), 실시간 채팅을 통한 괴롭힘(온라인 언어 폭력), 컴퓨터 바이러스를 보내는 것, 다른 이의 컴퓨터 및 인터넷 활동을 추적하는 것 등이 이에 속한다. 사이버 스토킹은 이메일, 인터넷, 컴퓨터의 세 가지 방식을 통해 발생한다(Ogilvie, 2000).

사이버 스토커들은 주로 남성이며 피해자들은 여성과 아이들일 가능성이 높다. Working to Halt Online Abuse(WHOA)는 2000-2004년 사이 1,221개 사례를 처리했다고 보고했는데 피해자들의 인구통계학적 정보는 다음과 같다.

구분	인구통계학적 정보
나이	18~30세: 18%, 31~40세: 27%, 40세 초과: 23%
인종	백인: 78%, 히스패닉계: 3.5%, 아프리카계: 3%, 아시아계: 3%
성별	여성: 69%, 남성:18%, 모름: 13%

워싱턴의 Kings County에서 한 남자가 사이버 스토킹 혐의로 체포되었는데,

KIRO(2010) 뉴스에 따르면 23세 용의자는 4개월이 안 되는 기간 동안 17세 소녀에게 누드 사진을 요구하는 269개의 이메일과 음성메시지를 보냈고, 이에 불응하면 그녀와 그녀의 가족을 살해하겠다고 협박하였다(KIRO News Seattle, 2010). 경찰에 따르면 용의자는 소셜미디어상에서 피해자를 스토킹하였고 피해자는 여기에 방대한 양의 개인정보를 올려두고 있었다. 사람들이 소셜 네트워킹 서비스에 개인정보를 노출시키는 경향이 있기에 사이버 스토킹은 쉽게 일어날 수 있는데, 당하는 피해자는 매우 위험할 수 있어 온라인 보안의 필요성을 절감하게 만든다.

(5) 사이버 성희롱

오늘날 디지털 통신은 젊은 세대가 널리 사용하고 있으며 반박할 여지없이 괴롭힘과 위협의 수단 중 하나이다. 사이버 스토킹과 비슷하게 성희롱은 원치 않는 가끔씩은 외설적인 메시지를 받는 것을 의미하며 이 메시지에는 사진과 비디오가 포함된다. 이 메시지들은 휴대전화, 이메일, 인스턴트 메시지 혹은 소셜 네트워킹 서비스를 통해서 전송된다. 사용자들은 서로 알 수도 있지만 가끔 이런 메시지들은 인터넷에서 만난 낯선 사람으로부터 오기도 한다. 온라인 성희롱은 다른 사이버 범죄처럼 인터넷의 관할권 문제와 잘 신고되지 않는다는 점 때문에 기소하기 어렵다. 그러나 최근 뉴저지 상원 위원회는 사이버 괴롭힘을 불법이라 규정하는 법안을 승인하였는데, 사람들이 소셜미디어 같은 전자수단을 사용하여 누군가를 해친다고 위협하거나, 누군가에게 범죄를 저지르거나 음란물을 보내는 등의 행위를 금지한다(Johnson & Friedman, 2013).

(6) 사이버 괴롭힘

학교에서 괴롭힘을 당하는 일은 아주 오래전부터 있어 왔다. 다양한 세대의 사람들이 그들이나 그들의 지인이 어렸을 적 학교에서 괴롭힘당했던 이야기를 할 수 있을 것이다. 이러한 익숙함은 증가하는 사이버 괴롭힘을 효과적으로 처리하는 것에 방해가 될 수 있다. 다수의 어른들이 사이버 괴롭힘에 대해 태연하고 흔들리지 않는 반응을 보이는데, 이는 그들이 괴롭힘을 성장의 한 부분으로 느끼기 때문이다.

이런 접근법의 문제는 21세기로 접어들며 괴롭힘에 상당한 변화가 있었다는 점이다. 학교에서의 괴롭힘은 새로운 개념이 아니지만 오늘날의 차이점은 휴대전화 등 접근성 좋은 개인용 기기의 보급으로 아이들이 괴롭힘을 피할 수 없다는 것이다. 만일 어떤 아이가 학교에서 괴롭힘을 당하고 있다면 집으로 귀가하고 난 후에도 이러한 괴롭힘이 소셜미디어, 이메일 심지어는 문자 메시지를 통해 이어질 가능성이 매우 높아 일부 아이들은 이런 매정한 괴롭힘 때문에 스스로 목숨을 끊기도 한다.

매사추세츠 주에서 발생한 괴롭힘으로 인한 두 건의 자살 사례가 괴롭힘의 심각성에 대해 대중의 관심을 불러일으켰다. 매사추세츠 주 스프링필드의 Carl Joseph Walker-Hoover와 매사추세츠 사우스 해들리의 Phoebe Prince의 비극적 사례들은 괴롭힘의 결과가 얼마나 비극적일 수 있는지 보여주었다. 11세였던 Carl은 2009년 4월 6일, 자신이 "동성애자"라 반복해서 놀려졌다는 이유로 스스로 목숨을 끊었다(Donaldson James, 2009). 15세의 Phoebe는 2010년 1월 14일, 인정머리 없는 전통적 괴롭힘과 사이버 괴롭힘 때문에 스스로 목숨을 끊었다(Huus, 2011). 이러한 자살 사건의 결과로 2010년 5월 매사추세츠 주에서 괴롭힘 방지법이 제정되었는데(Huus, 2011), 이 법안은 사립 및 공립의 유치원부터 12학년[5]까지 모든 학생들에게 괴롭힘 방지교육을 의무적으로 이수하게 하고, 학교의 모든 교사 및 직원들이 괴롭힘에 대처하는 방법을 교육받도록 한다(Huus, 2011).

Carl Joseph Walker-Hoover와 Phoebe Prince의 사례들은 매우 심각해서 전국적 여파가 뒤따랐지만 최근 캘리포니아 주에서도 우려스러운 사이버 괴롭힘 사건이 발생하였다. 2012년 15세의 소녀인 Audrie Pott는 파티에 가서 술이 섞인 게토레이를 마신 후 의식을 잃었고 성폭행을 당했다. 게다가 성폭행 과정에서 찍힌 사진들이 유포되었으며, 사건 발생 며칠 후 Audrie는 스스로 목숨을 끊었다. Audrie를 죽음으로 몰고 간 가해자들에 대한 재판이 끝난 후 Audrie의 부모와 지지자들은 처벌이 부족하다는 반응을 보였다. 가해자 세 명은 소년법원에서 재판을 받아 고작 30~45일 동안 소년원 구금을 선고받았고(Mendoza, 2014), 그중 두 명은 Aurdie의 학교였던 Saratoga High School로 복귀하였으며, 나머지 한 명은 한 시간쯤 떨어진

5) 미국의 12학년은 한국의 고등학교 3학년에 해당한다.

California Gilroy의 학교로 전학을 갔다. 이를 계기로 2014년 3월 7일 Audrie 법안이 제정되었는데(Mendoza, 2014), 법안에는 청소년이나 그들의 신체 부위에 대한 음란하거나 성적인 사진을 소셜미디어 및 스마트폰에 공유하여 괴롭히는 것을 중범죄로 규정하는 사이버 괴롭힘 처벌 조항이 들어있다. 한편 샌프란시스코 지역 Youth Law Center의 변호사 Sue Burrell은 청소년 범죄자들에게 가혹한 처벌을 내리는 것에 동의하지 않는데, 이는 청소년 범죄자들이 어른이 될 때까지 가둬놓기만 하는 것은 정답이 아니라고 생각하기 때문이다. 그녀는 청소년들을 더 나은 길에 올려놓을 수 있는 중재 방법에 대해 검토해야 한다고 주장한다(Mendoza, 2014).

괴롭힘은 여러 세대 동안 존재하였지만, 사이버 괴롭힘은 기술 발전에 따라 최근 수십 년간 증가한 비교적 최근의 문제이다. 사이버 괴롭힘이라는 용어는 캐나다인 Bill Belsey 또는 미국 변호사 Nancy Willard(2003)에 의해서 만들어졌다는 주장이 있는데, 이에 대한 심도 있는 연구를 설명하기 위해 용어가 처음 사용된 날짜는 적어도 1980년대로 거슬러 올라간다(2012, p. 118). 사이버 괴롭힘에 대한 오늘날의 가장 큰 문제는 무엇을 해야 하는지보다 어떻게 명확하게 정의해야 하는가이다. 다른 범죄와 같이 사이버 괴롭힘도 명확한 정의가 있어야 처벌이 필요할 때 혼란이 일지 않을 것이다. 그러나 이는 조금 어려운 일로 보이는데 Hinduja와 Patchin은 사이버 괴롭힘을 "컴퓨터, 휴대전화 그리고 다른 전자기기를 사용해서 의도적이고 반복적으로 해를 끼치는 행위(2010, p. 208)"라고 정의한다.

사이버 괴롭힘과 관련된 또 다른 문제는 어느 정도에서 선을 긋느냐는 것이다. 많은 이들이 온라인 소셜미디어 게시물들은 언론의 자유에 부합한다고 주장한다. 사법부는 오랫동안 언론의 자유와 디지털 통신의 어두운 면 사이에서 균형을 잡기 위해 노력해 왔지만(Holladay, 2010), 온라인 게시물 때문에 무언가 비극적인 일이 일어나지 않는 한, 우리는 실제로 이에 대한 조치를 취하려 들지 않는다.

4. 다른 온라인 피해 문제

(1) 온라인 게임 중독

앞서 우리는 사이버 공간 속 피해자 없는 범죄의 개념에 대해 논해보았다. 게임 중독은 피해자 없는 범죄에 속하지만 가끔은 강력범죄의 범주에 들 수도 있다. 몇 시간 동안 게임만 하는 것은 표면적으로는 범죄행위 같아 보이진 않지만, 온라인 게임중독 때문에 실질적인 해를 입는 것도 가능하다.

　　대한민국은 컴퓨터 시스템으로 가장 잘 연결된 나라 중 하나이다. 반 이상의 인구가 인터넷에 접속할 수 있으며, 피시방이라 알려진 24시간 사이버 카페가 25,000개 이상 존재한다. 한국은 초고속인터넷서비스 사용자 비율 측면에서 국제적인 선두주자이며, 초고속인터넷 사용자의 수는 천만 명을 넘는다. 여기는 온라인 게이머들의 천국으로서 한국에서 게임을 하기 위해 전 세계에서 게이머들이 몰려든다. 실제로 한국 정부는 한국을 IT 및 사이버 강국으로 발전시키기 위해 후방에서 노력해왔지만, 아래 설명한 슬픈 사례를 계기로 웹에 대한 과잉 의존의 부정적인 영향이 최근에야 인식되고 진지하게 다루어지기 시작했다.

> 2009년 9월, 한국의 게임 강박은 전 세계를 놀라게 했다. 3개월 된 딸인 "사랑"이를 숨지게 한 부부가 체포되었는데, 사랑이는 이 부부가 밤샘 게임을 하는 동안 굶어 죽었다. 이 부부는 6~12시간 동안 온라인에서 가상 아기를 돌보고 있었는데, 이 가상 아기는 플레이어들이 Prius라는 게임의 특정 레벨에 도달하면 얻을 수 있는 천사 같으며 옹알이를 하는 미니 아바타로, Anima라 불린다.

(2) 온라인 음란물

　　2014년 12월 1일, 영국 정부는 영국에서 제작되는 온라인 음란물에 허용되는 내용에 여러 제한을 제시하였다. 영국의 문화미디어 스포츠부(DCMS)에 따르면 이러한 변화의 목적은 "청소년에게 유해한" 내용을 엄중 단속하기 위함이었다. 그러나 비평가들은 이 시도를 "제멋대로 검열"이라 불렀으며, 해외에서 촬영된 비디오를 온라인으로 시청하면 영국에서 제작 금지된 내용도 볼 수 있다고 지적하였다(the Guardian, 2014).

　　McQuade는 이 문제와 관련하여 훌륭한 지적을 하였는데, 지지자들은 합법적 음란물이 긍정적인 사람들에게는 개인적, 사회적, 전문적인 이유로 인간 성생활을 탐구할 방법을 제시하며 일탈, 학대 또는 범죄와 관련이 없다고 주장한다. 그럼에도 불구하고 음란물은 성의 사적인 측면 때문에, 소아성애자들에 의해 성행위를 하도록 유도되거나 음란 모델이나 성매매를 하도록 강요받은 아동들이 경험하는 명백한 피해나 그리고 어떤 형태로든 음란물에 노출된 아동이 입을 수 있는 잠재적 피해 때문에 많은 논란이 일고 있다(p. 243).

(3) 온라인을 통한 약물 남용 및 약물 밀거래

사이버 공간에서 얻을 수 있는 합성마약 중 가장 흔한 것은 배스 솔트이다. 합성 cathinone이라고도 불리는 배스 솔트와 methcathinone, mephedrone, meth-edron, methyleone 및 MDPV 등의 혼합물들은 환각성 중추신경계 각성제들이다. 이 물질들은 유럽의 국가들, 특히 영국에서 남용된 역사가 있으며, 이는 MDMA (Ecstasy)나 cocaine과 비슷한 효과를 가지고 있기 때문이다(Spiller et al., 2011). 영국에서 이 두 각성제의 순도와 가용성이 감소한 후 배스 솔트가 그 대용품이 되었다(Prosser et al., 2011). 영국 Poisons Information Service center에 따르면 2009년 이전 합성 cathinone에 대한 전화 문의는 0건이었으나 2009-2010년 사이에는 cocaine과 MDMA 관련 전화 건수와 동일했다(Prosser et al., 2011).

합성 cathinone 제품들은 1971년 약물 오남용법에 의하여 영국에서는 성공적으로 규제되었으나, 이제는 미국에서 1986년 연방 아날로그법에도 불구하고 미국의 젊은이들, 클럽을 자주 출입하는 자들 및 기타 약물 사용자들 사이에서 인기를 얻고 있다. 이 연방법은 사람이 섭취하도록 제작된 규제 약물을 1급 지정물질로 취급하도록 고안되었으며(deadiversion.usdoj.gov), 불법약물을 규제하는 다른 법을 회피할 목적으로 미세한 화학적 변화를 통해 제조된, 이른바 "합성마약"의 사용을 규제하기 위해 통과되었다. 그러나 이 법안은 사람의 복용을 전제로 하지 않는 이상 합성마약의 소지와 제조를 불법화하진 않기 때문에(Prosser et al., 2011), 실질적으로는 사람의 복용 의도와 관계없이 다른 환각유발 물질들이 합법화되는 문제가 있다.

게다가 배스 솔트는 캘리포니아, 몬타나, 네바다, 뉴햄프셔, 오레곤, 버몬트, 워싱턴 등 일부 주와 푸에르토리코에서는 규제도 되지 않고 있다(NCSL, 2012; Prosser et al., 2011). 또한 엑스터시나 코카인 같은 다른 전통적 향정신성 약물과 다르게 배스 솔트는 인터넷에서 간단한 검색하여 쉽게 구매할 수 있고 잠재적 사용자들은 세계 어디에서든 배스 솔트의 정보와 리뷰를 볼 수 있다. 온라인 판매상들은 페이팔, 전신환 그리고 신용카드 결제도 허용하여 잠재적 마약 복용자들이 쉽게 구매할 수 있도록 한다. 이러한 인터넷의 가용성은 구세대보다 인터넷을 많이 사용하는 젊은이들의 약물 남용을 증가시킬 수 있고, 경찰이 인터넷을 통한 배스 솔트 밀매를 감지한다고 해도 사이버 공간 내의 관할권 문제 때문에 온라인 판매상들과 구매자들을 처벌하는 것은 거의 불가능에 가깝다.

Tayside Police Force Information and Intelligence Analyst Unit은 스코틀랜드의 테이사이드에서 진행된 배스 솔트 사용 조사를 통해 중독자의 나이, 구매 취향 및 사용 빈도를 분석하고 비교하였다. 이 조사에서 5개 중·고등학교(Scottish sec-ondary school), 3개 전문학교(college) 그리고 2개 대학교(university) 학생 1,006명이 자발적으로 익명 설문조사에 참여하였다. 그들 중 20.3%(205명)가 최소 한 가지 이상의 상황에서 mephedrone을 사용했다고 대답하였다. Mephedrone 사용자들 중 48.8%가 현지 마약상으로부터 약물을 구매하였으며, (13~15세의 학생들 중) 10.7%가 인터넷을 통해 mephodrone을 구매하였지만 사용자 나이가 증가(24세)함에 따라 인터넷에서 mephedrone을 구하는 비율이 30.8%로 증가하였다. 대략 97.9%의 응답자들이 해당 마약을 구하기 아주 쉬웠다고 대답하였으며, 배스 솔트를 사용하는 이유는 합법적이며 구하기 쉽기 때문이었다(Wood et al., 2011).

2013년 10월, 미국 연방수사국(FBI)은 29세의 Ross Ulbricht를 캘리포니아 주 샌프란시스코에 있는 그의 아파트에서 인터넷을 통해 마약, 위조 신분증 및 불법 무기를 판매한 혐의로 체포하였다(The Time Magazine, 2013). 그는 이런 거래를 통해 8,000만 달러를 벌었으나 수사를 피하기 위해 다양한 방법을 사용했기 때문에 미 연방수사국이 그의 활동 추적에 수년이 소모되었다. 지난 5년 동안 "합법" 마약 시장은 극적으로 확대되었으며 온라인을 통해 마약을 사는 것이 이보다 쉽고 값쌌던 적이 없었고(The Guardian, 2014), 세계 어느 곳에서든 인터넷에 접속할 수 있기 때문에 온라인 마약 밀매는 지리적 제한도 없다. 영국에서의 배스 솔트 인기와 밀매 사례를 보면, 마약 시장에서 "새로운 배스 솔트"가 나타날 것을 예상하는 것은 그리 어렵지 않다. 따라서 온라인과 오프라인 모두에서 의심스러운 약물을 접하는 것을 방지하기 위해 시민들을 교육하는 적극적인 미디어 캠페인 및 합성 마약에 대한 법령 제정 등 적절한 정책을 마련해두는 것이 중요하다. 제10장에서 이 문제에 대해 심도 있는 논의를 해 볼 것이다.

논의 주제

사이버 스토킹, 사이버 폭력 또는 사이버 괴롭힘 관련 본인의 나라(또는 주) 법령에 대해 검토하고 그것이 본인의 범죄 수사에 끼치는 제약에 대해 논하시오.

참고문헌

Associated Press. (2013, January 31). Hoaxer was in love with Manti Te'o. *ESPN*. https://www.espn.com/blog/notre−dame−football/post/_/id/13858/hoaxer−w as−in−love−with−manti−teo

Fishbien, R. (2013, November 24). Model Suing Match.com Says Catfishing Scam Led To NY Man's Suicide. *Gothamist*. https://gothamist.com/news/model−suing− matchcom−says−catfishing−scam−led−to−ny−mans−suicide

Guardian News. (2014, December 2). Pornography law bans list of sexual acts from UK−made online films. *Guardian News*. Retrieved January 11, 2015 from http://www.theguardian.com

Hinduja, S., & Patchin, J. W. (2010). Lifetime cyberbullying victimization and offending rates. In *Cyberbullying Research Center*. Retrieved March 12, 2012, from http://www.cyberbullying.us/research.php

Holladay, J. (2010). *Cyberbullying Teaching Tolerance*. Retrieved January 2012 from http://www.tolerance.org

Huus, K. (2011, December 28). Bullied girl's suicide has ongoing impact. *NBC News*. Retrieved from http://usnews.nbcnews.com

Johnson, B., & Friedman, M. (2013, December 5). Bill that would outlaw 'cyber harass− ment' approved by N.J. Senate. *NJ.com* Retrieved December 7, 2013, from nj.com.

KIRO News Seattle. (2010, October 15). Man charged in prolific cyberstalking case; police search for more victims. *KIRO News Seattle*. Retrieved December 7, 2013, from kirotv.com.

Lipton, J. (2011). Combating Cyber−victimization. *Berkeley Technology Law Journal*, 26, 1104−1155.

McQuade, S. C. (2006). *Understanding and managing cybercrime*. Boston:Pearson/Allyn and Bacon.

Mendoza, M. (2014, March 7). Cyberbully law proposed after girl's suicide. *SF Gate*.

National Conference of State Legislatures. (2012). *Substituted cathinones (a.k.a. "bath salts") enactments*. Retrieved from http://www.ncsl.org/issuesresearch/jus-tice/substituted-cathinonesenactments.aspx

M'jid, N. M. (2014). Reflections on a Six-Year Tenure as UN Special Rapporteur on the Sale of Children, Child Prostitution, and Child Pornography. *Fletcher F. World Aff.*, 38, 39.

Ogilvie, E. (2000). *Legislating Policing and Prosecuting Stalking Within Australia, Research and Public Series*. Australian Institute of Criminology, Canberra.

Prosser, J. M. & Nelson, L. S. (2012). Review article: the toxicology of Bath Salts: a review of synthetic cathinones. *Journal of Medical Toxicology*. 8(1), 33-42.

Spiller, H. A., Ryan, M. L, Weston, R. R., & Jansen, J. (2011). Clinical experience with and analytical confirmation of "bath salts" and "legal highs" (synthetic cath-inones) in the United States. *Clinical Toxicology*. 49, 499-505.

Pew Research Center. (2013). *Internet & American Life Project* [Washington DC, 2013].

Shaw, L. (2013, January 18). What is catfishing and why you should care.

Viacom International Inc. (2014). Catfish: The TV Show. Retrieved January 10, 2014, from *MTV.com*: http://www.mtv.com/shows/catfish/

Wall, D. S. (2005). The Internet as a conduit for criminals. In A. Pattavina (Ed.), *Information technology and the criminal justice system* (pp. 77-98). Thousand Oaks.

Wood, D. M., Greene, S. L. & Dargan, P. I., (2011). Clinical pattern of toxicity associated with the novel synthetic cathinone mephedrone. *Emergency Medicine Journal* 28(4), 280-2.

컴퓨터 범죄의 피해: 실증적 설명

제4부 사이버 범죄와 피해

최경식(Kyung-Shick Choi)

제1절

서 론

과거 범죄학자들은 주로 범죄자에게 초점을 맞추고 피해자는 무시하는 경향이 있었다가 1970년대 초가 되어서야 범죄 피해 연구의 중요성을 깨닫기 시작했다. 특히 이 시기에 등장한 "자기보고식 설문"과 1972년 국가 범죄 피해 연구는 범죄 피해 이론의 발전을 촉진시켰다(Karmen, 2006, p. 51). 생활양식-노출이론과 일상 활동이론은 사회학적 지향에 내재된 합리적 이론적 관점의 한 부분인 "새로운 피해 통계"의 증거를 바탕으로 도입되었다(Williams & McShane, 1999, p. 235). 이 두 이론들은 개인이 왜 범죄성향을 가지는지 그리고 개인의 활동, 상호작용 및 사회구조가 어떻게 가해자들에게 기회를 제공하는지 이해하는 데 도움이 된다. 이번 장에서는 기존의 생활양식-노출이론과 일상활동이론의 주요 개념을 통합한 '사이버 일상활 동이론(2008)'을 제시하고, 이를 컴퓨터 범죄 피해의 실증적 접근에 적용한다.

목표 적합성에 대한 재고: 생활양식-노출이론

왜 온라인 사용자들이 피해자가 되는가?

Hindelang, Gottfredson 및 Garofalo(1978)는 가해자나 원인 변수에 집중하는 대신 피해자의 일상적인 사회적 상호작용에 초점을 두는 생활양식-노출 모델을 개발하였다. 생활양식-노출이론은 피해자의 일상생활 패턴 때문에 범죄 피해가 발생한다고 여긴다(Goldstein, 1994; Kennedy & Ford, 1990). Hindelang 등은 생활양식을 "직업활동(직장, 학교, 집안일 등) 및 여가활동"을 포함한 "일상적인 활동"이라고 정의하였다(p. 241). 생활양식-노출이론과 관련하여 현재 목표는 컴퓨터 범죄 피해에 기여할 만한 개인의 온라인 직업활동과 여가활동을 조사하여 온라인 생활양식을 평가하는 것이다. 이번 섹션에서는 기존 생활양식-노출이론의 개념을 간단히 소개한 후, 생활양식-노출이론을 사이버 공간에서의 직업 및 여가활동, 온라인 위험부담 행동 그리고 컴퓨터에 설치된 보안 시스템의 적절한 관리 등 온라인 생활양식에 적용하고자 한다.

Hindelang 등(1978)은 사람들의 생활양식이 "역할 기대의 차이, 구조적 제약, 개인 및 하위문화의 적응"에 의해 결정된다고 생각하였다(p. 245). 그들은 생활양식-노출 모델의 첫 번째 단계에서 역할기대와 사회구조가 어떻게 제약을 만드는지에 대해 논의하여 "역할기대"를 개인의 "성취지위 및 생득지위"와 연결된, 사회적 규범과 일치하는 예상된 행동이라 개념화하였다(Hindelang et al., 1978, p. 242). 또한 개인의 연령과 성별은 역할기대와 상당한 관련이 있으며, 이는 특정한 연령과 성별의 차이는 미국사회에서 규범적인 역할을 따르는 것이 기대되기 때문이라고 주장하였다. 이들은 "구조적 제약을" "경제적, 가족적, 교육적 그리고 합법적인 질서"에 부합하며 지속해서 갈등을 야기하는 "행동의 선택지에 대한 제약"이라고 정의하였다(Hindelang, et al., 1978, p. 242). Kennedy와 Forde(1990)는 연령, 성별, 혼인 여부, 가족 소득, 인종 등 생활양식과 관련된 개인 변수가 일과와 범죄 피해 위험성에 상당한 영향을 끼친다는 것을 밝혀냈다. 또한 그들의 연구는 생활양식 요소가 범죄 피해 위험과 관련된 장소에 개인이 노출되는 시간을 크게 반영한다는 것을 시사한다(Kennedy & Forde, 1990).

개인이나 단체가 역할기대 및 사회 구조와 관련된 제약을 감당하기 위해 기술과 태도에 대한 지식을 얻기 시작할 때 적응 과정이 발생하며, 이 과정은 개인의 태도와 신념을 포함한 개인특성을 발달시킨다. 이 과정이 계속되면서 사람들은 각자의 태도와 신념을 바꾸며 이렇게 학습된 특성들은 자연스럽게 일상적인 행동패턴의 일부가 된다(Hindelang et al., 1978). 이 모델의 두 번째 단계에서 차등적인 생활양식 패턴은 "역할 기대, 구조적 제약 그리고 개인 및 하위문화적 적응"과 관련이 있다(Hindelang et al., 1978).

Hindelang 등은 범죄 피해에 있어 직업 및 여가활동의 중요성에 대해 언급했다. 직업 및 여가활동은 사람들 삶의 중심이 되는 일상활동이다. 이러한 생활양식 활동들은 공식적인 역할로써 다른 사람들과의 상호작용을 예측한다. Hindelang 등은 이 모델에서 생활양식과 범죄 피해 위험성에 대한 노출은 직접적인 연관이 있다고 주장했다. 또한 그들은 공통 관심사를 공유하는 사람들 간 대인관계 수준을 뜻하는 "연관성"이 노출과 개인의 범죄 피해를 간접적으로 연결하는 또 다른 요인이라고 제시했다. 다시 말해 개인의 연관성은 개인 범죄 피해에 대한 노출을 증가시킨다.

그렇다면 사이버 공간 속 생활양식 활동은 어떻게 정의해야 하는가? 현실과 같이 사이버 공간에서 온라인 사용자들은 이메일 확인, 정보 검색, 물품 구매, 친구와의 사교, 온라인 게임 등의 온라인 일과를 가지고 있으며, 이는 해당 사용자들의 삶 속 중요한 부분이 되고 있다. 사이버 공간 속 온라인 활동을 통해 사람들은 이메일, 메신저와 같은 다양한 온라인 수단을 사용하여 다른 이들과 지속적으로 소통하고 있으며, 소셜 네트워킹 서비스, 사이버 카페, 클럽, 게시판 등 특정 관심사에 기반한 다양한 온라인 커뮤니티와 관계를 맺으며 각자만의 온라인 생활양식을 만들어 가고 있다.

그러나 온라인 생활양식은 사용자들에게 치명적인 사건을 초래할 수 있다. 예를 들어 2000년 5월 3일, 많은 온라인 사용자들이 배우자, 직장 동료 또는 정부 관계자들로부터 "사랑해"라는 제목의 이메일을 받고서 열어보았다. 이들은 이 이메일이 인터넷 사용자들이 경험한 최악의 바이러스라는 것을 알지 못하였다. 이메일 속 아이콘을 누르자 컴퓨터는 바이러스에 감염되었고, 이 바이러스는 윈도우의 레지스트리 설정을 바꾼 후 복사본을 피해자의 Microsoft Outlook Express 주소록에 저장된 모든 사람들에게 전송하였다(Winston Salem Journal, 2000). "사랑해" 바이러스는 단 이틀 사이에 전 세계적으로 40~100억 달러의 금전 피해를 입혔는데(Winston Salem Journal, 2000), 이 재앙적인 사건은 온라인 직업 및 여가 활동을 하나의 수단인 사이버 공간 속 "메일, 전화 그리고 대중 매체"로 통합시킴으로써 인터넷이 가장 중요한 통신 수단이 되었다는 것을 분명히 보여준다(Britz, 2004). 위에 제시된 사례는 온라인으로 전환하는 형태의 디지털 필요성이 더 많은 사람들의 생활양식에서 점점 더 큰 부분을 차지하고 있으며, 우리들의 삶에 큰 위협을 가져올 수 있는 중요한 일상 활동임을 보여준다.

생활양식 – 노출이론은 "사회적 집단간 폭력적 범죄 피해 위협에 대한 차이"를 설명하고자 고안되었으며, 다양한 유형의 범죄에서 범죄 피해의 원인을 잘 설명하였다(Meier et al., 1993). Gover(2004)는 사우스 캐롤라이나의 공립고등학생들을 활용하여 범죄 피해 이론을 시험하였다. 그는 이 연구를 통해 사회적 상호작용의 결과가 연인 관계 속 폭력적 범죄 피해에 간접적인 영향을 끼친다고 제시하였다(Gover, 2004). 약물 남용, 알코올 남용, 음주 운전, 문란한 성 생활 등 위험부담 행동들을 통해 주요 요소들이 측정되었다(Gover, 2004).

위험부담 요소의 개념은 사이버 공간에도 적용될 수 있다. 사이버 공간의 컴퓨터 범죄자들은 사기성 사업을 통해 온라인 사용자들을 유혹하는데, 실제 다수의 해킹 사건에서 컴퓨터 범죄자들은 무료 소프트웨어, 무료 음악 다운로드 또는 무료 영화 다운로드 등을 제공하며 피해자들을 끌어들이고 있다. 트로이 목마, 논리 폭탄(logic bomb), 시한 폭탄(time bomb) 등 다양한 소프트웨어가 컴퓨터 보안을 위협하기 위해 설계되었고 많은 컴퓨터 범죄자들은 이러한 바이러스와 웜을 무료 프로그램에 숨겨 사용한다. 소셜 네트워킹 사이트 내 아이콘을 조심성 없이 클릭하는 것은 컴퓨터 범죄 피해를 야기할 수 있다. 2005 FBI 컴퓨터 범죄 조사(2006)에 따르면, "바이러스, 웜 및 트로이 목마"는 재정적 손해가 가장 큰 범주로서 다른 범주보다 세 배 이상 높은 비율이었다(p. 10).

일상활동이론과 같이, 생활양식─노출이론은 차등적인 생활양식 패턴에 특정한 시간에 특정한 장소에 있는 것과 특정한 성격을 가진 사람들과 접촉하게 되는 것이 포함된다고 주장한다. 그러므로 범죄 피해 발생은 "위험성이 높은 시간, 장소 및 사람"과 큰 관련이 있다(Hindelang et al, 1978, p. 245). 일상활동이론 섹션에서 언급한 바 있듯이, 사이버 공간에는 표준 시간대가 없기 때문에 시간성은 사이버 공간에서 절대적으로 필요하지는 않다(Yar, 2005).

그러나 필자는 사이버 공간에서 특정한 장소를 방문하는 것은 컴퓨터 범죄 피해와 상관관계가 있다고 강하게 주장한다. 다시 말해, 특정한 생활양식 패턴은 "범죄 피해 위험이 높은 상황에 대한 노출의 차이"와 직접적으로 연결되어 있다 (Hindelang et al, 1978, p. 245). Miethe와 Meier(1990)는 개인 절도(personal theft) 및 폭행피해 사례에 기반했을 때 범죄자와의 물리적 가까움과 노출 정도가 위험한 환경에 통계학적으로 관련이 있다고 주장하였다. 그들의 연구는 British Crime Survey 의 자료를 사용하였다. 또한 Kennedy와 Forde(1990)는 범죄 피해가 무작위로 발생하지 않으며 특정한 지리적 장소와 강한 상관관계가 있음을 제시했다.

컴퓨터 범죄자들은 사이버 공간 속에서 적당한 피해자를 찾는다. 온라인 사용자들은 그들의 관심사에 따라 모여 사이버 공간 속에서 다른 이들과 어울린다. Piazza(2006)는 해커가 악성 자바스크립트 코드를 심어 둔 무료 다운로드 사이트나 온라인 게시판 등의 "소셜 네트워킹 사이트" 내 팝업창을 클릭하는 것만으로 컴퓨터 사용자들의 정보가 손쉽게 해커에게 전송될 수 있다고 말했다(p. 54). 특정 사이트와 검색 엔진의 높은 네트워크 활동량은 범죄자들을 사이버 공간 속 유명한 웹사이트로 안내해줄 수 있다(Yar, 2005). 이런 유명 웹사이트들은 범죄자들에게 일종의 쇼핑몰 역할을 하게 되는데, 이 웹사이트들이 다수의 잠재적 피해자들을 한 장소로 모이게 함으로써 범죄자들이 잠재적 목표를 고를 수 있게 하기 때문이다.

또한 온라인 직업활동의 측면에서 보자면 설치된 컴퓨터 보안 프로그램을 적절히 관리하는 것이 중요한 요소이다. 만약 온라인 사용자가 컴퓨터 보안프로그램을 제대로 업데이트하지 않은 채로 컴퓨터 바이러스가 심어진 불량 웹사이트에 접속한다면, 컴퓨터 범죄 피해 위험이 극대화된다. 그러므로 대비책 없이 불량한 웹사이트에 자주 방문하고 컴퓨터 보안프로그램을 정기적으로 업데이트하지 않은 온라인 사용자들은 컴퓨터 범죄 피해를 경험할 확률이 높다는 가설을 세울 수 있다.

제3절

잠재적 이론의 확장: 사이버 일상활동이론

1. 개요

일상활동이론과 생활양식-노출이론은 다양한 범죄 피해 설명에 널리 사용되며, 특히 대부분의 연구에서 약탈 범죄(predatory crime)와 재산 범죄(property crime)를 설명하는 데 잘 들어맞는 것을 발견할 수 있었다. 두 이론들이 범죄학 연구를 통해 실증적으로 뒷받침되고 있지만 어떤 특정 범죄자와 피해자의 조건에 대해 검증 가능한 명제를 명시하지는 못하는 점이 다소 아쉬운데, 만약 그런 조건을 명시할 수 있다면 해당 범죄에 대해 더 정확한 예측이 가능하기 때문이다(Meier & Miethe, 1993). 특히 개인의 컴퓨터 범죄 피해에 대해서는 소수의 연구만이 두 이론을 적용하여 실증적으로 검증하였다.

전술하였듯이 일상활동이론은 Hindelang 등이 1978년 제시한 생활양식 노출이론의 확장이며, 이는 일상활동이론이 생활양식-노출이론의 주요 교리인 개인의 직업 및 여가활동을 채택하기 때문이다. Cohen과 Felson(1979)은 개인의 생활양식이 사회적 상호작용, 사회적 활동 그리고 "일, 학교 생활 및 여가의 시기" 등 개인의 일상활동을 반영한다고 주장하였다(p. 591). 이 활동들은 결국 동기가 있는 범죄자가 특정 목표에 할당하는 대상 적합성의 수준을 만든다.

일상활동이론은 생활양식 노출이론의 생활양식 변수와 중요한 공통 주제를 공유한다. 일상활동이론은 이 교리를 포함하며, 유능한 보호자 및 동기가 있는 범죄자의 추가 교리를 더했다. 이는 Akers(1985)가 자신의 사회학습이론을 개발할 때 Sutherland(1947)의 차별적접촉이론을 참고했음을 인정한 것과 유사하다. Akers는 이미 존재하던 차별적접촉이론의 교리를 확장하여 그 이론을 자신의 이론에 포함시켰다. 따라서 일상활동이론과 생활양식-노출이론은 별개의 이론이 아니며, 일상활동이론은 생활양식이론의 확장에 불과하다. 이 연구는 생활양식-노출이론이 일상활동이론의 "적절한 목표" 교리를 완전하게 설명할 수 있다는 점을 인정하면서, 일상활동이론을 적용할 것이다.

일상활동이론적 관점에서 세 가지 요건 중 하나인 유능한 보호자는 사이버 일상활동이론의 새로운 컴퓨터 범죄 피해 모델에도 적용 가능하다. 이 이론은 동기가 있는 범죄자들과 적절한 목표는 상황적 요인을 부여받는다고 가정하여, 사이버 공간 속에서 동기가 있는 컴퓨터 범죄자들은 사전 대책이나 적절한 컴퓨터 보안을 갖추지 않고 인터넷에 연결하는 온라인 사용자라는 적절한 목표를 찾을 수 있다. 일상활동이론적 관점을 적용하면 조건과 환경을 변화시킴으로써 상황별 컴퓨터 범죄 예방 수단의 실제 이행으로 이어질 것이다.

필자의 연구에 따르면 일상활동이론으로부터 적용할 수 있는 컴퓨터 범죄 피해 예방수단 중 가장 실현 가능한 것은 표적강화 기법으로써 최신 업데이트된 적절한 컴퓨터 보안 시스템으로 달성할 수 있다. 컴퓨터 보안을 통한 표적강화 기법은 컴퓨터 범죄자들이 사이버 공간에서 컴퓨터 범죄를 저지르는 것을 더 어렵게 만들 것이다. 사이버 공간에서 공적인 사회통제 요원의 활동은 제한되기 때문에, 컴퓨터 시스템에 적절한 컴퓨터 보안을 구축하는 것으로 실행 가능한 표적강화 기법을 수립할 수 있다. 또한 개인이 컴퓨터 보안을 최신으로 유지하는 것으로 표적강화 기법을 증대시킬 수 있다는 점도 주목해야 한다. 컴퓨터 보안을 업데이트하고 유지하는 것은 개인의 생활양식 선택이지만, 개인이 컴퓨터 보안을 적절하게 관리하는 것과 무관하게 컴퓨터 보안을 구축하는 것만으로도 새로운 이론적 모델에서 컴퓨터 범죄 기회를 감소시키는 데 중요한 요소가 된다는 것 또한 사실이다.

생활양식-노출이론에 대한 일반적 연구는 컴퓨터 범죄 피해를 설명하는 것으로 한정되지만, 새로운 이론적 컴퓨터 범죄 피해 모델을 뒷받침한다. 생활양식-노출이론과 관련된 연구들이 컴퓨터 범죄 피해에 초점을 두지 않았지만, 생활양식-노출이론하의 개인 생활양식 수단에 기반한 피해자학 관점은 컴퓨터 범죄 피해를 이해하는 데 유용하다. 이는 생활양식 노출이론의 요지가 여러 가지 생활양식들이 개인을 다양한 범죄 피해 위험에 노출시킨다는 점이기 때문이다. 그러므로 사이버 일상활동이론도 컴퓨터 범죄 피해에 잠재적으로 영향을 미칠 수 있는 위험

요소를 측정하여 목표 적합성을 추정하는 것을 연구목표 중 하나로 삼고 있다. 이 이론은 무료 mp3 파일이나 무료 소프트웨어를 다운로드하기 위해 잘 모르는 웹사이트나 다운로드 사이트에 방문할 의향이 있거나, 예방조치 없이 아이콘을 누르는 온라인 사용자들이 컴퓨터 범죄의 피해를 당할 확률이 높다고 가정한다. 다시 말해, 온라인 직업 및 여가 활동의 수준에 따라 컴퓨터 범죄 피해를 당할 가능성이 달라진다. 많은 연구 결과들이 생활양식 요소가 현실 속 개인의 범죄 피해에 중요한 역할을 한다는 것을 뒷받침하고 있기 때문에 이 이론도 온라인 생활양식 활동 수준이 컴퓨터 범죄 피해 가능성에 영향을 줄 것이라고 가정한다.

Hindelang 등(1978)은 "직업적 및 여가 활동"이 생활양식의 가장 중요한 구성요소이며, 범죄 피해 위험성에 대한 노출에 직접적인 영향을 끼친다고 주장하였다. 여기서 온라인 생활양식 활동 수단으로 다루어진, 일상활동이론에 의해 확장된 생활양식이론의 특정 교리는 주요 이론적 구성요소로 제시될 것이다. 일상활동이론에서 Felson(1998)은 표적 적합성이 네 가지 주요 기준인 범죄 목표의 가치, 범죄 목표의 무력함, 범죄 목표의 물리적 가시성, 범죄 목표의 접근성(VIVA)을 반영할 가능성이 높다고 말했다. 이 표현은 온라인 사용자들이 컴퓨터 범죄자들에게 적합한 목표가 되는 이유를 설명하는 생활양식 노출이론적 주요 관점과 일맥상통한다. Felson의 VIVA 평가에 따른 표적 적합성의 수준에 해당하는 것은 직업 및 여가 활동이다.

Mustain과 Tewksbury(1998)는 비행 성향의 생활양식 활동을 하는 사람들은 적합한 목표가 될 가능성이 높으며, 이는 "법률 제도를 동원할 의지가 부족할 것으로 예상되기 때문"이라고 주장하였다(p. 836). 더 중요한 것은 피해자들이 "당신은 어디에 있는가, 당신은 무슨 행동을 하고 있는가 그리고 당신은 스스로를 지키기 위해 무엇을 하고 있는가"에 대해 스스로 점검하지 않음으로써 범죄 피해 위험을 무시하는 경향이 있다는 것이다(Mustain & Tewksbury, 1998, p. 852).

이 구조방정식 모델은 두 가지 개별 이론으로 주로 언급되는 Cohen과 Felson(1979)의 일상활동이론과 Hindelang 등(1978)의 생활양식 – 노출이론으로 이루어져 있지만, 위에서 언급한 것처럼 일상활동이론은 생활양식이론의 확장이다. 따라서 일상활동이론의 주요 개념인 표적강화 기법은 유능한 디지털 보호자라고 말할 수 있다. 이 개념적 모델은 유능한 디지털 보호자와 온라인 생활양식이 컴퓨터 범죄 피해에 직접적인 영향을 끼친다고 가정한다. 또한 사이버 일상활동이론은 두 변수의 조합이 컴퓨터 범죄 피해에 직접적인 영향을 끼치는 상호작용 효과가 있다고 가정한다.

[그림 8-1] The conceptual model for computer-crime victimization

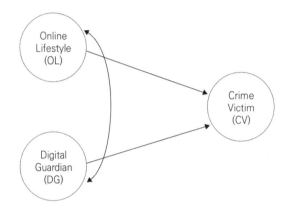

2. 방법론 및 분석

사이버 일상활동이론의 방법론은 세 단계로 나누어져 있다. 첫 번째 단계에서는 샘플링 기술과 절차를 제시하고, 두 번째 단계에서는 디지털 보호자 및 개인의 온라인 생활양식 그리고 컴퓨터 범죄 피해라는 두 주요 요소에 대한 척도의 상관관계에 대해 조사한다. 마지막 세 번째 단계는 측정과 두 범죄 피해 이론의 조합에서 파생된 구조 모델을 분석하였다. 구조적 수식모델링을 사용하여 디지털 보호자, 온라인 생활양식 그리고 컴퓨터 범죄 피해 지수 사이의 인과관계가 평가되었으며, 유능한 디지털 보호자와 온라인 생활양식이 컴퓨터 범죄 피해에 직접적인 영향을 끼치는지에 대해 초점을 맞추어 연구하였다.

(1) 첫 번째 단계: 표본 및 과정

2007년 봄, 펜실베이니아주립대위원회(Pennsylvania State System of Higher Education, PaSSHE) 소속 대학에서는 9개의 교양수업을 수강하고 있는 학생들을 대상으로 일상활동이론의 주요 구성요소를 측정하기 위한 자기보고 설문조사를 실시하였다. 이 학생들은 유층집락 무선표집법(stratified-cluster, random-sample design)을 통해 선별되었으며, 모든 교양수업 목록이 SPSS(Statistical Package for the Social Sciences)에 입력되어 각 수업별로 계층화되고, 이를 비롯하는 하위 샘플이 SPSS를 통해 무작위로 선택되었다. SPSS 난수발생기가 이 수업들 중 9개를 무작위로 선택하여 표본으로 선정하였다. 345명의 학생들이 설문에 참여하였으나, 분석에는 완벽하게 작성된 204건만 포함되었다.

설문에 참여하기 위한 구체적인 필요조건은 (a) 학생이 교양 과목을 수강하고 있고, (b) 학생 본인의 컴퓨터나 노트북을 사용하도록 하였다. 10개의 예측변수(디지털 가능 보호자 잠재 변수에서 측정 변수 2개, 온라인 생활양식 잠재 변수에서 측정변수 3개, 온라인 범죄 피해 잠재 변수에서 측정 변수 3개, 인구 통계학적 변수 2개)를 0.95의 거듭제곱과 $f=0.15$의 중간 효과 크기를 G*Power 프로그램에 넣어 0.05의 유의도 수준(alpha level)에서 총 표본($N=172$)을 계산하였다. 따라서 통계학적 결론의 타당성에 대한 위험은 이 연구에 있어 문제가 되지 않았다. 최소 172명의 학생들을 조사하는 것은 표본 크기가 해당 주립대학의 학생 규모를 대표할 수 있도록 충분히 큰 표본을 확보하고자 함이다.

대학생의 컴퓨터 범죄 피해 패턴을 조사하기 위해 자기보고 설문조사 방법을 사용하였다. 이 연구에서 대학생을 조사함으로써 얻을 수 있는 장점은 다음과 같다: (a) 대학생들은 글을 읽고 쓸 줄 알며 본인 스스로 자기보고 설문 경험이 있으리라 예상된다는 점이고, (b) 컴퓨터 가격이 하락하였고 학교 과제 대부분을 전자문서로 제출하므로 학생들이 학업과 오락을 위해 컴퓨터를 지속적으로 사용한다는 점이다. 또한 젊은이들은 구세대보다 기술을 더 잘 받아들일 것이라 예상되기 때문이다(Internet Fraud Complaint Center, 2003).

(2) 두 번째 단계: 측정값의 속성

1) 디지털 보호자

디지털 보호자는 컴퓨터 범죄자로부터 컴퓨터 시스템을 보호하는 고유의 독특한 기능을 가지고 있다. 온라인 사용자들이 구할 수 있는 유능한 디지털 보호자 세 가지는 바이러스 백신프로그램, 방화벽프로그램 그리고 스파이웨어 방지프로그램을 들 수 있다. 바이러스 백신프로그램은 컴퓨터 바이러스가 디지털 파일, 소프트웨어 또는 하드웨어를 통해 접근하는지 감시하고 만약 바이러스를 발견하면 컴퓨터 시스템 위험을 방지하기 위해 바이러스를 삭제하거나 격리한다(Moore, 2005). 방화벽프로그램은 컴퓨터 범죄자들이 온라인 네트워크를 통해 컴퓨터 시스템에 접속하는 것을 막기 위해 설계되었지만 바이러스 백신프로그램과는 달리 바이러스를 감지하거나 제거하지는 않는다(Casey, 2000). 스파이웨어 방지프로그램은 주로 컴퓨터 시스템에 스파이웨어가 설치되는 것을 막기 위해 설계되었다(Casey, 2000). 스파이웨어는 비밀번호나 신용카드 번호와 같은 중요 개인정보를 사용자가 웹이나 다른 어플리케이션을 통해 입력할 때 가로채서 컴퓨터 범죄자에게 보낸다(Ramsastry 2004).

모든 설문 참가자들은 디지털 보호자 측정을 위한 실제 설문조사 내용의 타당성을 확보하기 위해 자기보고 설문 작성 전에 세 가지 디지털 보호자에 대해 설명된 사전 지침을 통해 참가자의 컴퓨터나 노트북에 디지털 보호자 중 하나라도 설치되어 있는지 스스로 점검해 보라는 요청을 받았다.

컴퓨터 보안 시스템의 형태를 한 유능한 디지털 보호자의 수준이 컴퓨터 범죄 피해 수준을 구분 지을 것이라는 가정이 세워졌고 유능한 디지털 보호자의 수준을 판단하기 위해 소프트웨어 보안프로그램의 숫자가 조사되었다.

첫 번째 측정 변수는 응답자들에게 설문조사 참가 전 각자 컴퓨터에 어떤 유형의 컴퓨터 보안프로그램이 설치되어 있었는지 물어보는 세 문항으로 구성되어 있었다. 이 세 문항은 양분된 구조를 가지고 있었는데, 0은 보안프로그램 없음 그리고 1은 보안프로그램 설치되어 있음으로 구분하였다. 설치된 컴퓨터 보안 프로그램의 숫자는 0~3으로써, 0은 컴퓨터 보안프로그램 없음, 3은 설문 참여자의 컴퓨터에 바이러스 백신, 방화벽프로그램 및 스파이웨어 방지프로그램을 모두 설치되어 있음을 의미하였다. 이 표본의 컴퓨터보안 점수 평균은 2.6이었으며, 표준편차는 0.73, 비대칭도(skewness)는 −1.96 그리고 첨도(kurtosis)는 3.37이었다. 0.62의 내적 일치도 계수(internal consistency coefficient)는 DeVellis's(2003)의 신뢰성 표준 (reliability standards)을 기반으로 하는 Cronbach's alpha 범위가 바람직하지 않음을 나타낸다. 그러나 각 항목−총 상관관계(item−total correlation)(항목 1=0.40, 항목 2=0.43, 항목 3=0.44)는 양호했으며, 세 항목 모두 항목 총 상관관계의 허용 수준인 0.30을 초과하였다.

두 번째 측정 변수 또한 세 가지 시각적 유사성을 가진 세 항목으로 구성되었는데, 참가자들에게 각각의 주요 컴퓨터 보안 정책에 대한 응답을 10cm 선에 표기하도록 요청하였다. 각각의 항목에 대한 동의 수준은 각자의 컴퓨터나 노트북에 10개월 동안 특정한 컴퓨터 보안프로그램이 설치되어 있었는지 조사하였다. 각각의 선이 0~10 사이의 범위를 가지고 있었고, 이 유능한 보호자 척도의 총 가능 범위는 0~30 사이였다. 이 표본의 컴퓨터 보안 기간 평균은 22.3이었으며, 표준 편차는 7.65, 비대칭도는 −0.99 그리고 첨도는 0.25였다. 이러한 발견은 이 디지털 보호자 척도가 0.70의 적절한 알파 계수를 가지고 있으며, 연구 목적으로 쓰이기에 충분하다는 것을 보여주었다. 세 척도 항목 모두(항목 1=0.50, 항목 2=0.52, 항목 3=0.55) 항목−총 상관관계의 허용 수준을 충분히 만족시켰으며, 이 항목들의 일차원성은 배리맥스 회전(varimax rotation)을 사용한 주성분 요인 분석(principal components factor analysis)과 Cattell's Scree test를 통해 확인되었다.

2) 온라인 생활양식

연구자는 사용자의 온라인 생활양식이 컴퓨터 범죄 피해 최소화에 중요한 요소라고 가정하였다. 각각의 온라인 생활양식은 다음 세 가지 측정변수를 통해 측정되었다: (a) 인터넷상에서의 직업 및 여가활동, (b) 온라인상 위험한 여가활동, (c) 온라인상 위험한 직업활동. 온라인 생활양식의 첫 번째 척도를 위해서 8가지의 설문조사 항목들과 그 항목−총 상관관계가 직업 및 여가 활동 척도를 구성하였다. 직업 및 여가활동 척도에서 참가자들은 각 문항에 긍정 또는 부정 정도를 10cm

응답선 위해 표기하였는데, 각 항목들의 하한에는 강한 긍정을, 상한에는 강한 부정을 의미하였다. 이 척도의 범위의 총합은 0~80 사이로 점수가 높을수록 더 많은 온라인 직업 및 여가활동을 나타냈다. 이 표본의 평균 직업 및 여가활동 점수는 53.62였으며 표준 편차는 11.22였다. 해당 척도의 8가지 항목들의 비대칭도와 첨도는 만족스러운 수준이었으며, 주성분 요인 분석의 평가와 Scree test가 척도의 항목들이 단일 구성임을 검증하였다.

온라인상 위험한 여가활동의 두 범주를 측정하기 의한 4가지 설문조사 항목은 응답자의 온라인 여가 및 직업활동 중 위험한 것을 평가하도록 설계되었다. 다른 온라인 생활양식 척도와 같이, 응답자들은 각각의 항목에 긍정 또는 부정 여부를 10cm 응답선 위에 표기하였고 응답선의 양쪽 끝은 강한 긍정과 강한 부정을 의미했다. 온라인상 위험한 활동의 범주상("위험한 여가 활동"), 해당 척도의 범위의 총합은 0~40 사이였다. 이 표본의 첫 번째 위험 활동 점수의 평균은 16.02 이었으며 표준 편차는 8.93이었다. 온라인상 위험한 활동의 두 번째 범주("위험한 직업 활동")는 4항목으로 구성되었기에 범위의 총합 역시 0~40 사이였다. 두 범주 모두 SEM 분석을 위한 적절한 수준의 비대칭도와 첨도를 가지고 있었고 주성분 요인 분석과 Scree test에 기반한 결과가 각각의 척도 항목들이 단일 구성임을 시사하였다.

3) 컴퓨터 범죄 피해

이 연구에서는 기업 컴퓨터 범죄 피해의 개념을 적용하여 세 가지 컴퓨터 범죄 피해 항목이 만들어졌다. 컴퓨터 범죄 피해 척도는 세 가지 개별적인 측정 변수로 이루어졌다: (a) 범죄 피해의 총 빈도, (b) 총 손실시간, (c) 총 금전적 손실이다. 정보의 품질 측면에서, 기술 통계(Descriptive statistics)는 SEM 가정에 대한 위반 중 하나인 정보의 심각한 비정규분포를 시사했다. 세 컴퓨터 범죄 피해 척도들은 극심한 비대칭도와 첨도를 보여주었고, 신뢰도 계수는 이상치(outlier)로 인해 낮은 가변성과 낮은 아이템 척도 상관관계를 나타내었다. 심하게 편향된 분포를 조정하여 정규 분포에 더 가깝게 하기 위해, 원래의 항목들은 비율 수준에서 네 가지 가능 응답(0~3)을 기반으로 하는 Likert와 같은 척도 형식으로 변환됐으며, 이는 이상치의 크기를 최소화함으로써 리코딩(recoding) 과정을 통해 적용되었다.

2004 Australian Computer Crime and Security Survey(2005)의 척도가 이 연구에 적용되었다. 첫 번째 항목인 "최근 10달 동안 컴퓨터 바이러스 감염 사례가 몇 건 있었는가?"에서 기존의 응답들은 2004 Australian Computer Crime and Security Survey에서 사용된 것과 같이 0~3 범위(0=0회, 1=1~5회, 2=6~10회, 3=10회 이상)로 변경되었다. 두 번째 항목인 "최근 10달 동안 컴퓨터 바이러스 감염으로 인한 컴퓨터 수리비는 얼마인가?"에서도 기존의 응답을 0~3 범위(0=$0, 1=$1~$50, 2=$51~$100, 3=$100 이상)로 변경되었다. 사실 이 설문조사에 금전적 손실에 대한 구체적인 지침이 없었으므로 이 척도의 해당 범주는 참여자들의 응답 분포와 설문조사 구조의 적응을 기반으로 개발되었다. 세 번째 항목인 "최근 10달 동안 바이러스 감염으로 인한 컴퓨터 수리기간은 어느 정도인가?"에서 기존의 응답들은 0~3 범위(0=0시간, 1=1~12시간, 2=13~84시간, 3=84시간 초과)로 변경하였다. 2004 Australian Computer Crime and Security Survey에서는 가장 심각했던 사례로부터 복구하기 위해 걸린 시간을 일, 주, 월 단위로 측정했었지만, 이 연구에서는 하루에 컴퓨터를 수리하기 위해 12시간을 사용한다고 가정하여 위의 기간을 적용하였다.

Likert와 같은 형식으로 변환한 후, 비대칭도와 첨도는 상당한 감소를 보였다. 게다가 Cronbach's alpha와 항목 총 상관관계 값 또한 상당히 개선되었다. Likert 형식으로의 변환이 정규 분포를 이루어낼 수는 없지만 SEM 분석을 위한 비대칭도와 첨도의 최소값을 제공하였다. 컴퓨터 범죄 피해 척도는 Likert와 같은 등급으로의 변환 후 SEM을 위한 기본 측정 기준을 만족하였다. 해당 척도는 허용 가능한 수준의 신뢰도(Cronbach's Alpha=0.66), 항목-총 상관관계, 비대칭도 및 첨도를 보여주며 측정 변수들은 모두 일차원적이다.

(3) 측정 모델

측정 모델의 적합성을 결정하기 위해 9개의 적합지수(fit indexes)를 조사하였다(<표 8-1> 참조). Gibbs 등(2003)이 제시한 <표 8-1>은 적합지수와 그 정당성 및 표준 규격을 나타냈다. Chi-square, adjusted chi-square, root mean square residual(RMR), root mean square error of approximation(RMSEA), and global fit index(GFI)로 이루어진 5가지 절대 적합지수가 보고되었다. 추가적으로 위의 모델

과 측정 모델을 비교하여 상대 적합도(relative fitness)를 측정하기 위해 the Tucker—Lewis Index(TLI), the comparative fit index(CFI), the parsimonious goodness of fit(PGFI) 그리고 the expected cross—validation(ECVI)가 사용되었다.

5가지 절대 적합지수 중 3가지(adjusted chi—square, RMSEA, and GFI)가 해당 표준을 충족시켰다. Chi—square test의 확률값이 0.05 수준보다 작았기 때문에 이 시험 결과는 모델이 정보에 적합하다는 귀무가설(null hypothesis)의 거절을 나타낸다. 그러나 이러한 chi—square test 결과에 기반한 거절은 chi—square test가 표본의 크기와 입력된 변수의 비정규분포에 아주 민감하다는 점 때문에 다른 기술 적합성 통계(descriptive fit statistics)와 비교해 보았을 때 상대적으로 중요도가 낮다(Hu & Bentler, 1999; Kaplan, 2000; Kline, 1998). 그러므로 다른 기술 적합성 통계를 조사해 보는 것이 이 프로젝트의 실질적인 관심사가 될 것이다.

절대적인 RMR 기준이 없었음에도 불구하고, 0의 RMR이 완벽하게 적합함을 나타내기 때문에 여기서 얻은 1.70의 RMR 값은 높은 것으로 보인다. 특정 모델의 절대 적합(absolute fit)과 측정 모델의 절대 적합을 비교하는 CFI 와 TLI 또한 적절한

[표 8-1] Selected Fit Indexes for the Measurement Model

	Model Fitness	Index	Value	Standard point
1.	Absolute fit	Chi-square	34.47(df = 18) P. = 0.011	p. > 0.05
2.	Absolute fit	Normal Chi-square	1.915	< 3
3.	Absolute fit	Root mean square residual (RMR)	1.73	Close to 0
4.	Absolute fit	Root mean square error of approximation(RMSEA)	0.07	< 0.10
5.	Absolute fit	Goodness of fit index(GFI)	0.96	0.90
6.	Incremental fit	Tucker-Lewis Index(TLI)	0.95	Close to 1
7.	Incremental fit	Comparative fit index(CFI)	0.97	Close to 1
8.	Parsimony	Parsimony goodness of fit index(PGFI)	0.48	Larger value = Better fit
9.	Comparative fit	Expected cross-validation index(ECVI)	0.35	Smaller value = Better fit

모델 적합의 기준을 충족시켰다. PGFI와 ECVI에는 정확한 기준이 없지만 Gibbs 등(2003)의 지침에 따르면 여기서 얻은 수치들이 좋은 모델 적합도에 매우 가깝다고 여겨진다. 처음부터 잘 맞는 모델을 구축하는 것이 매우 어렵다지만 해당 측정 모델은 전반적으로 좋은 모델 적합도를 얻었다. 따라서 여기서 사용된 기술적 적합도 측정(descriptive measures of fit)을 기반으로 봤을 때, 측정 모델은 적합하다.

    <그림 8-2>는 디지털 보호자 잠재변수가 통계적으로 유의한 비표준화 회귀계수(unstandardized regression coefficients)를 가지고 있음을 나타낸다. 디지털 보호자와 범죄 피해 간의 음적 관계는 통계적으로 유의한 −0.75의 비표준화 회귀계수로 설명된다. −0.74의 표준화 계수 또한 디지털 보호자가 컴퓨터 범죄 피해의 가장 중요한 요소임을 보여준다. 디지털 보호자 관찰 변수 중 표준화 계수는 설치된 컴퓨터 보안소프트웨어의 숫자와 컴퓨터 보안 소프트웨어의 설치 기간 모두가 컴퓨터 범죄 피해를 최소화함에 있어 거의 비슷한 수준으로 상당한 영향을 끼친다는 것을 보여준다. 이러한 결과는 컴퓨터 범죄 피해를 최소화하는 컴퓨터 보안의

[그림 8-2] Measurement model

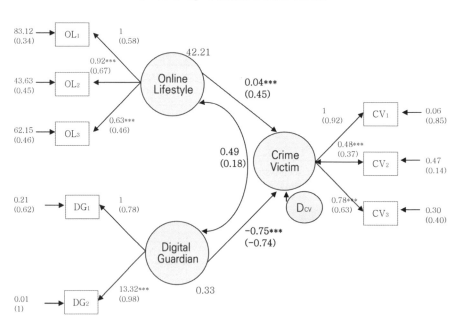

중요성을 강조함으로써 일상활동이론의 요소인 유능한 보호자를 충분히 뒷받침한다.

연구 결과는 온라인 생활양식 요소와 컴퓨터 범죄 피해 사이의 강한 상관관계를 보여주었다. 0.04의 비표준화 경로계수(unstandardized path coefficient)는 온라인 생활양식 요소와 컴퓨터 범죄 피해 간에 통계적으로 중요한 관계가 있음을 드러냈다. 온라인 생활양식의 비표준화 계수는 사이버 공간에서 위험한 온라인 행동에 상당한 시간을 보내는 온라인 사용자들이 범죄 피해를 입을 가능성이 높다는 것을 확인시켰다. 또한 0.67의 표준화 계수는 위험한 온라인 여가 활동(알 수 없는 웹사이트 방문 및 게임, 음악·영화 다운로드)이 온라인 생활양식 범주 중 컴퓨터 범죄 피해에 가장 크게 작용함을 나타냈다. 이전의 연구가 다른 온라인 행동에 비해 더 취약한 온라인 위험 행동들의 특정 유형을 식별하는 데 실패했기 때문에, 이는 매우 중요한 발견이라고 할 수 있다.

유능한 디지털 보호자와 온라인 생활양식이라는 두 요인 사이에 상호작용 효과가 있을 것이며, 이는 컴퓨터 범죄 피해의 수준에 직접적으로 기여할 것이라고 가정했지만 놀랍게도 두 잠재변수 사이에는 상관관계가 거의 없음이 밝혀졌다. 디지털 보호자와 온라인 생활양식 지표 간 공분산(covariance)은 양의 공분산을 시사했지만 그 결과는 유의미하지 않았다(p=0.056). 따라서 연구 결과는 개인적인 온라인 생활양식과 컴퓨터 보안기능을 개인 컴퓨터나 노트북에 설치하는 것 사이에 상호작용 효과가 없음을 보여주었다.

(4) 구조적 모델

측정 모델과 유사하게, chi-square test의 확률값(p=0.005)은 0.05 수준보다 낮았다. 측정 모델에서 설명한 바 있듯이 chi-square test에 기반한 거절은 표본의 크기에 기인한 것으로 나타났다. 세 가지의 절대 적합도 측정값(measures of absolute fit)(adjusted chi-square, RMSEA, and GFI)은 표준을 충족하거나 초과하였다. 여기서 얻은 RMR 값은 3.03으로 측정 모델보다 높았으며 구조적 모델이 완벽하게 적합하지 않다는 것을 나타냈다. CFI, TLI, PGFI, and ECVI 값은 측정 모델과 유사했으며 적절한 모델의 표준을 충족하였다. 비록 구조적 모델이 측정 모델과 비교했을 때

[표 8-2] Selected Fit Indexes for the Measurement Model

	Model Fitness	Index	Value	Standard Point
1.	Absolute fit	Chi-square	38.392(df = 19) P. = 0.005	p. > 0.05
2.	Absolute fit	Normal Chi-square	2.02	< 3
3.	Absolute fit	Root mean square residual (RMR)	3.03	Close to 0
4.	Absolute fit	Root mean square error of approximation(RMSEA)	0.07	< 0.10
5.	Absolute fit	Goodness of fit index(GFI)	0.96	0.90
6.	Incremental fit	Tucker-Lewis Index(TLI)	0.94	Close to 1
7.	Incremental fit	Comparative fit index(CFI)	0.96	Close to 1
8.	Parsimony	Parsimony goodness of fit index(PGFI)	0.50	Larger value = Better fit
9.	Comparative fit	Expected cross-validation index(ECVI)	0.36	Smaller value = Better fit

모델에 대한 적절한 적합도(fit)를 보여주지 못했지만, 연구의 목적을 위해서는 전반적으로 양호한 모델 적합도를 획득하였다(<표 8-2> 참조).

구조적 모델은 또한 일상생활이론의 구성요소를 실증적으로 뒷받침하였다

[그림 8-3] Structural model

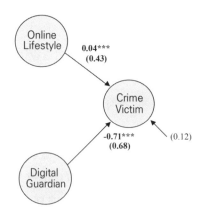

(<그림 8-3> 참조). 이는 컴퓨터 보안프로그램을 설치하지 않았거나 인터넷을 꾸준히 사용하며 위험한 온라인 행동을 하는 사람들이 컴퓨터 보안프로그램을 최신으로 관리하면서 인터넷을 적게 사용하고 위험한 온라인 행동을 피하는 사람들보다 컴퓨터 범죄 피해자가 될 가능성이 더 크다는 것을 뜻한다.

3. 결론

본 연구에서는 Hindelang 등(1978)의 생활양식—노출이론과 Cohen과 Felson (1979)의 일상활동이론에서 파생된 새로운 이론적 모델을 제시하였다. 이 개념적 모델은 유능한 디지털 보호자와 온라인 생활양식이 모두 컴퓨터 범죄 피해에 직접적인 영향을 끼친다고 주장했다. 본 연구의 중심측정모델(central measurement model)은 구조 계수(structural coefficients)와 적합도(measures of fit)를 비교한 결과 우수한 것으로 나타났다.

컴퓨터 범죄는 인터넷 사용자에게 심각한 위험이다. 컴퓨터 범죄자들은 피해자들에게 막심한 금전적 손해와 업무 생산성 저하를 불러일으킨다. 이러한 피해는 범죄자들이 피해자들의 컴퓨터에 접근할 수 있는 개인정보를 획득했을 때 발생한다(Grabosky & Smith, 2001). 이 연구의 결과는 정책 제안 측면에서 중요하다. 첫 번째, 사이버 공간에서의 컴퓨터 중심 생활방식을 간과하거나 적절한 보안소프트웨어를 설치하지 않는 대학생이 사이버 범죄의 피해자가 될 가능성이 높다. 두 번째, 연구 결과는 차등적 생활양식 패턴이 사이버 공간에서 피해를 입는 것과 직접적인 관련이 있음을 보여주었다. 이 연구는 컴퓨터 보안의 존재가 개인을 사이버 범죄로부터 보호함에 있어 가장 중요한 요소임을 보여준다. 이와 동일한 결과가 MaQuade(2006)에 의해 제기되었는데, 그는 "일상활동이론이 컴퓨터나 그 외 IT 기기 및 데이터처리시스템에 의해 일어나거나 예방되는 범죄를 이해하는 것에 있어 중요한 영향을 끼친다"고 주장했다(p. 147).

본 연구 결과는 적절한 온라인 생활양식을 장려하고 효과적인 컴퓨터 보안을 다운로드하는 것이 컴퓨터 범죄 피해의 가능성을 줄일 수 있음을 보여주지만, 기존 다수의 형사사법 범죄예방 프로그램들에 의해 무시된 바 있다.

일부 연구자들은 컴퓨터 범죄를 최소화할 수 있는 최선의 방법이 대중의 인식, 정규 교육 및 전문 교육을 통합하는 것이라고 제안했다(McQuade, 2006). 컴퓨터 범죄를 예방하기 위한 모든 프로그램은 온라인 사용자들에게 정보보안의 일반적인 원칙과 범죄 피해 예방 방법에 대한 유용한 정보를 제공해야 한다. 또한 이러한 프로그램은 사이버 범죄를 다루는 법과 규정을 강조하여 사용자들이 권리와 책임을 이해할 수 있도록 해야 한다. 마지막으로, 이러한 프로그램은 범죄 피해를 예방할 수 있는 생활양식과 행동 유형에 대한 경고를 통해 학생들을 교육해야 한다(Moitra, 2005).

4. 논의

본 연구는 일상활동이론에 기반한 컴퓨터 범죄 피해 모델을 구축하기 위한 최초의 시도였다. 일상활동이론은 Hindelang 등(1978)의 생활양식 노출이론과 Cohen과 Felson(1979)의 일상활동이론을 결합하여 본 연구의 본문에서 설명되었다.

기존의 컴퓨터 범죄 관련 연구들은 "일반화된 정보"라는 문제에 기반하거나, 질적 연구(qualitative study)에 사용된 표본 크기가 작아 잠재적으로 편향된 결과를 가지기 때문에 비판을 받았다(Moitra, 2005). 본 연구는 컴퓨터 범죄 피해를 알아보기 위해 SEM의 실증적 평가와 함께 두 범죄 피해 이론을 통합 사용함으로써 연구 목적을 달성하고 해당 분야에 기여하였다. 또한 본 연구는 생활양식−노출이론, 일상생활양식 그리고 사이버 공간 속 컴퓨터 중심 생활양식을 사용함으로써 주요한 교리 하나를 개발하였다. 일상활동이론은 이 연구에서 유능한 디지털 보호자로 재구성된 유능한 보호자가 컴퓨터 보안을 제공했음을 밝히는 데 도움이 되었다. 따라서 본 연구의 결과는 온라인 생활양식과 디지털 보호자가 컴퓨터 범죄 피해 패턴을 설명하는 모델의 핵심임을 시사한다.

본 연구에는 여러 가지 제약사항이 있다. 연구 결과가 대학생 인구를 정확히 반영하지만 이 결과가 주립대학 전체 학생 또는 미국 대학생을 반영한다고 일반화할 수는 없다. 향후 연구에서는 대학을 선택할 때 대상 대학의 컴퓨터 기술지원 수준과 학생 수를 고려해야 하며, 미국 대학인구 전체의 특성을 나타낼 수 있는 다양성 있는 장소를 선택하는 것도 중요하다.

본 연구의 또 다른 제약은 컴퓨터 보안을 완벽하게 측정하는 것이 불가능하다는 것이다. 일부 참여자들이 보안 제품을 처음 컴퓨터에 설치한 시기를 기억 못할 수 있기 때문에 디지털 보호자 측정에 오류가 있을 수 있다. 따라서 향후 연구부터는 연구자들이 이 문제를 고려하고, 참가자들의 컴퓨터에서 보안프로그램 각각의 정확한 설치 날짜를 확인한다면 컴퓨터 보안 측정의 품질을 향상시킬 것이다.

본 연구가 컴퓨터 보안에 대한 내용타당도(content validity)에 대해 살펴보았기 때문에 연구 참가자들이 컴퓨터 보안에 대한 정의나 컴퓨터 보안소프트웨어의 정확한 기능에 대해 이해하지 못했을 가능성도 있다. 이해의 부족은 과소보고(under-reporting) 또는 과대보고(over-reporting)로 이어져 연구의 내용 타당도에 영향을 끼쳤을 수 있다. 본 연구자는 참가자들에게 사전 지침을 제공하여 이런 요소들에 대한 측정의 정밀도를 높이려고 시도하였지만 그 시도가 절대적으로 확실했다고는 말할 수 없다.

범죄학 연구자들은 인구 통계학적 요인이 실제 세상의 일반적인 범죄 피해와 관련이 있음을 인지하고 있으나, 이 관계가 완전히 밝혀진 것은 아니기 때문에 본 연구는 사이버 범죄와 인구 통계학적 요인의 관계에 초점을 두지 않았다. 따라서 향후 연구에서는 인구 통계학적 요인(연령, 인종 및 성별)과 사이버 범죄 요소 간 인과 관계를 조사하는 것도 중요하고, 인구통계학적 요인과 사이버 범죄에 대한 두려움, 유능한 디지털 보호자, 온라인 생활양식 활동, 컴퓨터 범죄 피해와 같은 변수들과 어떻게 통계학적으로 연관이 있는지 알아보아야 한다.

범죄학 연구들이 위험부담 행동(risk-taking behavior)을 설명하기 위해 다른 이론들을 사용했다는 점에 유의하자. 범죄학 연구 초기, 일부 연구자들은 어떤 성격이 위험부담 행동을 보일 가능성이 더 높다고 믿었다. Lyng(1990)은 초기 연구에서 두 유형(위험 추구자 vs. 위험 회피자)에 대한 5가지 용어를 설명했다: (a) "자애적인" vs. "의존적인"("narcissistic" vs. the "anaclitic")(Freud 1925), (b) "외향적인" vs. "내향적인"("extrovert" vs. the "introvert")(Jung 1924), (c) "조현증의" vs. "순환형의"("Schizoid" vs. the "Cycloid")(Kretchmer 1936), (d) "역 공포의" vs. "공포증이 있는"("counterphobic" vs. "phobic")(Fenichel 1939) 그리고 (e) "philobatic" vs. the "ocnophilic"(Balint 1959)

이 그것들이다. 또한 "스트레스 추구자"("stress–seekers")(Klausner, 1968), "자극 추구자"("sensation–seekers")(Zucherman et al 1968), "행복설 주창자"("eudaemonists")(Bernard, 1968) 등의 용어 또한 위험성 높은 경험을 추구하는 사람들을 추려내기 위해 사용되었다(Lyng, 1990, p. 853). 그러나 이러한 연구들은 위험부담 행동의 인과관계를 설명하지 못하여 적절한 실증적 타당도를 나타내는 것이 불가능했다(Lyng, 1990).

마지막으로 향후 연구들은 개인이 잠재적인 위험에 대한 인식이 있음에도 불구하고 계속해서 온라인상에서 위험한 행동을 하는 이유에 초점을 맞출 필요가 있다. 또한 향후 연구자들은 진정한 범죄 피해 모델을 설명하기 위한 다른 이론적 관점을 조사하기 위해 컴퓨터 보안과 온라인 사용자의 행동을 측정하기 위한 보다 더 정확한 척도를 개발해야 한다.

참고문헌

2002 Internet fraud report. (2003). Retrieved June 1, 2007, from http://www.ic3.gov/media/annualreports.aspx

2004 Australian computer crime and security survey. (2005). Retrieved June 1, 2007, from http://www.auscert.org.au/render.html?it=2001

2004 IC3 Internet crime report. (2005). Retrieved June 1, 2007, from http://www.ic3.gov/media/annualreports.aspx

2005 FBI computer crime survey. (2006). Retrieved November 6, 2006, from http://www.fbi.gov/publications/ccs2005.pdf

Britz, M. T. (2004). *Computer forensics and cyber crime.* New Jersey: Pearson Prentice Hall.

Carter, L. D., & Katz, J. A. (1997). *Computer crime: An emerging challenge for law enforcement.* Retrieved November 20, 2004, from http://www.sgrm.com/art11.htm

Casey, E. (2000). *Digital evidence and computer crime.* London: Academic Press.

Cohen, L. E., & Felson, M. (1979). Social change and crime rate trends: A routine activity approach. *American Sociological Review, 44,* 588−608.

Delk, L. (1980). *The many faces of suicide.* New York: McGraw−Hill.

DeVellis, R. (2004). *Scale development.* London: Sage.

Erdfelder, E., Faul, F., & Buchner, A. (1996). GPOWER: A general power analysis program. *Behavior Research Methods, Instruments, & Computers, 28*(1), 1−11.

Etter, B. (2001). *The forensic challenges of e−crime, current commentary No.3.* Adelaide, Australia: Australasian centre for Policing Research.

Flanagan, W., & McMenamin, B. (1992). The playground bullies are learning to type, *Forbes, 150,* 184−189. Retrieved February 6, 2007. from http://www.mindvox.

com/cgi−bin/WebObjects/MindVoxUI.woa/wa/staticpage%

Felson, M. (1986). Routine activities, social controls, rational decisions and criminal outcomes. In D. Cornish and R. Clarke (Eds) *The reasoning criminal* (pp. 302−327). New York: Springer Verlag.

Felson, M. (1998). *Crime and everyday life: Insights and implications for society*, (2nd ed.). Thousand Oaks, CA: Pine Forge Press.

Furnell, S. (2002). *Cybercrime: Vandalizing the information society*. London: Addison Wesley.

Gibbs, J. J., Giever, D. (1995). Self−control and its manifestations among university stu− dents: an empirical test of Gottfredson and Hirshi's general theory. *Justice Quarterly, 12,* 231−235.

Gibbs, J. J., Giever, D., & Higgins, G. E. (2003). A test of the Gottfredson and Hirschi general theory of crime using structural equation modeling. *Criminal Justice and Behavior, 30,* 441−458.

Gordon, M. P., Loef, M. P., Lucyshyn, W., & Richardson, R. (2004). *CSI/FBI computer crime and security survey*. Los Angeles: Computer Security Institute.

Grabosky, P., & Smith, R. (2001). Telecommunication fraud in the digital age: The con− vergence of technologies. In D. Wall (Ed.) *Crime and the Internet* (pp. 23−45)., London: Routledge.

Hidelang, M. J., Gottfredson, M. R., & Gaffalo, J. (1978). *Victims of personal crime: An empirical foundation for a theory of personal victimization*. Cambridge, MA: Ballinger.

Hu, L., & Bentler, P. M. (1995). Evaluating model fit. In R. H. Hoyle (Ed.), *Structural equation modeling: Concepts, issues, and applications* (pp. 76−99). Thousand Oaks, CA: Sage.

Internet Fraud Complaint Center. (2003). *IFCC 2002 Internet fraud report*. Washington, DC: U.S. Government Printing Office.

Kaplan, D. (2000). *Structural equation modeling: Foundations and extensions*. Thousand Oaks, CA: Sage.

Karmen, A. (2006). *Crime victims*. Thousand Oaks, CA: Thomson Higher Education

Kabay, M. E. (2001). *Studies and surveys of computer crime*. Norwich, CT: Department of Computer Information Systems.

Kennedy, L. W., & Forde, D. R. (1990). Routine activities and crime: An analysis of vic-timization in Canada. *Criminology 28*, 137–151.

Klausner, Z. (1968). *Why men take chances*. New York: Anchor.

Kline, R. B. (1998). *Principles and practices of structural equation modeling*. New York: Guildford Press.

Kowalski, M. (2002). *Cyber-crime: Issues, data sources, and feasibility of collecting po-lice-reported statistics*. Ottawa: Statistics Canada.

Lyng, Stephen. (1990). Edgework: A social psychological analysis of voluntary risk taking. *The American Journal of Sociology 95*, 851–886.

McConnell International LLC. (2000). *Cyber crime··· and punishment? Archaic laws threaten global Information*. Washington, DC: McConnell International.

McQuade, S. C. (2006). *Understanding and managing cybercrime*. Boston:Pearson/Allyn and Bacon.

Massey, J., Krohn, M., & Bonati, L. (1989). Property crime and the routine activities of individuals. *Journal of Research in Crime and Delinquency 26*, 378–400.

Meier R., & Miethe, T. (1993). Understanding theories of criminal victimization. *Crime and Justice 17*, 459–499.

Miethe, T., Stafford, M., & Long, J. S. (1987). Social differentiation in criminal victim-ization: A test of routine activities/ lifestyle theories. *American Sociological Review 52*(2), 184–194.

Moitra, S. D. (2005). Developing policies for cyber crime. *European Journal of Crime, Criminal Law and Criminal Justice, 13*(3), 435–464.

Moore, R. (2005). *Cybercrime: Investigating high-technology computer crime*. Philadelphia: LexisNexis Group.

Mustaine, E., & Tewksbury, R. (1998). Predicting risks of larceny theft victimization: A routine activity analysis using refined lifestyle measures. *Criminology 36*, 829–857.

Piazza, P. (2006, November). Technofile:Antisocial networking sites. *Security Management*, 1–5.

Ramasastry, A. (2004). *Cable News Network (CNN).com. Can Utah's new antispyware law work?* Retrieved January 16, 2007, from http://www.cnn.com/2004/LAW/06/03/ramasastry.spyware/index.html

Roncek, D. W., & Maier, P. A. (1991). Bars, blocks, and crimes revisited: Linking the theory of routine activities to the empiricism of hot spots. *Criminology, 29*, 725–753.

Sherman, L. W., Gartin, P. R., & Buerger, M. E. (1989). Hot spots of predatory crime: routine activities and the criminology of place. *Criminology, 27*(2), 27–55.

Standler, B. R. (2002, September 4). *Computer crime*. Retrieved February 6, 2005, from http://www.rbs2.com/ccrime.htm

Thomas, D., & Loader, B. (2000). Introduction–Cybercrime: Law enforcement, security and surveillance in the information age. In D. Thomas & B. Loader (Eds.), *Cybercrime: Law enforcement, security and surveillance in the information age.* London: Routledge.

Williams, F. P., & McShane, M. D. (1999). *Criminological theory*. Upper Saddle River, NJ: Prentice Hall.

Yar, M. (2005). The novelty of 'cybercrime': An assessment in light of routine activity theory. *European Society of Criminology, 2*, 407–427.

다크웹 금융 시장의 역학: 온라인 지하 사기 비즈니스에 대한 탐색적 연구

정보라(Bo-Ra Jung, 보스턴 대학교), 최경식(Kyung-Shick Choi),
이승은(Seungeun Lee, 메사추세츠 주립대학교-로웰)

1. 서론

다크웹(Dark Web)은 고유한 브라우저를 통해서만 액세스할 수 있는 비밀리에 암호화된 통신 시스템을 말한다(Mirea et al., 2019). 표면웹(surface web)은 색인화된 내용의 4%만 구글(Google) 또는 빙(Bing) 검색 엔진을 통해 사용할 수 있는 인터넷의 일부이다(Chikada & Gupta, 2017). 나머지 96%의 내용은 딥 웹(Deep Web)에서 찾을 수 있다. Onion Router(Tor) 네트워크는 딥 웹을 검색하는 데 가장 널리 사용되는 웹 브라우저 중 하나이다. Onion Router는 ".onion"으로 끝나는 딥 웹의 온라인 사이트를 방문할 때 익명을 유지하도록 허용하여 사용자 신원을 보호한다(Yetter, 2015). 또한, Tor는 웹사이트를 생성할 때 법적 게시자의 개인정보를 제공하지 않는 방식으로 웹사이트 게시자를 지원한다(Ahvanooey et al., 2021). 신원 노출 위험을 최소화하면서, Tor는 사이버 범죄자가 사이버 영역에서 불법행위에 가담하는 플랫폼이 되었다.

다크웹 시장은 구매자와 판매자가 마약, 아동 포르노, 도용된 신원, 돈세탁 서비스 등과 같은 광범위한 불법 상품 및 서비스를 거래하는 다크웹 내의 전자 상거래 플랫폼이다(Aldridge & Decary-Hétu, 2015; Aldridge & Décary-Hétu, 2016; Martin, 2014; Rudesill et al., 2015). 다크웹 금융 시장의 주요 제품에는 가짜 신용카드, 은행 계좌, 전신 송금, 위조 및 금융 서비스로 식별되는 암호화 관련 서비스가 포함된다. 다크웹 시장은 이베이 또는 아마존과 같은 표면 웹의 기존 온라인 시장과 유사하지만 decentralized peer-to-peer(중앙 서버를 거치지 않고 클라이언트 컴퓨터끼리 직접

통신하는 방식)는 익명 네트워크 내에서 정부 규제나 제재를 회피한다(Barratt, 2012; Nardo, 2011).

온라인 다크웹 시장의 도래는 피싱, 비싱, 스미싱, 파밍 및 암호화폐 사기에서 생성된 복제 신용카드를 판매하는 범죄자에게 높은 금전적 보상을 제공하는 활발한 온라인 범죄 시장을 만들었다(Weber & Kruisbergen, 2019). 최근 Internet Crime Complaint 보고(Internet Crime Complaint Center, 2022)에 따르면 피싱, 비싱, 스미싱 및 파밍을 포함한 신용카드 사기 및 인터넷 사기로 인한 금전적 손실은 각각 $172,998,385 및 $44,213,707이다. 암호 화폐 관련 사기로 인한 금전적 손실은 $246,212,432이다. 이러한 금융 사이버 범죄로 인한 총 금전적 손실은 $463,424,524로 추산되었다. 또한 암호화폐 관련 사이버 범죄를 기반으로 하는 재정적 손실이 1년 내에 16억 달러가 증가하는 등 기하급수적으로 증가한 것으로 나타났다. 금융 사이버 범죄 손실은 2025년까지 약 10조 5000억 달러에 달할 것으로 추정되며 매년 15%씩 증가할 것으로 예상된다.

암호 화폐(비트코인, 모네로 및 이더리움)는 다크웹 시장에서 모든 거래를 기록하고 보호할 수 있는 블록체인 기술을 기반으로 하는 익명화된 지불 거래 시스템이다(Wątorek et al., 2021). 대부분의 암호 화폐는 환전, 매우 낮은 거래 수수료, 즉각적인 은행 거래 및 사용자를 끌어들이는 기타 편리한 서비스를 제공한다(Choi, 2018; Wątorek et al., 2021). 지난 10년 동안 세계화된 온라인 시장에서 암호 화폐의 인기가 높아짐에 따라 금융 사이버 범죄의 수도 기하급수적으로 증가했다(Nicholls et al., 2021). 금융 사이버 범죄의 수에 대한 세계적인 우려가 제기되었지만, 사이버 범죄자에게 제공되는 익명성으로 인해 암호 화폐에 대한 글로벌 규제 체계는 계속 제한되어 법 집행 수사를 방해한다(Pieters & Vivanco, 2017). 공정성이 보장되지 않는 상황에서 다크웹 시장에는 사기 수법이 만연하고 사기 문화가 형성된다(Goldfeder et al., 2017).

구매자 보호를 위해 다크웹 시장에서는 "에스크로(Escrow)"라는 공인된 제3 중립기관 서비스가 추가되었다. 이 시스템은 송금을 통제하는데, 구매자가 올바른 제품의 배송을 확인할 때까지 지불을 보류한다. 구매자가 제품을 받지 못하면 에스크로 서비스가 개입하여 환불을 처리한다(Goldfeder et al., 2017). 에스크로는 공정 지급 거래를 위해 널리 사용되었지만(실크로드 사례 등; Christin, 2013), 다크웹 시장에서 에스크로 사기에 대해서는 충분한 보호를 제공하지 못했다(Anderson et al., 2013; Drew & Moore, 2014).

많은 연구가 금융 사이버 범죄로 인한 피해를 다루고 있지만 다크웹의 불법 금융 시장 문제에 초점을 맞춘 연구는 거의 없다. 금융 사이버 범죄 수사 측면에서 익명의 다크웹 보안을 조사하기에는 디지털 증거 수집의 한계에 직면했기 때문이다. 본 연구는 Cohen과 Felson(1979)의 일상활동이론(routine activity theory)에 기초하여 다크웹 금융 서비스의 범죄자 동기 요인, 형사사법 대응의 과제 그리고 범죄 행위를 이해하는 것을 목적으로 한다. 이 연구는 표적 적합성 구성요소를 조사하여 (1) 사기 범죄자가 고객의 구매를 유도하는 주요 제품, (2) 다크웹 금융 시장의 판매자가 비즈니스를 운영하는 방법, (3) 다크웹 금융 시장에서 잠재 구매자에게 사기 행위를 저지르기 위해 사용되는 마케팅 전략을 밝히는 데 중점을 둔다. 이 조사는 다크웹 시장의 사기에 관해 일상활동이론 관련 문헌을 검토하는 것으로 시작된다. 연구 방법 및 결과에 대한 논의는 이론적 배경(theoretical framework)을 따른다. 본 연구의 주요 결과 요약과 잠재적인 정책적 함의는 결론에서 다루어질 것이다.

2. 이론적 배경: 일상활동이론

일상활동이론은 범죄자가 특정 범죄를 저지르기로 결정하는 방법을 이해하기 위한 이론적 배경을 제공한다. Cohen과 Felson(1979)은 범죄 사건의 '기회적 요인'에 초점을 맞춘 일상활동이론을 제안했다. Cohen과 Felson은 세 가지 중요한 요인이 범죄 피해에 영향을 미친다고 가정했다: (a) 동기가 있는 범죄자, (b) 적합한 표적 그리고 (c) 범죄유발 환경과 방어기제 부재가 그것들이다. 범죄는 이 세 가지 요소가 맞물려 발생하기 쉬우며, 세 가지 중 하나라도 부족하면 범죄 발생을 예방할 가능성이 크다.

사이버 공간은 현실과 유사한 사회적 환경을 공유한다. Choi(2008; 2010; 2015; 2018)는 사이버 공간이 현실과 밀접하게 연관되어 있는 현실 공간의 또 다른 차원이며, 온라인 사용자 또한 사이버 공간 영역 내에서 불법적인 하위문화를 발전시킨다고 주장했다. 사이버 공간은 현실의 "사회 경제적, 문화적 차원"을 반영한다 (Castells, 2002; Choi, 2018). 일상활동이론이 실제 세계에 어떻게 적용되는지에 대하여 많은 사이버 범죄 연구에서는 사이버 범죄를 저지르는 행동에는 다양한 범죄 동기가 요구된다고 가정한다. 비조직 범죄자와 마찬가지로 "탐욕, 정욕, 권력, 복수, 모험, 금단의 열매를 맛보고 싶은 욕망(Grabosky, 2000)"은 사이버 범죄자의 가장 분명한 동기이다.

금융사기를 저지르는 사이버 범죄자(사기 판매자)는 금전적 이득을 동기로 한다. Verizon DBIR 보고서(Verizon, 2016)는 "스파이 행위가 절정에 이르렀을 때에도 금전적 동기가 그 중요성을 상실할 실질적인 위험은 전혀 없었다(p. 8)"라고 밝혔다. 사람들은 "이익과 혜택을 극대화하고 비용과 손실을 최소화하는 선택 (Akers, 2013, p. 26)"을 예상하는 정도에 따라 합리적인 결정을 내리는 경향이 있다. Broadhurst에 따르면 범죄자들은 기술을 사용하여 더 많은 돈을 벌 수 있다는 것과 적발될 위험이 적고 잡히더라도 약간의 처벌만을 받는다는 점을 알고 있다 (Broadhurst et al., 2013). 높은 수익과 체포 가능성 감소는 범죄로부터 이익을 얻는 훨씬 "깨끗한" 방법이며, 범죄자들을 전통적인 범죄에서 벗어나 사이버 범죄에 가담하게 한다(Ilievski & Bernik, 2016). 궁극적으로 이 연구는 다크웹 시장에서 사기 행위를 저지르기로 선택한 사이버 범죄자들이 제한된 법 집행 능력과 범죄 활동의 잠재적 확장을 충분히 고려한다고 가정한다. 즉, 그들은 이러한 상황을 금전적 성공을 얻을 수 있는 최고의 기회로 간주한다(Ahmadi & Yang, 2000; Onkvisit & Shaw, 1989).

금융 사기의 표적을 유인하기 위해 가해자(사기 판매자)는 표적이 선호하는 표적매력(target attractiveness)을 제공한다. 일상활동이론을 참조하면 금융 사기와 관련된 표적 매력도는 가치, 가시성 및 접근성일 수 있다(Cohen & Felson, 1979). 판매자는 스스로의 가치를 입증하기 위해 평판, 피드백, 홍보, 소비자 경험을 제공하며, 이 중 소비자 경험은 사기 판매자와 거래하려는 표적의 결정에 영향을 미친다. 판매자의 평판이나 순위가 하락하는 경우 그들이 사기 행위로 얻는 수입의 감소로 이어질 가능성이 높다(Décary-Hétu et al., 2016). 가시성을 확보하고 표적을 유인하기 위해 범죄자는 다크웹 포럼에 제품을 광고하는 경우가 많다(Nunes et al., 2016).

표적에 대한 가시성을 높이면 판매자에게 접근하는 표적의 수에 영향을 미치며, 이는 범죄자의 금전적 이익에 영향을 미침과 동시에 이를 결정할 수도 있다. Yar(2005)는 사이버 공간에서의 접근성은 온라인 환경의 구조적 측면과 관련이 있다고 밝혔다. 사기성 금융 시장은 다크웹에서 운영되기 때문에 다크웹을 이용하는 전 세계의 사용자들은 판매자에게 접근하는 표적의 수를 늘릴 수 있다(Leukfeldt & Yar, 2016). 다크웹 시장에서 금융사기를 저지를 때 표적 매력도는 필수적이다.

다크웹 시장은 형사처벌의 위험이 상대적으로 낮은 안전한 범죄 네트워킹 허브를 생성함으로써 범죄 활동 및 거래가 증가함(Ablon et al., 2014)에 따라 더욱 조직화되고 확장되고 있다(Koch, 2019). 감시 및 보호라는 측면에서 볼 때, 사이버 범죄와 온라인 피해 사례를 촉진하는 최근 기술의 역할에 대한 인식과 우려가 높아졌음에도 불구하고 많은 법 집행 기관의 현재 역량은 미미하다. 또한 낮은 체포 확률과 익명성은 사이버 범죄자가 다크웹 활동에 참여하도록 유도한다(Buxton & Bingham, 2015). 다크웹 시장은 오프라인 거래보다 더 포괄적인 범위의 제품과 더 큰 편의성을 제공한다(Barratt et al., 2014).

암호 화폐 거래는 다크웹 시장에서 불법 상품 및 서비스를 구매하고 거래할 때 흔히 사용된다(Lee et al., 2019). Foley 등(2019)에 따르면 비트코인 거래는 다크웹의 불법 활동과 관련이 있다. 사실상 추적이 불가능한 금융 거래 시스템은 주로 새로운 형태의 온라인 금융 범죄 활동을 크게 촉진한다. 암호 화폐는 암호 화폐 지갑과 암호 화폐 믹서(Crypto mixer) 서비스를 사용하여 새로운 형태의 자금 세탁을 도입했다(Schafer & Graham, 2002). 금융 시장의 사이버 범죄자들은 불법 거래에 사용 및 판매되는 해킹된 신원에서 익명의 직불 카드 또는 가상 신용카드를 발급하여 불법 활동을 수행한다(Piazza, 2016).

다크웹 시장 속 사기 범죄자의 행동과 활동은 여러 연구에서 조사된 바 있다. 인터넷상의 사기는 비 디지털 시장의 오프라인 사기보다 20배 더 많으며(Bajari & Hortaçsu, 2004; Snyder, 1999; Waters, 2003), 이 사실은 사기 범죄자가 다크웹 시장에서 피해자를 표적으로 삼는 방법을 이해하는 데 중요하다. 다크웹 시장에서 구매하는 것과 관련된 위험은 판매자 정보의 익명성, 신뢰할 수 없는 약속, 제조업체 품질 보증의 부족, 애프터 서비스 이용 불가로 인해 발생한다(Aldridge & Décary-Hétu,

2016; Zhang et al., 2022). 사기 범죄자는 보상과 할인에 대한 거짓 약속(DeLiema et al., 2021; DeLiema & Witt, 2021)을 통해 그리고 거래가 확보될 때까지 제3자가 돈을 일시적으로 보유하는 에스크로 서비스를 도입하여 고객을 유도한다. 일부 시장에서는 구매자의 피드백 평점, 주문 내역, 거래 횟수, 활동 연차를 광고 방법으로 제공한다.; 이는 다크웹에서 서비스를 제공하는 사람들에 대한 신뢰도 확인의 귀중한 형태이다.

다크웹 시장과 비교해 보면, 표면웹에서의 전자 상거래 시장 사기에 대한 연구는 다양한 분야에 걸쳐 많이 진행되었다(Zhang et al., 2013; Zhang et al., 2022). 전자 상거래 플랫폼에서의 사기 행위는 공급업체가 적법한지 확인하는 것과 좋은 평판을 얻는 것을 상당히 어렵게 만든다. 판매자가 타오바오(Taobao) 및 이베이(eBay)와 같은 전자 상거래 시장 플랫폼에서 가짜 리뷰로 평판을 거짓으로 높이는 신뢰 사기는 널리 퍼져 있다(Zhang et al., 2013; Zhang et al., 2022). 평판 관리는 사기 판매자와 같은 바람직하지 않은 상대와의 상호작용을 피하는 것을 목표로 하는 시스템이며 (Yu & Singh, 2000; 2002), 그 신뢰성으로 인해 피드백 평점이 높으면 약 10%의 추가 소비자가 판매자를 방문하게 되고, 이는 판매자의 수익성과 밀접하게 연관되어 있다. 판매자는 긍정적인 피드백을 받기 위해 매우 낮은 가격(1센트까지 내려갈 수 있다)으로 제품을 판매하거나 때로는 무료로 항목을 제공하여 피드백 평점을 거짓으로 높이고 "검증된 판매자"로서 리뷰를 수집한다(Brown & Morgan, 2006; Dini & Spagnolo, 2009; Zhang et al., 2013). 허위 피드백 시스템은 표면웹의 전자 상거래 시장에서 사기 범죄자가 더 많은 소비자를 끌어들여 사기를 저지르도록 한다.

다른 연구들은 피해자가 온라인 사기에 빠지는 이유를 탐구하고 표면웹에서 온라인 시장 사기의 운영에 대해 논의한다(Button et al., 2014; Lea et al., 2009). Whitty 와 Buchanan(2012)은 권위와 합법성이 소비자를 사기의 피해자로 만드는 핵심 요인이라고 주장한다. 온라인 사기 범죄자는 전문가 또는 합법적인 외관을 가정하여 범죄를 저지른다. 사기 범죄자들은 잘 알려진 합법적인 회사를 모방하는 가짜 웹사이트를 구축하며 정교한 디자인, 도용된 로고, 동일한 거래 서비스 및 유사한 도메인 이름을 사용한다(Banday & Qadri, 2011). 가짜 웹사이트는 온라인 소비자를 유인하기 위해 저렴한 가격과 혜택을 제공한다고 광고한다(Zhang et al., 2013). 온라인 시장 사기의 피해자는 상품이나 서비스가 도착하지 않았을 때가 되어서야 사기를 당했다는 사실을 깨닫는 경우가 많다. 해당 연구들은 사기 범죄자가 다크웹의 사기와 유사하게 표면웹에서 온라인 시장 사기를 저지르는 방법을 이해하는 데 기여한다.

앞서 언급한 바와 같이 본 연구는 다크웹 금융 서비스, 상품 및 서비스의 특성과 구매자를 표적으로 하는 숨어있는 사기의 요인에 초점을 맞추어 다크웹 시장 활동의 경향과 패턴을 이해하는 데 중요한 역할을 하고자 한다. 또한 이 연구는 범죄학 문헌과 사이버 범죄 관련 학문 사이의 가교 역할을 하여 법 집행 기관과 대중이 새롭게 등장하는 다크웹 불법 활동을 더 잘 이해할 수 있도록 돕는 것을 목표로 한다.

3. 방법론

다크웹 금융 시장 특성에 대한 실증적 검토에 초점을 맞춘 연구는 소수에 불과하기 때문에(Elbahrawy et al., 2020), 이 연구는 다양한 유형의 다크웹 금융 시장을 면밀히 조사한다. 각각의 판매자는 사기와 관련된 다크웹 금융 시장의 다양한 요소와 비교되었다. 이를 위해 정량적 분석(로지스틱 회귀 등)과 정성적 분석(주제별 분석 등)을 결합했다. 통계 분석을 위해 IBM SPSS 소프트웨어를 활용하여 다크웹 금융 시장 패턴을 기술하고 소비자가 금융 상품의 불법 거래를 연상시키는 주요 요인을 파악하기 위해 로지스틱 회귀 분석을 수행했다. 데이터는 2021년 12월부터 2022년 1월까지 수집하였으며 코딩 및 분석은 2022년 3월에 진행하였다.

정성적 분석을 위해 흥미롭고 중요한 패턴이나 주제를 식별하는 과정인 주제별 분석을 사용했다(Maguire & Delahunt, 2017). 다크웹 시장의 금융 범죄에 대한 주제별 분석은 6단계의 틀에서 수행되었다(Braun & Clarke, 2006; Clarke & Braun, 2013). 해당 틀에는 다음 단계가 포함된다(Byrne, 2021): (1) 1단계: 전체 데이터 세트를 주의 깊게 다시 읽어 데이터에 익숙해지는 것, (2) 2단계: "나중에 주제가 될 것의 기본 구성요소"인 초기 코드 생성, (3) 3단계: 주제 검색, (4) 4단계: 주제 검토, (5) 5단계: 주제 정의, (6) 6단계: 작성. 이를 위해 NVivo라는 컴퓨터 지원 정성 데이터 분석 소프트웨어를 사용하여 다크웹의 금융 서비스에 대한 체계적인 주제별 분석을 수행했다. 이 소프트웨어는 데이터를 정리하고, 체계적인 분석을 수행하고, 데이터를 종류별로 나누어 코딩하고, 데이터를 체계적으로 제시하는 데 도움이 된다 (Kaefer et al., 2015; Lee, 2021; Leech & Onwuegbuzie, 2011). 이러한 과정은 연구 및 분석 과정의 엄격함을 체계화하고 보장하는 데 도움이 된다. 또한 각 문서의 변수, 코드 및 정보에 주석을 다는 것에 사용되는 스프레드시트도 NVivo에서 완벽하게 문서화된다.

(1) 표본 및 절차

대표 표본을 얻기 위한 정확한 크기를 결정하는 것은 다크웹의 익명성 아래 인터넷 사이트의 경험적 분석을 수행하는 데 있어 가장 큰 과제 중 하나이다(Choi, 2018). Tor 네트워크의 특성인 IP 주소의 지속적인 변동과 다른 URL로 복제된 웹사이트를 생성하는 탄력성은 다크웹 금융 시장의 실제 크기, 범위 및 구성을 파악하는 것을 어렵게 한다. 따라서 다크웹 시장의 실제 규모를 가늠하기는 어렵다. 사회 과학 연구에서 대표적인 표본 추출 기법을 사용하는 것은 실제 모집단 없이는 불가능하며(Choi, 2018), 따라서 웹사이트를 분석 단위로 사용하는 연구는 덜 정확한 목적 샘플링 기술에 의존하는 경우가 많다(Schafer & Graham, 2002).

이 연구는 다크웹에서 수집한 117개의 금융 시장 사이트와 31개의 에스크로 사이트 샘플인 양적 데이터를 활용한다. 본 연구의 데이터는 다크웹 금융 시장과 주요 다크웹 포럼(Hidden Wiki, Onion List & Dark Web Wiki)에 나열된 에스크로 사이트에서 수집되었다. 가장 잘 알려진 다크웹 브라우저인 Tor 브라우저는 다크웹 공급업체 사이트에 접속하고 정보를 수집하는 데 사용되었다. 다크웹 금융시장과 에스크로 서비스는 일반적으로 불법 금융상품 구매를 위해 회원가입 없이 접근이 가능하지만 다크웹 포럼의 금융 공급업체는 서비스에 접근하기 위해 가입을 요구했다. 사이버 범죄자들이 전 세계적으로 조직하는 다크웹의 특성상 일부 시장 웹 사이트에서는 판매자가 유럽, 중국 및 러시아에 있음을 알린다(Kadlecová, 2015). 이 조사의 국제 판매자는 서비스를 운영하고 실제 제품을 미국에 배송하는 영어권 시장이다.

(2) 척도의 속성

각 사이트를 조사하여 그 특성을 드러내는 정보와 변수, 상품의 종류, 암호 화폐의 종류, 고객서비스, 보안 등을 파악하였다. 지하 금융 시장에서 제공하는 정보를 바탕으로 코드북을 생성하고, 코드북에 따라 샘플을 독립적으로 코딩하였다. 경력 연수는 경력 연수로 측정하였으며, 기타 변수들은 0=아니오, 1=예로 이분화하였다.

<표 8-3>은 현재 연구에서 종속 척도인 사기 목록과 독립적인 척도인 표적 매력도를 반영하는 표본 특성의 기술 분석 결과를 보여준다.

[표 8-3] Descriptive Statistics(N=117)

Variables	Mean (SD)	N (%)
Dependent Variable		
Vendors on Scam List	0.63 (0.484)	74 (63.2%)
Independent Variables Target Attractiveness		
Duplicate Predominant Business	0.39 (0.991)	22 (18.8%)
Carding: Scam Products		
Prepaid Card	0.26 (0.439)	30 (25.6%)
Cloned Card	0.28 (0.452)	33 (28.2%)
Credit Card	0.20 (0.399)	23 (19.7%)
PayPal Account	0.15 (0.354)	17 (14.5%)
Gift Card	0.12 (0.326)	14 (12.0%)
Carding: Customer Service		
Brands (N=53)		
Visa	0.92 (0.267)	49 (41.9%)
Mastercard	0.79 (0.409)	42 (35.9%)
American Express	0.49 (0.505)	26 (22.2%)
Discover	0.09 (0.295)	5 (4.3%)
PIN Number (N=64)	0.97 (0.175)	62 (53.0%)
Personal Information (N=64)	0.17 (0.383)	11 (9.4%)
Wire Transfer: Scam Products		
PayPal	0.20 (0.399)	23 (19.7%)

Western Union	0.20 (0.399)	23 (19.7%)
Money Laundry: Scam Products		
Counterfeit	0.12 (0.328)	14 (12.0%)
Cryptocurrency	0.15 (0.354)	17 (14.5%)
Counterfeit: Customer Service(N=6)		
UV Test	1.00	6 (5.1%)
Cotton Base Paper	1.00	6 (5.1%)
General Customer Service		
Shipping and Delivery	0.98 (0.130)	115 (98.3%)
Return and Refund	0.53 (0.501)	62 (53.0%)
Payments Method		
Bitcoin	0.98 (0.130)	115 (98.3%)
Monero	0.34 (0.476)	40 (34.2%)
Discount	0.08 (0.269)	9 (7.7%)
Communication via Email	0.56 (0.498)	66 (56.4%)
Security and Privacy		
Years of Experience	5.11 (3.389)	73 (62.4%)
Website Verification	0.42 (0.495)	49 (41.9%)
Hidden Wiki	0.23 (0.423)	27 (23.1%)
DeepDotWeb	0.10 (0.305)	12 (10.3%)
Tor Link	0.11 (0.316)	13 (11.1%)
Onion List	0.14 (0.345)	16 (13.7%)
Escrow	0.64 (0.482)	75 (64.1%)
Currency Exchange Service		
USD	0.97 (0.159)	114 (97.4%)
EUR	0.26 (0.443)	31 (26.5%)
GBP	0.13 (0.336)	15 (12.8%)
CAD	0.06 (0.238)	7 (6.0%)
Source of Products		
Skimming	0.11 (0.316)	13 (11.1%)
Hacking	0.16 (0.370)	19 (16.2%)

Note: 일부 변수들은 그룹 내에서 여러 특성을 가질 수 있다.

1) 종속 변수

사기 목록: 사기 목록은 사기 신고를 검토하여 각 사이트가 사기 사이트인지 여부를 식별하기 위해 "예(1)" 또는 "아니오(0)"로 코딩된 이진 척도 변수로 측정되었다. 데이터에 따르면 사기 목록에 포함된 평균 판매자 수는 0.63개(표준편차 =0.484)였다. 판매자의 63.2%(n=74)가 다크웹 금융 시장에서 고객에게 사기 제품을 판매하는 것과 관련이 있다고 보고되었다.

2) 독립 변수

사기 제품: 카드 사기 상품은 각 시장 사이트에서 상품 가용성을 측정하기 위해 "예(1)" 또는 "아니오(0)"로 코드화되었다: 28.2%(n=33) 복제 카드, 25.6%(n=30) 선불 카드, 19.7%(n=23) 신용카드, 14.5%(n=17) 페이팔 계정, 12.0%(n=14) 기프트카드. 고객이 선호하는 카드 브랜드를 고를 수 있도록 제공된 브랜드 중 4대 주요 브랜드는 1) 비자(Visa)(92.4%, n=49), 2) 마스터(Master)(49.1%, n=42), 3) 아메리칸 익스프레스(American Express)(49.1%, n=26), 4) 디스커버(Discover)(9.4%, n=5)였음이 밝혀졌다. 고객이 카드 상품을 구매할 때 비밀번호(96.9%, n=62)와 원래 카드 소유자의 이름, 주소, 주민등록번호 등의 정보가 포함된 개인정보(9.2%, n=11)를 고객에게 제공했다.

전신 송금 상품: 전신 송금 상품은 페이팔과 웨스턴 유니언 송금이 19.2%(n=23)이었으며, 전신환 세탁 상품은 위조지폐가 12.2%(n=14)였고 14.5%(n=17)의 암호화폐 관련 서비스도 사용 가능했다. 위조지폐를 판매하는 모든 공급업체는 면섬유로 사용하고 고품질 위조지폐를 생산하는 UV 테스트를 받는 것으로 확인된다. 암호 화폐 위조 사이트에는 암호 화폐 지갑, 암호 화폐 믹서 및 암호 화폐 거래(Crypto exchange)를 위한 서비스가 포함되어 있다. 암호 화폐 믹서는 수신자에게 보낼 때 코인을 무작위로 추출하여 암호 화폐 지갑을 추적할 수 없도록 만드는 소프트웨어 플랫폼이다.

고객 서비스: 다른 변수와 마찬가지로 모든 고객 서비스 변수는 각 시장 사이트에서 특정 고객 서비스의 가용성을 측정하기 위해 "예(1)" 또는 "아니오(0)"로 코드화되었다. 일반 고객 서비스의 경우 공급업체의 53%(n=62)가 제품에 대한 반품 및

환불을 보장한다. 결제 수단은 비트코인(98.3%, n=115), 에스크로(64.1%, n=75), 모네로(34.2%, n=40)로 구성된다. 공급업체의 7.8%(n=9)는 고객에게 할인을 제공했고, 56.4%(n=66)는 고객 서비스로 이메일 의사소통을 제공했다.

보안 및 개인정보 보호: 보안 및 개인정보 보호의 측정 방법인 금융 시장에서의 평균 경력 연수는 5.11(표준편차=3.389)임이 밝혀졌다. 유명 다크웹 포럼에서 검증한 웹사이트의 41.9%(n=49)가 판매자의 안전성과 신뢰를 증명한다. 웹사이트 인증은 5개의 리소스 항목으로 구성된다. Hidden Wiki(23.1%, n=27), Onion List(13.7%, n=16), Tor Link(11.1%, n=13), DeepDotWeb(10.3%, n=12)은 "예(1)" 또는 "아니오(0)"로 코드화되었다. 또한 안전한 거래를 위한 에스크로 서비스(11.1%, n=13)와 제3자 중개 서비스가 보안 및 개인정보 보호 옵션으로 사용되는 것으로 보인다.

환전 서비스: 특정 사이트들에서 8건의 환전 서비스가 발견되었다. 주로 97.4%(n=114) USD, 26.5%(n=31) EUR, 12.8%(n=15) GBP, 6.0%(n=7) CAD가 발견되었다.

제품 출처: 제품의 두 가지 주요 출처가 식별되어 "예(1)" 또는 "아니오(0)"로 코드화되었다. 판매자가 공개한 제품의 출처는 16.2%(n=19)가 해킹이었으며 11.1%(n=13)가 스키밍이었다.

4. 결과

(1) 사기 목록의 표적 매력도

<표 8-4>는 사기 목록에 있는 판매자의 표적 매력도 측정에 대한 로지스틱 회귀 분석을 보여준다. 이에 따르면 중복 도메인을 가진 판매자가 사기 사이트가 될 가능성이 약 4.6배(b=1.53 and Odds Ratio=4.61, p<0.05)로 크게 증가하는 것이 밝혀졌다. 복제 카드 판매의 변수는 사기 사이트가 될 가능성이 약 97% 감소하는 것과 상관관계가 있다(b=-3.54 and Odds Ratio=0.03, p<0.05). 페이팔 송금 상품은 다크웹 사기 사이트와 31배 이상 높은 상관관계를 보였다(b=3.46 and Odds Ratio=31.88, p<0.05).

[표 8-4] Logistic regression of predicting Dark Web scam site

	Dark Web Scam Site		
	B	SE	Exp(B)
Target Attractiveness			
Duplicate Domains	1.53	0.75	4.61*
Years of Experience	0.18	0.14	1.20
Hacking Source of the Funds	-2.27	1.33	0.10
Cloned Cards Products	-3.54	1.46	0.03*
PayPal Transfer Products	3.46	1.56	31.88*
Cryptocurrency Laundry Products	-1.93	1.58	0.145
Monero Payment	5.49	1.69	241.97**
Escrow Payment	-0.97	1.25	0.38
Hidden Wiki Verification	2.86	1.26	17.52*
Communication Email	-2.50	1.32	0.08
Nagelkerke's R^2		0.81	

* $p<.05$, **$p<.01$

지불 방법 중 모네로는 사기 사이트의 가능성을 약 242배까지 극적으로 증가시켰다(b=5.49 and Odds Ratio=241.97, p<0.05). 이는 모네로가 사이버 범죄자들에게 상당히 매력적인 지불 방법임을 나타낼 수 있다. 모든 토큰 거래 내역을 저장하고 모든 사람이 볼 수 있는 비트코인 거래를 사용한 Colonial Pipeline 해커가 FBI에 의해 성공적으로 추적된 바 있다. 그에 반해 모네로는 지불 거래에 추가 익명성이 내장되어 있기 때문에 사이버 범죄자들 사이에서 사용 빈도가 늘고 있는 암호 화폐이다(Sigalos, 2021). 또한 Hidden Wiki Verification 서비스는 사기 사이트 가능성이 17배 이상 증가하는 것과 상관관계가 있었다(b=2.86 and Odds Ratio=17.52, p<0.05). 사이트에서 제공하는 이메일 의사소통 서비스는 경계선상 유의성이 있는 사기 사이트의 가능성이 약 92% 감소하는 것과 관련이 있다(b=−2.5 and Odds Ratio=0.08, p=0.057).

(2) 주제별 분석 결과

정량적 데이터 분석에서 판매자의 사기와 관련된 주요 변수, 즉 (1) 지불 방법

(모네로), (2) 제품 유형(복제 카드, 페이팔), (3) 확인 방법(Hidden Wiki 및 이메일)을 확인하였으며 주제별 분석에서도 비슷한 주제가 나왔다. 지불 방법으로 암호 화폐를 사용하는 것이 널리 퍼진 추세였으며, 이는 표면웹 전자 상거래 시장의 운영과 비슷하다.

조사 결과는 다크웹 금융 시장이 다크웹 구매자를 표적으로 하는 사기를 숨기고 있을 가능성이 있음을 보여준다. 다크웹의 사기 판매자는 거래의 안전을 보장하기 위해 웹사이트를 만들고 에스크로 서비스 사용을 권장한다. 결제 카드 사기는 신용카드 번호, 청구서 수신 주소, 보안 코드 및 만료 날짜와 같은 결제 카드 데이터의 취득 및 무단 사용을 의미한다(Lusthaus, 2020). 본 연구에 따르면 결제 카드 사기는 시장 공급업체가 신용카드 및 직불 카드를 판매할 때 발생한다. 공급업체는 이러한 제품 중 상당수를 합법적인 것으로 광고한다. 그러나 광고된 제품 중 적어도 일부는 사기이다. 주제별 분석에서는 암호 화폐, 가격 책정 및 고객 신뢰라는 새로운 세 가지 주제가 어떻게 다크웹 금융 시장을 형성하고 잠재적 피해자를 식별할 수 있는지 보여준다.

1) 지불 방법

암호 화폐는 대규모 컴퓨터 네트워크에서 지원하는 가상 자산이다(Lusthaus, 2020). 비트코인은 다크웹 시장에서 가장 일반적으로 사용되는 지불 방법이며 모네로가 그 뒤를 잇는다(Lusthaus, 2020). 일부 거래소에서 모네로를 구매할 수도 있지만 전부는 아니며, 그 예로 주요 암호 화폐 거래소인 Coinbase는 이 통화를 지원하지 않는다. Coinbase는 2020년 거래를 위해 30개의 다양한 암호 화폐를 제공했지만 모네로는 그중 하나가 될 수 없었으며, 이는 미국 규제 당국이 싫어하는 익명성 때문이다. 반면에 이는 모네로가 기본적으로 익명성을 제공하기 때문에 다크웹 시장에서 인기를 얻을 것으로 예상된다는 점을 나타낸다(Lusthaus, 2020).

이전의 암시장인 Alpha Bay는 모네로를 비트코인에 대한 보다 안전한 대안으로 제시하였다(Georgoulias et al., 2021; Soska & Christin, 2015). <표 8-4>의 결과는 모네로를 허용하는 웹사이트가 사기 제품을 판매할 가능성이 있음을 보여준다. 앞서 언급했듯이 가장 큰 암호화폐 거래소 플랫폼 중 하나인 Coinbase는 모네로를 지원하지 않는다. 비트코인은 기본 지불 방법이지만 일부 공급 업체는 모네로를 선택적 대안으로 제공한다.

사용된 데이터 세트 속 모네로를 사용하는 금융 서비스 중 가장 눈에 띄었던 KryptoPayPal은 2021년 11월 12일에 활성화되었다. 해당 공급업체는 웹사이트에 메모를 포함하고 있다: "Q: 이거 사기인가요? A: 그것은 당신이 결정할 일입니다. 그렇다고 믿는다면 다른 재정적 기회를 추구하는 것이 가장 좋습니다." 이 공급업체(KryptoPaypal)는 Hidden Wiki가 사이트를 확인했다고 광고하지만 이는 사기였음이 밝혀졌다. KryptoPayPal은 판매를 위해 해킹을 통해 얻은 PayPal 계정을 광고한다. 즉, 잠재 고객은 불법 PayPal 계정을 구매한다(다크웹 시장의 특성이다).

<표 8-4>에 제시된 바와 같이 연구 결과는 에스크로 서비스 제공이 웹사이트에서 사기 제품을 판매할 가능성과 음의 상관관계가 있음을 나타낸다. 의미 있는 결과는 아니었지만 에스크로 서비스는 다크웹 금융시장에서 중요한 서비스로 보인다.

[그림 8-4~7] Dark Web Financial Vendors

1. Krypto-PayPal

2. Cash Cow Payment

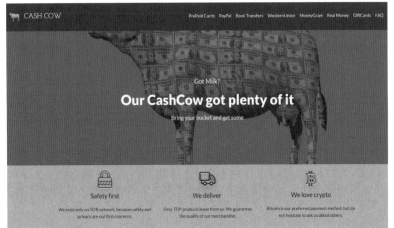

3. Gift Cards

4. Escrow

2) 가격

공급업체마다 가격을 다르게 설정하고 가격 책정 전략이 있지만 유사한 제품/서비스의 가격에 대한 합의가 존재한다. 이 공급업체(#3)는 신용카드를 광고하고 판매한다. 고객 서비스에는 칩이 내장된 신용카드 및 마그네틱 신용카드(아메리칸 익스프레스, 비자, 마스터), 카드 비밀번호 및 구매자의 현지 통화로의 카드 변환이 포함된다. 예를 들어, 2021년에 시작되어 Hidden Wiki에서 검증한 BITCARDS는 선불 아메리칸 익스프레스 및 비자 카드를 제공한다. 이 공급업체는 여러 카드 구매에 대한 할인도 제공한다. 카드 3장 구매 시 10% 할인, 카드 5장 구매 시 20% 할인(무료 카드 1장), 카드 10장 구매 시 30% 할인(무료 카드 3장)이 제공된다.

[그림 8-8] Design of Cards (vendor #3)

Visa Prepaid Cards

At BITCARDS, We offer a variety of Visa Prepaid Cards, These cards have all the benefits you would expect from Visa and are simple and convenient to use – even if you do not have a bank account or an established banking history.

American Express Cards

이 공급업체(#3)는 경쟁력 있는 가격 책정 전략을 사용하여 고객을 유치한다. 더 많은 카드를 구매할수록 할인이 증가하며 카드 유형과 통화에 따라 시작 가격이 다르다. 예를 들어 USD, CAD 및 AUD 통화를 사용하는 신용카드의 경우 카드 가격은 $130부터 시작한다. EUR 및 GBP 통화를 사용하는 신용카드의 경우 가격은 $150부터 시작한다. 그러나 아메리칸 익스프레스 카드의 가격은 $250에서 시작하여 고객이 20장의 카드를 구매하면 $3,700까지 인상된다. 이 세 가지 카드 체계의 가격 범위는 <그림 8-9>에 나와 있다.

[그림 8-9] Pricing Schemes of the Vendor (#3)

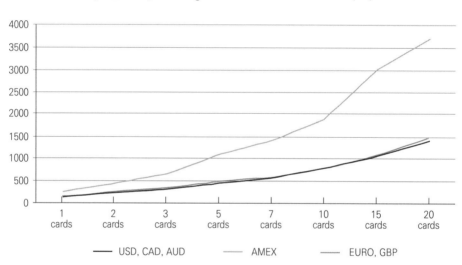

이 공급업체(#3)는 비트코인, 이더리움, 리플, 웨스턴 유니언, 라이트코인(Litecoin), 모네로, 스텔라 루멘스(Stellar Lumens) 및 트랜스퍼와이즈(Transferwise)를 포함한 다양한 지불 방법을 제공한다. 세 가지 배송 옵션을 사용할 수 있다: 일반 배송(모든 국가에서 5~7일), 특급 배송(배송까지 2~3일, 대부분의 국가에서 사용 가능) 및 익일 배송(추가 $30, 미국, 멕시코 및 캐나다). 또한 소비자 신뢰를 보장하기 위해 공급업체(#3)는 웹사이트가 2012년부터 존재해 왔으며, Hidden Wiki에 의해 확인되었다고 언급한다.

3) 고객의 신뢰 얻기

다크웹과 불법 시장에서는 모든 시장에서와 마찬가지로 판매자와 구매자 간의 신뢰 구축이 필수적이다(Laferrière & Décary-Hétu, 2022; Nijhuis, 2022; Norbutas, 2020; Paoli et al., 2017; Tzanetakis et al., 2016). 판매자는 판매를 위한 판매자 상점만을 설립한다(Paoli et al., 2017). 이러한 판매자로부터 직접 암호 화폐를 구매하려는 고객은 암호 화폐 시장에서 제공하는 타사 서비스에 의존하지 않는다. 결과적으로 판매자는 판매에 대한 수수료 지불과 및 암호 화폐 시장 "투자 회수 사기"의 재정적 위험에 대한 노출을 피할 수 있다(Paoli et al., 2017).

경력 연수와 Hidden Wiki 검증은 다크웹 판매자가 자신을 "신뢰할 수 있는 공급업체"로 광고하는 주요 수단이다. 엄밀히 따지면, 이러한 주장은 공급업체와 판매자 간의 신뢰를 구축하는 효과적인 방법이다. 그러나 실제로는 적어도 현재 데이터를 기반으로 할 때, 공급업체 사기를 위장하는 방법이기도 하다.

Bitcoin site No. 119는 "지난 4년 동안 [그들이] 처리한 수많은 거래"를 언급하며, "코인의 출처와 종점을 정확히 찾아내는 것은 사실상 불가능하다"고 말한다. 그러나 이 웹사이트는 사기성 웹사이트이다(Bitcoin sites No. 119). 마찬가지로, Bitcoin site No. 10은 "[그들의] 웹사이트는 Hidden Wiki/Tor Links/Reddit/Deep Dot Web에 의해 확인되었다"라고 말한다. 그러나 이 사이트 또한 사기 판매자이기도 하다(Bitcoin sites No. 10). 이 웹사이트는 또한 2014년부터 존재해 왔다고 광고한다. 또 다른 예로 BITCARDS는 <그림 8-6>의 다른 웹사이트에서 실행되는 사기에 대해 고객에게 알리는 경고 메시지를 게시한다. 동시에 해당 공급업체는 고객이 누구와 거래할 것인지 스스로 결정해야 하며, 스스로의 재산에 대한 책임은 고객에게 있다고 자신 있게 말한다.

5. 논의

이 연구의 목표는 표적 적합성 구성요소를 조사하여 (1) 사기 범죄자가 고객의 구매를 유도하는 주요 제품, (2) 금융 시장 판매자가 비즈니스를 운영하는 방법,

(3) 다크웹 금융 시장에서 잠재적 구매자에게 사기를 저지르기 위해 사용되는 마케팅 전략을 밝히는 것이다. 이 연구는 다크웹 시장에서 사기일 가능성이 가장 높은 몇 가지 금융 상품을 식별한다. 사기 범죄자가 고객에게 구매를 권장하는 주요 제품은 PayPal Transfer이며, 복제 카드 및 암호 화폐 위조는 사기 제품일 가능성이 적다. 그러나 암호 화폐 위조는 설립된 지 2년이 채 되지 않아 사기 신고 건수가 상대적으로 적다.

이러한 결과는 사기일 가능성이 더 높은 모네로를 제외하고 연구에서 조사된 대부분의 암호 화폐가 사기 활동과 강하게 연관되지 않았음을 나타낸다. FBI가 Colonial Pipeline 해커의 비트코인 거래를 성공적으로 압수한 후, 모네로는 비트코인의 대안으로, 견고한 보안으로 인기를 얻었다. 모네로는 그 익명성으로 인해 잡힐 위험이 적기 때문에 사기 판매자에게 안전한 환경을 제공한다. 이전의 암시장인 Alpha Bay는 모네로가 비트코인보다 더 안전한 암호화폐라고 주장했지만(Soska & Christin, 2015), 연구 결과는 모네로를 사용하여 금융 상품을 구매하는 것이 고객에게 안전하지 않다는 것을 나타낸다. 이는 사기 판매자가 모네로를 암호 화폐로 받아들일 가능성이 높다는 것을 뜻하기도 한다.

금융 시장을 다크웹 시장의 신뢰할 수 있는 판매자로 증명해주는 고객 서비스, Hidden Wiki verification은 사기와 양의 상관관계가 있다. 따라서 본 조사 결과는 광고를 신뢰할 수 있다고 생각하는 소비자가 사기에 취약하다는 주장을 뒷받침한다(McAlvanah et al., 2015). 이 조사 결과는 다크웹 시장 금융 서비스에서 사기 행위를 방지하기 위한 감시 및 보호의 중요성을 강화한다. 디지털 사기가 만연함에 따라 SEC는 사기 및 조작 거래 관행을 방지하기 위해 암호 화폐를 SEC에 등록해야 한다고 발표했다. 또한 SEC는 암호 화폐 사기를 조사하기 위해 암호 화폐 자산(Crypto Assets) 및 사이버 유닛(Cyber Unit)의 규모를 두 배로 늘렸다(SEC, 2017; 2018). 연구 결과에 따르면 표적 강화 활동은 다크웹 금융 시장에서 사기 행위를 방지하는 효과적인 공식 및 비공식 사회 통제를 개발하는 데 도움이 될 수 있다.

6. 결론

다크웹 시장에서는 고객을 표적으로 한 불법 사업체 운영 및 사기 행위가 만연해 있다. 다크웹 기술과 암호 화폐의 익명성으로 인해 다크웹 금융 서비스는 당국이 부과한 규제와 법 집행 기관의 조사를 피할 수 있다. 다크웹 금융 서비스에 대한 이해를 돕기 위해 본 연구에서는 다크웹 금융 서비스의 특성과 상품 및 서비스, 구매자를 상대로 한 사기 전략을 살펴보았다.

117개의 금융 시장 사이트와 31개의 에스크로 사이트에서 정보를 수집했으며, 판매자 특성을 비교하고 통계 및 주제별 분석을 통해 사기로 신고된 판매자와 관련된 요인을 식별했다. 회귀 분석의 결과는 금융 시장의 절반 이상이 사기 판매자로 보고되었음을 시사한다. 구매자와 판매자 사이의 안전한 거래를 위해 사용되는 에스크로 서비스도 대부분 사기인 것으로 드러났다. 주제별 분석 결과 결제 유형, 판매자의 가격 책정 전략, 판매자−소비자 신뢰 구축이 공급업체 사기를 예측하는 중요한 요인이며, 사기에 대한 피해자의 민감도 프로파일을 생성하는 것으로 나타났다.

이 연구는 다크웹 시장 금융 서비스에 대한 통찰을 제공하지만 제약이 없는 것은 아니다. 다크웹의 익명성 및 보안과 다크웹 시장의 끊임없이 변화하는 특성으로 인해 표본이 다크웹 금융 서비스의 실제 범위를 나타내지 않을 수 있다. 사용된 데이터에는 금융 서비스 117건과 에스크로 서비스 31건만 포함되었다. 추후의 연구에는 다크웹 시장의 사기 문화를 탐구하고 사기 적발을 위한 향후 방향을 결정하기 위해 더 큰 표본 크기가 포함되어야 한다.

이번 연구 결과는 고객을 표적으로 한 사기 행위가 다크웹 금융 시장에서 다양한 방식으로 만연해 있음을 시사한다. 일상활동이론을 고려할 때, 본 연구와 관련된 정책적 함의는 감시 및 보호의에 초점을 맞추고 있다(Cohen & Felson, 1979). 다크웹 금융 시장 사기의 구조는 매우 복잡하지만(Ablon et al., 2014), 공식적인 사회적 제재에서 다크웹 시장 사기를 방지하기 위해 다양한 기술이 도입되었다(Bradley & Stringhini, 2019; Fidalgo et al., 2019; Gelber, 2006; White et al., 2019). 다크웹 금융 시장의 사기 판매자는 고도로 구조화되고 정교한 기술을 사용하고(Ablon et al., 2014),

익명의 다크넷 보안(Buxton & Bingham, 2015) 아래 숨어 있으므로 다크웹 조사를 위한 더 높은 수준의 조사 기술과 도구(toolkit)가 구현되어야 한다. 또한, 다크웹 보안을 이용한 암호화된 암호 화폐 거래는 사이버 범죄자의 불법 행위를 지원하고 새로운 유형의 암호 화폐 관련 사이버 범죄를 창출하고 있다(Dion, 2013). 불법 거래 및 자금 추적을 위해서는 고도의 수사 기술이 필요하다. 법 집행 기관은 다크웹 수사 능력을 향상시키기 위해 숙련된 요원을 개발하기 위한 기술 교육에 집중해야 한다. 또한 잠재적인 다크웹 사기 판매자에게 영향을 미칠 수 있는, 다크웹 사기 범죄에 대응하기 위한 정부의 규정이나 제재가 부족하다(Geers, 2010). 표면웹을 기반으로 하는 다양한 실습 프로그램이 존재하지만(Newman & Clarke, 2003; Siponen et al., 2008; Wall, 2007a; 2007b; Yar, 2005), 지역 및 주 법 집행 기관의 제한된 자원으로 인해 교육 기회가 거의 없다. 법 집행 기관은 다크웹 시장에서 사기 범죄를 저지른 사이버 범죄자를 유죄 판결하기 위한 법안과 제재를 만들어야 한다. 다크웹 판매자는 종종 미국 외부에 위치하므로(White et al., 2019), 조사관과 법 집행 기관이 사이버 조사의 전통적 요소와 국제적 요소 모두에 익숙해지는 것이 중요하다.

비공식적인 사회적 통제를 위해, 정보 시스템의 목표 강화와 같은 기회 감소 기술이 다크웹 금융 시장에서 온라인 판매자와 인터넷 서비스 제공업체에 의해 유지되어야 한다(Newman & Clarke, 2003). 또한 사기 판매의 위험을 높이고 보상을 줄이는 기술이 다크웹 시장에서 개발되고 구현되어야 한다(Clarke &Weisburd, 1994; Hesseling, 1995; Weisburd et al., 2006). 원자성(atomicity)으로 정부 규제나 제재를 회피하는 다크웹 시장의 특성으로 인해(Beckert & Wehinger, 2013) 다크웹 시장을 이용하는 판매자는 소비자를 상대로 자유롭게 사기를 저지른다. 따라서 각 시장은 사기 판매자를 처벌하거나 향후 활동을 금지하고 피해자로부터 신고나 불만이 제기될 경우 웹사이트에서 획득한 판매자의 신원을 공개해야 한다. 다크웹 금융시장에서 사기를 방지하기 위해 각 시장의 조직은 등록된 판매자를 감독해야 한다. 더욱이 다크웹 금융 서비스 소비자는 판매자를 신뢰하는 경우 구매자가 피해를 입을 수 있음을 인식해야 하며(Samonas & Angell, 2010), 이는 특히 다크웹 금융 시장에서 발생하는 것과 같은 부적절한 모니터링 또는 감독 때문이다(Dhillon & Moores, 2001).

또한 대중 인식 프로그램들은 규제되지 않은 불법 시장에서는 이상 금융거래

탐지 시스템을 적용하기 어렵다는 사실을 소비자에게 알려야 한다. 불법 거래의 전문가인 사이버 범죄자들마저도 절반 이상이 그들과 거래하는 사람들에 의해 사기를 당할 수 있음을 국민들이 알아야 한다. 다크웹에서의 거래에 대해 최소한의 지식이 있는 사람과 다크웹 거래 경험이 더 많은 사람은 잠재적으로 사기성 금융 상품을 구매함에 있어 더 취약하다. 다크웹을 관리하는 어떠한 형태의 연방 규정도 없기 때문에 사기를 당한 피해자는 그러한 사기를 신고할 의지가 없으며 사기를 당한 경우 보상을 받을 방법도 없다.

　　다크웹 시장의 특성과 관련하여 대중이 다크웹 시장에 진입하여 범죄 행위의 희생양이 되는 것을 방지하기 위한 대중 인식 프로그램이 제안되었다. 표적 강화 활동 및 인식 프로그램은 다크웹 금융 시장 사기로 인한 피해를 최소화하는 효과적인 도구가 될 수 있으며, 사이버 범죄 피해를 최소화하는 데 중요한 역할을 할 수 있다(Choi, 2015).

참고문헌

2021 Internet crime report. (2022). *Federal Bureau of Investigation, Internet Crime Complaint Centre (IC3), USA.*

Ablon, L., Libicki, M. C., & Golay, A. A. (2014). *Markets for cybercrime tools and stolen data: Hackers' bazaar.* Rand Corporation.

Ahmadi, R., & Yang, B. R. (2000). Parallel imports: Challenges from unauthorized dis-tribution channels. *Marketing Science, 19*(3), 279-294.

Ahvanooey, M. T., Zhu, M. X., Mazurczyk, W., Kilger, M., & Choo, K.-K. R. (2021). Do Dark Web and Cryptocurrencies Empower Cybercriminals?

Akers, R. L. (2013). *Criminological theories: Introduction and evaluation.* Routledge.

Aldridge, J., & Decary-Hétu, D. (2015). Cryptomarkets and the future of illicit drug markets. In *The Internet and drug markets* (pp. 23-32). Publications Office of the European Union.

Aldridge, J., & Décary-Hétu, D. (2016). Hidden wholesale: The drug diffusing capacity of online drug cryptomarkets. *International Journal of Drug Policy, 35*, 7-15.

Anderson, R., Barton, C., Böhme, R., Clayton, R., Van Eeten, M. J., Levi, M., Moore, T., & Savage, S. (2013). Measuring the cost of cybercrime. In *The economics of in-formation security and privacy* (pp. 265-300). Springer.

Assets. Retrieved from U.S. Securities and Exchange Commision. https://www.sec.gov/news/public-statement/enforcement-tm-statement-potentially-unlawful-online-platforms-trading

Bajari, P., & Hortaçsu, A. (2004). Economic insights from internet auctions. *Journal of Economic Literature, 42*(2), 457-486.

Banday, M. T., & Qadri, J. A. (2011). Phishing-A growing threat to e-commerce. *arXiv preprint arXiv:1112.5732.*

Barratt, M. J. (2012). Silk Road: Ebay for drugs: The journal publishes both invited and unsolicited letters. *Addiction, 107*(3), 683−683.

Barratt, M. J., Allen, M., & Lenton, S. (2014). "PMA sounds fun": Negotiating drug dis− courses online. *Substance Use & Misuse, 49*(8), 987−998.

Beckert, J., & Wehinger, F. (2013). In the shadow: Illegal markets and economic sociology. Socio−Economic Review, 11(1), 5−30. Bradley, C., & Stringhini, G. (2019). A qualitative evaluation of two different law enforcement approaches on dark net markets. 2019 IEEE European Symposium on Security and Privacy Workshops (EuroS&PW) (pp. 453−463). IEEE.

Braun, V., & Clarke, V. (2006). Using thematic analysis in psychology. *Qualitative re− search in psychology, 3*(2), 77−101.

Broadhurst, R., Grabosky, P., Alazab, M., Bouhours, B., Chon, S., & Da, C. (2013). Crime in cyberspace: offenders and the role of organized crime groups. *Available at SSRN 2211842.*

Brown, J., & Morgan, J. (2006). Reputation in online auctions: The market for trust. *California Management Review, 49*(1), 61−81.

Button, M., Nicholls, C. M., Kerr, J., & Owen, R. (2014). Online frauds: Learning from victims why they fall for these scams. *Australian & New Zealand journal of criminology, 47*(3), 391−408.

Buxton, J., & Bingham, T. (2015). The rise and challenge of dark net drug markets. *Policy brief, 7*(2), 1−24.

Byrne, D. (2021). A worked example of Braun and Clarke's approach to reflexive the− matic analysis. *Quality & Quantity*, 1−22.

Castells, M. (2002). *The Internet galaxy: Reflections on the Internet, business, and society.* Oxford University Press on Demand.

Chikada, A., & Gupta, A. (2017). Online brand protection. In *Handbook of Research on Counterfeiting and Illicit Trade*. Edward Elgar Publishing.

Choi, K. S. (2008). Computer crime victimization and integrated theory: An empirical assessment. *International Journal of Cyber Criminology, 2*(1).

Choi, K. S. (2010). *Risk factors in computer−crime victimization*. LFB Scholarly Pub..

Choi, K. (2015). *Cybercriminology and digital investigation*. LFB Scholarly Publishing.

Choi, S. (2018). Illegal Gambling and Its Operation via the Darknet and Bitcoin: An

Application of Routine Activity Theory. In *BSU Master's Theses and Projects*. Item 64.

Christin, N. (2013). Traveling the Silk Road: A measurement analysis of a large anony-mous online marketplace. Proceedings of the 22nd international conference on World Wide Web (pp. 213−224).

Clarke, R. V., & Weisburd, D. (1994). Diffusion of crime control benefits: Observations on the reverse of displacement. *Crime Prevention Studies, 2*(1), 165−184.

Clarke, V., & Braun, V. (2013). Teaching thematic analysis: Overcoming challenges and developing strategies for effective learning. *The Psychologist, 26*(2).

Cohen, L. E., & Felson, M. (1979). Social change and crime rate trends: A routine activity approach. *American Sociological Review*, 44, 588−608.

DeLiema, M., & Witt, P. (2021). Mixed Methods Analysis of Consumer Fraud Reports of the Social Security Administration Impostor Scam.

DeLiema, M., Li, Y., & Mottola, G. R. (2021). Correlates of compliance: Examining con-sumer fraud risk factors by scam type. *Available at SSRN 3793757*.

Dhillon, G., & Moores, S. (2001). Computer crimes: theorizing about the enemy within. *Computers & Security, 20*(8), 715−723.

Dini, F., & Spagnolo, G. (2009). Buying reputation on eBay: Do recent changes help? *International Journal of Electronic Business, 7*(6), 581−598.

Dion, D. A. (2013). I'll gladly trade you two bits on Tuesday for a byte today: Bitcoin, regulating fraud in the e−conomy of Hacker−cash. *U. Ill. JL Tech. & Pol'y*, 165.

Drew, J., & Moore, T. (2014). Automatic identification of replicated criminal websites using combined clustering. 2014 IEEE Security and Privacy Workshops (pp. 116−123). IEEE.

Elbahrawy, A., Alessandretti, L., Rusnac, L., Goldsmith, D., Teytelboym, A., & Baronchelli, A. (2020). Collective dynamics of Dark Web marketplaces. *Scientific Reports, 10*(1), 1−8.

Fidalgo, E., Alegre, E., Fernández−Robles, L., & González−Castro, V. (2019). Classifying suspicious content in tor darknet through Semantic Attention Keypoint Filtering. *Digital Investigation, 30*, 12−22.

Geers, K. (2010). The challenge of cyber attack deterrence. *Computer Law & Security Review, 26*(3), 298−303.

Gelber, A. (2006). Federal jurisdiction in child pornography cases. *US Att'ys Bull., 54*, 3.

Georgoulias, D., Pedersen, J. M., Falch, M., & Vasilomanolakis, E. (2021). A qualitative mapping of Darkweb marketplaces. 2021 APWG Symposium on Electronic Crime Research (eCrime) (pp. 1−15). IEEE

Goldfeder, S., Bonneau, J., Gennaro, R., & Narayanan, A. (2017). Escrow protocols for cryptocurrencies: How to buy physical goods using bitcoin. International Conference on Financial Cryptography and Data Security (pp. 321−339). Springer, Cham.

Grabosky, P. (2000). Computer crime: A criminological overview. Workshop on Crimes Related to the Computer Network, 10th United Nations Congress on the Prevention of Crime and the Treatment of Offenders. Vienna. 2000.

Hesseling, R. (1995). Displacement: A review of the empirical literature, Crime Prevention Studies. In: Criminal Justice Press, New York.

Ilievski, A., & Bernik, I. (2016). Social−economic aspects of cybercrime. *Peer−reviewed academic journal Innovative Issues and Approaches in Social Sciences.*

Kadlecová, L. (2015). Russian−speaking cybercrime: reasons behind its success. *Eur Rev Organised Crime, 2*(2), 104−121.

Kaefer, F., Roper, J., & Sinha, P. N. (2015). A software−assisted qualitative content analysis of news articles: Examples and reflections.

Koch, R. (2019). Hidden in the Shadow: The Dark Web−A Growing Risk for Military Operations? 2019 11th International Conference on Cyber Conflict (CyCon) (Vol. 900, pp. 1−24). IEEE.

Laferrière, D., & Décary−Hétu, D. (2022). Examining the Uncharted Dark Web: Trust Signalling on Single Vendor Shops. *Deviant Behavior*, 1−20.

Lea, S. E., Fischer, P., & Evans, K. M. (2009). The psychology of scams: Provoking and committing errors of judgement.

Lee, C. S. (2022). Analyzing Zoombombing as a new communication tool of cyberhate in the COVID−19 era. *Online Information Review, 46*(1), 147−163.

Lee, S., Yoon, C., Kang, H., Kim, Y., Kim, Y., Han, D., Son, S., & Shin, S. (2019). Cybercriminal minds: an investigative study of cryptocurrency abuses in the Dark Web. 26TH ANNUAL NETWORK AND DISTRIBUTED SYSTEM SECURITY

SYMPOSIUM (NDSS 2019) (pp. 1−15). Internet Society.

Leech, N. L., & Onwuegbuzie, A. J. (2011). Beyond constant comparison qualitative data analysis: Using NVivo. *School Psychology Quarterly, 26*(1), 70.

Leukfeldt, E. R., & Yar, M. (2016). Applying routine activity theory to cybercrime: A the − oretical and empirical analysis. *Deviant Behavior, 37*(3), 263−280.

Lusthaus, J. (2020). Cybercrime in Southeast Asia.

Maguire, M., & Delahunt, B. (2017). Doing a thematic analysis: A practical, step−by−step guide for learning and teaching scholars. *All Ireland Journal of Higher Education, 9*(3).

Martin, J. (2014). Lost on the Silk Road: Online drug distribution and the 'cryptomarket'. *Criminology & Criminal Justice, 14*(3), 351−367.

McAlvanah, P., Anderson, K. B., Letzler, R., & Mountjoy, J. (2015). Fraudulent advertising susceptibility: an experimental approach. *Available at SSRN 2593898*.

Mirea, M., Wang, V., & Jung, J. (2019). The not so dark side of the darknet: A qualitative study. *Security Journal, 32*(2), 102−118.

Nardo, M. (2011). Economic crime and illegal markets integration: a platform for analysis. *Journal of Financial Crime*, Vol. 18 No. 1, pp. 47−62.

Newman, G. R., & Clarke, R. V. (2003). *Superhighway robbery*. Willan.

Nicholls, J., Kuppa, A., & Le−Khac, N.−A. (2021). Financial Cybercrime: A Comprehensive Survey of Deep Learning Approaches to Tackle the Evolving Financial Crime Landscape. *IEEE Access*.

Nijhuis, S. (2022). *Dark Web markets: what can they teach us?* (Bachelor's the − sis/University of Twente.

Norbutas, L. (2020). *Trust on the Dark Web: An analysis of illegal online drug markets* (Doctoral dissertation, Utrecht University).

Nunes, E., Diab, A., Gunn, A., Marin, E., Mishra, V., Paliath, V., ... & Shakarian, P. (2016, September). Darknet and deepnet mining for proactive cybersecurity threat intelligence. In 2016 IEEE Conference on Intelligence and Security Informatics (ISI) (pp. 7−12). IEEE.

Onkvisit, S., & Shaw, J. J. (1989). The international dimension of branding: strategic considerations and decisions. *International Marketing Review*.

Paoli, G. P., Aldridge, J., Nathan, R., & Warnes, R. (2017). Behind the curtain: The illicit trade of firearms, explosives and ammunition on the Dark Web.

Piazza, F. (2016). Bitcoin in the Dark Web: a shadow over banking secrecy and a call for global response. *S. Cal. Interdisc. LJ, 26*, 521.

Pieters, G., & Vivanco, S. (2017). Financial regulations and price inconsistencies across Bitcoin markets. *Information Economics and Policy, 39*, 1−14.

Rudesill, D. S., Caverlee, J., & Sui, D. (2015). The deep web and the darknet: A look inside the internet's massive black box. *Woodrow Wilson International Center for Scholars, STIP, 3*.

Samonas, S., & Angell, I. O. (2010). The power of discretion in IS security. *Journal of Information System Security, 6*(2), 3−29.

Schafer, J. L., & Graham, J. W. (2002). Missing data: our view of the state of the art. *Psychological Methods, 7*(2), 147.

SEC. (2017). *SEC Nearly Doubles Size of Enforcement's Crypto Assets and Cyber Unit* https://www.sec.gov/news/press−release/2022−78

SEC. (2018). Statement on Potentially Unlawful Online Platforms for Trading Digital

Siponen, M., Willison, R., & Baskerville, R. (2008). Power and practice in information systems security research. *ICIS 2008 Proceedings*, 26.

Snyder, J. M. (1999). Online auction fraud: are the auction houses doing all they should or could stop online fraud. *Fed. Comm. LJ, 52*, 453.

Soska, K., & Christin, N. (2015). Measuring the longitudinal evolution of the online anonymous marketplace ecosystem. 24th USENIX Security Symposium (USENIX Security 15) (pp. 33−48).

Szakonyi, A., Leonard, B., & Dawson, M. (2021). Dark Web: A Breeding Ground for ID Theft and Financial Crimes. In *Handbook of Research on Theory and Practice of Financial Crimes* (pp. 506−524). IGI Global.

Tzanetakis, M., Kamphausen, G., Werse, B., & von Laufenberg, R. (2016). The trans− parency paradox. Building trust, resolving disputes and optimising logistics on conventional and online drugs markets. *International Journal of Drug Policy, 35*, 58−68.

Verizon. (2016). *2021 Data Breach Investigations Report*. https://conferences.law.stanford. edu/cyberday/wpcontent/uploads/sites/10/2016/10/2b_Verizon_Data−Breach− Investigations−Report_2016_Report_en_xg.pdf.

Wall, D. (2007a). *Cybercrime: The transformation of crime in the information age* (Vol. 4). Polity.

Wall, D. (2007b). Policing Cybercrimes: Situating the Public Police in Networks of Security within the Cyberspace'Police Practice and Research. *An International Journal.*

Waters, R. (2003). How fraudsters set traps and take the credit. *Financial Times*, 1.

Wątorek, M., Drożdż, S., Kwapień, J., Minati, L., Oświęcimka, P., & Stanuszek, M. (2021). Multiscale characteristics of the emerging global cryptocurrency market. *Physics Reports, 901*, 1−82.

Weber, J., & Kruisbergen, E. W. (2019). Criminal markets: the Dark Web, money laun−dering and counterstrategies−An overview of the 10th Research Conference on Organized Crime. *Trends in Organized Crime, 22*(3), 346−356.

Weisburd, D., Wyckoff, L. A., Ready, J., Eck, J. E., Hinkle, J. C., & Gajewski, F. (2006). Does crime just move around the corner? A controlled study of spatial displace−ment and diffusion of crime control benefits. *Criminology, 44*(3), 549−592.

White, R., Kakkar, P. V., & Chou, V. (2019). Prosecuting darknet marketplaces: Challenges and approaches. *Dep't of Just. J. Fed. L. & Prac., 67*, 65.

Whitty, M. T., & Buchanan, T. (2012). The online romance scam: A serious cybercrime. *CyberPsychology, Behavior, and Social Networking, 15*(3), 181−183.

Yar, M. (2005). The Novelty of 'Cybercrime' An Assessment in Light of Routine Activity Theory. *European Journal of Criminology, 2*(4), 407−427. Yetter, R. B. (2015). *Darknets, cybercrime & the onion router: Anonymity & security in cyberspace* (Doctoral dissertation, Utica College).

Yu, B., & Singh, M. P. (2000). A social mechanism of reputation management in elec−tronic communities. International Workshop on Cooperative Information Agents (pp. 154−165). Springer, Berlin, Heidelberg.

Yu, B., & Singh, M. P. (2002). An evidential model of distributed reputation management. In Proceedings of the first international joint conference on Autonomous Agents and Multiagent Systems: Part 1 (pp. 294−301).

Zhang, G., Li, Z., Huang, J., Wu, J., Zhou, C., Yang, J., & Gao, J. (2022). efraudcom: An e−commerce fraud detection system via competitive graph neural networks. *ACM Transactions on Information Systems (TOIS), 40*(3), 1−29.

Zhang, Y., Bian, J., & Zhu, W. (2013). Trust fraud: A crucial challenge for China's e-commerce market. *Electronic Commerce Research and Applications, 12*(5), 299-308.

공식적/비공식적 보호자

Korean
Cybercriminology

사이버 범죄 예방·처벌과 공적 통제

제5부 공식적/비공식적 보호자

박인선(Insun Park), 송영진(Youngjin Song, 성균관대학교)

제1절

서 론

일상활동이론에서 보호 작용을 하는 주체는 세 가지로 분류해볼 수 있다. 공적인 형태의 사회적 통제, 비공식적인 사회적 통제 그리고 타겟 하드닝(target harden-ing)이 해당한다. 앞에서 사이버 공간에서 가장 효과적인 보호 작용을 하는 것은 타겟 하드닝이라고 서술한 바 있다(제2장 참고). 이에 이어 사이버 공간에서의 공식적 통제 장치에 해당하는 다양한 법률에 대해 살펴본다. 기존의 일상활동이론에서 공적인 형태의 사회적 통제는 형사사법시스템을 의미하였다. 경찰, 법원, 교정기관 등 공권력이 가진 처벌 시스템을 통해 이미 일어난 일탈 행동을 교화하거나 처벌 가능성을 통해 일탈 행동을 저지르지 않도록 하는 것이다. 사이버 공간에서의 일탈 행동 통제 작용 원리도 크게 다르지 않다. 공적 통제 장치를 통해 사이버 공간에서 정보 통신 시스템을 이용하는 사용자들의 행동을 규제하고 정해진 규칙과 규정을 지키도록 하는 것이 주된 구조이다. 사이버 공간에서 사용자들이 어떻게 규칙을 더 잘 따르게 할 것인지, 공적인 권력을 통해 규칙을 어긴 사용자에게 어떤 제재를 가할 것인지, 어떻게 일탈 행동을 예방할 것인지가 관심사가 된다. 따라서 어떤 법률과 규칙을 통해 사이버 공간에서의 행동을 규제하는지 알아볼 필요가 있다.

이 장에서는 사이버 공간에서의 행동에 적용되는 공적인 제제와 관련 법률을 살펴본다. 공적 규제를 살펴보면서 유념해야 할 점은 온라인 행동을 규제하는 데 다른 통제 장치에 비해 법률적인 장치는 사용자들의 행동에 비교적으로 큰 영향을 주지 못한다는 것이다. 관할권 문제나 기술적인 문제 이외에도, 사용자들이 사이버 공간에서의 일탈을 형법적인 문제보다는 사인 간에 해결해야 할 민사적인 문제로 보는 경향이 문제가 된다. 이 때문에 사이버 범죄를 인식하고, 인지하고, 수사하고, 처벌하는 데에 걸림돌이 되는 것이다. 그러나 공적 제제는 여전히 사이버 범죄 통제에 큰 부분을 차지하는 중요한 장치가 되므로 알아 두는 것이 필요하다.

공적 통제의 구조

1. 서론

사이버 범죄에서의 공적인 통제는 Chesney(2021)의 이론에 따라 가해자 중심의 접근법과 잠재적인 피해자 중심의 접근법 두 가지로 구분하여 생각해 볼 수 있다. 두 가지의 접근법 모두 범법 행위를 최소화하고 범법행위가 일어났을 경우 그 피해를 줄이는 것을 목표로 한다. 이와 같은 공동의 목표를 위해 가해자에게는 범법행위를 할 경우 감수해야 할 잠재적인 비용 및 부정적인 결과를 인식하도록 하고, 잠재적인 피해자들로 하여금 보호조치를 하도록 하여 가해자의 범법행위를 성공적으로 예방하도록 한다. 이와 같은 목표를 위해 다양한 기관의 역할, 정책, 법적인 제도 등을 종합적으로 고려하여야 한다.

2. 가해자에게 잠재적인 비용 부과

(1) 가해자에 대한 이해

앞서 제2부의 제4장과 제5장에서 사이버 범죄자의 유형론과 범죄의 형태를 알아보았다. 여기서 가해자란 사이버상에서 컴퓨터를 이용하여 허가받지 않은 방법으로 정보 또는 지적재산권을 침해하거나 피해자들로부터 금전적 이득을 취하는 등 다양한 방법으로 피해를 야기하는 주체들을 통칭한다. 사이버 범죄의 유형이 다양한 만큼 범죄자들 역시 숙련된 전문가부터 초보적인 수준까지 넓은 범위의 기술 수준을 지니고 있다. 조직을 형성하여 잘 짜여진 계획하에 행동하는 사이버 범죄 조직부터 우연히 맞닥뜨린 기회로 인해 우발적으로 참여하는 개인들도 있다. 범행동기는 금전적 이득을 가장 먼저 떠올리겠지만 어떤 가해자들은 기밀 정보를 습득하기 위해, 개인의 목적 달성을 위해, 때로는 자신의 범행 기술을 뽐내거나 예방 시스템의 취약점을 드러내기 위해 범행을 저지르기도 한다. 따라서 가해자 중심의 접근방법은 가해자들의 특성, 동기, 기술 수준, 사회적 배경 등이 매우 다양하다는 것을 이해하는 것으로부터 출발한다.

(2) 공적인 비용 부과 장치

사이버 범죄에서의 공적인 장치란 정부 차원에서 이루어지는 법적, 정책적 조치들을 말한다. 가장 널리 알려진 방법으로는 가해 행위를 범법행위로 규정하여 적발, 처벌하는 것이다. 범법 행위의 성격에 따라 형법, 특별법적인 조치 외에도 민사 책임을 부과하기도 한다. 앞서 분류한 정보통신망 침해범죄, 정보통신망 이용범죄, 불법 컨텐츠 범죄 등에 따라 형법 이외에도 정보통신망 이용촉진 및 정보보호 등에 관한 법률, 성폭력범죄의 처벌 등에 관한 특례법, 청소년보호법 등 다양한 법의 규제를 받게 된다. 특히 사이버 보안에 관련된 경우 경찰뿐만 아니라 국가정보원, 군사정보보안국 등 관련된 정부 기관이 개입하게 된다. 미국의 경우 또한 분야에 따라 법무부(Department of Justice), FBI, US Secret Service 등이 개입하여 사이버 범죄를 다루고 예방하며, 아래에 설명되어 있듯이 금융범죄의 경우 연방거래위원회(Federal Trade Commission), 증권거래위원회(Securities and Exchange Commission) 등의 개입도 이루어진다.

사이버 금융범죄 예방과 처벌

1. 지적재산권

지적재산권 문제는 아마도 사이버 공간에서의 행동을 규율하는 데 가장 큰 문제가 될 것이다. 많은 사람들이 문제의식 없이 책, 문서, 음악, 영화 또는 프로그램을 다운받으며, "다들 그냥 하니까", "불법행위 인지 몰랐어" 등의 변명을 사용한다. 하지만 무지에 기인하거나 별다른 의식 없이 행했더라도 처벌은 피할 수 없는 것이 사실이다.

미국의 지적재산권법은 민법의 한 갈래로 인간의 창작과 혁신을 장려하기 위해 만들어진 법이다. 기존에 유형적인 것에 한하여 인정되던 재산권을 무형적인 것에도 인정하기 때문에, 컴퓨터 관련 분야, 정보 보안 그리고 사이버 범죄에 많은 연관이 있는 법률이다. 저작권(copyright), 상표법(trademark), 특허(patent), 영업비밀(trade secrets) 등은 지적재산권의 일종으로 미국 헌법에 의거한 연방법에 의해 보호된다. 미국 헌법 제1조 제8항(Article 1 Section 8)에서는 의회로 하여금 작가들과 발명가들의 창작물에 대한 배타적인 권리를 인정함으로써 과학과 기술의 발전을 도모하도록 규정하여 특허와 저작권 보호의 기반을 제공한다.

Article I
Section 8 Enumerated Powers
Clause 8 Intellectual Property
To promote the Progress of Science and useful Arts, by securing for limited Times to Authors and Inventors the exclusive Right to their respective Writings and Discoveries

USCS Const. Art. I, § 8, Cl 8

미국의 지적재산권 법은 다음과 같이 세 가지로 나뉜다.
1) 상표법(Trademark)의 보호대상: 물건이나 상품을 구분하는 데 사용될 수 있는 고유의 문자, 이름, 상징, 색, 소리, 형태, 장치 또는 그 조합을 보호한다.

2) 저작권(Copyright)의 보호대상: 단순한 아이디어가 아닌 저자의 독창적인 창작품이나 아이디어를 표현하는 방식을 보호한다.

3) 특허/영업비밀(Patent/Trade secret)의 보호대상: 등록되어 기밀의 대상인 영업 또는 기술적인 정보는 소유자 이외에는 다른 사람이 사용할 수 없도록 배타적인 법적 권리를 부여하여 보호한다.

기존에 존재하던 1976년의 저작권법을 개정하여 정보통신분야의 저작권 침해를 처벌할 수 있도록 하는 법령은 다음과 같다: 1980년 컴퓨터 소프트웨어 법(The Computer Software Act of 1980), 1992년 반도체 칩 보호법(Semi-conductor Chip Protection Act of 1992), 1997년 전자 절도 금지법(No Electronic Theft Act of 1997), 1998년 디지털 밀레니엄 저작권법(Digital Millennium Copyright Act of 1998). 위 법안들을 통해 문학, 삽화, 도표, 사진, 뮤지컬/극작품, 조각품, 영화, 시청각 매체, 건축물, 소프트웨어와 같은 창작물을 컴퓨터나 기타 장치를 통해 복제하는 것을 금지한다. 또한 법적으로 저작권자의 분명한 허락 없이는 창작물을 배포하거나 분배하는 것을 금지한다.

디지털 밀레니엄 저작권법(Digital Millennium Copyright Act of 1998; DMCA)은 특히 보호대상이 되는 기술을 제작, 배포, 판매하는 행위를 금지하고 있다. 그러나 공정 사용 원칙(Fair Use Doctrine)에 따라 저작권법의 보호를 받는 창작물일지라도 저작권자에게 대가를 지불하지 않고 사용할 수 있는 경우를 좁게 인정하고 있다.

공정 사용 원칙에 해당하는지 판단하는 데에는 다음과 같은 사항을 고려한다.

- 복제의 목적, 특히 상업적 목적이 있었는지
- 복제된 작품의 특성
- 복제한 양의 절대적, 상대적 분량
- 작품을 복제함으로써 복제된 작품의 상업적 가치에 미치는 영향

공정 사용 원칙에 부합하는지 아닌지는 각 사례마다 개별적으로 판단하기 때문에 위 항목 중 하나 이상에 해당하더라도 처벌받을지 아닐지는 알 수 없다 (Clifford, 2011).

1997년 전자 절도 금지법은 인터넷을 통해 고의로 타인의 창작품을 배포한 사람을 대상으로 벌금 또는 금고의 형을 부과하고 있다. 이때 배포 행위로 인해 상업적 이득을 취하지 않은 사람도 처벌의 대상이 된다.

1997년 전자 절도 금지법에 의해 연방차원의 저작권법 위반자는 상업적 목적 없이 이타적인 목적으로 행했더라도 처벌을 받게 되었다. $250,000 이하 또는 5년 이하의 징역형을 받을 수 있다.

의도적인 저작권법 위반 행위는 미국 연방법(USC) Title 17, Section 1204에 규정되어 있다. 위반할 경우 5년 이하 징역이나 $500,000 이하의 벌금 그리고 추가 위반사항에 따라 10년 이하의 징역이나 100만 달러 이하의 벌금형에 처해질 수 있다(Clifford, 2011).

2. 사이버 범죄 관련 미국 연방기관

온라인 공간은 지리적 구분과 제한에서 자유롭기 때문에 여러 기관에 관할권이 인정되는 경우가 대부분이다. 따라서 주요 사건의 경우 주 정부나 지역 정부가 아닌 연방 정부에서 담당하게 된다. 사이버 범죄 예방과 통제를 담당하는 연방 차원의 법률은 다음 4가지의 목표를 수행한다(McQuade, 2006).

1) 개인정보 및 프라이버시를 보호하고 정부 기관 관련 정보를 안전하게 제공
2) 연방 정부가 관리하는 정보를 안전하게 관리 및 보호
3) 국가의 핵심 기반시설을 안전하게 관리 및 보호
4) 정보통신 기술 남용 및 범죄를 정의하고 규율

(1) 증권 거래 위원회(Securities and Exchange Commission, SEC)

미국의 증권 거래와 증시를 감독하는 기관으로 1929년에 설립되었다. 증권판매 과정에서 회사재무제표의 허위 표시를 감시하는 것을 주로 담당하며, 대리권 종용(solicitation of proxy) 과정 규제, 내부자 거래 감시, 증권 거래의 다양한 부분을 관리 감독한다. 따라서 인터넷상에서 이루어지는 증권 관련 거래내용은 증권 거래 위원회의 소관이 된다.

루나 코인 사건

지난 3월 26일, 테라코인/루나 폭락 사태의 주요 인물인 권○○ 테라폼랩스 대표가 몬테네그로에서 체포되었다. 국내에 있는 피해자만으로도 20만 명으로 추정되고 있으며 피해액은 50조 이상으로 추산된다. 이에 앞서 고발장을 발표한 주체 중 하나가 SEC이다. SEC는 지난 2월 테라폼랩스와 권도형을 대상으로 사기(fraud), 무기명증권매매(selling unregistered securities), 무기명 증권기초 스왑 매매(selling unregistered security-based swaps) 등의 혐의로 고발하였다. 고발장은 미국 증권법(Securities Act)과 거래법(Exchange Act)의 등록과 사기 방지 규정에 근거하였고, 연방법원인 미국 뉴욕 남부 지방법원에 제출되었다.

고발장의 주요 내용은 권○○과 테라폼이 미국의 불상의 거래회사와 협력하여 UST 안정화를 위해 2021년 5월에 10센트까지 폭락한 UST를 구입하게 하고 그 대가로 테라폼은 루나 토큰을 지급하였다. SEC에 따르면 제3자 회사를 이용해 폭락한 UST의 가치를 $1까지 끌어올렸고, 권○○은 이와 같은 사실을 비밀로 한 후 terraUSD가 자생적으로 가치를 조정하는 기능이 있는 것처럼 소비자들을 기만하였다. 이와 같은 행위는 SEC의 관할권에 속한다.

두 번째로, SEC는 권○○과 공모자들이 10,000 비트코인 이상을 테라폼과 루나에서 인출하여 밝혀지지 않은 가상화폐 지갑으로 이체했다고 밝혔다. 이와 같은 절차를 통해 총 1억 달러 이상을 스위스 은행에서 세탁했다고 하였다. 이와 같은 이유로, 권○○은 미국 시민이 아니지만 미국 내에서 본인의 범죄 행위의 상당 부분에 해당하는 행위를 했기 때문에, 미국 내에 상당한 숫자의 피해들이 존재하고 미국 경제 시스템에 부정적 영향을 끼칠 수 있는 상당한 소지가 있으므로 SEC가 문제를 제기할 수 있는 충분한 근거가 존재한다고 한다. 권○○이 체포된 이상 사건의 귀추가 주목된다.

(2) 미국 연방 통신 위원회(Federal Communications Commission, FCC)

1934년에 설립된 미국 연방 통신 위원회는 주(state) 간의 국가 간의 라디오, 텔레비전, 무선통신, 인공위성, 케이블을 통한 통신 활동을 규제한다. 따라서 정보 통신 네트워크 시스템상에서 일어나는 다양한 위법, 불법적인 통신 내용, 즉 음란물, 사기 거래와 같은 내용이 객체가 된다. 그러므로 사이버 범죄 예방과 통제에 핵심적인 기관이 된다.

(3) 연방 거래 위원회(Federal Trade Commission, FTC)

1903년에 설립된 이래로, 사이버 범죄에 대항하는 연방 기관 중 가장 핵심적인 기관 중 하나로 자리잡았다. 주로 정보보안 기준을 수립하고 스팸과 개인정보 도용 사건 수사 그리고 기업의 공정거래를 감시하는 역할을 담당하고 있다. 정보보안과 관련하여, 최근(2023년 6월) FTC는 미국 온라인 아동 프라이버시 보호법(Children's Online Privacy Protection Act, COPPA)에 의거하여 마이크로소프트 산하 Xbox 서비스에 대해 2000만 달러의 과징금을 부과했다. COPPA는 13세 미만 아동의 개인정보를 수집할 때 따라야 할 절차나 제한 등에 대해 규정한 법으로, FTC에 따르면 Xbox 게임 시스템은 다음 규정들을 지키지 않아 COPPA를 위반하였다고 판단하였다.

직접적인 통지 요건(Direct notice requirement)
운영자는 아동으로부터 개인정보를 수집, 사용 또는 공개할 시에 부모가 직접 통지를 받도록 합리적인 노력을 해야 한다. 또한, 이전에 동의한 개인정보 수집, 사용, 공개 절차에 대한 중요한 변경사항이 있을 시 합리적인 노력을 통해 통지해야 한다(16 C.F.R. § 312.4(b)).

부모 동의 요건(Parental consent)
운영자는 아동으로부터 개인정보 수집, 사용, 공개 이전에 검증가능한 형태의 동의를 부모로부터 받아야 한다.
- 2021년 4월 이전 Xbox 콘솔에 13세 미만의 아동이 가입할 시, 부모의 동의를 얻도록 하는 절차는 존재하였으나, 부모에게 아동의 어떤 개인정보가 수집되는지 안내하는 대신 회사의 일반적인 개인정보 정책으로 안내했으며 검증가능한 동의가 없더라도 계정을 생성하였다.

데이터 보관 및 삭제 요건(Data retention and deletion requirements)
운영자는 아동으로부터 온라인으로 수집한 개인정보를 수집목적을 달성하는 데에 합리적인 기간 동안만 보관해야 한다. 목적 달성 이후에는 정보를 삭제하기 위해 합리적인 노력을 해야 하며 허락받지 않은 접근 또는 사용으로부터 수집한 정보를 보호해야 한다.
- 2015년부터 2020년 10월까지 아동이 계정 생성 절차를 완료하지 않았더라도 그전까지 기입한 개인정보를 수집하고 보관했던 것으로 드러났다.

(4) 미국 연방 예금 보호 공사(Federal Deposit Insurance Corporation, FDIC)

1933년에 설립된 기관으로 재정기관 등급 평가, 대출 기능 그리고 재무와 관련된 정보 시스템의 보안 기준과 보안 시스템을 관리한다. 사이버 범죄 중 재산 관련 범죄가 큰 비중을 차지하고 재무관련 기관에 대한 사이버 공격이 포함되어 있어 이때 미국 연방 예금 보호 공사가 핵심적인 기관이 된다.

(5) 미국 연방 항공국(Federal Aviation Administration, FAA)

미국 연방 항공국은 1958년에 설립되어 항공기 생산, 운용, 관리에 관한 기준을 제정 및 집행하고, 항공 운송기를 운용하는 공항과 파일럿을 인증 및 관리하는 역할을 수행한다.

3. 해킹과 사이버 사기

1986년 컴퓨터 사기 남용 방지법(Computer Fraud Abuse Acts of 1986, CFAA)은 재정 정보와 신용 정보를 담고 있는 연방 정부의 컴퓨터나 재무 기관에 허가받지 않은 접근을 하는 것을 금지한다. 1996년 국가 정보 인프라 보호법(National Information Infrastructure Protection Act of 1996)의 보호대상은 인터넷에 연결된 모든 컴퓨터가 해당한다. 연방 정부 차원의 사이버 범죄 통제 관련 법률 중에서 컴퓨터 사기 남용 방지법은 핵심이 되는 규제 사항이다.

    A. 해킹에 대한 처벌: 연방 정부의 기금으로 운영되는 대학의 컴퓨터 시스템에 침입하는 행위는 CFFA에 따르면 중범죄에 해당하는 행위로 20년 이하의 징역형에 처할 수 있다.

    B. 우편, 은행, 전산 사기 방지법: U.S.C. Title 18 Section 1342를 자세히 읽어보면 우편 사기 방지법이 현재 운영되는 개인정보 도용 방지법의 전신이 되었음을 알 수 있다. 이 법에 따라 사실이 아닌 정보를 이용해 전자적 정보(문자, 서명, 신호, 그림, 또는 소리)를 통해 경제적 이득을 취하는 행위를 금지하고 있다(Clifford, 2011). 위반한 경우 20년 이하의 징역형에 처할 수 있다.

    C. 은행 사기: 고의로 사실이 아닌 정보를 이용해 재무 기관으로부터 재산, 자

금, 신용, 자산, 증권 또는 다른 재산을 편취하는 행위는 100만 달러 이하의 벌금이나 30년 이하의 징역형에 처할 수 있다(Clifford, 2011).

4. 개인정보도용

1998년 신원도용 및 사칭 방지법(Identity Theft and Assumption Deterrence Act of 1998)에 의하면 타인의 신원 정보를 이용하거나 가상의 신원 정보를 생성하여 금전이나 재산 또는 신용을 취득하는 범법 행위를 직접 하거나, 촉진하거나, 가능하도록 돕는 행위는 금지되어 있다. 이 법률에 따라 신원 정보 도용을 수행하거나 모의하는 행위는 20년 이하의 징역형에 처할 수 있다. 또한 "wire fraud" 법령이라고도 불리는 연방법에서는 다음과 같은 행위를 금지하고 처벌하고 있다.

> 사기를 일으키거나 타인의 돈이나 재산을 얻기 위해 거짓된 양식, 표현, 약속, 정보 전송 등을 이용해 무선, 라디오 또는 텔레비전 통신을 통하여 쓰기, 표시, 신호, 그림 또는 소리를 국내 또는 외국 상업 통신을 통해 주고받는 행위를 하거나 계획하는 자는 벌금형 또는 최대 20년의 징역형에 처한다(18 U.S.C. 1343).

신원도용(Identity fraud)은 18 U.S.C. 1028에서 8가지 행위를 통해 규제하고 있다.

> (1) 법적 권한 없이 인증서, 인증 특징 또는 가짜 신분증을 의도적으로 제작하는 경우;
> (2) 도난당하거나 법적 권한 없이 제작된 신분증, 인증 특징 또는 가짜 신분증을 의도를 알고 이전하는 경우;
> (3) 법적으로 발급된 것이 아닌 다섯 개 이상의 신분증(소지자의 사용을 위해 법적으로 발급된 것을 제외한 것), 인증 특징 또는 가짜 신분증을 법적으로 사용하거나 이전하려는 의도로 소지하는 경우;
> (4) 미국을 사기하려는 의도로 법적으로 발급된 것이 아닌 신분증, 인증 특징 또는 가짜 신분증을 의도적으로 소지하는 경우;
> (5) 가짜 신분증 또는 다른 가짜 신분증 제작 도구 또는 인증 특징을 의도적으로 제작하여 사용될 것으로 의도적으로 생산, 이전 또는 소지하는 경우;
> (6) 미국이나 특별한 국가적 의미를 가진 행사를 주최하는 단체의 신분증이나 인증 특징으로 보이는 신분증 또는 인증 특징을 법적 권한 없이 도난당하거나 법적 권한 없이 제작된 것으로 알면서 의도적으로 소지하는 경우;
> (7) 법적 권한 없이 다른 사람의 신원정보를 이전, 소지 또는 사용하여 연방법을 위반하는 불법 활동을 의도하거나, 그 활동을 원조하거나 협력하거나, 그와 관련하여 사용하는 경우;
> (8) 가짜 신분증, 신분증 제작 도구 또는 신원정보 수단으로 사용되는 가짜 또는 실제 인증 특징을 의도적으로 거래하는 경우.

5. 스팸

불필요한 음란·광고물 발송 관리법(Controlling the Assault of Non-Solicited Pornography and Marketing Act of 2003, CAN-SPAM)은 2003년에 제정된 법으로 상업적으로 전송되는 이메일을 규제하기 위해 국가 차원에서 제정된 첫 번째 시도이며, 연방거래위원회(FTC)로 하여금 처벌을 시행하도록 한다.

스팸에 관한 처벌 사례로 아이오와(Iowa) 주 동부에서 5,000명 정도의 고객을 대상으로 이메일 서비스를 제공하는 로버트 크레이머(Robert Kramer) 사건을 살펴본다. 크레이머는 자신의 고객들이 스팸 메세지 때문에 자신의 이메일 서비스를 이용하는데 지장을 받자 스팸 메세지를 전송한 300여 개의 기업을 대상으로 소송을 진행하였고, 2004년 12월 18일 연방 법원 판사 찰스 월(Charles R. Wolle)은 하루에 천만 건 이상의 스팸 메세지를 전송한 3개의 기업을 대상으로 크레이머에게 총 천만 달러를 배상하도록 판결했다. 이는 아이오와의 진행 중인 범죄행위 법(Ongoing Criminal Conduct Act)에 의거하여 스팸 메세지 하나당 10달러의 배상을 지정하고, 연방법인 부패 및 조직범죄 처벌법(Racketeer Influenced and Corruption Organizations Act, RICO Act)에 따라 배상금을 3배로 계산하였기 때문이다(NBC News, 2004).

이외에도 미국은 부다페스트 협약(Budapest Convention on Cybercrime)의 일원으로, 사이버 범죄를 예방하고 척결하기 위해 체결된 국제 조약의 규정을 실현하기 위해 다양한 법률과 정책을 도입하고 있다.

제4절

우리나라의 관련 법규정

1. 사이버 금융사기

경찰청은 사이버 범죄의 유형을 정보통신망 침해형 범죄, 정보통신망 이용형 범죄, 불법콘텐츠 범죄 등 세 가지로 분류한다. 정보통신망 침해형 범죄는 적절한 권한 없이 컴퓨터나 컴퓨터 시스템에 접근하거나, 허용된 접근권한을 넘어서 시스템, 데이터, 프로그램을 침해하거나 파괴, 변경하거나 정보통신망(컴퓨터 시스템)의 성능을 저하시키거나 사용할 수 없게 만드는 행위를 말한다. 반면에, 정보통신망 이용형 범죄는 정보통신망(컴퓨터 시스템)을 범죄의 본질적 구성요건에 해당하는 행위를 행하는 주요 수단으로 이용하는 경우를 일컫는 것으로 대부분의 사이버 금융사기가 이 구분에 해당한다. 마지막으로 불법컨텐츠 범죄는 정보통신망(컴퓨터 시스템)을 통하여, 법률에서 금지하는 재화, 서비스 또는 정보를 배포, 판매, 임대, 전시하는 경우를 일컫는다.

사이버 금융사기는 정보통신망(컴퓨터 시스템)을 통하여, 이용자들에게 물품이나 용역을 제공할 것처럼 기망하여 피해자로부터 금품을 편취(교부행위)한 경우를 말하며, 직거래 사기, 쇼핑몰 사기, 게임 사기, 기타 사이버 사기 등이 속한다.

제347조의2(컴퓨터등 사용사기) 컴퓨터등 정보처리장치에 허위의 정보 또는 부정한 명령을 입력하거나 권한 없이 정보를 입력·변경하여 정보처리를 하게 함으로써 재산상의 이익을 취득하거나 제3자로 하여금 취득하게 한 자는 10년 이하의 징역 또는 2천만원 이하의 벌금에 처한다.

대법원 2013. 3. 28. 선고 2010도14607 판결 [컴퓨터등사용사기·정보통신망이용촉진및정보보호등에관한법률위반(정보통신망침해등)·컴퓨터등장애업무방해]
컴퓨터 사용자들이 피고인의 사건 프로그램을 이용하는 방법으로 ○○○○○, △△△△△의 네이버 스폰서링크를 부정 클릭함으로써 네이버의 스폰서링크 광고대행사에 광고비를 지급하게 한 사실이 있는 경우 컴퓨터등 사용사기를 인정하였다.

대법원 2014. 11. 13. 선고 2014도8838 판결 [컴퓨터등사용사기·정보통신망이용촉진및정보보호등에관한법률위반(정보통신망침해등)·게임산업진흥에관한법률위반·범죄수익은닉의규제및처벌등에관한법률위반]
대출금과 불법적으로 얻은 타인명의 유심칩을 이용하여 게임머니나 게임 아이템을 구입하여 이익을 얻는 업체와 상호공모하여 그 이익금을 나누어 가졌다. 그리고

2012년 9월에는 피고인 1에게 구입한 유심칩이 내장된 휴대폰을 고속버스 수하물이나 이메일을 통해 전달하였으며, 이를 이용하여 게임 아이템을 구입하여 125,678,400원의 이익을 얻은 경우 컴퓨터등사용사기에 해당한다.

2. 기타 사이버 금융사기

정보통신망을 이용하여 피해자의 계좌로부터 자금 이체받거나 소액결제가 되게 하는 신종 범죄는 피싱, 파밍, 스미싱, 메모리해킹, 몸캠피싱 등이 있다. 이 중 피싱은 가짜 은행사이트로 유도하여 금융정보를 탈취하는 방법, 파밍은 악성코드에 감염된 PC를 조작하여 금융정보를 탈취하는 방법, 스미싱은 문자메시지를 이용하여 소액결제 피해 발생 또는 개인, 금융정보를 탈취하는 방법, 메모리해킹은 보안카드 번호 앞, 뒤 2자리만 입력하여 부당 인출하는 방법, 몸캠피싱은 음란화상채팅 후, 영상유포를 협박하여 금전을 갈취하는 방법이다. 이에 대한 대응책으로는 전기통신금융사기 피해방지 및 피해금 환급에 관한 특별법에 의거 지급정지가 가능하나, 재화의 공급 또는 용역의 제공 등을 가장한 행위는 제외된다.

관련 규정

[피싱 Phishing]
정보통신망법 제49조의2(속이는 행위에 의한 정보의 수집금지 등) ① 누구든지 정보통신망을 통하여 속이는 행위로 다른 사람의 정보를 수집하거나 다른 사람이 정보를 제공하도록 유인하여서는 아니 된다.
② 정보통신서비스 제공자는 제1항을 위반한 사실을 발견하면 즉시 과학기술정보통신부장관 또는 한국인터넷진흥원에 신고하여야 한다.

[파밍 Pharming]
정보통신망법 제48조(정보통신망 침해행위 등의 금지) ② 누구든지 정당한 사유 없이 정보통신시스템, 데이터 또는 프로그램 등을 훼손·멸실·변경·위조하거나 그 운용을 방해할 수 있는 프로그램(이하 "악성프로그램"이라 한다)을 전달 또는 유포하여서는

아니 된다.

정보통신망법 제49조(비밀 등의 보호) 누구든지 정보통신망에 의하여 처리·보관 또는 전
　　송되는 타인의 정보를 훼손하거나 타인의 비밀을 침해·도용 또는 누설하여서는 아니
　　된다.

[스미싱 Smishing]

정보통신망법 제48조(정보통신망 침해행위 등의 금지) ② 누구든지 정당한 사유 없이 정
　　보통신시스템, 데이터 또는 프로그램 등을 훼손·멸실·변경·위조하거나 그 운용을
　　방해할 수 있는 프로그램(이하 "악성프로그램"이라 한다)을 전달 또는 유포하여서는
　　아니 된다.

[몸캠피싱]

정보통신망법 제49조(비밀 등의 보호) 누구든지 정보통신망에 의하여 처리·보관 또는 전
　　송되는 타인의 정보를 훼손하거나 타인의 비밀을 침해·도용 또는 누설하여서는 아니
　　된다.

형법 제350조(공갈)

　　① 사람을 공갈하여 재물의 교부를 받거나 재산상의 이익을 취득한 자는 10년 이하
　　의 징역 또는 2천만원 이하의 벌금에 처한다.

　　② 전항의 방법으로 제삼자로 하여금 재물의 교부를 받게 하거나 재산상의 이익을
　　취득하게 한 때에도 전항의 형과 같다.

3. 사이버 저작권 침해

　　1986년에 시행된 컴퓨터 프로그램 보호법은 2009년에 저작권법과 통합되어,
1994년부터는 데이터베이스를 편집 저작물로 보호하기 시작했으며, 2003년부터는
기술적으로 저작물에 대한 침해를 방지하기 위한 조치를 무력화하는 것을 금지하
고, 온라인 서비스 제공자의 책임 범위를 명확히 하였다. 지적재산권은 어문저작물,
음악저작물, 연극저작물, 미술저작물, 건축저작물, 사진저작물, 영상저작물, 도형저
작물, 컴퓨터 프로그램 저작물 등을 포함하는 저작물의 복제권, 공연권, 공중송신
권, 전시권, 배포권, 대여권, 2차 저작물 작성권을 말한다. 저작물은 사람의 사고나

감정을 표현한 창작물을 의미하며, 어문저작물, 음악저작물, 연극저작물, 미술저작물, 건축저작물, 사진저작물, 영상저작물, 도형저작물, 컴퓨터 프로그램 저작물 등이 해당한다. 2차 저작물과 편집저작물은 독자적으로 저작권이 인정된다. 그러나 법령이나 사실의 전달에 불과한 시사보도 등은 저작권 보호를 받지 못한다.

저작권법 제136조(벌칙) ① 다음 각 호의 어느 하나에 해당하는 자는 5년 이하의 징역 또는 5천만원 이하의 벌금에 처하거나 이를 병과(倂科)할 수 있다.
1. 저작재산권, 그 밖에 이 법에 따라 보호되는 재산적 권리(제93조에 따른 권리는 제외한다)를 복제, 공연, 공중송신, 전시, 배포, 대여, 2차적저작물 작성의 방법으로 침해한 자

저작권보호법상 창작물은 창의성이 있는 작품으로, 완전한 독창성을 요구하는 것은 아니지만 다른 작품을 모방한 것은 안 된다. 작가 자신의 독특한 사상이나 감정을 담고 있어야 한다. 따라서 누구나 비슷하거나 같은 표현을 사용할 수밖에 없는 것은 창작물로 인정되지 않는다. 이는 작가의 창의성이 드러나지 않기 때문이다.

컴퓨터 프로그램의 경우 원작과 유사하나 창작성을 인정한 사례

대법원 2012. 1. 27. 선고 2011도626 판결 [컴퓨터프로그램보호법위반]
피해자 공소외 1 주식회사(이하 '피해자 회사')과 피고인들 등 사이의 서울중앙지방법원 2006가합92887 손해배상 등 사건에서 위 법원의 촉탁에 의하여 감정인인 컴퓨터프로그램보호위원회가 공소외 2 주식회사(이하 '공소외 2 회사')의 △△△△△ 프로그램과 피해자 회사의 ○○마을 프로그램의 소스코드를 구성하는 파일을 정량적으로 비교한 결과 △△△△△ 프로그램을 기준으로 9.89%, ○○마을 프로그램을 기준으로 6.50%만이 동일·유사한 것으로 감정되었음을 알 수 있다. 그렇다면 피해자 회사의 ○○마을 프로그램은 설령 공소외 2 회사의 △△△△△ 프로그램을 일부 이용하였다 하더라도 이와 실질적인 유사성이 없는 별개의 독립적인 새로운 프로그램이 되었다고 봄이 상당하다.

저작권법에서의 "전시"란, 작품을 진열하거나 게시하는 것을 의미한다. 하지만, 인터넷상에서 다른 사람의 작품에 대한 링크를 게시하는 것은 전시에 해당하지 않는다. 다른 예로는, 음란물 등이 포함된 웹페이지로 연결되는 링크를 게시하는 것은 정보통신망법상 음란물 전시 행위로 간주되어, 이러한 행위는 저작권법에서는 전시행위에 해당하지 않는다.

> 대법원 2016. 5. 26. 선고 2015도16701 판결 [저작권법위반]
> 피해자 공소외 주식회사에서 제작한 '○○○맛집' 모바일 서비스에 대하여 복제, 전시 및 2차적 저작물을 작성할 정당한 권원이 없음에도 영리를 위하여 위 '○○○맛집' 모바일 서비스를 복제한 후 사이트(android.com)에 접속하여 개발자 등록 후 2차적 저작물인 '○○○맛집'이라는 어플을 등록하는 방법으로 피해자의 저작재산권을 침해하였다.

제5절

기술매개 아동·청소년 대상 범죄와 공적 통제

1. 우리나라의 접근 방법

아동성착취물은 아동·청소년 또는 아동·청소년으로 명백하게 인식될 수 있는 사람이나 표현물이 등장하여 성적인 행위, 신체의 일부나 도구를 이용한 유사한 성적 행위, 성적 수치심을 일으키거나 혐오감을 유발하는 행위, 자위행위 또는 기타 성적 행위를 포함하는 내용을 표현하는 것으로 정의되며, 필름, 비디오물, 게임물 또는 컴퓨터 등을 통해 화상 또는 영상 형태의 제작물 등이 해당한다. 2000년 청소년의 성보호에 관한 법률 제정시에는 범위를 "청소년이 등장한 음란물"로 정의하였으나, 점차 범위를 넓혀 2009년에는 청소년이용음란물을 아동·청소년이용음란물로 규정하는 아동·청소년의 성보호에 관한 법률로 변경하였다. 2011-2012년에 아동·청소년이용음란물의 정의를 아동·청소년 또는 아동·청소년으로 명백하게 인식될 수 있는 사람이나 표현물로 규정하였으나, 이와 같은 표현 또한 아동·청소년에 대한 불법성을 충분히 반영하지 못한다는 비판에 따라 아동성착취물로 2020년에 개정되어 사용되게 되었다.

아동·청소년의 성보호에 관한 법률(청소년성보호법)

제11조(아동·청소년성착취물의 제작·배포 등) ① 아동·청소년성착취물을 제작·수입 또는 수출한 자는 무기 또는 5년 이상의 징역에 처한다.

② 영리를 목적으로 아동·청소년성착취물을 판매·대여·배포·제공하거나 이를 목적으로 소지·운반·광고·소개하거나 공연히 전시 또는 상영한 자는 5년 이상의 유기징역에 처한다.

③ 아동·청소년성착취물을 배포·제공하거나 이를 목적으로 광고·소개하거나 공연히 전시 또는 상영한 자는 3년 이상의 유기징역에 처한다.

④ 아동·청소년성착취물을 제작할 것이라는 정황을 알면서 아동·청소년을 아동·청소년성착취물의 제작자에게 알선한 자는 3년 이상의 유기징역에 처한다.

⑤ 아동·청소년성착취물을 구입하거나 아동·청소년성착취물임을 알면서 이를 소지·시청한 자는 1년 이상의 유기징역에 처한다.

⑥ 제1항의 미수범은 처벌한다.

⑦ 상습적으로 제1항의 죄를 범한 자는 그 죄에 대하여 정하는 형의 2분의 1까지 가중한다.

경찰청은 2016년 10월부터 "불법 촬영물 추적시스템"을 개발하여 24시간 가동하고 있다. 디지털 성범죄물 관련 정보를 수집하고 불법 촬영물 소지 및 유포자를 추적하기 위해 운영하는 시스템으로, 피해 게시물은 방송통신심의위원회에 의뢰해 삭제 및 차단을 요청하고 조치한다. 경찰은 "N번방" 사건 이후 디지털성범죄 전담 수사 인력을 증원하였으며, 디지털 성범죄 수사에 이용되는 위장수사를 원활하게 진행하기 위해 경찰관이 신분을 노출하고 수사를 진행할 수 있도록 하는 위장수사 제도의 법적근거를 마련하였다(2021년 9월 시행).

2. 미국의 접근 방법

미국은 연방 차원에서 1977년 제정한 The Protection of Children Against Sexual Exploitation Act를 통해 아동성착취물의 제작, 배급, 소지를 처벌하고 있으며, 1996년 이를 보완한 The Child Pornography Prevention Act(CPPA)를 통해 미성년자 대상 성적인 행위를 담은 모든 자료의 제작, 배급, 소지를 금지하도록 하였다. 아동성착취물은 The Communications Decency Act(CDA)에서는 온라인 서비스 제공 기업들이 아동 성착취물을 발견할 경우 National Center for Missing and Exploited Children(NCMEC)에 제보하도록 의무를 부여하고 있으며, 2003년 제정된 Prosecutorial Remedies and Other Tools to end the Exploitation of Children Today Act(Protect Act)는 적용범위를 넓혀 "성적으로 노골적인 특정행위를 하는 미성년자의 이미지와 구별할 수 없는 시각적 표현물"의 제작을 금지하고 있다.

미국은 연방과 주 단위에서 다양하게 아동성착취물을 조사하고 처벌하는 한편, 신고체계를 일원화하여 적극적으로 홍보하고 있다. 잘 알려진 Federal Bureau of Investigation(FBI) 내의 사이버 범죄 태스크 포스를 두어 Child Abduction Rapid Deployment(CARD) Team, Endangered Child Alert Program, Violent Crimes Against Children International Task Force 등의 프로그램을 운영하고 있고, 타 기관과 National Center for Missing and Exploited Children(NCMEC)과도 활발하게 공조하고 있다. 여기서 NCMEC는 비영리단체로 법 집행기관은 아니지만 아동학대나 납치, 성착취물 등을 식별하고 추적하기 위해 법 집행기관과 협력하는 단체이다. 특히 온라인 아동 성착취물에 대해서는 CyberTipline을 통해 신고를 용이하게 하고 있다. 이외에도 미국 이민국(U.S. Immigration and Customs Enforcement, ICE), 사법부의 Child Exploitation and Obscenity Section(CEOS) 그리고 5000명 이상의 법 집행기관과 850,000명 이상의 수사관들이 Internet Crimes Against Children(ICAC) 태스크 포스를 통해 공조하고 있다.

3. 유럽의 접근 방법

유엔에서는 아동의 권리에 관한 협약(Convention on the Rights of the Child)을 통해 아동기본권을 규정하고 협약 가입국으로 하여금 아동의 성적 학대를 금지하는 입법·행정·사법적 조치를 하도록 하고 있다. 이 협약은 1989년 유엔총회에서 채택되었고, 해당 국가의 법에서 법적 성인의 나이를 18세보다 빨리 규정하는 경우를 제외하고 18세 이하의 사람을 모두 협약의 주체와 보호의 대상인 아동으로 규정하였다. 이 협약 아래 존재하는 두 가지의 선택의정서 중 아동의 매매·성매매 및 아동 음란물에 관한 아동권리협약 선택의정서(Optional Protocol on the Sale of Children, Child Prostitution and Child Pornography)는 2002년 1월에 채택된 것으로, 169국이 참여하고 있다. 아동성착취물과 성매매를 범죄화해야 하고 아동성착취와 성매매가 행해지는 곳을 폐쇄해야 하며 수익을 몰수하도록 규정하고 있다.

4. 공식적 보호자의 효과를 저하하는 요인들

(1) 사이버 범죄와 공식적 보호자의 부재

공식적 보호자의 가장 큰 제한사항은 실제로 위반사항이 법 집행기관이 보고되고, 유죄 판결을 통해 처벌받아야 억제 효과가 극대화된다는 사실이다. 그러나 사이버 범죄는 기술의 발전에 비해 입법 속도가 뒤처지는 대표적인 분야로 온라인에서 행해지는 많은 반사회적인 행위들이 법의 사각지대에 놓이기 쉬운 실정이다. 예를 들어 메타버스에서 일어나는 욕설, 아바타 스토킹, 성범죄들은 처벌할 법적 근거가 없어 공식적 보호자의 부재 현상을 겪고 있다.

(2) 수사의 어려움

법적 처벌 근거가 있다고 해도 범행이 다크웹 등 수사가 곤란한 공간에서 이루어지거나 가해자의 신상을 국제 기업이 보유하고 있어 청구하기 까다로운 경우 등 수사상의 한계도 존재한다. 절차상의 어려움뿐만 아니라, 취급 담당자들이 업무상

성착취물을 반복해서 접할 경우 정신 건강 악화에 취약한 것으로 알려져 있다. 미국 아동 대상 인터넷 범죄 전담반(ICAC) 대원들을 상대로 한 설문조사 결과 90% 이상의 대원들이 수사 시에 아동 성착취물을 접했으며, 35%가 이로 인해 가족 문제, 개인의 성적인 문제, 업무 생산성 저하, 부서 이동 신청 등 문제를 겪었다고 답하였다(Wolak & Mitchell, 2009).

5. 대응방안

위에 서술하였듯이 온라인 공간에서는 공식적 보호자의 효력에만 의존해서는 범죄 예방 또는 억제 효과를 기대하기 힘들다. 빠르게 변화하는 사이버 공간에서 이루어지는 범죄 행위를 예방하고, 특히 아동 및 청소년을 보호하기 위해 다양한 사회적 대응책이 필요하다. 첫 번째로, 공식적 보호자의 효과를 극대화하기 위해서는 신고 접근성을 높이고 암수 범죄를 최소화해야 한다. 우리나라의 경우 온라인 성착취물은 경찰청을 통해서도 신고할 수 있지만 한국여성인권진흥원의 디지털성범죄 피해자지원센터 또는 방송통신심의위원회를 통해 신고를 접수할 수 있다. 이 외에도 지방자치단체에서 지역별로 성범죄예방 및 대응을 담당하는 센터를 운영하고 있다. 미국의 경우 연방, 주, 카운티, 시 별로 다양한 행정기관이 존재하나, 아동 성범죄 신고에 관해서는 NCMEC CyberTipline을 바로 떠올릴 정도로 잘 알려져 있다.

두 번째로, 공식적 보호자의 역할을 도울 수 있도록 온라인 플랫폼 운영자나 관련 기업에 예방 및 신고를 장려하는 방법이 있다. Apple은 아이폰에서 아동성착취 관련 이미지를 담은 내용을 통제하는 정책을 고려 중에 있으며, Facebook 또한 관련 이미지를 감시하고 제재를 취하고 있다. 온라인 아동성착취물의 발생과 거래가 트위터나 페이스북, 틱톡 등 널리 쓰이는 플랫폼에서 이루어지는 것을 감안하였을 때, 공식적 보호자에 전적으로 의존하기보다는 플랫폼 기업으로 하여금 적극적으로 예방 및 단속을 하도록 하는 것이 필요하다. 마지막으로, 사이버 범죄의 초국가적인 특성으로 인해 관련 수사와 규제를 원활하게 할 수 있도록 국제 협력이 활발하게 이루어져야 한다.

참고문헌

김한균, 김대원, 이경렬, 김기범, 김면기, 조은경, … & 이미선. (2020). 첨단 과학수사 정책 및 포렌식 기법 종합발전방안 연구 (Ⅲ)−수사효과성 증진을 위한 유관 법제도 및 정책 평가. 형사정책연구원 연구총서, 1−767.

경찰백서. (2022).

Blanchfield, L. (2013). *The United Nations convention on the rights of the child* (Vol. 1). Washington, DC: Congressional Research Service.

Chesney, R. (2021). Cybersecurity Law, Policy, and Institutions (Version 3.1). *U of Texas Law, Public Law Research Paper*, (716).

Doyle, M., Tapson, K., Karagiannopoulos, V., & Lee, P. (2023). Impacts of organisational role and environmental factors on moral injury and trauma amongst police in−vestigators in internet child abuse teams. *The Police Journal, 96*(1), 153−171.

Powell, M., Cassematis, P., Benson, M., Smallbone, S., & Wortley, R. (2014). Police offi−cers' strategies for coping with the stress of investigating Internet child exploitation. *Traumatology: An International Journal, 20*(1), 32.

Wolak, J., & Mitchell, K. J. (2009). Work exposure to child pornography in ICAC task forces and affiliates. *Retrieved from Crimes against Children Research Center: http://www. unh. edu/ccrc/pdf/Law% 20Enforcement% 20Work% 20Exposure% 20to% 20CP. pdf.*

참고 법령
형법
아동·청소년의 성보호에 관한 법률(청소년성보호법)
저작권법
정보통신망 이용촉진 및 정보보호 등에 관한 법률

USCS Const. Art. I, § 8, Cl 8

Computer Fraud Abuse Acts of 1986; CFAA)

Controlling the Assault of Non−Solicited Pornography and Marketing Act of 2003;
    CAN−SPAM)

Convention on the Rights of the Child

Children's Online Privacy Protection Act (COPPA)

Digital Millennium Copyright Act of 1998

Identity Theft and Assumption Deterrence Act of 1998)

National Information Infrastructure Protection Act of 1996

No Electronic Theft Act of 1997

Ongoing Criminal Conduct Act

Optional Protocol on the Sale of Children, Child Prostitution and Child Pornography)

Racketeer Influenced and Corruption Organizations Act; RICO Act

Semi−conductor Chip Protection Act of 1992

The Computer Software Act of 1980

The United Nations Convention on the Rights of the Child

온라인 아동 성착취 현황 및 형사 사법적 대응

최경식, 이한나래(Kyung-Shick Choi, Hannarae Lee)

제1절

서 론

　　미국을 포함한 여러 나라의 정책 입안자, 법 집행기관, 교육자 및 부모는 특히 온라인에서 아동 피해에 대해 우려를 표명하고 있다. 오프라인에서 범죄는 범행시간, 장소, 가해자 및 피해자가 있으며, 경찰이 조사할 단서가 있고 범인을 추적하기 위한 수사기법도 훈련받는 반면, 온라인에서는 성범죄자들이 신분을 위장한 채 사이버 공간에 숨어버리고, 전 세계 어디든 있을 수 있으며, 수백 명의 청소년들에게 동시에 피해를 입힐 수 있고(Wolak, et al. 2006), "사이버 단서"는 전통적인 법 집행 기관이 훈련받거나 경험한 적 없는 새로운 형태의 증거를 남긴다. 게다가 현재 많은 청소년들, 심지어 10대 미만의 어린이들도 마음껏 인터넷을 사용하고 있다. 인터넷아동범죄(ICAC)는 휴대전화 기술 발전으로 인한 온라인 아동 성착취 조사범위 확대(노트북, 데스크톱을 넘어 휴대폰까지), 숨겨진 가해자, 모호한 증거 및 단서 때문에 현대 법 집행 수사의 난제가 되어버렸다.

　　전국인터넷안전조사(NISS-3, see Mitchell, Jones Finkelhor & Wolac, 2014, p. 1)는 법 집행 기관에서 조사한 우리 사회가 직면하고 있는 온라인 아동성착취 유형을 다음과 같이 분류하였다.

1) 성적 권유: 원하지 않았거나 성인에 의해 성 행위, 성적인 대화 또는 성적인 개인정보를 제공하도록 요구받는 것

2) 공격적인 성적 권유: 우편, 전화 또는 대면을 통한 오프라인 접촉을 포함하는 성적 권유 또는 오프라인 접촉에 대한 시도나 요구

3) 괴롭힘: 청소년에게 온라인으로 전송되거나 다른 사람들이 볼 수 있도록 온라인에 게시된 해당 청소년에 대한 위협 또는 공격적인 행동(성적인 권유가 아님)

4) 원치 않는 성적 자료에 대한 노출: 성적 자료를 찾거나 기대하지 않았음에도 온라인 검색, 웹서핑, 이메일 열기 또는 이메일 링크를 통해 나체나 성관계를 하는 사람들의 사진에 노출되는 것

Mitchell 등(2014)은 전국 청소년 표본의 약 9%가 성인으로부터 온라인 성적 권유를 당했으며, 약 2%는 성인으로부터 공격적인 성적 권유를 당했고(성인이 오프라인으로 만남을 제안한 경우), 약 23%는 원치 않은 성적인 나체 이미지(사진)를 받았다고 답했다. 비 성적 괴롭힘은 시간이 지남에 따라 증가했는데, 청소년의 11%가 사이버 괴롭힘 또는 기타 온라인 괴롭힘 피해를 입었다고 응답했다(Mitchell et al., 2014).

제2절

온라인 성 범죄자 유형 분류 체계

Hartman, Burgess 및 Lanning(1984)은 아동의 성적 학대 이미지를 수집하는 네 가지 유형을 제안하였다.

1) Closet collector는 접촉 없이 아동의 모욕적인 이미지를 몰래 수집하는 범죄자이다.

2) Isolated collector는 접촉 범죄와 함께 모욕적인 이미지를 수집한다.

3) Cottage collector는 주로 검증을 위해 자신의 수집품 및 경험을 같은 생각을 가진 다른 이들과 공유한다.

4) Commercial collector는 수집품을 통해 금전적 이익을 추구하는 사람들이다.

Hartman 등(1984)이 제안한 아동 성범죄 유형분류 체계는 1984년 처음 소개되어 온라인 아동성범죄를 다루고 있지는 않았으나, 이후 계제된 온라인 아동 성범죄 관련 연구들이 위의 유형분류 체계를 따르거나 범죄자들의 행동과 동기분석으로 통해 유사한 내용의 유형 분류 체계를 발표한 바 있다. 예를 들어, Krone(2004)은 호주 범죄학연구소와 호주 하이테크범죄센터 간 협력 프로그램을 바탕으로 범죄자 유형을 식별하기 위해 세 가지 온라인 행동 요소를 활용했다. 이 세 요소는 1) 학대의 유형: 간접적 또는 직접적, 2) 범죄자들의 네트워킹 수준, 3) 발각되는 것을 피하고자 범죄자들이 사용하는 보안의 수준이다. 실수로 아동의 가학적인 이미지를 접하는 것으로부터 의도적으로 수집 및 배포를 하거나 아동과의 직접적인 접촉을 시도하는 과정에서의 기술 활용도를 바탕으로 Krone(2004)은 범죄자를 9가지 집단으로 분류하였다. 이 9가지 범죄자 그룹은 Browser, Private fantasy, Trawler, Non-secure collector, Secure collector, Groomer, Physical abuser, Producer 그리고 Distributor이다.

또한 Briggs, Simon 및 Simonsen(2011)은 인터넷 대화방에서의 이루어진 온라인 성범죄자들과 청소년 및 아동 간의 대화를 바탕으로 온라인 성범죄자들을 접촉중심 집단과 판타지중심 집단으로 분류하였다.

어떤 식으로 청소년 및 아동을 성적 관계로 유도하는지에 접촉중심 집단과 판타지중심 집단으로 분류하였다. 이름에서 알 수 있듯이 접촉중심 그룹은 미성년자와 오프라인 성행위를 하고자 하는 동기를 가지고 있고, 이와 반대로 판타지중심 그룹은 오프라인에서 만날 의도 없이 온라인 사이버 성행위를 벌인다.

온라인 아동 성범죄자들이 어떤 식으로 청소년을 성적 관계로 유도하는지에 대한 시도하는지에 대해 의 집단을 청소년을 성적 관계로 유도하거나 시도하는 인터넷 성범죄자를 DeHart 등(2017)은 미국 사우스캐롤라이나 주 인터넷아동범죄(ICAC) 대책반(Task Force)에서 수집한 범죄자의 채팅 기록, 이메일 스레드, SNS 게시물 및 관련 사건 파일을 활용하여 200명의 범죄자 샘플을 추출하고, 사건의 핵심 요소를 뽑아 온라인 성범죄자를 cybersex-only offenders, schedulers, cybersex/schedulers 그리고 buyers의 네 그룹으로 분류하였다.

　　온라인 아동 성범죄자 특성을 분류하고 이해하기 위한 방법은 여러 가지가 있지만, 다수의 연구에서는 다음과 같은 직관적인 네 가지 기준을 전체 또는 일부 사용한다: 1) 신체적 접촉 없이 호기심과 충동에 기반한 것, 2) 접촉 없이 성적 판타지를 충족시키는 것, 3) 접촉을 통한 그루밍 및 촉진, 4) 금전적 이득을 위한 모욕적인 이미지의 제작 및 배포.

제3절

SNS 환경 속 스마트폰 및 디지털 증거력

1. 소셜 네트워킹 서비스와 스마트폰

　　오늘날 어린이와 청소년은 단순한 전화통화나 문자메시지 전송 이상의 용도로 휴대전화를 사용하며, 이제는 오히려 인터넷 접속, 사진·동영상 다운로드 및 전달, 이메일 확인, 음악 듣기, 게임 플레이 등이 휴대전화의 일반적 용도가 되어버렸다. 휴대전화는 이와 같은 광범위한 용도와 함께 다양한 소셜 네트워크를 관리할 수 있어 청소년의 일상생활을 영위하는 강력하고 중요한 도구이다.

　　아이들은 무선연결을 통해서도 음악을 저장하고, 사진과 비디오를 찍어 다른 사람과 공유할 수 있다. 무선연결로 정보를 공유하기 위해서는 서로 가까운 거리에 있는 장치(휴대전화, 컴퓨터, 휴대용 게임기 등)에 전파를 이용한 무선 개인영역 네트워크를 활성화하면 된다. 그 후 소셜 네트워킹 서비스에 콘텐츠를 올리거나, 휴대전화에서 휴대전화로 전송하거나, 전화 통신망을 우회하는 기기 간 근거리 무선연결을 통해 자료를 공유할 수 있다.

　　인기있는 소셜 네트워킹 서비스(페이스북, 인스타그램, 트위터, 스냅챗, 틱톡 등)를 통해 사용자는 개인 홈페이지나 블로그를 만들고 프로필 페이지를 설정하며, 관심사 및 기타 세부 정보를 나열하고 친구를 추가할 수 있으며 다른 사용자와 연락할 수 있다. 또한 주요 소셜 네트워킹 서비스 업체는 다양한 온라인 채팅 서비스를 제공하며 다른 소규모 독립 웹사이트들도 대화방을 제공하는데, 이 대화방은 사용자들의 관심사, 연령 또는 위치에 따라 분류되는 것이 일반적이며, 이를 이용하여 전 세계 사람들이 실시간으로 문자 대화를 나눌 수 있다.

대화방 계정을 만들 때는 보통 신원 확인용 이메일 주소만 필요하므로 누구나 공개 대화방을 사용할 수 있고, 대화방 대부분은 연령 인증절차도 없어서 어린이가 성인으로 위장하여 입장할 수 있다. 이런 대화방은 관리나 감시가 없어 성인이 공개 대화방을 이용하여 아동 및 청소년과 관계를 맺고 성적으로 학대하는 경우가 있었다. 어린이와 청소년들은 신원을 속이는 사람들의 꼬임에 넘어가 개인정보를 넘겨주거나 친구가 되기도 했는데, 이 아이들은 그 후 지속적인 심리적, 육체적 또는 성적 학대를 노출되는 확률이 높다는 연구들이 보고되고 있다.

Mitchell 등(2010)은 아동 대상 인터넷 성범죄로 인한 체포 사건 중 약 2,322건이 어떤 식으로든 SNS와 관련이 있다고 지적했다. 대다수의 체포사건들이 경찰이 위장하여 진행된 수사이지만 약 503건의 사례는 가해자의 SNS 사용과 피해자가 확인된 사례이다. SNS는 성적 관계를 시작하고, 피해자와 가해자 사이의 의사소통 수단을 제공하며, 피해자의 정보에 접근하고, 피해자에 대한 정보나 사진을 유포하고, 피해자의 친구들과 연락하는 데 사용되었다.

2. 휴대전화에서 성범죄자 특정하기

피해자가 문자메시지(SMS)를 받은 경우 이동통신사의 협조를 얻으면 가해자가 휴대기기로 메시지를 전송하였는지 아니면 SMS서비스 웹사이트를 이용했는지를 확인하여 성범죄자를 특정할 수 있다. 휴대전화를 사용했다면 수사관은 휴대전화 소유자를 쉽게 파악할 수 있지만, 웹사이트 이용의 경우 먼저 이동통신사를 통해 SMS서비스 업체를 확인한 후, 범죄 메시지 발송시간, 수신자 휴대전화 번호 등을 SMS서비스 업체에 제공하여 수상한 계정을 확인해야 한다.

3. 이메일, 인스턴트 메신저, 대화방, 소셜 네트워킹 서비스

수사를 시작하면 먼저 피의자가 자기 계정을 사용했는지 확인한 후, 성착취 자료를 누가 요청했는지를 확인하여야 한다. 피의자는 아마도 자기 계정을 사용하지 않을 가능성이 높지만 다른 사람의 계정을 사용하더라도 일단 접속 로그를 분석하는 것이 피의자 추적의 가장 좋은 방법이다. 이메일이나 메신저 서비스 제공 업체에 대한 영장 집행을 거쳐 접속 로그를 확보, 분석한 후 인터넷서비스 제공 업체를 통해 피의자의 접속 위치를 확인해야 한다.

만약 접속 장소가 자택이라면 피의자 특정은 어렵지 않겠지만, 인터넷 카페와 같은 공공장소에서 접속한 경우 수사관은 PC 웹브라우저 기록을 분석하여 용의자의 다른 웹사이트 접속 및 계정 사용 여부를 찾아야 한다. 예를 들어, 용의자가 성적인 자료를 요구하는 메시지 전송 전후에 다른 웹사이트에 접속을 했다면 피의자가 해당 계정을 사용했을 가능성이 있으므로 수사관은 접속한 사이트를 참고하여 계정을 누가 사용했는지 확인하고 용의자를 쉽게 특정할 수 있다.

4. 스마트폰 포렌식

스마트폰 포렌식은 휴대기기 기술의 발달로 인해 빠르게 변화하고 있다. 스마트폰과 관련된 디지털 또는 전자 증거의 주요 문제 중 하나는 증거력이다. 스마트폰은 작은 컴퓨터로 간주되어 스마트폰에 저장된 정보가 증거로 인정되지만, 스마트폰 증거는 쉽게 조작되며 외부 환경에 의해 변경되기 쉬우므로 수사관은 디지털 증거 관리에 각별한 주의를 기울여야 한다. 디지털 증거를 확보하는 과정은 다른 디지털 포렌식과 매우 유사하며, 자료를 검증함에 있어 포렌식의 무결성을 유지하는 것이 중요하다. 앞서 강조했듯이 디지털 증거 확보는 법정에서 모든 디지털 증거를 다루는 기본적인 단계이며, 모든 절차는 법원에서의 증거력을 고려하여 진행되어야 한다. 수학의 해시 함수는 원본과 분석된 증거의 값을 비교하여 무결성을 증명하는데 사용되는 주요 방법이다.

이전 챕터에서 논의한 바와 같이 실질적인 디지털 포렌식 수사는 다음과 같은 단계를 따른다.

1) 단방향 암호화 알고리즘을 이용하여 계산된 해시값은 디지털 증거수집 과정에서 디스크나 파일에서 생성되어야 한다.

2) 해시값을 생성한 후 수사관은 원본 해시값을 확인하기 위해 서명과 날짜를 기입해야 한다.

3) 수사관은 복사본을 만든 후 진위 증명을 위해 동일한 분석으로 사본을 재확인해야 한다.

4) 검증된 사본은 디지털 증거분석에 사용할 수 있다.

해시값으로 자료의 진위를 확인할 수는 있지만 스마트폰 조사에서는 막대한 양의 정보가 저장되어 있어 일반 무결성을 확보하기 위해 이러한 방법을 사용할 수는 없고, SIM 카드 및 메모리 카드에서 디지털 증거를 추출하거나 삭제된 정보를 복구하기 위해 휴대기기 포렌식을 수행해야 한다. 휴대기기 포렌식은 휴대기기의 모든 데이터에 대해 변경사항 확인이 가능하여 입력한 데이터가 조금만 달라져도 다른 출력을 내는 기능이 있다. 따라서 원래 수사대상으로부터 수집한 자료와 법원에 제출한 사본이 일치해야 자료의 무결성을 확보할 수 있다. PDA, 노트북, 태블릿도 휴대기기로 간주되므로 디지털 증거의 무결성을 입증하는 절차도 동일하게 적용된다.

5. 스마트폰 포렌식 절차 개요

스마트폰 포렌식 절차는 컴퓨터 포렌식과 유사하지만 스마트폰의 통신 기능을 잘 고려해야 한다.

아래 나열된 "휴대폰 포렌식에 대한 지침(NIST, 2007)"을 살펴보자.

1) 현장 보존: 범죄 현장에서 스마트폰이 발견되면 수사관은 현장 보존 사진을 찍어야 한다. 스마트폰 화면이 켜져 있으면 수사관은 스마트폰 화면을 캡처해야 한다.

2) 증거 확보: 조사 대상 스마트폰을 확보했을 경우 네트워크를 통해 스마트폰

의 상태가 타인에 의해 변경되지 않도록 비행기 모드를 사용하여 네트워크를 차단해야 한다. 스마트폰이 켜져 있을 경우는 원활한 활성데이터 수집을 위하여 전원이 꺼지지 않도록 보조배터리나 허가된 대체전원을 이용 전원을 유지해야 한다.

3) 데이터 수집 및 분석: 스마트폰에서 데이터를 수집할 때 다음과 같은 법적 문제를 고려해야 한다.

    a) 증거 인멸의 우려의 여부

    b) 수사관이 스마트폰의 데이터를 수정해야 하는 경우

    c) 스마트폰이 네트워크에 연결된 경우

    d) 조사 범위가 어디인지

    e) 수사관에게 수사권이 있는 경우

    위의 모든 요구 사항을 고려하여 데이터를 수집할 수 있으며 수사관이 스마트폰에서 데이터를 추출하고 분석할 때 운영체제와 스마트폰 메모리 특성을 평가하기 위한 적절한 방법을 선택하는 것도 필수적이다.

4) 조사 보고서: 보고서에는 사건 정보, 증거수집 과정 및 분석 결과가 포함되어야 한다.

스마트폰 압수 수색, 통신기능 차단 및 스마트폰 내 전자정보 무결성 확보 등에 대한 연구가 진행 중이지만 아직 통일된 방식이 정립되지는 않았다.

6. 스마트폰 일반 정보

수사관은 프로그램 목록이나, 네트워크 연결을 확인할 때 실행된 명령어와 그 결과를 파일로 저장하거나, 스마트폰에 보이는 내용을 사진으로 찍어 보고서에 첨부할 수 있다. 수사관이 증거력을 강화하기 위한 시도는 적법한 검증 절차라고 할 수 있다.

7. 스마트폰 적재 데이터의 수집

스마트폰에 적재된 데이터를 수집하기에 앞서, 스마트폰 기기의 압수과정이 합법적으로 승인되었는지 확인을 해야 하며, 기기압수가 합법적일 경우 적재된 데이터 수집을 위해 가능한 모든 추출 방식 및 적절한 추출 도구를 결정해야 한다. 가능한 경우 둘 이상의 도구에서 유무죄를 증명할 수 있는 증거 결과를 비교해야 한다.

USB 단자, JTAG 단자를 통해 적재된 데이터 또는 시스템에서 처리된 임시 메모리 데이터를 수집해야 될 수도 있고 경우에 따라 메모리를 분리 하여 데이터를 추출해야 할 수도 있다. 또한 특정 프로그램 수행 중에 데이터를 임시로 하드디스크에 저장해야 하는 경우도 있다. 수집된 데이터는 원본과 사본의 진위여부 및 증거 효력 평가를 거쳐 수사관이 해당 디지털 증거가 법적효력 여부를 결정한다. 예를 들어, 임시 작업파일에서 기존 문서의 증거가 발견된다면 해당 증거는 원본으로 인정될 수 있다.

스마트기기, 소셜 네트워킹 서비스 및 M2M(Machine – Machine)의 사용이 늘어남에 따라 '스마트 혁명'이 촉진되어 데이터 저장 및 관리 기능의 제약 문제가 폭발적으로 발생하여, 현대 빅데이터 시대에는 방대한 양의 증거자료 수집이 쉽지 않다. 또한 사유 재산 몰수는 형사 절차에서 컴퓨터 디스크의 대상이다. 결과적으로 다른 장치에 저장된 출력 및 재생산 제출 정보에 대한 특정 고려 사항이 필요하다. 따라서 향후 대량의 정보로부터 디지털 증거의 증거력 강화를 위한 고도의 검색 기술을 수집하고 분류하는 등 디지털 포렌식 기법의 개발이 필수적이다.

또한 빅데이터 검색은 제3자 정보의 노출 가능성이 높아 사생활 침해 우려가 있으므로 제3자의 사생활이 침해되지 않도록 관련 법령 준수에 각별한 주의를 기울여야 한다.

마지막으로 실시간 동기화 서비스를 제공하는 SNS 데이터에 대한 무결성 확보는 가장 어려운 문제 중 하나이다. 피의자나 다른 사람이 동일한 계정을 만들어 한 장치에서 다른 장치로 SNS 데이터에 접근, 변경 및 제거가 가능하기 때문이다. 디지털 포렌식 기법은 SNS에서 디지털 증거의 무결성을 확보하는 것이 매우 어려운 만큼 사생활 문제를 최소화하는 방법에 대한 추가적인 고려가 필요하다.

온라인 아동성착취에 대한 개입

유엔(2019)에 따르면 온라인 아동 성착취와 국내·외에서 아동을 일종의 상품으로 판매하는 문제가 놀라운 속도로 증가하고 있다. 통신 및 온라인 정보공유 기술 발전으로 암호화된 정보를 주고받거나 공유할 수 있어 범죄자 입장에서는 잠재적인 위험은 낮추면서 효율은 높일 수 있다. 게다가 범죄자들이 다크웹을 활용하게 되면 법 집행에 어려움이 생기고 수사관의 더 많은 노력이 필요하게 된다. 아동에 대한 기술 촉진 범죄를 예방하고, 범죄자를 파악하며 문제를 보다 깊이 이해하기 위한 국가 및 민간 차원의 접근과 함께 여러 국가들이 공조하는 제재 조치가 여러 번 있었다.

1. 국가적 접근법

과거 역사에서는 아동을 법적 보호대상으로 보지 않았지만, 지난 세기를 거치면서 많은 국가가 아동을 합당한 당사자 또는 법의 특별 보호대상으로 인정했으며, 이제는 여러 국제문서(조약)에서 국가로 하여금 아동 대상 범죄의 수사·기소 시 국제 협력과 아동을 학대·착취로부터 보호하기 위한 조치를 이행할 것을 요구하고 있다(UN, 2015). 예를 들어 유엔 아동권리협약(CRC)은 아동에 대한 유해한 영향, 학대 및 착취에 대한 최소한의 보호기준을 설정하고 있으며(UN, 1989), 이 최소기준에는 평등한 기회를 바탕으로 교육을 받을 권리가 포함된다.

유엔 아동권리협약(CRC)이 기준을 설정했다면 아동의 매매·성매매·아동음란물에 관한 선택의정서(OPSC)는 아동 성적 학대 및 착취에 대한 형법 제정과 이행의 중요성을 강조했다. 이 의정서는 OPSC를 비준하거나 가입한 국가는 아동에 대한 범죄를 형법에 포함할 뿐만 아니라 아동 성적 학대 및 착취와 관련된 법인의 형사,

민사 또는 행정적 책임을 확립하도록 요구한다(UN, 2002).

CRC와 OPSC 외에도 유엔 초국가적 조직범죄 방지협약(2003)은 형벌 문제와 정보통신 기술을 포함한 초국가적 조직범죄에 대한 국제협력 관련 조항을 다루고 있다. 또한 유엔 경제사회이사회는 아동 피해자 및 범죄 목격자의 권리를 존중하기 위해 아동 피해자 및 범죄 목격자가 연루된 사건에서의 사법에 관한 가이드라인(2005)을 채택하였다. 그러나 이러한 국제법적 접근의 효과는 국가마다 다른데, 예를 들어 유엔 마약범죄사무소의 사이버 범죄 연구(2013)는 유럽 국가의 80%가 사이버 범죄 행위를 충분한 법률로 금지하고 있는 반면, 다른 지역 국가의 60%는 사이버 범죄와 관련한 형법이 불충분하다고 보고하였다.

아동 성적 학대물 제작 문제는 도처에 만연해 있고 그래서 다수 국가에서 해당 범죄를 법률로 금하고 있지만, 아동이라는 용어의 정의에 대한 황금률이 없고 범죄 성립요건도 구체적이지 않다(UNODC, 2013). 또한 기술을 이용한 아동 대상 범죄는 기존 범죄(인신매매, 사이버 그루밍, 사이버 청탁, 사이버 스토킹, 사이버 괴롭힘, 유해 컨텐츠 노출 등)와 중복되는 경우가 많기 때문에 많은 국가에서 별도의 사이버 형법을 제정하기보다는 일반 형법을 적용하고 있다.

또한 48개국을 대표하는 53명의 온라인 아동 성착취 수사관과 법 집행 전문가로 구성된 국제 대책위원회가 있다. 이 대책위원회는 이전에 Innocent Images International Task Force로 불렸으며, 현재는 VCACTIF(Violent Crimes Against Children International Task Force)로 알려져 있다(FBI, 2019). VCACTIF는 온라인 아동 착취에 대한 세계적 대응을 공식화하고, 이를 각 국가로 전달하기 위해 세계에서 가장 큰 전담반 역할을 한다. 정기적인 학술대회와 세미나를 통해 다양하고 새로운 아동관련 범죄형태를 의논하며 다국적 조사와 공동 노력의 중요성을 강조 및 전파하고 실행 가능한 대책들을 내놓고 있다(FBI, 2019).

2. 미국의 접근법

미국에서는 인터넷아동범죄(Internet Crimes Against Children, ICAC) 대책위원회, 미국 연방수사국(Federal Bureau of Investigation, FBI) 그리고 국립 실종학대아동방지

센터(National Center for Missing and Exploited Children, NCMEC)가 아동 대상 온라인 범죄를 파악, 조사, 기소 및 예방하기 위해 공동 협력한다. 일반적으로 미국 전역에 위치한 61개 ICAC 대책위원회가 CyberTipline 보고를 통해 아동에 대한 기술을 이용한 범죄를 접수받으면 동 위원회 및 관련 기관이 조사를 시작한다. CyberTipline은 국립 실종학대아동방지센터(NCMEC)에서 만들었는데, 동 센터는 미 법무부(USDOJ)와 다른 연방기관, 주·지방 법 집행기관, 교육·사회서비스 기관, 가족 그리고 일반 대중과 협력하여 아동 실종 및 착취 관련 문제에 대한 국가 정보센터 역할을 하도록 의회에서 지정한 민간 비영리 기관이다(USDOJ, 2016).

USDOJ가 2016년 아동 착취 방지 및 차단에 관해 미 의회에 제출한 보고서에 따르면 2010년부터 2015년 회계연도까지 61개 ICAC 대책위원회는 총 344,801건의 사건을 접수받았다. 그중 주요 10개 기관은 6년간 10,000건 이상을 접수받았는데, 캘리포니아 주 로스앤젤레스 경찰서에 접수된 보고가 가장 많았고(15,208건), 오하이오 주 쿠야호가 카운티 검찰(13,772건), 펜실베이니아 주 델라웨어 카운티 지방검사실(13,613건), 미시간 주 주경찰(11,423건), 하와이 주 주 법무부(11,176건), 뉴욕 주 주 경찰(11,102건), 노스캐롤라이나 주 주수사국(10,815건), 뉴욕 주 뉴욕시 경찰국(10,392건), 텍사스 주 달라스 경찰서(10,325건) 그리고 텍사스 주 주법무장관실(10,201건)이 그 뒤를 이었다.

피해자가 CyberTipline을 통해 신고하면 NCMEC 직원은 사례 검토, 내용 분석 및 관련된 공개 정보를 추가하여 독립적인 검토와 조사를 위해 법 집행기관에 보고서를 제공한다(USDOJ, 2016). 일반적으로 ICAC 대책위원회 및 관련 기관은 CyberTipline의 보고를 받고 조사를 시작한다. ICAC 대책위원회 및 관련 기관 수사관 144명을 대상으로 설문조사를 실시한 Mitchel과 Boyd(2014)에 따르면, 응답자 대부분은 자동화된 접근방식 대신 수작업이긴 하지만 인간중심적 특성을 지닌 기술적 도구를 활용하여 조사를 진행한다. 예를 들어 수사관은 온라인 광고, 틈새 웹사이트(niche websites), 검색 엔진과 같은 알려진 웹사이트를 추적하여 조사를 시작하고 사진이나 유행어와 같은 목표 범죄 특성에 맞는 웹 사이트나 광고의 특성을 모니터링한다.

기술을 이용한 아동 성착취 범죄자는 한 가지 기술에만 의존하지 않기 때문에 수사관들도 다양한 기술을 활용해 사건이나 가해자를 특정한다. 수사관들은 소셜 네트워킹 서비스, 인스턴트 메시징, 이메일, 문자메시지와 같은 광범위한 일상 커뮤니케이션 플랫폼과 Dark Net과 같은 지하 커뮤니케이션 채널을 조사하며, 일반적인 경우는 아니지만 일부는 안면인식 프로그램과 같은 보다 정교한 기술을 통해 조사를 시작한다(Mitchell & Boyd, 2014).

초기 조사 외에도 ICAC 대책위원회 및 관련 기관 또한 포렌식 조사를 수행한다. 2010년부터 2014년까지 전국 ICAC 수사관들은 253,778건의 포렌식 조사를 수행했다. 수사관들은 필요시 피해자들과 직접 면담을 하기도 했는데, Roby와 Vincent(2017)에 따르면 상업적 성행위에 착취당한 아동과 청소년 대다수는 보통 이전에 학대, 방치 또는 기타 형태의 트라우마를 경험한 적이 있어서 수사관들도 종종 비영리 단체에서 제공하는 다양한 교육 기회를 통해 피해자와 함께 일할 수 있도록 교육받는다.

각 기관의 철저한 조사를 거쳐 2010년부터 2015년까지 총 41,851명이 체포되었다. 일단 체포되면 ICAC 대책위원회는 사건들을 해당 주 법률체계에 따른 추가 수사로 넘기거나 기소를 위해 검찰에 송치할 수 있다. 최근에는 Broken Heart로 알려진 합동단속을 통해 아동 성범죄자로 의심되는 용의자를 2018년 3월부터 5월까지 2,300명 이상, 2019년 4월부터 5월까지 1,700명 이상 체포하였다. 이 단속은 다음과 같은 용의자를 대상으로 진행되었다.

- 아동 음란물을 제작, 배포, 수령 및 소지한 자
- 성적인 목적으로 아동을 온라인으로 유인하는 행위를 한 자
- 아동 성매매에 가담한 자
- 주 경계를 넘거나 외국에서 아동을 성적으로 학대한 자

이 두 단속을 통해 ICAC 대책위원회는 각각 25,200건과 18,500건 이상을 입건하였다. 2010년부터 2015년 사이 신고가 가장 많았던 2015년이 86,390건이라는 점을 고려해 보면 CyberTipline 신고의 증가와 함께 Broken Heart 단속으로 단기간 동안 더 많은 검거에 성공했음을 나타낸다.

3. 민간 부문 접근법

기술로 촉진되는 아동 성착취 대응에 있어 어떤 정부이든 인터넷 컨텐츠 규제만으로는 실효성이 떨어지므로 민간부문의 동참이 매우 중요하다. 범죄자들은 아동과 관련된 범죄를 저지르기 위해 인터넷에 접속해야 하므로 특히 인터넷서비스 공급자(ISP)가 예방 및 규제에 참여하는 것이 필수적인데, 미국을 포함한 여러 국가에서는 ISP가 아동 성적 학대 자료가 포함된 사이트를 발견하면 적정 기간 내에 경찰에 신고하도록 의무화하고 있지만, 다른 많은 국가에는 ISP의 조치를 규정하는 법령이 없는 것이 현실이다(UNODC, 2015). 또한 UNODC(2015)는 ISP 업계 스스로 가입자들이 "자사 사이트에서 불법 컨텐같은 간단한 조작에도 변경되지만, PhotoDNA에 의해 생성된 해시는 이러한 츠를 고의로 유통하는 것을 삼가고 그러한 컨텐츠의 존재를 알면 신속하게 제거"하도록 요구하는 공식적인 행동강령 초안을 작성하는 방향으로 나아가고 있다고 밝혔다(p. 50).

다른 민간기관도 PhotoDNA 기술과 같이 알려진 아동 성적 학대 이미지의 온라인 확산을 저지하기 위한 프로그램을 기꺼이 설치하고 있다. 마이크로소프트는 2009년 온라인서비스 제공 업체 및 기타 업체가 아동 성적 학대 이미지의 온라인 확산을 막는 것을 지원하기 위해 PhotoDNA 기술을 기증하였다(USDOJ, 2016). 이 기술은 디지털 사진에 대해 해시라고도 하는 지문 같은 고유한 서명을 생성하여 이미지의 필수 특성을 만든다. 일반적으로 해시는 파일 크기 조정과 같은 간단한 조작에도 변경되지만, PhotoDNA에 의해 생성된 해시는 이러한 변형에 관계없이 광범위한 데이터 세트에서 일관되게 원래 서명과 일치한다. 현재 국립 실종학대아동방지센터(NCMEC)는 서버에서 아동 포르노를 식별하고 제거하기 위한 적극적인 조치를 취하는 데 관심이 있는 국내·외 이메일서비스 제공업체(ESP)에게 이 기술을 무료로 2차 배포할 수 있는 법적 권리를 보유하고 있다.

또한 기술로 촉진되는 아동 성적 착취를 저지하고 근절하는 것을 목표로 몇몇 국제동맹이 조직·운영되고 있다. 국제 실종학대아동방지센터(International Center for Missing and Exploited Children, ICMEC)의 Technology Collection은 아동 착취 범죄조직을 파악, 저지 및 근절하기 위한 기술기반 해결책을 마련·실행하고자 하는

9개 주요 인터넷 회사의 자발적 공동프로그램이다(USODC, 2015). 마찬가지로 국제 실종학대아동방지센터(ICMEC)의 아동 성적 착취에 대한 금융동맹(2020)은 상업적 아동 성적 학대 자료의 자본 환경을 파악, 저지 및 근절을 목적으로 다수의 대형 은행, 신용카드사, 전자결제 네트워크, 제3자 결제(간편결제) 회사 및 인터넷서비스 회사로 구성되어 있다.

이 외에도 UNODC(2015)에 따르면 민간 부문의 여러 기관이 국내·외 법 집행 데이터 요청에 따른 광범위한 내부 정책 및 외부 의무를 마련하였다. 예를 들어, 수사에 협조하면서 소비자의 개인정보를 보호하기 위해 대부분의 주요 소셜 미디어 회사는 수사 대상에 대한 정보요청 절차를 명시한 법 집행 지침에 대한 공개 접근을 허용한다(Choi, 2015).

4. 요약

아동에 대한 기술 촉진 범죄의 신고 증가 추세는 그 심각성과 확산 정도를 시사한다. 이 장에서는 범죄자의 성향과 특성을 이해하기 위해 디지털 기술을 이용한 아동 대상 범죄 범죄자 유형과 다양한 조치 및 예방 방법을 다루었다. 온라인 아동 착취 사건의 성격 변화와 조사 자원의 제약으로 인해 범죄자의 성격, 범죄 방법의 경향과 발전을 모니터링하는 것이 특히 중요하다. 국립 실종학대아동방지센터 (NCMEC)의 CyberTipline 보고서(2020)에 따르면 CyberTipline은 2018년 한 해에만 1,840만 건 이상을 포함하여 총 5,700만 건 이상의 사건을 접수했는데, 대부분은 아동 학대 이미지, 온라인 유인, 아동 성매매, 아동 성추행과 관련된 사건이었다. 기술의 급격한 발전 속도와 아동에 대한 기술 가용성의 증가로 인해 아동에 대한 기술 촉진 범죄에 효과적이고 포괄적으로 대응하기 위해서는 집단적 접근이 필요하다. Merdian, Perkins, Webster 그리고 McCashin(2019)이 제안한 것처럼 현재 온라인 또는 다국적 아동 성적 학대와 관련된 개인의 능력을 제한하고 있는 지식 격차를 해소하는 데, 도움이 될 수 있는 자원에 투자하는 것도 중요하다. 마지막으로 이러한 범죄에 대응하는 과정에는 아동, 가족, 지역사회, 정부, 시민사회 구성원 그리고 민간부문의 적극적인 참여가 필요하다.

참고문헌

Briggs, P., Simon, W. T., & Simonsen, S. (2011). An exploratory study of internet−ini−tiated sexual offenses and the chat room sex offender: Has the internet enabled a new typology of sex offender? *Sexual Abuse: A Journal of Research and Treatment, 23*(1), 72−91.

Choi, K. S. (2015). *Cybercriminology and digital investigation.* LFB Scholarly Publishing.

Choi, K. S., & Lee, H. (2023). The trend of online child sexual abuse and exploitations: a profile of online sexual offenders and criminal justice response. *Journal of child sexual abuse*, 1−20.

DeHart, D., Dwyer, G., Seto, M. C., Moran, R., Letourneau, E., Schwarz−Watts, D. (2017) Internet sexual solicitation of children: a proposed typology of offenders based on their chats, e−mails, and social network posts, *Journal of Sexual Aggression, 23*(1), 77−89.

Federal Bureau of Investigation. (Sept. 3, 2019). Inside the FBI: Violent crimes against children international task force expands. [Audio File]. Retrieved from https://www.fbi.gov/audio−repository/inside−podcast−vcac−international−task−force−090319.mp3/view

Guidelines on Justice in Matters involving Child Victims and Witnesses of Crime, July 22, 2005, ECOSOC Resolution 2005/20.

Hartman, C. R., Burgess, A. W., & Lanning, K. V. (1984). Typology of collectors. In A. W. Burgess & M. L. Clark (Eds.). *Child pornography and sex rings*, 90−109. New York, NY: Lexington Books.

Krone, T. (2004). A typology of online child pornography offending. *Trends and Issues in Crime and Criminal Justice, 279*, 1−6.

Moore, R. (2011). *Cybercrime: Investigating high−technology computer crime* (2nd ed.).

Burlington, MA: Anderson Publishing.

Merdian, H. L., Perkins, D. E., Webster, S. D., & McCashin, D. (2019). Transnational Child Sexual Abuse: Outcomes from a Roundtable Discussion. *International journal of environmental research and public health, 16*(2), 1–14.

Mitchell, K.J. & Boyd, D. (2014). *Understanding the role of technology in the commercial sexual exploitation of children: the perspective of law enforcement.* Crimes against Children Research Center, University of New Hampshire: Durham, NH. https://scholars.unh.edu/cgi/viewcontent.cgi?article=1036&context=ccrc

Mitchell, K. J., Finkelhor, D., Jones, L. M., & Wolak, J. (2010). Use of social networking sites in online sex crimes against minors: an examination of national incidence and means of utilization. *Journal of Adolescent Health, 47*(2), 183–190.

Mitchell, K. J., Jones, L. M., Finkelhor, D., & Wolak, J. (2014). Trends in unwanted online experiences and sexting: Final report. Durham, NH: Crimes against Children Research Center.

National Institute of Standards and Technology. (2007, May 30). Guidelines on mobile device forensics. Retrieved from https://www.nist.gov/publications/guide–lines–cell–phone–forensics

National Center for Missing & Exploited Children. (2020). *Exploited children statistics.* Retrieved from http://www.missingkids.com/footer/media/keyfacts

Roby, J. L., & Vincent, M. (2017). Federal and state responses to domestic minor sex trafficking: The evolution of policy. *Social Work, 62*(3), 201–210.

United Nations. (1989). *Convention on the rights of the child adopted by the general as–sembly of the United Nations.* Retrieved from https://www.ohchr.org/en/pro–fessionalinterest/pages/crc.aspx

United Nations. (2002). *Optional protocol to the CRC of the child on the sale of children, child prostitution, and child pornography.* Retrieved from https://www.ohchr.org/EN/ProfessionalInterest/Pages/OPSCCRC.aspx

United Nations Office on Drugs and Crime. (2003). *Convention against transnational organized crime.* Retrieved from https://www.unodc.org/unodc/en/organized–crime/intro/UNTOC.html

United Nations Office of Drugs and Crime. (2013). *Comprehensive study on cybercrime.* Retrieved from https://www.unodc.org/documents/organized−crime/cybercrime/ CYBERCRIME_STUDY_210213.pdf

United Nations Office of Drugs and Crime. (2015). *Study on the effects of new in− formation technologies on the abuse and exploitation of children.* Retrieved from https://www.unodc.org/documents/Cybercrime/Study_on_the_Effects.pdf

United Nations, Convention on the Rights of the Child. (2019). *Guidelines regarding the implementation of the optional protocol to the convention on the rights of the child on the sale of children, child prostitution and child pornography.* CRC/C/156. Retrieved from https://www.ohchr.org/Documents/HRBodies/CRC/ CRC.C.156_OPSC%20Guidelines.pdf

United States Department of Justice. (2016). *National strategy for child exploitation prevention and interdiction: A report to congress.* Retrieved from https://www. justice.gov/psc/file/842411/download

United States Department of Justice. (2018, June 12). *More than 2,300 suspected online child sex offenders arrested during operation "Broken Heart"* [Press release]. Retrieved from https://www.justice.gov/opa/pr/more−2300−suspected−on− line−child−sex−offenders−arrested−during−operation−broken−heart

United States Department of Justice. (2019, June 11). *Nearly 1,700 suspected child sex predators arrested during operation "Broken Heart"* [Press release]. Retrieved from https://www.justice.gov/opa/pr/nearly−1700−suspected−child−sex− predators−arrested−during−operation−broken−heart

디지털 증거,
형사 절차,
과학수사

Korean
Cybercriminology

11 디지털증거의 압수·수색

제6부 디지털 증거, 형사 절차, 과학수사

백신철(Sinchul Back)

제1절
서 론

이번 장에서는 디지털 포렌식이 무엇을 의미하는지 알아보기 전에 디지털 데이터, 디지털 증거가 무엇인지에 대하여 명확히 알아보며, 범행 현장에서 공통적으로 접하는 다양한 유형의 전자 기기를 살펴보고 각 전자 기기에서 발견될 수 있는 디지털 증거를 설명하고자 한다. 그리고 디지털 포렌식 수사의 의의와 절차 등에 대하여 알아보겠다.

제2절
디지털 증거의 의의 및 특징

1. 디지털 데이터의 의의

디지털이란 '아날로그에 대응되는 개념으로 자료를 연속적인 실수가 아닌, 특정한 최소 단위를 갖는 이산적인 수치를 이용하여 처리하는 방법'을 말한다. 보통

0과 1을 이용하여 처리한다. 디지털 데이터란 '디지털 방식으로 생성, 저장, 유통되는 정보'를 의미한다. 디지털 방식으로 인하여, 아날로그 방식에 비하여 정보가 기하급수적으로 늘어나게 되었고, 디지털 데이터가 범죄의 증거가 되는 경우가 비일비재하게 되었다(김지홍, 2015, p. 5).

2. 디지털 증거의 개념

형사소송의 궁극적 목표는 구체적 법률관계의 형성·확정이다. 법률관계의 형성·확정을 위해선 1) 범죄의 성립 여부, 2) 범죄가 성립하는 경우 형벌의 종류와 양형이 있다. 이러한 구체적 법률관계는 언제나 일정한 사실관계를 전제로 발전함으로 형사소송에서는 이러한 사실관계의 확정이 무엇보다 중요하며, 이 같은 "사실관계 확정에 사용되는 자료"를 증거라고 한다. 증거에 의해 사실관계를 확인하는 과정이 증명이다(박찬석, 2021, p. 4).

증거는 증거방법(증거수단), 증거자료(증명자료) 및 증거결과의 세 가지 의미를 포함한다. 형사소송법에 의하면, 증거방법은 사실 인정의 자료가 되는 물건이나 사람 자체(예: 증인, 증거서류, 증거물)이다. 증거자료는 증거방법을 조사함으로써 알게 된 내용(예: 증인의 증언내용, 증거물의 성질)이다. 또한 증거결과는 증거자료와 그 밖에 증거조사를 통해 얻는 비언어적인 자료(예: 증인신문 시의 표정이나 태도 등)를 포괄한다.

수사는 숨겨진 범죄의 진상을 발견하기 위하여 수사기관이 은밀하게 진실 인식에 접근하는 과정이다. 이에 연계하여 재판은 수사기관과 피고인 그리고 수집된 증거를 전제로 진실을 인식하고 확정하기 위한 공식적인 절차이다. 공식성은 국민으로부터 재판의 정당성을 인정받기 위해 필요하다. 이러한 관점에서 올바른 증거라는 에토스(ethos)야말로 국민적 신뢰의 출발점이다. 적어도 재판에서 증거는 자격이 있는 증거이어야 하고, 이처럼 '사실인식(유죄 인정)의 증거가 될 수 있는 자격'을 증거능력이라고 할 수 있다(송희식, 2013).

디지털 증거(Digital Evidence)에 대한 개념적 정의는 아직 확립되었다고 보기는 어렵다. 미국 법무부의 경우를 보면 2001년 발간한 수사지침 및 2002년 발간한 압수수색매뉴얼에서는 '전자적 증거(Electronic Evidence)'라는 용어를 사용하고 있으나, 2004년 4월 NIJ(National Institute of Justice)에서 발간한 지침서에서는 '디지털 증거(Digital Evidence)'라는 용어를 사용하고 있다. 디지털 증거에 관하여, 국제 조직인 IOCE(International Organization on Computer Evidence)에서는 '2진수 형태로 저장 혹은 전송되는 것으로서 법정에서 신뢰할 수 있는 정보'라 정의하고, 미국 과학실무 그룹(Scientific Working Group on Digital Evidence, SWGDE)은 '디지털 형태로 저장되거나 전송되는 증거가치 있는 정보'로 정의하였다. 우리나라의 디지털 증거 처리 표준 가이드라인(경찰청, 2006)과 디지털 증거의 수집분석 및 관리 규정(대검찰청예규 제1285호, 시행 2021)에 의하면, '디지털 증거'는 범죄와 관련하여 디지털 형태로 컴퓨터 또는 기타 디지털 저장매체에 저장되거나 네트워크를 통해 전송 중인 자료로서 조사 및 수사 업무에 필요한 증거자료를 말한다. 디지털 증거 수집 및 처리 등에 관한 규칙 일부개정규칙안(경찰청 훈령, 2017)에 따르면, '디지털 증거'란 형사소송법 제106조 및 제215조부터 제218조까지의 규정에 따라 압수한 디지털 데이터를 말한다. 위의 정의들을 정리하면, 디지털 증거는 '디지털 형태의 정보'로서 '저장, 전송' 되는 것으로 압수한 디지털 데이터로서 '법정에서 신뢰할 수 있는(증거가치 있는)' 정보라는 것이다.

따라서 디지털 증거란 범죄와 피해자 또는 범죄와 가해자 사이의 연결고리를 제공할 수 있는 모든 디지털 데이터를 말하는 것으로 이해할 수 있다. 여기에서 디지털 데이터란 전통적 의미의 컴퓨터상에 있는 데이터뿐만 아니라 이진수 형태로 저장되거나 전송될 수 있는 모든 텍스트, 이미지, 오디오 및 비디오 데이터 등을 포함한다고 할 것이다. 결국 디지털 증거란 위와 같은 요건을 갖춘 '디지털 형태의 정보 그 자체', 다시 말하면 '0과 1의 수로 표현할 수 있는 수의 배열 정보 그 자체' 라고 할 수 있다. 일반적으로 컴퓨터의 입력장치, 연산·제어·기억장치, 출력장치 등 컴퓨터의 기본구조에 관련된 증거방법, 컴퓨터 통신에 관련된 증거방법, 디지털 방식에 의한 전자적 기억매체에 수록된 전자정보나 그 전자기억매체 내지 그 전자정보의 출력물 등을 총칭하고, 그 전자정보 전부나 일부를 복제한 자기디스크, 그 데이터를 새로이 가공처리한 데이터 내지 그와 같이 가공처리된 데이터를 저장한 자기디스크, 컴퓨터 모니터에 나타난 문자나 화상, 동화상, 컴퓨터 스피커에 출력

되는 소리 또는 음악, 전선이나 광섬유를 통해 전자적 방식으로 이동되거나 무선방식으로 이동하는 컴퓨터 통신 데이터나 음성, 데이터베이스, 전자우편, 전자게시판에 있는 데이터 등을 일컫는 용어이다"라고 한다(김방글, 2020; 박찬석, 2021, p. 9).

3. 디지털 증거의 특성

디지털 증거의 특징으로 매체독립성, 비가시성, 취약성, 대량성 등을 들 수 있다(노명선, 2008; 이성진, 2007; 이숙연, 2011).

(1) 매체독립성

디지털증거는 매체와는 독립하여 존재한다. 정보저장매체에 저장되어 있는 정보의 내용을 압수하는 것이다. 유체물이 아니라 정보 자체이기 때문에 기존의 압수에 관한 절차를 그대로 적용하기 어려운 면이 있다. 디지털 데이터를 압수하는 방법이나 압수·수색 영장 집행 방법에 논란의 여지가 있다.

(2) 비가시성

디지털 압수물은 무체물로 정보저장매체에 이진수의 형태로 저장되어 있기 때문에 사람의 지각으로 바로 인지할 수 없어 소프트웨어나 프린터, 모니터 등의 출력장치를 통하여 볼 수밖에 없다. 압수·수색의 대상을 확정하는 데 어려움이 있다.

(3) 취약성

디지털 압수물은 변경, 훼손이 쉽게 된다. 의도하지 않아도 디지털 데이터에 접근하는 순간 많은 변화가 일어나게 된다. 따라서 디지털 데이터의 위·변조 및 삭제에 대하여 밝히기도 쉽지 않고, 디지털 데이터를 압수할 때에도 디지털 압수물의 변경이 일어나지 않거나 최소한의 변경을 위한 여러 가지 조치가 요구된다.

(4) 대량성

정보저장매체에는 방대한 분량의 데이터가 저장되어 있다. 최근에는 저장매체의 발전으로 더욱 많은 정보를 작은 매체에 저장할 수 있게 되었다. 따라서 디지털 데이터의 압수 범위를 확정하는데 사용자의 프라이버시 등의 문제를 야기할 수 있다. 특히, 여러 사람이 공동으로 사용하는 서버와 같은 경우 더욱 복합적인 문제가 야기될 수 있다. 한편, 대량성으로 인하여 디지털 데이터의 압수와 분석에 과거에 비하여 상당한 시간이 소요되고 있다.

제3절
디지털 증거의 유형과 수집절차

컴퓨터의 보급으로 기업, 공공기관의 업무와 개인의 일상생활이 모두 컴퓨터를 통하여 이루어지고 인터넷, 인트라넷의 보급으로 전 사회가 전산망으로 연결되고 있다. 과거와 같은 서류철과 회계장부는 서버와 같은 대규모 저장장치와 PC의 HDD로 대체되고 수첩과 앨범은 다양해지는 휴대용 디지털저장장치로 변화하고 있다. 이로 인해 기존의 과학수사는 '인터넷을 통한 해킹, 바이러스·웜·스파이웨어 유포행위, 피싱, bot−net행위, 명예훼손, 인터넷사기 사범 단속 등 인터넷범죄 수사가 주류였으나, 최근에는 위와 같은 인터넷범죄를 수사하는 사이버 범죄수사 분야와 수사 활동으로 압수되는 하드디스크, USB, 스마트폰, 대용량 서버 등의 디지털기기 및 e−mail, SNS 등 디지털 증거의 종류가 확대되고 있는 상황이다(검찰청, n.d.). 이 같이 디지털 시대의 과학수사의 핵심이며 법정에 제출할 유죄의 증거 자료가 될 수 있는 전자 기기들과 잠재적 증거에 대한 고찰은 매우 중요한 사안일 것이다. 본 절은 범행 현장에서 공통적으로 접하는 다양한 유형의 전자 기기를 살펴보고, 각 전자기기의 간략한 사용 방법을 설명하고자 한다(경찰청, 2006; 변정수, 2007). 추가적으로 각 전자 기기에서 발견될 수 있는 디지털 증거를 설명한다.

1. 디지털 증거의 유형

(1) 컴퓨터 시스템

컴퓨터 시스템은 일반적으로 중앙처리장치(CPU), 데이터 저장 장치, 모니터, 키보드, 마우스로 구성된다. 단독으로 사용될 수도 있고 네트워크에 연결될 수도 있다. 랩탑, 데스크탑, 타워 시스템, 랙(Rack) 마운트 시스템, 미니컴퓨터, 메인프레임 등과 같이 많은 유형의 컴퓨터가 존재한다. 추가적인 설비로 모뎀, 프린터, 스캐너, 도킹 스테이션, 외부 데이터 저장 장치 등이 포함되어 있는 경우가 많다. 예를 들면, 데스크탑은 외부 키보드와 마우스, 케이스, 메인보드, CPU, 저장장치 등으로 구성된 컴퓨터 시스템이다. 주요용도는 문서작업, 계산, 통신, 그래픽 등을 포함한 모든 형태의 계산 작업과 정보 저장에 사용된다. 잠재적 증거는 대부분 하드드라이브와 저장 매체에 저장된 파일에서 발견된다. 구체적인 예는 아래와 같다.

[그림 11-1] 다양한 형태의 컴퓨터

출처: Wikimedia Commons [https://commons.wikimedia.org/w/index.php?search=desktop+pc&title=Special:MediaSearch&go=Go&type=image])

1) 사용자 생성 파일: 사용자 생성 파일에는 범죄 조직을 증명할 수 있는 주소록과 데이터베이스 파일, 아동 성범죄 관련 정지영상 또는 동영상, 이메일 또는 편지와 같은 범죄자들 간의 통신 내용 등의 범죄 행위의 중요한 증거가 포함되어 있

기도 한다. 또한, 마약 거래 목록들은 스프레드시트에서 자주 발견되기도 한다. 다시 한번 구체적으로 열거해보면 다음과 같다.

• 주소록 • 오디오/비디오 파일 • 달력 • 데이트베이스 파일 • 문서 또는 텍스트 파일	• 이메일 파일 • 이미지/그래픽 파일 • 인터넷 북마크/즐겨찾기 • 스프레드시트 파일

2) 사용자 보호 파일: 사용자는 다양한 형태로 증거를 숨길 수 있다. 예를 들면, 사용자들은 그들에게 중요한 데이터를 암호화하거나 패스워드로 보호할 수 있다. 그들은 또한 하드디스크나 다른 파일의 내부에 파일을 숨기거나 범죄 증거 파일의 이름을 고의적으로 내용과 무관하게 부여하기도 한다.

• 압축 파일 • 암호 파일 • 숨김 파일	• 내용과 무관하게 명명된 파일 • 패스워드로 보호된 파일 • 스테가노그라피 파일 혹은 비밀정보를 숨겨놓은 파일

한편 증거는 컴퓨터 운영체제의 일반 기능에 의해 생성된 파일이나 데이터 영역에서 발견되기도 한다. 많은 경우, 사용자는 운영 체제가 생성한 데이터를 인식하지 못한다. 패스워드, 인터넷 행위 그리고 임시 백업 파일들은 종종 복구하고 조사하는 데이터의 예이다. 사이버수사요원으로서 주의해야 할 사안으로는 파일의 구성요소에는 생성, 수정, 삭제, 접근 일시와 사용자 이름 또는 식별자, 파일 속성 등과 같은 증거로서 가치 있는 데이터가 있다는 것이다. 구체적으로 아래와 같다.

컴퓨터 생성 파일	
• 백업 파일 • 설정 파일 • 쿠키(Cookies) • 숨김 파일 • 히스토리 파일	• 로그 파일 • 프린터 스풀 파일 • 스왑 파일 • 시스템 파일 • 임시 파일

다른 데이터 파일	
• Bad clusters • 컴퓨터 날짜, 시간 그리고 패스워드 • 삭제된 파일 • 비어있는(free) 공간 • 숨김 파티션 • Lost clusters • 메타데이터	• 다른 파티션 • 예약된 영역 • 슬랙(slack) 공간 • 소프트웨어 등록 정보 • 시스템 영역 • 미할당된 공간

(2) 컴퓨터의 구성요소

1) 중앙처리장치(CPU)

중앙처리장치(CPU)는 종종 "칩"이라고 불리며, 컴퓨터 내부에 있는 마이크로 프로세서이다. 마이크로프로세서는 다른 전자 부품들과 함께 컴퓨터 내부의 회로 기판 위에 위치해 있다. 주요 용도는 컴퓨터의 모든 산술 연산과 논리 기능들을 수행하고, 컴퓨터의 운영을 통제하는 등 그 자체가 부품 절취, 위조의 잠재적 증거가 될 수 있다.

2) 메모리

메모리는 컴퓨터 내부에 있는 탈착이 가능한 회로판이며, 보통 여기에 저장된 정보는 컴퓨터 전원이 꺼질 때 보존되지 않고 사라진다. 이처럼 컴퓨터가 동작하는 동안 사용자의 프로그램과 데이터를 임시로 저장해서 컴퓨터의 운영체제를 지원한다. 이 또한 그 자체가 부품 절취, 위조의 잠재적 증거가 될 수 있다.

(3) 접근 통제 장치

스마트카드는 금융 정보, 암호 키나 인증 정보(패스워드), 공개키 인증서 또는 부가 정보를 저장하며 마이크로프로세서가 탑재된 손만 한 크기의 장치이다. 동글 (Dongle)은 스마트카드에 저장하는 정보와 유사한 정보를 담고 있으며, 컴퓨터 포트에 끼울 수 있는 작은 장치이다. 생체 인식기는 컴퓨터 시스템에 접속하는 장치로 지문, 목소리, 망막과 같은 개인의 생체 정보를 인식한다. 암호 키와 같이 컴퓨터나 프로그램 또는 기능에 대한 접근을 통제하는 데 사용되며, 카드나 사용자의 식별/인증 정보, 접근 수준, 설정 정보, 허가 정보 등 잠재적 증거로서 활용될 수 있다.

(4) 디지털 카메라

디지털 카메라는 컴퓨터 매체로서 이미지와 비디오의 전송이 모두 가능한 변환 하드웨어와 이미지를 저장할 수 있는 비디오 디지털 녹화장치로 구분된다. 디지털 카메라는 재생 또는 편집하기 위하여 컴퓨터 저장 매체로 전송이 용이한 디지털 형식의 이미지나 비디오를 갈무리한다. 이미지, 탈착되는 카트리지, 사운드, 시간과 날짜의 스탬프, 그리고 비디오 등은 중요한 잠재적 증거로서 고려될 수 있다.

(5) 스마트폰

스마트폰은 전화가 가능한 휴대전화와 컴퓨팅 기능을 하나로 통합한 모바일 장치다. 스마트폰은 전자 우편, 인터넷 검색, 텍스트 읽고, 쓰고 저장하기 등 소프트웨어의 호환성이 높고, 추가적인 앱설치로 응용기기로 확장하여 사용할 수 있다. 내장형 키보드나 외장 USB 키보드, 외부 출력 가능한 VGA 단자, HDMI 단자로 확장기기가 연결되는 소형 컴퓨터로도 사용할 수 있다. 또한, 무선 인터넷 접속기능을 이용하여 인터넷 및 인트라넷에 직접 접속할 수 있을 뿐만 아니라 그룹웨어로의 연동이 가능하다. 무료 및 유료 앱, 다양한 앱을 사용자의 상황에 맞추어 선택 및 설치할 수 있고, 같은 운영체제를 가진 스마트폰 간에 어플리케이션을 공유할 수도 있다. 최근 스마트폰을 통해서 디지털 멀티미디어 정보의 전달이 급격히 늘어나고 있으며, 나아가 금융거래까지 가능해지면서 스마트폰이 신종범죄에서 사용되는 사례가 증가하고 있다.

포렌식 수사관 또는 증거 보관담당자로서 스마트폰의 배터리가 방전된다면 데이터 손실이 발생할 수 있으므로 배터리를 충전하는 등 즉각적인 대응이 해야 할 것이다. 대부분의 스마트폰은 이름과 전화번호 그리고 발신자 식별 정보를 저장할 수 있다. 게다가 약속 일정을 저장하고, 전자 메일과 쪽지를 받으며, 음성 녹음기와 같은 기능 또한 수행할 수 있다.

• 약속 일정/정보 • 발신자 식별 정보 • 전자 시리얼 번호 • 이메일 • 메모 • 이미지/비디오/오디오	• 패스워드 • 전화번호부 • 텍스트 메시지 • 카톡대화 및 첨부파일 • 메신저(밴드, 라인, 위챗, 틱톡) • 음성 메일 • 웹 브라우저 검색(접속 기록)

(6) 하드 드라이브 및 메모리 카드

하드 드라이브는 자기적으로 데이터를 저장할 수 있는 물질로 코팅된 정밀한 원판(디스크)이 탑재되어 있는 봉인된 상자 모양의 기기이며, PC의 내부뿐만 아니라 외장 형태도 있다. 주로 컴퓨터 프로그램, 텍스트, 사진, 비디오, 멀티미디어 파일 등과 같은 정보의 저장에 사용된다.

메모리 카드는 전원이 차단되어도 정보가 손실되지 않는 탈착이 가능한 전자적 저장 장치이다. 메모리 카드에서 지워진 이미지도 복구가 가능한 경우도 있다. 메모리 카드는 신용카드 크기의 모듈에 수백 개의 이미지를 저장할 수 있다. 컴퓨터, 디지털 카메라, PDA를 포함하여 다양한 전자 장치에서 사용된다. 메모리 카드의 예로 메모리 스틱, 스마트, 카드, 플래시 메모리, 플래시 카드 등이 있다. 탈착 방식으로 정보의 저장과 전송을 하기 위해 사용된다. 최근 하드 드라이브 및 메모리 카드의 용량이 늘어나면서 방대한 양의 데이터를 저장하고 있어 잠재적 증거로서의 가치가 높다고 볼 수 있다.

(7) 네트워크 구성요소

1) LAN 카드 또는 네트워크 인터페이스 카드(NIC)

네트워크 인터페이스 카드(Network Interface Controller, NIC)는 컴퓨터의 구성품 중 하나로 한 네트워크 안에서 컴퓨터 간 신호를 주고받는 데 쓰이는 하드웨어이다. 다른 이름으로는 이더넷 카드, 네트워크 어댑터라고 불린다. 네트워크 카드는 정보의 교환과 자원의 공유를 가능하게 해준다. 네트워크 카드 장치 자체와 그 장치에 할당된 MAC(Media Access Control) 접근 주소는 잠재적인 포렌식 증거로 사용될 수 있다.

2) 라우터, 허브, 스위치

라우터, 허브, 스위치 등은 컴퓨터 시스템 망에서 사용된다. 라우터, 스위치, 허브는 다른 컴퓨터나 네트워크에 연결할 수 있는 방법을 제공한다. 이것들은 종종 여러 케이블이 연결되어 있는 곳에서 위치해 있다. 이 장치들은 네트워크를 통한 데이터 분배를 쉽게 하는 데 사용되며, 장치 자체 혹은 라우터의 경우는 설정 파일이 잠재적 증거로서 고려된다.

3) 서버

서버는 네트워크를 통해 연결되어 있는 다른 컴퓨터에게 특정 서비스를 제공하는 컴퓨터이다. 랩탑을 포함한 다양한 종류의 컴퓨터들이 서버로 설정되어 특정 서비스를 위해 운영될 수 있다. 네트워크를 통한 이메일, 파일 저장, 웹페이지 서비스, 인쇄 서비스와 같은 기능을 공유하고 제공하는 데 사용된다.

(8) 기타 전자 장비

범죄 현장에서 발견되는 전자 장비의 종류는 매우 많아서 모두 열거하는 것은 어렵다. 그러나 일반적이지 않은 장비들 중에 우수한 수사 정보나 증거의 원천이 되는 경우가 많이 있다. 예를 들면, 프린트, 신용카드 정보수집기(Skimmer), 휴대폰 복제 장비, 발신자 ID 기계, 오디오 녹음기, 웹 TV 등이 있다. 프린트, 팩스, 복사기, 복합기 중에는 내부 저장 장치를 가지고 있는 경우가 있는데, 그중에서 증거가치가 있는 정보를 담고 있을 수 있다.

1) 프린터

프린터란 케이블(시리얼, 페러럴, USB, Firewire) 또는 적외선 포트를 통해 컴퓨터에 연결되는 레이저, 잉크젯 등의 다양한 인쇄 시스템을 지칭한다. 일부 모델은 인쇄하는 동안 컴퓨터로부터 여러 페이지 문서를 수신하여 저장하는 메모리 버퍼가 있으며, 하드드라이브를 가지고 있는 경우도 있다. 프린터는 사용 기록, 시간과 날짜 정보를 유지하는 경우가 있으며, 네트워크에 연결되었다면 네트워크 식별 정보가 저장될 수 있다. 추가적으로 각 프린터를 식별하기 위한 유일한 특정 정보가 존재할 수 있다.

2) 복사기

어떤 복사기는 사용자 접근 기록과 복사 이력을 유지한다. 특히 스캔 후 프린트 기능을 가진 복사기들은 문서를 메모리에 한번 스캔한 후에 인쇄를 진행한다.

3) 신용카드 정보수집기(Skimmers)

신용카드 정보수집기는 플라스틱 카드상의 자기띠에 담겨진 정보를 읽는 데 사용된다. 자기띠의 트랙에는 카드 만기일, 신용카드 번호, 사용자 주소 그리고 사용자의 이름을 포함하고 있어 잠재적 증거로서의 가치가 있다.

4) 위성 항법 장치(GPS)

위성 항법 장치는 목적지 정보와 중간 지점 그리고 경로를 통해 이전에 이동한 정보를 제공할 수 있다. 어떤 것들은 이동 기록을 포함하여 이전 목적지를 자동으로 저장한다. 구글지도 등 위성항법 장치는 사용자의 집 주소, 이전 목적지, 이동 기록, 중간 지점 좌표, 중간 지점 명치 등 수사에 용이하게 사용될 수 있는 다양한 정보들을 저장하고 있는 경우가 많아 범죄사건 수사에 있어 잠재적 증거로서 가치가 있다.

제4절
디지털 포렌식의 절차 및 기본 원칙

"디지털 포렌식"이란 디지털 자료(증거)를 수집, 운반, 분석, 현출 및 관리(이하 '수집·분석 등'이라 한다)하는 업무 또는 그와 관련된 기술을 말하며, "디지털조사분석(업무)"과 동일한 의미로 사용한다(공정거래위원회고시 제2018-4호, 2018; 대검찰청 예규 제876호, 2016; 한국정보통신기술협회, 2007).

1. 디지털 포렌식 절차

디지털 포렌식 절차는 아래의 <표 11-1>에서와 같이 5단계로 구성된다(한국정보통신기술협회, 2007). 먼저, 사건 파악 및 사전 준비를 하고, 현장에 출동하여 디지털 증거를 포함하고 있다고 판단되는 디지털 증거물을 수집한다. 이후 디지털 증거분석실로 증거물을 이송하고, 디지털 증거물 내의 디지털 데이터를 분석하여 디지털 증거를 획득한 후, 사건을 마무리한다. 디지털 증거 수집은 디지털 증거물 수집 및 이송, 디지털 증거 획득으로 나뉜다.

[표 11-1] 디지털 포렌식 절차

사건 파악 및 사전 준비 → 디지털 증거물 수집 → 이송/전송 → 디지털 증거 획득 → 사건마무리

사건 파악 및 사전 준비란 범죄의 유형 및 확보하여야 할 정보를 파악하고, 범죄 현장에서 수집 대상을 신속하고 정확하게 효율적으로 획득할 수 있도록 준비하는 과정을 말한다. 증거물 수집 계획 수립, 각 분야의 전문가를 포함한 증거 수집팀 구성, 필요한 하드웨어 장비 및 소프트웨어 확보 등이 여기에 속한다.

디지털 증거물의 수집 과정은 현장에 도착한 후 현장 상황을 파악하여 디지털 증거가 존재한다고 판단되는 물리적 장치를 확보하는 과정과 해당 증거물을 안전하게 수집하는 과정으로 나뉜다.

디지털 증거 획득은 수집된 디지털 증거물 내의 디지털 데이터를 검색 및 분석하여 사건과 연관된 데이터를 찾아내는 것을 말한다. 디지털 데이터 분석에 앞서 획득된 디지털 증거물 내의 데이터를 보호하기 위해 디지털 데이터 복제가 선행되기도 한다.

사건 마무리는 분석 결과 및 기타 정보를 포함한 결과 보고서 작성과 증거 자료의 안전한 보관을 포함한다.

2. 디지털 포렌식 기본 원칙

디지털 증거는 법정에 제출되는 경우에 증거로서의 가치를 상실하지 않도록 적법한 절차와 수단을 토대로 획득되어야 한다. 명확한 법적 근거가 없는 수집 및 분석 행위는 절차상의 위법성으로 인해 증거 능력 자체에 문제가 생길 수 있다. 또한 생성, 처리, 삭제, 변경, 복사, 전송 등이 용이하다는 디지털 증거의 취약성으로 인해 원 매체에 저장되어 있는 디지털 정보를 획득하는 과정에서 증거가치 보존을 위한 기술적인 방법들을 동원해야 한다. 더불어 디지털 증거의 또 다른 특성인 매체독립성, 비가시성으로 인해 법정에 제출될 때는 가시적인 형태로 변화되어야 하므로, 변환된 증거가 원본과 동일함을 증명할 수 있는 절차가 필요하다.

따라서 디지털 포렌식 기본 원칙은 아래와 같이 정의된다.

1) 관련 법규 및 지침에 규정된 일반적인 원칙과 절차를 준수한다.
2) 수사에 필요한 최소한의 증거 수집을 원칙으로 한다.
3) 디지털 증거는 기술적, 절차적인 수단을 통해 진정성, 무결성이 보존되어야 한다.
4) 신뢰성 있는 디지털 증거를 획득하기 위해 도구의 신뢰성이 뒷받침되어야 한다.
5) 최종적으로 법정에 제출되는 디지털 증거의 원본성이 보장되어야 한다.

제5절
디지털 증거 수집 및 처리에 관한 규칙

본 절에서는 디지털 증거 수집 및 처리 등에 관한 규칙(경찰청 훈령, 2017)과 디지털증거 처리 표준 가이드라인(경찰청, 2006)에 의거, 디지털 증거의 압수·수색·검증에 관해 구체적으로 알아보도록 한다.

경찰청 훈령에 기재된 디지털 증거 수집 및 처리 등에 관한 주요 규칙은 아래와 같다(경찰청 훈령, 2017, p. 2-40).

제8조(과잉금지의 원칙) 디지털 데이터의 수집은 수사목적을 달성하는데 필요한 최소한의 범위에서 이루어져야 한다.

제9조(지원요청 및 처리) ① 수사과정에서 디지털 데이터의 압수·수색·검증이 필요한 경우 경찰청 각 부서는 경찰청 디지털포렌식센터장에게, 지방경찰청 각 부서 및 경찰서의 수사부서는 지방경찰청 사이버안전과장(사이버안전과가 설치되지 않은 지방경찰청은 수사과장)에게 압수·수색·검증에 관한 지원을 요청할 수 있다.

② 경찰청 디지털포렌식센터장 또는 지방경찰청 사이버안전과장(사이버안전과가 설치되지 않은 지방경찰청은 수사과장)은 압수·수색·검증에 관한 지원을 요청받은 경우에는 지원의 타당성과 필요성을 검토한 후, 지원여부를 결정하여 통보하여야 한다.

③ 압수·수색·검증과정을 지원하는 증거분석관은 성실한 자세로 기술적 지원을 하고, 수사관은 압수·수색·검증영장 및 제10조 각 호의 내용을 증거분석관에게 사전에 충실히 제공하는 등 수사의 목적이 달성될 수 있도록 상호 협력하여야 한다.

제10조(영장 집행의 준비) 디지털 데이터를 압수·수색·검증하고자 할 때에는 사전에 다음 각 호의 사항을 고려하여야 한다.

1. 사건의 개요, 압수·수색·검증 장소 및 대상
2. 압수·수색·검증할 컴퓨터 시스템의 네트워크 구성 형태, 시스템 운영체제, 서버 및 대용량 저장장치, 전용 소프트웨어
3. 압수대상자가 사용 중인 디지털 저장매체
4. 압수·수색·검증에 소요되는 인원 및 시간
5. 디지털 증거분석 전용 노트북, 쓰기방지 장치 및 하드디스크 복제장치, 복제용 하드디스크, 하드디스크 운반용 박스, 정전기 방지장치 등 압수·수색·검증에 필요한 장비

제11조(디지털 데이터의 압수·수색·검증) ① 수사관은 압수·수색·검증 현장에서 디지털 데이터를 압수하는 경우에는 범죄사실과 관계가 있다고 인정할 수 있는 범위를 정하여 출력하거나 복제하는 방법으로 압수하여야 한다.

② 수사관은 압수·수색·검증현장에서 제1항의 방법이 불가능하거나 현저히 곤란한 경우에는 복제본을 획득하여 외부로 반출한 후, 제1항의 방법으로 디지털 데이터를 압수할 수 있다.

③ 수사관은 압수·수색·검증현장에서 제1항 및 제2항의 방법이 불가능하거나 현저히 곤란한 경우에는 디지털 저장매체 원본을 외부로 반출한 후, 제1항 또는 제2항의 방법으로 디지털 데이터를 압수할 수 있다.

④ 수사관은 제1항부터 제3항까지의 규정에 따라 디지털 데이터를 압수하는 경우에는 피의자나 변호인, 소유자, 소지자 또는 「형사소송법」 제123조에 정한 참여인(이하 "피압수자등"이라고 한다)의 참여권을 보장하여야 한다.

⑤ 수사관과 증거분석관은 제1항부터 제3항까지의 규정에 따라 디지털 데이터를 압수하는 경우에는 데이터 고유 식별값(이하 "해시값"이라고 한다) 확인 등 디지털 증거의 동일성, 무결성을 담보할 수 있는 적절한 방법과 조치를 취하여야 한다.

제11조의2(디지털 저장매체 자체의 압수·수색·검증) ① 수사관은 다음 각 호의 사유가 존재하고 디지털 저장매체 자체를 압수·수색·검증할 수 있도록 영장에 기재되어 있는 경우에는 디지털 저장매체를 압수할 수 있다.

1. 도박·음란·기타 불법사이트 운영 사건 등 디지털 저장매체에 저장된 원본 디지털 데이터가 다시 범죄에 이용될 우려가 있는 경우

2. 디지털 저장매체에 음란물 또는 사생활 보호의 대상이 되는 내용 등이 담겨져 있어 유포 시 개인의 인격에 상당한 피해가 우려되는 경우

3. 불법 또는 정당하지 않은 방법으로 취득한 디지털 데이터가 디지털 저장매체에 저장되어 있는 경우

4. 디지털 저장매체 또는 디지털 저장매체가 포함된 존재 자체가 범죄의 증명에 필요한 경우

5. 그 밖에 제11조의 방법에 따른 압수가 불가능하거나 압수의 목적을 달성하기에 현저히 곤란한 경우

② 제1항의 경우 디지털 저장매체의 압수에 관하여는 범죄수사규칙(경찰청 훈령 제774호)을, 디지털 저장매체에 저장된 디지털 데이터에 관하여는 제11조제5항을 각 준용한다.

제12조(확인서 등) ① 수사관은 제11조제1항에 따라 디지털 데이터를 압수하는 경우에는 해시값을 확인한 후 별지 제1호서식의 전자정보 확인서를 작성하여야 한다.

② 수사관은 제11조제2항에 따라 획득한 복제본을 반출하는 경우에는 해시값 확인 및 참여권 고지 후 별지 제3호서식의 복제본 반출(획득) 확인서를 작성하여야 한다. 이 경우 복제본 반출 이후 디지털 데이터를 압수할 때에는 제1항을 따른다.

③ 수사관은 제11조제3항에 따라 디지털 저장매체 원본을 반출하는 경우에는 원본 봉인 및 참여권 고지 후 별지 제4호서식의 원본 반출 확인서 또는 별지 제5호서식의 원본 반출 확인서(모바일기기)를 작성하여야 한다. 이 경우 원본 반출 이후 디지털 데이터를 압수하는 때에는 제1항을, 복제본을 획득할 때에는 제2항을 각 따른다.

④ 제3항 후단 중 원본 반출 이후 복제본을 획득하는 경우 피압수자등이 복제본 획득과정에 참여하지 않거나 참여를 철회할 때에는 별지 제3호서식의 복제본 반출(획득) 확인서 작성을 생략할 수 있다.

⑤ 수사관 또는 증거분석관은 제11조제2항 또는 제11조제3항에 따른 압수·수색·검증 과정에서 피압수자 등이 참여를 철회하는 경우에는 별지 제6호서식의 참여철회 확인서를 작성하도록 하여야 한다.

⑥ 수사관은 제11조제3항에 따라 반출한 디지털 저장매체 원본을 반환하는 경우에는 별지 제7호서식의 반출 원본 저장매체 인수증을 작성하도록 하여야 한다.

⑦ 수사관은 제11조에 따라 디지털 데이터를 압수한 경우에 압수증명서 및 상세목록의 교부를 제12조제1항에 따라 작성한 별지 제1호서식의 전자정보 확인서 교부로 갈음할 수 있다.

⑧ 그 외 압수·수색·검증과 관련된 서류의 작성은 범죄수사규칙(경찰청훈령 제774호)의 규정을 준용한다.

제13조(임의제출) ① 피압수자가 임의로 제출한 디지털 데이터의 압수에 관하여는 제11조를 준용한다. 이 경우 수사관은 제11조제2항 또는 제11조제3항의 사유가 없더라도 피압수자의 동의가 있으면 각 해당 규정에서 정하는 방법으로 압수할 수 있다.

② 제1항의 경우 해시값 확인, 참여권 고지, 확인서 작성 등에 관하여는 제12조의 규정을 준용한다. 다만, 별지 제1호서식의 전자정보 확인서는 별지 제2호서식의 전자정보 확인서(간이)로 대체할 수 있다.

③ 피압수자가 임의로 제출한 디지털 저장매체 자체의 압수에 관하여는 제11조의2의 규정을 준용한다.

위의 디지털 증거수집 및 처리 등에 관한 규칙에 근거하여 범행 현장에서 디지털 증거를 어떻게 취급해야 하는지에 대해 아래에서 구체적으로 살펴보겠다. 특히 디지털증거 처리 표준 가이드라인에서 제시된 사이버수사요원으로서 지켜야 할 구체적인 원칙과 절차를 알아보겠다(경찰청, 2006, p. 5-10).

디지털 증거수집 매뉴얼

1. 기본 원칙

(1) 적법절차의 준수

- 수사 등에 필요한 한도 내에서 적법절차를 준수한 최소한의 증거수집을 원칙으로 한다.
- 형사소송법, 경찰관직무집행법 등의 법규 및 지침에 규정된 일반적인 원칙과 절차를 준수한다.

(2) 원본의 안전한 보존

- 증거수집 시에는 반드시 쓰기방지 장치를 이용하여 증거 원본에 대한 무결성을 유지한다.
- 증거 원본은 이송 및 보관에 주의하여 손상을 방지한다.

(3) 증거의 무결성 확보

- 증거수집 시점에 수집된 디스크 또는 각각의 파일에 대해서 단방향 암호화 알고리즘값(이하 해시값)을 확보한다(단, 확보가 곤란한 경우 제3자 입회, 촬영 등 객관성 소명 필요).
- 생성된 해시값을 출력 후 입회인의 서명 날인을 받는다.
- 증거 원본에 대한 사본을 생성하고 이에 대한 해시값을 생성 후 이미 생성

된 원본 해시값과 비교하여 무결성을 검증한다.
- 증거분석은 원본 해시값과 동일한 해시값을 가진 사본을 이용하여 수행한다.

2. 준비사항

(1) 증거수집계획의 수립

수사관 등은 신속하고 효과적인 증거수집을 위하여 다음과 같은 사항에 유의하여 증거수집계획을 수립한다.

- 수사관 등은 증거수집과 관련하여 아래와 같은 사항을 사전에 파악하여 둔다.
  - 컴퓨터 하드웨어, 운영체제, 소프트웨어, 저장매체, 데이터베이스
  - 네트워크 관련 정보
  - 시스템 또는 네트워크 책임자나 관리자
  - 수집해야 할 매체의 개수나 데이터의 분량
- 수집 및 이송이 필요한 인원, 장비를 준비한다.
- 필요에 따라 압수수색 영장을 신청한다.

(2) 증거수집팀 구성

- 기업 등 대규모 압수수색이나, 해킹사범 수사 등 증거수집에 디지털 포렌식 관련 전문지식이 필요한 경우는 증거수집팀을 별도로 구성한다.
- 증거수집팀은 운영체제, 데이터베이스, 네트워크, 프로그래밍, 해킹, 악성코드 등 분야별 전문가로 구성한다.
- 증거수집팀 구성이 완료되면 증거수집 방법, 범위, 역할 분담, 주의사항에 대한 사전 교육을 실시한다.

(3) 수집장비

1) 증거수집 및 분석용 컴퓨터
증거수집 및 현장 초동 분석업무 수행을 위한 휴대용 컴퓨터 및 아래와 같은

추가장비가 필요하며, 증거 수집 및 분석용 컴퓨터는 이동 시 충격을 완화하기 위해 보호용 케이스에 보관해야 한다.

용도	필요장비
인터넷 접속	100Mbps 또는 Gigabit 이더넷 카드, 무선랜 카드 등 장착
주변기기 및 외부장치 연결	USB 2.0 포트, IEEE 1394b 포트, RS-232 시리얼 포트 등
증거보관	대용량 저장장치, 하드디스크, CD 등

2) 쓰기방지 장치

- 현장 초동분석 업무 필요시 사용할 하드디스크 등 원본증거의 위·변조 방지를 위한 쓰기방지 장치
- USB, IEEE1394 포트 등과 같은 외부 포트에 연결되어 저장매체에 대한 쓰기방지 기능 필요
- IDE, SATA, SCSI 등 다양한 저장매체에 대한 쓰기방지 지원 기능

3) 증거사본 보관용 대용량 저장 장치

- 증거 원본에 대한 압수가 어려울 경우 사본을 생성하여 저장하기 위한 대용량 디스크
- 사본 보관용 디스크는 안전하게 이동 가능한 보호용 케이스 사용
- 보관용 디스크는 기존에 보관되어 있던 자료와 혼동되지 않도록 데이터를 완전 삭제 후 사용

4) USB 메모리, CD-R, DVD-R 등 외장형 저장 매체

- 휘발성 증거 또는 파일 증거 수집을 위한 USB 메모리 등과 같은 외장형 저장 매체
- 보관용 메모리는 기존에 보관되어 있던 자료와 혼동되지 않도록 데이터를 완전 삭제 후 사용
- 수집된 증거 파일의 보관을 위한 쓰기가능한 CD－R, DVD－R 사용

5) 증거 운반용 박스

- 하드디스크 등 외부충격에 약한 증거물을 위한 스티로폼, 스펀지 등이 내장
  된 충격완화용 보호박스
- 디스켓 또는 CD 등을 분류·보관하기 위한 지퍼백과 같은 형태의 투명한
  비닐 봉투
- 기타 케이블 및 주변장치 수집을 위한 압수물품용 박스 준비

6) 다양한 규격의 연결 케이블 및 어댑터

현장 증거분석에 필요한 케이블 및 어댑터는 다음과 같다.

구분	필요장비
전원 케이블과 어댑터	멀티플러그, 종류별 전원케이블, 110V to 220V 전원 어댑터
네크워크 케이블	이더넷 다이렉트 케이블, 이더넷 크로스 케이블 등
데이터 전송케이블	USB 케이블, IEEE 1394 케이블, 시리얼 케이블, 패러럴 케이블(프린트 케이블), IDE 80핀 케이블, SATA 케이블, SCSI 케이블 등

7) 분해와 해체를 위한 공구

- 컴퓨터 등 분해를 위해 사이즈별로 +/− 드라이버 준비
- 케이블 등의 절단을 위하여 니퍼, 플라이어 등의 공구 준비

8) 서류 작성을 위한 각종 서식, 휴대용 프린터

9) 현장 촬영을 위한 카메라, 캠코더

10) 소프트웨어

- 증거 원본에 대한 사본을 생성하기 위한 이미지 복제용 소프트웨어
- 디지털증거 현장 초동분석에 필요한 분석 소프트웨어
- 휘발성 증거 수집을 위한 소프트웨어

3. 디지털증거 수집 절차

(1) 사진촬영 및 현장 스케치를 수행한다.

- 컴퓨터 등 대상물의 앞·뒷면 사진, 주변장치를 포함한 사진, 전원이 켜져 있는 경우는 모니터 화면 촬영
- 현장에 있는 수집 대상물의 위치를 상세히 스케치

(2) 네트워크 정보 등 휘발성 증거를 현장에서 수집한다.

(3) 수집 대상물의 전원을 확인한다.

- 컴퓨터 등 대상물의 전원이 꺼져 있는 경우 그대로 수집
- 전원이 켜져 있는 경우, 정상적인 시스템 종료 절차를 수행하면 임시 데이터가 삭제되므로 이를 방지하기 위해서 컴퓨터의 경우 종료 절차 없이 전원 플러그를 강제 분리(단, 서버는 정상 종료 절차 수행)

(4) 본체 수집을 원칙으로 하되, 부득이한 경우 하드디스크만 분리하여 수집한다.

- BIOS의 메인 메뉴에서 시스템 시간과 날짜정보 확인
- BIOS 시간과 표준 시간 간의 오차를 확인 후 기록
- 컴퓨터 본체에서 하드디스크를 안전하게 분리

(5) 외장형 디스크, USB 메모리 등 기타 디지털 저장매체와 각종 소프트웨어, 주변장치, 케이블 등을 수집한다.

(6) 증거물을 포장하고 상세정보를 기재하여 증거물에 부착한다.

- 하드디스크는 보호박스를 사용하여 개별 포장함이 원칙
- 컴퓨터 및 주변 장치 등에 대한 상세 정보를 기재하여 증거물에 부착
- 상세정보의 내용은 사건번호, 수집자, 입회인, 수집일시, 장소, 물품, 제조번호 등이고, 하드디스크만 분리하여 수집하는 경우에는 추가로 BIOS 시간

오차를 기재

(7) 압수증명서를 작성하여 입회인에게 교부하고, 입회인으로부터 압수확인
서 및 압수증거물 목록에 서명 날인을 받는다.

(8) 사용자 질의서를 작성한다.

▪ 컴퓨터 사용자를 상대로 컴퓨터의 용도, 설치된 운영체계, 주로 사용하는
응용 프로그램명, 패스워드가 설정된 프로그램명, 패스워드 정보 등을 질의
후 기재

[표 11-2] 디지털증거 수집 절차

1. 사진촬영, 증거현장 스케치
2. 휘발성 증거 수집
3. 컴퓨터 전원 OFF
4. 하드디스크 수집
5. 기타 디지털저장매체, 주변장치, 케이블 수집
6. 증거물 포장, 상세정보 기재
7. 증거물 목록 작성, 입회인 서명
8. 사용자 질의서 작성

4. 준수사항

(1) 현장도착시 준수사항

1) 압수할 시스템이 확인되었으면 각 시스템별 현재 시각과 컴퓨터 시간이 일
치하는지 반드시 확인한다.

2) 시스템에 어떤 종류의 소프트웨어가 있는지 파악한다.

3) 시스템 하드웨어나 네트워크를 파악하고 원본의 손상을 방지한다.

▪ 장비의 종류를 확인하고, 기능이나 용도를 알 수 없는 장비가 있는 경우 사
진촬영 등 자료확보하고 전문가와 상의

- 시스템 전원 차단여부를 먼저 파악하고, 수집해야 할 휘발성 자료가 있거나 운영 중인 시스템이라면 피해가 가지 않는 최소한의 범위 내에서 작업 수행
- 휘발성 자료가 없을 경우 그 자리에서 전원을 차단한 후 압수하여 담당자에게 인계

4) 어떤 시스템을 압수할 것인지를 목록에서 확인하여 신속 정확하게 압수한다.

- 하드디스크만 압수할 경우 충격 등으로 인해 증거물에 손상이 가지 않도록 주의
- 수사관 등은 전문성이 부족하다고 판단되는 경우 증거물을 조작하지 말고 전문가에게 인계해야 하며, 특히 취급 미숙으로 인한 컴퓨터 부팅만으로도 윈도우 자체에서 날짜가 변경되는 파일이 있으므로 각별히 주의요망

(2) 유형별 증거물 수집 시 준수사항

1) 컴퓨터 전원이 꺼져 있는 경우

스크린 세이버 작동여부, 하드디스크 및 모니터 작동여부 등 컴퓨터 전원을 재확인 후, 다음 사항을 준수하여 수집한다.

a. 네트워크 및 전원케이블 분리
- 컴퓨터 및 기타 장비들과의 연결 상태 등을 스케치하거나 사진촬영
- 네트워크 케이블 분리 시 네트워크를 통해서 컴퓨터 데이터 삭제 및 변경되는 경우를 미연에 방지해야 하며 케이블을 분리하기 전에 케이블의 물리적인 연결 상태 기록

b. 컴퓨터 등 장비 분리
- 연결 포트와 케이블은 차후 장치에 재연결할 수 있도록 동일 숫자의 라벨을 부착
- 장치 분리 시 신중을 기하고, 쉽게 식별 가능하도록 넘버링 작업
- 노트북은 전원 어댑터를 분리하기 전에 전원상태 및 대기 모드 등을 확인하고 AC 어댑터 압수

c. 이동식 메모리 및 패스워드 관련 자료

■ CD, 디스켓, USB 메모리 등 이동식 보조기억장치의 존재여부를 확인하여 관련 드라이브와 함께 압수

■ 컴퓨터, 책상 주변에 위치한 다이어리나 노트, 메모 등에서 사용자 ID와 패스워드 등 인증정보 수집

d. 컴퓨터 전원을 다시 켜야 할 경우

■ 압수대상자 또는 참관인의 입회하에 수행하되 미리 부팅 CD 등을 준비하여 만약의 경우에 대비

e. 증거물 이송 시 준수사항

■ 전원을 켜지 않은 상태 그대로 압수하여 하드디스크 등이 충격을 받지 않도록 디스크 보관함 이용 등 안전조치

■ 제조일자, 고유번호, 모델 등의 정보 기록 후, 모든 드라이브와 본체, 전원코드까지 함께 이송

■ 압수한 컴퓨터에 외상이 있는 경우, 압수대상자 및 참관인이 입회한 상태에서 해당 사실을 인지시키고 기록

■ 압수한 컴퓨터 장비(특히 디스크)에 남아있는 지문채취가 필요한 경우 과학수사요원에게 통보

■ 단, 지문 채취에 사용되는 시약, 분말가루, 테이프 등은 컴퓨터 및 저장매체 드라이브 등의 인식에 영향을 미칠 수 있으므로 주의할 것

2) 컴퓨터 전원이 켜져 있는 경우

컴퓨터의 전원을 종료함으로써 소실되는 휘발성 증거에는 해킹, 웜/바이러스 등의 사건 수사에 중요한 단서가 되는 경우가 많으므로 다음 사항을 준수한다.

a. 증거의 손상을 막기 위해 사건 관련자 및 제3자들을 컴퓨터나 전원공급기에서 분리

b. 시스템의 현재 시각을 정확하게 기록

c. 네트워크에 연결되어 있지 않은 경우 컴퓨터 시각정보와 UTC 표준시각 정

보를 비교해서 정확하게 기록

d. 컴퓨터가 네트워크에 연결되어 있는 경우 원격접속을 통한 증거인멸 등을 사전에 차단하기 위하여 다음과 같은 사항을 확인 후 즉시 네트워크 케이블을 분리

   ■ 컴퓨터 시스템의 네트워크 연결 상황 확인
   ■ 네트워크 장치(허브 등), RAID와 컴퓨터 장치 사이의 연결 상황 확인
   ■ 정보제공자와 각 개인이 제공하는 정보 확인 등

e. 컴퓨터의 전원이 꺼지면 사라지는 현재 실행 중인 프로그램이나 프로세스, 로그인 정보 등 휘발성자료 확보를 위하여 다음과 같은 사항을 수행

   ■ 모니터의 상태를 확인하고 현재 화면 등을 촬영
   ■ 시간 정보 기록
   ■ 현재 네트워크 연결 상태 기록
   ■ 현재 오픈된 TCP, UDP 포트 정보 기록
   ■ TCP, UDP 포트를 오픈하고 있는 실행파일 기록
   ■ NetBIOS 캐시 정보 기록
   ■ 현재 접속 사용자 정보 기록
   ■ 인터넷 라우팅 테이블 기록
   ■ 실행 중인 프로세스 내영 기록
   ■ 실행 중인 서비스 내역 기록
   ■ 예약된 작업 내역 기록
   ■ 현재 사용 중인 파일 내역 기록
   ■ 실행 중인 프로세스의 메모리 내용을 파일에 저장
   ■ 휘발성정보가 저장된 파일에 대한 해시값을 생성하여 증거물 목록에 기재

f. 휘발성증거 확보 후 다음의 절차에 따라 컴퓨터의 전원 차단

   ■ 정상적인 시스템 종료 절차를 수행하면 임시 데이터가 삭제되므로, 이를 방지하기 위해 컴퓨터의 경우 종료 절차없이 전원플러그를 강제 분리(단, 서버는 정상 종료 절차 수행)
   ■ 컴퓨터의 전원을 정상 종료함에 따라 소실되는 정보를 최소화하기 위하여

사용하는 운영체계에 따라 전원종료 방법을 선택

g. 시스템 혹은 운영체계에서 공통으로 제공되는 명령어만 사용

h. 키보드나 마우스는 가급적 작동시키지 않도록 하고, 모니터 화면이 보이지 않거나 스크린 세이버가 작동 중인 경우는 수사관(혹은 증거수집전문가) 등이 직접 모니터를 확인하고 마우스를 움직인 후 나타난 다음 화면을 사진 촬영하고 기록을 남김

i. 파일 혹은 바탕화면의 아이콘을 더블클릭해서 프로그램을 실행시키지 않도록 주의

j. 컴퓨터의 구성을 확인하여 원격 저장장치 유무 확인

3) 휴대폰

a. 휴대폰 전원이 꺼져 있는 경우

- 증거 훼손 방지를 위해 대상자로부터 휴대폰을 신속하게 압수
- 휴대폰 전원을 켜게 되면 새로운 문자 메시지 및 전화호출이 수신되어 기존에 저장된 자료를 덮어쓸 수 있으므로 유의
- 휴대폰 배터리, 충전기 및 컴퓨터 연결용 케이블 등도 함께 압수하고, PC링크 기능을 사용한 경우 휴대폰 데이터가 저장된 컴퓨터도 압수

b. 휴대폰 전원이 켜져 있는 경우

- 휴대폰의 통화 수신을 차단해야 할 경우 전자파 차폐장치에 봉인
- 증거수집 현장에서 휴대폰 정보를 조회할 필요가 있을 경우 압수대상자 및 입회인 참여하에 사용
- 압수된 휴대폰은 즉시 전원 종료
- 휴대폰이 잠금 모드로 설정되어 있을 경우 대상자에게 비밀번호 확인 후 기록

4) 태블릿 PC

태블릿 PC는 다양한 운영체계, 소프트웨어 및 저장매체로 구성되어 있고 동작 방법도 다양하므로 다음 사항을 준수한다.

- 증거 훼손을 막기 위해서 대상자로부터 태블릿 PC를 즉시 압수
- 태블릿 PC가 작동 중일 경우 암호 설정여부, 네트워크 연결 여부 등을 파악

한 후 정상적인 종료절차를 거쳐 전원을 차단하거나, 대기 모드가 지원될 경우 대기모드로 압수
- 암호가 설정되어 있는 경우 대상자로부터 관련 정보 확인 후 기록
- 태블릿 PC 압수 시 플래시 카드, 메모리 스틱, 스마트 카드 등 저장매체와 함께 컴퓨터 연결 케이블, AC어댑터, 충전기 등 각종 부속품도 압수

5. 디지털 포렌식 툴을 이용한 증거수집

사건 현장에서 사이버수사요원에게 디지털 증거물을 대상으로 디지털 포렌식 툴을 이용하여 그 디지털 증거물을 수집하는 것은 데이터의 무결성을 보장하기 위해 아주 중요한 사안이며 아래의 내용을 숙지하고 실행해야 할 것이다. 보통의 디지털 기기는 운영체제가 탑재되어 있으며, 운영체제는 휘발성 저장매체와 비휘발성 저장매체를 사용한다. 디지털 포렌식에서 증거 수집은 대상 매체의 운영체제 종료 여부에 따라서 다음과 같이 나눌 수 있다(강정기 외, 2008).

- 데드 시스템상에서의 증거 수집: 운영체제가 종료된 컴퓨터나 핸드폰 같은 기기에 대한 증거 수집을 말하며, 주로 하드디스크나 플래시 메모리로부터 데이터를 얻는 것으로 이루어진다.
- 라이브 시스템상에서의 증거수집: 운영체제가 종료되지 않는 컴퓨터나 핸드폰 같은 기기에 대한 증거 수집을 말한다. 하드디스크와 같은 비휘발성 매체와 컴퓨터 메모리와 같은 휘발성 저장매체로부터 데이터를 얻는 것으로 이루어진다.

(1) 데드 시스템상에서의 증거 수집

데드 시스템상에서의 증거 수집 기술은 포렌식 대상 기기에 따라 달라지게 된다. 핸드폰 기기와 같이 비휘발성 저장매체를 분리 및 접근하기가 용이하지 않은 기기는 상대적으로 컴퓨터 하드디스크와 같이 쉽게 저장매체를 분리 및 접근할 수 있는 기기보다 데이터 획득이 어렵다. 데이터를 쉽게 획득할 수 있는 컴퓨터 하드디스크에서도 원본 데이터의 이미지를 만들게 되는데, 이는 나중에 증거분석을 할

경우에 원본데이터가 변경되는 것을 막기 위해서이다. 따라서 본 저장매체에 있는 데이터의 무결성을 보장 할 수 있는 이미지 기술이 필요하다.

(2) 라이브 시스템상에서의 증거 수집

운영체제가 종료되지 않은 시스템에서의 데이터 획득 순서는 휘발성 저장매체에 있는 데이터들을 먼저 획득한 후에, 비휘발성 저장매체에 있는 데이터들을 획득하는 순서로 이루어진다. 포렌식 대상이 되는 라이브 시스템에서 휘발성 저장매체나 비휘발성 저장 매체에서 데이터를 획득하기 위해서는 라이브 시스템 운영체제에 있는 명령어들을 사용하기보다는 포렌식 툴을 사용해서 데이터를 획득해야 하는데, 그 이유는 다음과 같다.

첫째, 대상 시스템의 운영체제 명령들이 용의자에 의해서 이미 바뀌어 있어서 그 명령을 사용할 경우 사건 증거들을 삭제할 가능성이 있기 때문이다. 둘째, 운영체제 명령어들이 바뀌지 않았다 하더라도, 정상적인 운영체제 명령의 실행이 시스템 정보를 변경할 가능성이 있기 때문이다. 예를 들어 보면, Windows 운영체제에서 단순히 탐색기 창을 여는 것만으로 여러 파일들의 마지막 접근 시간(accessed time)이 변경되게 된다. 파일과 관련해서 여러 시간 정보가 존재하는데, 마지막 접근 시간 이외에 마지막 수정시간(modified time), 생성시간(created time)이 존재한다. 이런 MAC(Modified Accessed, Created) 시간은 사건을 조사하는 데 있어서 중요한 요소이므로 절대 변경되어서는 안 된다. 셋째, 운영체제는 시스템 보호를 위해서 일부 데이터나 파일들에 대해 사용자들의 접근을 막고 있다. 즉, 운영체제에서 제공하는 명령어들에 의해서는 접근할 수 없는 데이터나 파일들이 존재한다. 따라서 운영체제의 보호 매커니즘을 우회할 수 있는 포렌식 툴의 사용이 필요하다. 라이브 시스템에서 휘발성 데이터의 획득과 비휘발성 데이터를 획득하는 데는 다양한 어려움들이 존재하며, 이는 라이브 시스템 운영체제에 따라 달라지게 된다. 다음 두 하위 절에서는 Windows나 Unix 운영체제를 사용하는 라이브 시스템에서 디지털 포렌식이 이루어지는 방식과 문제점에 대해서 설명한다.

1) 라이브 시스템 메모리 덤프

Windows나 Unix 운영체제를 사용하는 시스템에서는 어플리케이션에 따라서 사용자의 ID나 패스워드가 휘발성 저장매체인 컴퓨터 메모리에 올라와 있을 수 있다. 때문에 메모리상의 데이터를 모두 얻을 수 있다면 이런 메모리 데이터로부터 중요한 정보를 획득할 수가 있다.

Windows나 Unix에서 물리적 메모리의 한계를 극복하기 위하여 가상 메모리 (virtual memory)를 사용하고 있다. 예를 들어서, 컴퓨터의 실제 물리적 메모리는 256M 바이트라도 가상 메모리를 사용하면 각각의 프로세서는 혼자서 4G 바이트의 메모리를 사용한다고 느낄 수 있다. 이런 가상 메모리를 관리해주는 모듈을 가상 메모리 매니저(virtual memory manager)라고 한다. 가상 메모리 매니저는 여러 프로세서의 수행을 위해서 물리적 메모리를 페이지라는 단위로 나누고 프로세서 실행 시 필요한 프로세서들의 일부분을 물리적 메모리로 올려서 실행시키며, 나머지 부분은 하드디스크에 존재하는 스왑파일(swap file)에 저장시킨다.

가상메모리를 사용하는 시스템에서 하나의 사용자 프로세서가 사용하는 가상 메모리를 모두 덤프하는 것은 가능하며, 덤프하기 위해서는 물리적 메모리에 있는 프로세서에 할당된 페이지뿐만 아니라 하드디스크에 있는 스왑파일 내용 일부까지 덤프해야 함을 알 수 있다.

2) 라이브 시스템 하드디스크 이미징

어플리케이션이나 운영체제는 중요한 데이터를 저장하기 위해서 임시 파일을 하드디스크에 만들어 사용하다가 시스템 종료 시에 삭제하는 경우가 있다. 따라서 컴퓨터를 끄기 전에 하드디스크를 이미징한다면 이런 중요한 데이터를 얻을 수 있을 것이다. 하지만 만약 운영체제가 캐시(Cache)를 사용한다면, 하드디스크만을 이미징하는 것은 데이터의 일관성(consistency)에 문제가 생길 수 있다.

예를 들어, 프로세서가 어떤 파일의 한 바이트를 읽어오라는 명령을 하면, 운영체제는 연속된 256K 바이트를 한꺼번에 읽어와서 캐시 메모리에 저장하고 프로세서에게는 한 바이트만을 돌려준다. 프로세서가 읽어 들인 한 바이트 옆에 또 한 바이트를 읽어오라고 명령하면, 운영체제는 이번에는 하드디스크에 접근할 필요

없이 캐시 메모리에 저장된 한 바이트를 돌려주면 된다. 하드디스크 접근 시간보다 캐시 메모리 접근 시간이 훨씬 빠르기 때문에 캐시를 사용함으로써 하드디스크로 의 접근을 줄이면 시스템의 효율성이 더욱 증가하게 된다. 캐시 메모리 관리를 하 는 모듈을 캐시 매니저(cache manager)라고 한다. 파일을 불러들이는 경우에는 일관 성에 아무 문제가 발생하지 않는다. 일관성에 문제가 발생하는 경우는 캐시 매니저 가 시스템 효율성을 높이기 위해서 지연쓰기(delayed write)를 하는 경우이다. 지연 쓰기란 프로세서가 읽어 들인 바이트를 수정해서 다시 파일로 쓰도록 명령을 내릴 경우에 캐시 매니저가 캐시 메모리 데이터를 먼저 수정하고 시간이 흐른 후에 하드 디스크 파일에 수정된 데이터를 쓰는 것을 말한다. 지연쓰기 역시 하드디스크 접근 을 줄이고 시스템 이미징을 하는 경우에 아직 완전히 수정이 안 된 파일이 존재할 수 있으므로 일관성에 문제가 발생할 수 있다. 그러므로 하드디스크 이미징을 하기 전에 캐시 메모리에 존재하는 데이터 중에 아직 하드디스크에 기록이 안 된 데이터 를 하드디스크에 쓰도록 하는 기법이 필요하다.

이상으로 디지털 증거의 의의와 종류 그리고 디지털 수사 기본 절차에 대해 알아보았다. 아래의 절에서는 이 장에서 다루었던 내용을 한 번 더 요약하고 도출 된 함의에 대해 논의하겠다.

참고문헌

김방글. (2020). 삭제 후 복구된 디지털 파일의 증거능력 인정 요건에 관한 연구 (Doctoral dissertation, 서울대학교 대학원).

김지홍. (2015). 디지털 포렌식 절차 모델에 대한 새로운 접근 (Doctoral dissertation, 서울대학교 융합과학 기술대학원).

강정기 외. (2008). *Encase* 이용한 사이버 범죄 수사 (Thesis, 중부대학교 정보보호학과).

검찰청. (n.d.). 과학수사. https://www.spo.go.kr/site/spo/02/10206040000002018100812.jsp

검찰청. (n.d.). 디지털 증거의 수집·분석 및 관리 규정

경찰청. (2006, December 28). 디지털증거 처리 표준 가이드라인

공정거래위원회. (n.d.). 디지털 증거의 수집·분석 및 관리 등에 관한 규칙

노명선. (2008). 전자적 증거의 수집과 증거능력에 관한 몇 가지 검토. 형사법의 신동향, 16, 74−125.

박찬석. (2021). 디지털 증거의 본질에 어울리는 증거조사 방안 (Doctoral dissertation, 서울대학교 대학원).

변정수. (2007). 한국형 디지털 증거분석 표준화: 경찰청 디지털 증거처리 표준 가이드라인 및 증거분석 전문매뉴얼의 고찰. 디지털 포렌식 연구, 1(1).

송희식. (2013). 증거법이론에 있어서 인식과 진술*−증거법 일반이론의 모색. 형사법의 신동향, (39), 33−72.

이성진. (2007). 디지털 포렌식스 기술 발전 방안. 한국디지털포렌식학회, 한국디지털포렌식학회논문지, 1(1), 1−22.

이숙연. (2011). 디지털 증거 및 그 증거능력과 증거조사방안−형사절차를 중심으로 한 연구.

한국정보통신기술협회. (2007). 컴퓨터 포렌식 가이드라인. http://committee.tta.or.kr/data/standard_view.jsp?rn1＝Y&rn＝1&standard_no＝TTAS.KO−12.0058&pk_num＝TTAK.KO−12.0058/R1&nowSu＝1

12 | 디지털 포렌식 수사 이론

제6부 디지털 증거, 형사 절차, 과학수사

백신철(Sinchul Back)

제1절

서 론

이번 장에서는 디지털 포렌식이 무엇을 의미하는지 알아보기 전에 디지털 데이터, 디지털 증거가 무엇인지에 대하여 명확히 알아보며, 범행 현장에서 공통적으로 접하는 다양한 유형의 전자 기기를 살펴보고 각 전자 기기에서 발견될 수 있는 디지털 증거를 설명하고자 한다. 그리고 디지털 포렌식 수사의 의의와 절차 등에 대하여 알아보겠다.

제2절

WHAT, WHY, WHEN, HOW, WHERE, and WHO

디지털 포렌식 수사 시 6하 원칙에 따라 수사 및 증거 획득 절차를 거치면 조사 시간을 단축하고 범죄현장으로부터 범죄증거를 효율적으로 획득할 수 있을 것이다. 따라서 본 절에서는 디지털 포렌식 수사 시 수사관으로서 적용해야 할 6하 원칙에 대해 알아보도록 한다(Choi et al., 2022).

수사요소의 충족을 위해 디지털 포렌식 수사 시 고려할 6하 원칙은 다음과 같다.

- 누가 했나?
- 무엇을 했나?
- 왜 했나(범행동기)?
- 언제 했나?
- 어떻게 했나(수단방법)?
- 어디서 했나?

1. 누가 했나?

누가 범죄를 저질렀냐에 대한 질문은 다양한 범죄사건에서 매우 해결하기 힘든 도전적인 과제이다. 종종 범죄 현장에서 시스템상에 증거데이터가 존재하고 범행정황이 포착되더라도, 사건과 관련해 누가 그 증거데이터를 컴퓨터나 시스템에 받아서 설치해 놓았는지에 대해서 밝혀내기란 쉽지 않을 것이다. 이 같은 상황에서는 가끔 전통적인 방식의 수사기법들이 범죄 사실을 조사하고 용의자가 범죄현장에서 사용된 컴퓨터에 접속했다는 증거를 발견하는 것에 도움을 줄 수 있다.

- 현재 용의자가 사용한 것으로 추정되는 압수된 컴퓨터에서 아동성착취동영상들이 발견되었다면, 아래의 두 사람 중 누가 이것을 다운로드받았는가?
  - 압수된 컴퓨터의 주인
  - 이 컴퓨터의 주인집에 사는 룸메이트

증거: 이미지는 피의자가 집에 혼자 있을 때 다운로드되었다.

주요 용의자는 범죄현장의 컴퓨터가 압수된 건물의 소유주였다. 또한 그 집에는 다른 남자가 살고 있었고, 용의자는 본인의 범행을 부인하고 같이 살고 있는 다른 남자가 범인이라고 주장했다. 포렌식 수사관들은 불법 동영상파일이 다운로드된 시간과 이것이 용의자에 의해 사용된 자세한 타임라인을 수립했다. 수사관들이 두 사람의 라우터를 확인했을 때, 용의자가 집에 혼자 있을 때 또는 적어도 다른 남자가 직장에 있을 때 이미지가 다운로드되었던 것으로 밝혀냈다. 이처럼 범행을 입증할 필수적인 증거가 없었다면 정확한 범인을 증명하기란 사실상 쉽지 않았을 것이다.

[그림 12-1] 아동 성착취 동영상이 발견된 주택의 거주인들

용의자

룸메이트

2. 무엇을 했나?

파일에는 워드 프로세싱 문서, 그래픽 이미지, 스프레드시트, 이메일 또는 프로그램에서 생성된 기타 유형의 데이터가 포함된다.

이 같은 파일들이 디지털 포렌식 수사에서 발견되었다면 범죄사실을 입증하는 데 아주 중요한 요소가 될 수 있다. 예를 들면 해킹 도구, 바이러스 생성 프로그램, 스테가노그래피 프로그램(스테가노그래피는 일반적인 파일 내에 데이터를 숨겨 비밀스러운 정보 교환을 가능하게 함) 또는 도난당한 지적재산 및 아동성착취물 같은 것들은 "스모킹 건"으로서 본격적인 수사에 착수하는 것을 도울 수 있다.

이처럼 시스템에 있는 특정 프로그램이나 특정 파일들은 수사 중인 사건에 대한 범죄정황을 입증하는 데 도움이 될 수 있다.

3. 왜 했나(범행동기)?

특정 디지털 파일의 존재는 일반적으로 수사의 시작점이 될 수 있다. 그 다음으로 수사의 효율적이고 전략적으로 수사방향을 좁히기 위해서 "왜"라는 범행동기를 파악하는 하는 것은 매우 중요한 일이다. 따라서 은행 명세서, 이메일 또는 문자 메시지 스레드와 같은 다양한 데이터 검색은 범행동기를 추정하는 데 크게 도움이 될 수 있다.

범행동기의 맥락은 디지털 증거의 영역에 있다고 생각되지 않을 수 있다. 그러나 은행 명세서, 이메일 스레드 또는 문자 메시지와 같은 다양한 데이터 검색은 범행동기 설정 및 추정에 크게 도움이 될 수 있다.

4. 언제 했나?

용의자가 언제 컴퓨터 시스템에서 파일을 생성, 수정 또는 액세스했는지 확인하는 것이 조사관에 매우 중요할 수 있다.

디지털 조사자는 증거 데이터의 이력을 명확하게 보여줄 수 있는 신뢰할 수 있는 타임라인을 만들어야 한다. 컴퓨터에 능숙한 용의자는 자신의 흔적을 숨기기 위해 상당한 노력을 기울일 수 있으므로 간단한 작업이 아닐 수 있다.

5. 어떻게 했나(수단방법)?

대부분의 조사관은 데이터를 찾는 데 많은 시간을 할애한다. 어떻게 데이터가 컴퓨터나 다른 디지털 장치에 있게 되었는지는 매우 주관적인 질문일 수 있다. 많은 경우에 중요한 질문은 증거가 존재하는지 여부가 아니라 '증거가 어떻게 존재하게 되었는지'이다.

6. 어디서 했나?

시스템 내의 데이터 위치는 중요한 증거가 될 수 있다. 임시 인터넷 파일 폴더에서 불법 이미지가 발견되면 의도가 없었다고 주장할 수 있다. "내 문서/아동 이미지/소년/여덟살" 폴더가 발견된다면 증거물의 출처는 매우 중요할 수 있다.

　　Microsoft Windows는 임시 인터넷 파일이라는 시스템 생성 폴더를 사용하는데 인터넷에서 본 각 이미지는 이 임시 폴더에 저장된다.

　　현재 어떤 버전의 Windows도 "내 문서/아동 이미지/소년/6세에서 8세"라는 제목의 폴더를 자동으로 생성하지 않는다. 중요한 것은 증거자료의 출처를 밝히는 것이 사이버 범죄 수사에 필수적일 수 있다는 점이다.

제3절
디지털 증거분석 의뢰 및 수행

　　본 절에서는 경찰청 훈령(2017)에 의거 시행된 디지털 증거분석 의뢰 및 분석의 수행에 관한 규칙을 디지털증거 처리 표준 가이드라인을 통해 알아보도록 한다.

제14조(증거분석 의뢰) ① 수사관은 디지털 증거분석을 의뢰하는 경우 분석의뢰물을 봉인하여야 한다. 이 경우 충격, 자기장, 습기 및 먼지 등에 의해 손상되지 않도록 안전하게 보관할 수 있는 용기에 담아 직접 운반하거나 등기우편 등 신뢰할 수 있는 방법으로 송부하여야 한다.

② 제1항의 경우 수사관은 제12조에 따라 작성한 서류 사본 등 분석의뢰물과 관련된 서류 및 정보를 증거분석관에게 제공하여야 한다.

제15조(증거분석 의뢰접수) 경찰청 디지털포렌식센터장 및 지방경찰청 사이버안전과장(사이버안전과가 설치되지 않은 지방청은 수사과장)은 의뢰사항, 분석의뢰물, 관련 서류 등을 확인한 후 증거분석 의뢰를 접수하여야 한다.

제16조(신뢰성 확보 조치) ① 의뢰 받은 분석의뢰물의 증거분석은 제5조에 의해 선발된 증거분석관이 하여야 한다.

② 디지털 증거의 수집 및 분석 시에는 정확성과 신뢰성이 있는 과학적 기법, 장비 및 프로그램을 사용하여야 한다.

제17조(분석의뢰물의 분석) ① 증거분석관은 분석의뢰물이 변경되지 않도록 쓰기방지

장치 등을 사용하여 분석의뢰물과 동일한 복제본을 획득한 후 분석의뢰물과 복제본의 해시값을 기록하여야 한다.

② 증거분석관은 제1항의 방법으로 획득한 복제본을 이용하여 증거분석을 수행하여야 한다. 다만, 수사상 긴박한 사정이 있거나 복제본을 획득할 수 없는 불가피한 사정이 있는 경우에는 의뢰받은 분석의뢰물을 직접 분석할 수 있다.

제18조(증거분석실 등의 출입제한) 디지털 증거분석실 또는 증거물 보관실은 증거분석관 등 관계자 외 출입을 제한한다.

제19조(결과보고서 작성) 증거분석관은 분석을 종료한 때에는 지체없이 디지털 증거분석 결과보고서를 작성하여야 한다.

제20조(필요적 기재사항) 증거분석관은 다음 각 호의 사항을 결과보고서에 기재하여야 한다.

1. 사건번호 등 분석의뢰정보 및 분석의뢰자정보
2. 증거분석관의 소속 부서 및 성명
3. 분석의뢰물의 정보 및 의뢰 요청사항
4. 분석의뢰물의 접수일시 및 접수자 등 이력정보
5. 분석에 사용된 장비·도구 및 준비과정
6. 증거분석으로 획득한 자료 등 분석과정 및 결과

제21조(임의적 기재사항) 증거분석관은 필요한 경우 다음 각 호의 사항을 결과보고서에 기재할 수 있다.

1. 상세분석 결과
2. 분석과정을 기록한 사진 및 영상자료의 첨부
3. 그 밖에 분석과정에서 행한 조치 등 특이사항

제22조(분석결과 통보) 증거분석관은 분석결과를 분석의뢰자에게 신속하게 통보하고, 증거분석이 완료된 분석의뢰물 등을 제14조제1항 후단에 따라 반환하여야 한다.

제22조의2(추가분석의뢰) 수사관은 제22조의 분석결과와 관련하여 필요한 때에는 추가분석을 요청할 수 있다. 이 경우 추가분석의 의뢰 및 수행에 관하여는 제14조부터 제22조까지의 규정을 준용한다.

제23조(보관 및 삭제·폐기) ① 분석의뢰물, 제17조제1항의 복제본, 증거분석을 통해 획득한 디지털 데이터(디지털 증거를 포함한다)는 항온·항습·무정전·정전기차단시스템이 설치된 장소에 보관함을 원칙으로 한다. 이 경우 열람제한을 설정하는

등 보안유지에 필요한 조치를 병행하여야 한다.

② 증거분석관과 수사관은 디지털 증거에 대한 압수절차를 완료한 경우 지체 없이 보관하고 있는 디지털 데이터 중 제12조제1항 또는 제13조제2항의 전자정보 확인서에서 제외된 디지털 데이터를 삭제·폐기하여야 한다.

다음 절에서는 디지털 증거 획득 절차에 대해서 더욱 구체적으로 알아본다.

디지털 증거 획득 절차

사건 현장에서 획득한 디지털 증거물 내의 데이터를 수집하고 분석하는 디지털 증거 획득 절차는 디지털 증거분석을 위해 필요하다. 특히 디지털 증거분석의 필수조건은 신뢰성을 유지하는 것인데, 이를 보장하기 위해서 디지털 증거 획득 절차가 반드시 선행되어야 한다. 디지털 증거 획득 절차는 아래 <표 12-1>에 나타난 바와 같다(한국정보통신기술협회, 2007).

[표 12-1] 디지털 증거 획득 절차

1. 시작	
2. 디스크 타입 확인	
3. 디스크 복제	← 쓰기방지 장치에 연결 후 실행
4. 디스크 이미지 작성	← 쓰기방지 장치에 연결 후 실행
5. 디지털 증거분석수행	
6. 보고서 작성 및 전달	
7. 종료	

1. 디스크 타입 확인

증거분석 담당자는 데이터 수집자와 사전 면담을 실시하여 사건개요, 증거물 수집 과정, 분석의 목적 등을 파악하고 분석 대상 및 범위를 결정한다. 그리고 증거 분석 담당자는 증거물의 형태 및 인터페이스를 확인하고, 종류 및 특징에 따라 분석에 필요한 정보 및 기법을 사전에 숙지한다.

2. 디스크 복제

디지털 증거물의 복제 여부를 결정하고, 복제하여 분석하고자 할 경우 다음 절차를 따른다.
- (1) 물리적인 복제를 수행할 경우 동일한 용량의 하드디스크를 준비하고, 동일한 하드디스크가 없을 경우 원본 디지털 증거물보다 용량이 큰 하드디스크를 준비한다.
- (2) 원본 디지털 증거물에 쓰기방지 장치 연결하여 복제본(복사원본)을 생성한다.
- (3) 복제 후에는 원본 디지털 증거물과의 동일성 및 무결성 입증을 위해 원본 및 복사원본의 각 해시값을 수집, 비교한다.

3. 디스크 이미지 작성

디지털 증거물의 디스크 이미지 작성 여부를 결정하고, 디스크 이미지를 작성하고자 할 경우 다음 절차를 따른다.
- (1) 디스크 이미지 작성에 필요한 용량을 갖는 하드 디스크 또는 기타 저장 장치를 준비한다.
- (2) 원본 디지털 증거물에 쓰기방지 장치 연결하여 디스크 이미지를 작성한다.
- (3) 원본 디지털 증거물과의 동일성 및 무결성 입증을 위해 디스크 이미지를 복구한 후 해시값을 계산해 원본의 해시값과 비교한다.

[그림 12-2] 포렌식 디스크 이미저(imager)

출처: Wikimedia Commons [https://commons.wikimedia.org/w/index.php?search=digital+forensics+
disk+copy&title=Special:MediaSearch&go=Go&type=image]

제5절

디지털 증거에 대한 포렌식 분석

1. 범죄 유형에 따른 포렌식 조사

디지털 포렌식 수사에 있어 범죄 유형별 타겟으로 수집하고 분석해야 하는 조사 범위가 다를 수 있다. 따라서 유능한 사이버수사요원으로서 범죄 유형에 따른 조사 범위를 인지하고 있는 것은 효율적인 범죄수사에 큰 도움을 줄 것이다. 다음에 제시되는 내용은 부서장/수사관들이 특정 범죄 유형과 관련하여 공동적인 포렌식 조사 결과물을 파악하는 데 도움이 될 것이라 사료된다. 또한 수행해야 하는 조사 범위를 결정하는 데 도움이 될 것이다(한국정보통신기술협회, 2007; Ballou, 2010).

(1) 경매사기(온라인)

온라인 경매사기 사건의 경우 아래와 같은 조사 범위가 적용될 수 있다.

• 온라인 경매 사이트의 계좌정보 • 회계/경리 소프트웨어와 관련된 데이터 파일 • 주소록 • 일정표 • 채팅 로그 • 고객정보/신용카드 데이터 • 데이터 베이스 • 디지털 카메라 소프트웨어	• 이메일/메모/편지 • 재무/재산 기록 • 그림 파일 • 인터넷 접속 기록 • 인터넷 브라우저의 히스토리/캐쉬 파일 • 온라인 금융 기관 접속 소프트웨어 • 증명서의 기록 및 서류 • 전화 기록

(2) 아동학대

아동학대 사건의 경우 아래와 같은 조사 범위가 적용될 수 있다.

• 채팅로그 • 날짜 및 시간 기록 • 디지털 카메라 소프트웨어 • 이메일/메모/편지 • 게임 • 전화 기록	• 이미지 • 인터넷 사용 로그 • 동영상 파일 • 이미지를 구분하기 위해 사용자가 생성한 디렉토리와 파일명

(3) 컴퓨터 침입(해킹사고)

컴퓨터 침입(해킹사고) 사건의 경우 아래와 같은 조사 범위가 적용될 수 있다.

• 주소록 • 설정파일 • 이메일/메모/편지 • 실행 프로그램 • 인터넷 사용 로그	• 인터넷 relay 채팅 로그 • 소스코드 • 텍스트 파일(사용자 이름, 패스워드) • IP 주소, 사용자 이름

(4) 살인

살인 사건의 경우 아래와 같은 조사 범위가 적용될 수 있다.

• 주소록 • 일기 • 이메일/메모/편지 • 금융/자산 기록 • 이미지	• 인터넷 사용 로그 • 법적 문서, 유언 • 의료 기록 • 통화 기록

(5) 가정폭력

가정폭력 사건의 경우 아래와 같은 조사 범위가 적용될 수 있다.

• 주소록 • 일기 • 이메일/메모/편지	• 금융/자산 기록 • 의료 기록 • 통화 기록

(6) 경제사기(온라인사기, 위조사기 포함)

경제사기(온라인사기, 위조사기 포함) 사건의 경우 아래와 같은 조사 범위가 적용될 수 있다.

• 주소록 • 일정표 • 수표, 현금, 어음 이미지 • 신용카드 스키머 • 고객 정보/신용카드 정보 • 데이터베이스 • 이메일/메모/편지	• 위조 금융 거래 양식 • 위조 신분증 • 금융/자산 기록 • 서명 이미지 • 인터넷 사용 로그 • 온라인 금융 기관 접속 소프트웨어

(7) 이메일을 통한 협박/희롱/스토킹

이메일을 통한 협박/희롱/스토킹 사건의 경우 아래와 같은 조사 범위가 적용될 수 있다.

• 주소록 • 일기 • 이메일/메모/편지 • 금융/자산 기록 • 이미지	• 인터넷 사용 로그 • 법률 문서 • 통화기록 • 희생자 배경 조사물

(8) 갈취

갈취 사건의 경우 아래와 같은 조사 범위가 적용될 수 있다.

• 날짜 및 시간 기록 • 이메일/메모/편지 • 로그인 기록	• 인터넷 사용 로그 • 임시 인터넷 파일 • 사용자 이름

(9) 도박(온라인 포함)

도박(온라인 포함) 사건의 경우 아래와 같은 조사 범위가 적용될 수 있다.

• 주소록 • 일정 • 고객 데이터베이스와 사용자 기록 • 고객 정보/신용카드 데이터 • 전자화폐 • 이메일/메모/편지	• 금융/자산 기록 • 도박꾼 사진 • 인터넷 사용 로그 • 온라인 금융 기관 접속 소프트웨어 • 스포츠 베팅 통계

(10) 명의 도용

명의 도용 사건의 경우 아래와 같은 조사 범위가 적용될 수 있다.

• 신용카드생성기 • 신용카드 reader/writer • 디지털 카메라 • 스캐너 • 위조지폐 • 신용카드 번호 • 위조 법정문서 • 위조 증여 증명서 • 위조 대출 문서 • 위조 판매 영수증 • 전자서명 • 스캔된 서명	• 이메일과 뉴스그룹 게제글 • 삭제된 문서 • 온라인 주문서 • 온라인 거래 정보 • 시스템 파일과 파일 슬랙 • 위조 사이트 사용 로그 • 생일 증명서 • 체크카드 • 증명사진을 위한 디지털 사진 이미지 • 운전면허증 • 허위 차량 등록증 • 주민등록증

(11) 마약

마약 사건의 경우 아래와 같은 조사 범위가 적용될 수 있다.

• 주소록 • 일정표 • 데이터베이스 • 약품 영수증 • 이메일/메모/편지	• 위조 신분증 • 금융/자산 기록 • 인터넷 사용 로그 • 처방전 이미지

(12) 성매매/매춘

성매매/매춘 사건의 경우 아래와 같은 조사 범위가 적용될 수 있다.

• 주소록	• 위조 신분증
• 바이오그래피	• 금융/자산 기록
• 일정표	• 인터넷 사용 로그
• 고객 데이터베이스/기록	• 의료 기록
• 이메일/메모/편지	• 성매매 광고(온라인 포함)

(13) 소프트웨어 불법 복제

소프트웨어 불법 복제 사건의 경우 아래와 같은 조사 범위가 적용될 수 있다.

• 채팅 로그	• 소프트웨어 크래킹 정보와 유틸리티
• 이메일/메모/편지	• 소프트웨어를 분류하기 위해 사용자가 생성한 디렉토리와 파일명
• 소프트웨어 증명서의 이미지 파일	
• 인터넷 사용로그	• 시리얼 번호

(14) 전화 사기(보이스 피싱)

전화 사기(보이스 피싱) 사건의 경우 아래와 같은 조사 범위가 적용될 수 있다.

• 복제 소프트웨어	• 금융/자산 기록
• 고객 데이터베이스/기록	• 인터넷 사용 로그
• 이메일/메모/편지	• 전화 기록
• ESN/MIN 기록	

(15) 디지털 포렌식 기본 원칙

디지털 증거는 법정에 제출되는 경우에 증거로서의 가치를 상실하지 않도록 적법한 절차와 수단을 토대로 획득되어야 한다. 명확한 법적 근거가 없는 수집 및 분석 행위는 절차상의 위법성으로 인해 증거 능력 자체에 문제가 생길 수 있다. 또한, 생성, 처리, 삭제, 변경, 복사, 전송 등이 용이하다는 디지털 증거의 취약성으로 인해 원 매체에 저장되어 있는 디지털 정보를 획득하는 과정에서 증거가치 보존을 위한 기술적인 방법들을 동원해야 한다. 더불어 디지털 증거의 또 다른 특성인 매체독립성, 비가시성으로 인해 법정에 제출될 때는 가시적인 형태로 변화되어야 하므로, 변환된 증거가 원본과 동일함을 증명할 수 있는 절차가 필요하다.

따라서 디지털 포렌식 기본 원칙은 아래와 같이 정의된다.

1) 관련 법규 및 지침에 규정된 일반적인 원칙과 절차를 준수한다.
2) 수사에 필요한 최소한의 증거 수집을 원칙으로 한다.
3) 디지털 증거는 기술적, 절차적인 수단을 통해 진정성, 무결성이 보존되어야 한다.
4) 신뢰성 있는 디지털 증거를 획득하기 위해 도구의 신뢰성이 뒷받침되어야 한다.
5) 최종적으로 법정에 제출되는 디지털 증거의 원본성이 보장되어야 한다.

2. 디지털 증거분석 시 기본 원칙

증거 수집에서 얻어진 데이터들로부터 유용한 정보를 얻는 것을 증거분석이라고 한다. 유용한 정보는 사건에 따라 다르겠지만 일반적으로 다음과 같은 증거분석 기술들이 사용될 수 있다(경찰청, 2006).

(1) 증거 원본의 안전한 보존 및 무결성 확보

- 증거분석은 원본에 대한 사본 이미지를 생성하여 수행하는 것을 원칙으로 한다. 단, 신속한 분석을 요하거나 이미지 생성이 현저히 곤란한 경우는 예외로 한다.
- 분석전 증거 원본과 사본 이미지의 해시값 동일성 여부를 확인한다.
- 분석으로 인해 증거가 변경되어서는 안 된다.
- 분석대상에 실행 파일이 포함되어 있는 경우는 별도의 운영체제 또는 운영체제를 가상으로 설치하는 프로그램(VMware 등)에서 실행 및 분석하도록 하여 증거의 변경을 방지한다.
- 증거물 접수 및 반환 시 책임자, 관리자, 일시, 장소, 사유 등을 관리대장에 기재한다.

(2) 증거분석기법과 도구의 신뢰성 확보

■ 경찰청은 연 1회씩 증거분석 소프트웨어 및 도구에 대한 신뢰성을 검증하고, 통과된 소프트웨어 및 도구리스트를 공개한다.
■ 국제적으로 널리 사용되는 전문 증거분석 장비 및 프로그램을 사용한다.

(3) 증거분석 과정의 기록

■ 분석과정 및 분석자의 성명, 분석일자, 분석방법에 대한 상세히 기록한다.
■ 분석 시 주요 장면은 가급적 사진 또는 비디오로 촬영하여 보관한다.

(4) 증거분석결과의 신뢰성 확보

■ 증거물이 동일할 경우, 제3의 분석관이 다시 분석해도 원래의 분석과 일치하는 결과가 도출되어야 한다.
■ 증거물이 동일할 경우, 다른 증거분석 소프트웨어 및 장비를 사용하여도 원래의 분석과 일치하는 결과가 도출되어야 한다.

3. 유형별 디지털 증거분석 표준절차

다음은 유형별 디지털 증거분석의 표준절차는 다음과 같다(경찰청, 2006).

(1) 디스크

■ 증거 디스크의 형태(IDE, SATA, SCSI, 플래쉬 메모리) 확인
■ 증거 디스크의 복제 여부 결정
■ 증거 디시크를 쓰기방지 장치에 연결
■ 증거 디스크의 이미지 작업 수행
■ 증거 디스크의 복구가 필요할 경우 파일 시스템 복구 또는 하드웨어 복구
■ 의뢰서에 작성되어 있는 요구사항을 분석하고 보고서 작성

■ 분석이 끝나면 사건 담당자에게 연락하여 상세 설명 후 증거물과 함께 보고서 전달

[표 12-2] 디스크 분석 절차

1. 시작
2. 디스크 분석 의뢰
3. 디스크타입 확인
4. 디스크 복제
5. 쓰기방지 장치에 연결
6. 디스크 이미지 작업
7. 요구사항 분석수행
8. 사건담당자에게 보고서 전달
9. 종료

(2) 네트워크

1) 증거자료의 추출

■ 네트워크 증거를 추출하기 위한 호스트 및 서버 등과 가까운 곳에 탭 장비 설치
■ 네트워크 장비의 탭 장비에 노트북 및 증거추출 기기 연결
■ 노트북 및 증거추출 기기에 추출 목적에 맞는 입력값을 설정하고 실행
■ 추출 프로그램의 출력이 있을 경우 지속적으로 추출 상태 확인
■ 목표하는 네트워크 정보가 추출되거나 목표하는 시간 또는 용량에 도달하였을 경우 추출 경로

[표 12-3] 네트워크 증거 추출 절차도

1. 시작
2. 통신망 점검 및 사전준비
3. 통신망 증거수집
4. 통신망 증거확인 및 검증
5. 종료

■ 추출된 네트워크 증거 파일의 해시값을 계산, 기록, 확인 후 보관

2) 분석절차

■ 추출된 통신망 증거 파일의 해시값을 생성하고 추출 시 작성된 문서에 기재된 값과 비교
■ 네트워크 증거 파일을 복사 및 복제하고 분석 프로그램 실행
■ 목적에 맞게 용의IP주소, 용의MAC주소, 피해IP주소, 피해MAC주소, 포트 번호 등에 초점을 맞춰 프로그램을 설정하고 분석을 실행
■ 분석을 통해 IP주소, MAC주소, 서비스, 기능, 원리 및 냉용 등을 목적에 맞게 획득
■ 네트워크 증거분석의 분석자, 분석 과정, 분석 결과 등 세부 사항을 빠짐없이 기록

[표 12-4] 네트워크 증거분석 절차도

1. 시작
2. 분석에 활용되는 단서정리 및 준비
3. 통신망 증거에 대한 조사실행
4. 통신 증거물 결과 재검증 및 추출
5. 통신망 증거목록화, 포장 및 보관
6. 종료

(3) 월드와이드웹(www)

1) 증거자료의 추출

■ 사용된 운영체계 및 웹 브라우저 또는 웹 서버의 종류 및 설정 정보 확인
■ 운영 중인 웹 서버에서 추출해야 할 경우 웹 설정 파일 및 웹 서비스를 하는 프로세스 정보 추출
■ 웹 서버 또는 웹 브라우저의 기록 파일과 사용 파일을 확인 및 추출
■ 운영 중인 웹 서버에서 추출하였을 경우 추출된 웹 사용 파일 및 기록 파일의 해시값을 계산, 기록, 확인 후 보관

[표 12-5] 웹 증거추출 절차도

1. 시작
2. 사건에 대한 정보 수집
3. 분석도구에서 사건에 해당되는 웹 대상 파일/데이터 추출
4. 운영 중인 사이트인 경우 관리자의 동의를 받아 사건 대상 파일/데이터 추출
5. 추출 파일에 대한 분석 수행
6. 종료

2) 분석절차

■ 추출된 웹 증거 복사본 및 증거 파일의 해시값을 생성하고 추출 시 작성된
문서에 기재된 값과 비교
■ 웹 증거의 종류에 따른 분석 프로그램을 구축하고 증거 파일을 복사 및 복제
■ 웹 분석 프로그램 및 응용 프로그램을 사용하여 사용 파일 및 기록 파일을
분석
■ 설정 정보, 웹 사용 기록 파일, 웹 소스 파일, 임시 인터넷 파일, 인터넷 사용
기록, 인터넷 쿠키 등을 분석하여 사용 방법, 접속자 IP, 사용 내역 등을 목
적에 맞게 분석하고 증거를 획득
■ 웹 분석의 분석자, 분석 과정, 등의 세부 사항을 빠짐없이 기록

[표 12-6] 웹 증거분석 절차도

1. 시작
2. 웹 브라우저 증거분석
3. 확장자, url파일로 즐겨찾기 분석
4. Windows폴더에 index.dat 분석
5. 계정명 하위 index.dat 분석
6. 레지스트리에서 url~url25 방문한 홈페이지 주소 분석
7. Temporary폴더에서 html파일 확인
8. 종료

(4) 전자우편(이메일)

1) 증거자료의 추출

■ 사용된 운영체계 및 전자우편의 종류 및 설정 정보 확인
■ 운영 중인 전자우편 서버에서 추출해야 할 경우 운영자에게 문의하여 관리자 계정 획득
■ 전자메일의 편지함 파일과 주소록 파일을 확인 및 추출
■ 전자우편 서버에서 전자우편 파일만을 추출하였을 경우 추출된 전자우편의 복사본 또는 저장한 증거 파일의 해시값을 계산, 기록, 확인 후 보관

[표 12-7] 전자우편 증거추출 절차도

1. 시작
2. 메일주소확보
3. PC에 메일잔존여부 확인 à 메일서비스(압수수색영장 및 감청영장 필요)
4. 메일클라이언트와 웹메일 수집가능 여부 확인 à 하드디스크에 대한 키워드검색법 사용
5. 메일클라이언트 웹메일에서 메일 수집 실시
6. 메일 복구 완료
7. 종료

2) 분석절차

■ 추출된 전자우편 복사본 및 증거 파일의 해시값을 생성하고 추출 시 작성된 문서에 기재된 값과 비교
■ 전자우편 증거의 종류에 따른 전자우편 프로그램을 구축하고 증거 파일을 복사 및 복제
■ 전자우편 분석 프로그램 및 응용 프로그램을 사용하여 설정 정보, 헤더, IP 주소, 송신자, 수신자, 내용, 경로, 첨부 파일 등을 목적에 맞게 분석
■ 전자우편 분석의 분석자, 분석 과정, 분석 결과 등의 세부 사항을 빠짐없이 기록

[표 12-8] 전자우편 분석 절차도

1. 시작
2. 메일헤더 조작 유무 확인
3. 송신자 분석 완료
4. 메일 컨텐츠 암호화 여부 확인 및 복호화
5. 컨텐츠 분석 완료
6. 종료

(5) 악성코드

1) 증거자료의 추출

- 분석 시스템의 최신 백신 설치여부 확인
- 백신으로 악성코드로 검색하여 악성코드가 들어있는 파일 판별
- 악성 코드가 들어있는 파일의 실행파일구조, 압축된 실행 파일 상태, 메모리 확인
- 해당 악성 코드 및 관련 파일들을 추출하여 해시값을 계산, 기록, 확인 후 보관

[표 12-9] 악성프로그램 증거추출 절차도

1. 시작
2. 수집 준비
3. 최신 백신 설치 여부 확인 및 업데이트
4. 백신으로 악성코드 검색
5. 상위기관 이관
6. 컴파일/패킹 여부 확인
7. 메모리 확인
8. 종료

2) 분석절차

- 추출된 악성코드의 해시값을 생성하고 추출 시 작성된 문서에 기재된 값과

비교

- 악성코드를 복제하고 실행 파일의 구조 분석
- 압축된 실행 파일일 경우 압축 실행 프로그램 또는 소프트웨어 역공학 기법을 사용하여 분석 가능한 구조로 복원
- 특정 문자열 및 명령어 검색을 실행하여 근원, 기능, 원리 등을 획득
- 악성코드의 사용 파일, 메모리 정보 등의 자원 사용 정보를 통해 해당 악성 코드의 세부 기능을 파악
- 이메일, IP, URL 등의 원격지를 추적할 수 있는 정보를 획득
- 악성 코드의 분석자, 분석 과정, 분석 결과 등의 세부 사항을 빠짐없이 기록

[표 12-10] 악성프로그램 분석 절차도

1. 시작
2. 실행파일 구조파악
3. 실행파일 압축여부 확인 → 실행파일 압축해제
4. 라이브러리 유형파악
5. 모의실행
6. 구동위치/기능/원리획득
7. 사용포트/임시폴더/메모리 정보 확인
8. 원격지 정보획득
9. 피해상황 및 분석보고서 작성
10. 종료

(6) 데이터베이스

1) 증거자료의 추출

- 운영체계 및 데이터베이스의 종류 및 설정 정보 확인
- 접속 프로그램을 사용하여 데이터베이스에 접속한 후 메모리, 사용자 정보, 자원사용 정보 등의 휘발성 정보 추출
- 데이터베이스 서버를 압수할 경우 서버 프로그램 종료 후 운영체계 정상 종료

- 목적하는 자료만을 추출할 경우 데이터베이스 또는 운영체계 명령어를 사용하여 자료를 추출 및 복사
- 데이터베이스 운영자 또는 개발자가 있을 경우 데이터베이스 설계 개념, 사용 목적 및 방법, 추가적인 백업 데이터 여부 조사
- 추출된 데이터베이스의 복사본 또는 저장한 증거 파일의 해시값을 계산, 기록, 확인 후 보관

[표 12-11] 데이터베이스 증거추출 절차도

1. 시작
2. 관련 DB 수집
3. 압수 유무 확인
4. 운영 중인지 유무
5. 컴퓨터시간과 표준시간 확인
6. 휘발성 자료 수집
7. 시스템차단
8. 사건개요 및 증거물 목록 작성
9. 압수
10. 절차에 따라 분석
11. 상위기관으로 이관
12. 종료

2) 분석절차

- 추출된 데이터베이스 복사본 및 증거 파일의 해시값을 생성하고 추출 시 작성된 문서에 기재된 값과 비교
- 데이터베이스의 휘발성 정보를 획득하였을 경우 메모리, 프로세스, 사용 파일 등의 지원 사용을 분석하여 사용됐던 기능 및 상황 파악
- 데이터베이스 증거에 맞는 운영체계 및 데이터베이스 프로그램을 구축하고 증거 파일을 복사 및 복제

[표 12-12] 데이터베이스 분석 절차도

1. 시작
2. 이미지작업
3. 파일 추출
4. 시스템 구축
5. 데이터 분석
6. 로그 분석
7. 복원 분석
8. 보고서 작성
9. 종료

- 데이터베이스 접속 프로그램 및 로그 분석 프로그램을 사용하여 자료 구조, 자료 관계, 접속자, 사용 내역, 자료 복구 등을 목적에 맞게 실행하고 증거 획득
- 데이터베이스 분석의 분석자, 분석 과정, 분석 결과 등의 세부 사항을 빠짐 없이 기록

(7) CCTV

1) 증거자료의 추출

- 사용된 운영체계 및 멀티미디어 증거의 종류, 설정 정보 확인
- CCTV의 회사명 및 제품 정보를 확인하고 자료가 저장되는 컴퓨터의 통신 및 전원을 차단
- 운영 중인 CCTV에서 증거를 추출해야 할 경우 설정 파일 및 동영상 파일 추출
- CCTV 제품을 동작할 때 필요한 하드웨어를 추출

[표 12-13] CCTV 증거 압수 절차도

1. 시작
2. CCTV 수집
3. 현장 보존
4. 증거물 확보
5. 휘발성 자료 수집
6. 전원 차단
7. 압수
8. 증거물 상세내역 작성
9. 종료

- CCTV 자료가 저장되는 저장장치 또는 추출된 파일들의 해시값을 계산, 기록, 확인 후 보관

2) 분석절차

- 추출된 CCTV 증거의 복사본 및 증거 파일의 해시값을 생성하고 추출 시 작성된 문서에 기재된 값과 비교
- CCTV 증거의 종류에 따른 분석 프로그램을 구축하고 증거 파일을 복사 및 복제
- 삭제된 동영상 파일을 복구할 경우 파일 시스템 또는 동영상 저장 방식에 따라 복구
- CCTV 분석 프로그램 및 응용 프로그램을 사용하여 사용 파일 및 동영상 파일을 분석
- 설정 정보, 동영상 내용 등을 분석하여 사용 시간대, 수사와 관련된 동영상 존재 여부 및 내용 확인 등 목적에 맞게 분석하고 증거 획득
- CCTV 분석자, 분석 과정, 분석 결과 등의 세부 사항을 빠짐없이 기록

[표 12-14] CCTV 분석 절차도

1. 시작
2. CCTV 분석
3. 회사, 제품명 확인
4. 저장장치 분리
5. 저장장치 복제
6. 저장장치 이미징 혹은 DVR작동
7. 데이터 복구
8. 증거물 분석
9. 증거물 상세내역 작성
10. 종료

(8) 휴대폰

1) 증거자료의 추출

- 휴대폰에서 삭제된 자료를 복구할 필요가 있는지 결정
- 삭제된 자료를 복구할 필요가 있을 경우 휴대폰의 내장 메모리를 분리하여 자료를 복제하거나 복사본 생성
- 삭제된 자료를 복구하기 위해 복제 및 복사본을 생성하였을 경우 복제 및 복사본에 대해 검사 및 복구를 시행
- 전파차폐장치를 사용하여 통신을 차단하고 쓰기방지 장치를 사용하여 노트북 및 분석 컴퓨터에 연결
- 노트북 및 분석 컴퓨터에서 휴대폰과 상호작용하는 응용프로그램을 실행시켜 휴대폰에 저장된 정보를 이동
- 추출된 휴대폰 데이터의 복사본 또는 저장한 증거 파일의 해시값을 계산, 기록, 확인 후 보관

[표 12-15] 휴대폰 증거추출 절차도

1. 시작
2. 모바일 기기를 압수한 후 소유자 분리
3. 네트워크 수집
4. 대기모드로 전환하거나 전원 종료
5. SD메모리들의 보조장치 찾기
6. 휴대용 정보기기와 보조기기 동봉
7. 보고서 작성
8. 종료

2) 분석절차

- 추출된 휴대폰 데이터 복사본 및 증거 파일의 해시값 비교 확인
- 휘발성 정보를 획득하였을 경우 메모리, 프로세스, 사용 파일 등의 자원 사용을 분석하여 종료 전 사용됐던 기능 및 상황을 인지
- 휴대폰 증거 파일을 복사 및 복제하고 종류에 따른 분석 프로그램 실행
- 분석을 통해 전화번호, 주소, 메모, 스케줄 등의 기록 및 삭제된 기록, 시간과 관련된 정보들을 목적에 맞게 획득
- 분석자, 분석 과정, 분석 결과 등의 세부 사항을 빠짐없이 기록

[표 12-16] 휴대폰 증거분석 절차도

1. 시작
2. 증거물과 사건보고서 입수
3. 사건 정황 보고
4. 이미지 생성
5. 분석 실시
6. 분석보고서 작성
7. 종료

(9) 암호화 파일

1) 증거자료의 추출

- 암호화 파일이 사용된 운영체계 또는 응용 프로그램의 종류 및 설정 정보 파악
- 암호화 파일이 사용될 때 특정 하드웨어가 필요할 경우 해당 하드웨어 추출
- 암호화 파일을 해독하는 방법을 알고 있을 경우 해당 위치에서 파일을 추출
- 암호화 파일을 해독하는 방법을 모르고 있을 경우 저장장치 및 암호화와 관련되어 사용되는 하드웨어 일체를 추출
- 암호화 증거의 파일 또는 저장장치의 해시값을 계산, 기록, 확인 후 보관

[표 12-17] 암호화된 자료 해독 절차도

1. 시작
2. 패스워드를 알고 있을 시 암호화된 파일 해독
3. 패스워드를 모를 시 해독프로그램 실행
4. 해독된 문서 추출
5. 종료

2) 분석절차

- 추출된 암호화 증거 복사본 및 증거 파일의 해시값을 생성하고 추출 시 작성된 문서에 기재된 값과 비교
- 암호화 증거의 종류에 따른 해독 프로그램을 구축하고 증거 파일을 복사 및 복제
- 암호화 증거를 해독하는 방법을 알고 있을 경우 추출한 파일을 해독 프로그램에 입력하여 실행
- 암호화 증거를 해독하는 방법이 알려져 있지 않은 경우 응용 프로그램 및 암호화 증거를 암호화 패턴 검사, 역공학 기법 등의 방법으로 분석
- 비밀 번호를 해독한 후 암호화 증거에 따른 응용 프로그램에 입력하여 확인

■ 암호화 증거분석의 분석자, 분석 과정, 분석 결과 등의 세부 사항을 빠짐없이 기록

디지털 포렌식 결과보고서 작성

1. 결과보고서 작성 및 준수사항

결과보고서는 수사관이 쉽게 이해할 수 있는 용어를 사용하여 정확하고 간결하며 논리 정연하게 작성한다. 또한 작성자는 결과보고서에 서명하고 작성내용에 대한 책임을 진다.

■ 결과보고서는 추정을 배제하고 사실관계를 중심으로 작성한다.
■ 결과보고서는 객관적 사실, 설명내용, 분석관 의견을 구분하여 작성한다.
■ 증거 발견방법 및 증거물에 대한 작업 내용은 명확하게 문서화한다.
■ 분석 및 처리과정을 사진 또는 화면캡처 등으로 기록을 유지한다.
■ 분석에 사용된 하드웨어와 소프트웨어의 정보를 반드시 기록한다.
■ 결과보고서 작성이 완료되면 분석담당관 서명 후, 원본 증거물과 함께 의뢰인에게 송부한다.
■ 결과보고서는 수정이 불가능한 문서자료 형태로 부본을 작성하여, 관련 사건의 재판 종결 시 또는 공소시효 만료 시까지 증거보관실에 보관한다.

다음은 디지털증거분석결과보고서의 예시이다. 사이버수사요원으로서 숙지하고 시행해야 할 것이다.

1. 사건 개요

발생일시	년 월 일
발생장소	
사건개요	
참고사항	

2. 증거 수집 일시 및 장소

사건번호	서울서대문경찰서 2021 - 00001
일시	2022년 05월 02일 15시 30분
장소	서울 양천구 신정4동 1번지 용의자 변학도 주거지 및 사무실

3. 분석의뢰자

관할서	부서	계급	성명	연락처	비고

4. 분석의뢰 대상물 정보

압수증거번호	품명	제조사	모델명	일련번호	비고
	컴퓨터				
	CPU				
	RAM				
	3.5 인치				
	5.25 인치				
	CD-R/W				
	DVD-R/W				
	테이프				
	모니터				
	키보드				
	마우스				
	모뎀				
	프린터				
	하드디스크				

5. 분석의뢰 내용 (대상물 별 작성)

압수증거물 번호	
항목	분석의뢰 내용
키워드	분석에 필요한 주요 단어들을 기재 예) 피해자, 주변인 이름, 특정 장소, 회사명 등 사건과 연관된 단어
파일	사건과 관련되어 찾고자 하는 파일의 상세정보 기재 예) 글/워드/엑셀 문서, 그림파일 등
인터넷	특정 시간대에 인터넷을 사용한 내역을 기재 예) 2023년 4월 30일 21시 30분경 디씨인사드 게시판에 악성 댓글을 게시한 기록
전자우편	특정시간대에 다른 사람과 주고 받은 메일 내역을 상세하게 기재 예) 용의자 변학도와 피해자 성춘향이 주고받은 메일 내역 조사
메신저	특정시간대에 메신저를 사용한 사용자나 대화한 내역을 기재 예) 용의자 변학도가 2005년 4월 30일에 메신저를 사용했는지 조사
인쇄내역	최근 인쇄한 내역에 대한 내용을 기재 예) 용의자 변학도가 최근에 10만원권 자기앞 수표를 인쇄했는지 조사
프로그램	사건과 관련된 프로그램이 설치되었는지에 대한 내역을 기재 예) 차대번호 제작 프로그램 Engrave가 설치되었던 흔적이 있는지 조사
기타	분석시 필요한 참고사항을 기재 예1) 용의자 변학도는 범죄모의 카페에서 활동한 경력이 있음 예2) 분석대상물은 용의자 변학도의 주거지에서 압수하였으며, 용의자 가족 (부모와 동생)이 함께 사용하였음

6. 분석경과

작업	일시	장소	담당자	비고
접수	년 월 일	디지털증거분석실		
개봉	년 월 일	디지털증거분석실		
복제	년 월 일	디지털증거분석실		
분석완료	년 월 일	디지털증거분석실		

7. 분석결과 요약

8. 분석순서

9. 세부분석결과

압수증거물 번호		
항목	분석결과 내용	
키워드		
파일		
인터넷		
전자우편		
메신저		
인쇄내역		
프로그램		
기타		

디지털 포렌식 수사관은 디지털 증거에 대한 분석을 종료할 때에는 위에서 제시된 양식에 맞춰 분석보고서를 작성한다. 다만, 필요한 경우 상세보고서 또는 약식보고서를 활용할 수 있을 것이다. 또한, 담당 디지털 포렌식 수사관은 분석보고서를 작성하고 분석요청 사항, 분석도구 및 방법, 분석결과 등을 사건담당과장에게 알려야 한다.

2. 증거자료 관리 및 준수사항

디지털 증거물 분석이 끝난 후에도 수집된 디지털 증거의 진정성·무결성이 훼손되지 않도록 체계적으로 보존, 관리하기 위해 필요한 조치를 취하여야 하는데, 그 세부정보는 아래와 같다.

- 온도와 습도 중 기후의 영향을 받지 않으면서 충격과 자기장, 먼지 등으로부터 보호될 수 있는 증거보관실을 설치·운영한다.
- 증거물은 쓰기방지처리가 된 상태로 충격방지용 보관함에 담아 분석이 끝날 때까지 증거보관실에 보관한다.

■ 증거분석을 위해 생성한 복제본과 분석과정에서 나온 결과물은 반영구적인 저장매체에 저장하여 증거보관실에 보관한다.

■ 증거물 데이터베이스를 구축하여 관리 및 운영한다.

● 사건종료 후 관련 분석자료 검색 및 열람을 통해 유사사건 분석 또는 처리에 도움을 제공한다.

● 증거물의 연계보관성을 보증할 수 있도록 증거물의 입출내역 등을 기록한다.

■ 증거분석에 사용되는 도구 및 프로그램은 차후 수사 및 재판과정에서 재검증이 필요한 경우를 대비하여 제조사, 제작연도, 업그레이드 버전별로 구분, 지속적으로 관리 보관한다.

■ 증거보관실 및 증거물에 대한 접근을 통제한다.

참고문헌

경찰청. (2006, December 28). 디지털증거 처리 표준 가이드라인

경찰청. (n.d.). 디지털 증거 수집 및 등에 관한 규칙 전문. https://www.police.go.kr/

한국정보통신기술협회. (2007). 컴퓨터 포렌식 가이드라인. http://committee.tta.or.kr/data/
   standard_view.jsp?rn1＝Y&rn＝1&standard_no＝TTAS.KO－12.0058&pk_num＝
   TTAK.KO－12.0058/R1&nowSu＝1

Ballou, S. (Ed.). (2010). *Electronic crime scene investigation: A guide for first responders*.
   Diane Publishing.

Choi, K., Back, S., & Toro－Alvarez, M. M. (2022). *Digital Forensics & Cyber
   Investigation*. Cognella Academic Publishing.

제7부

사이버
범죄예방 전략

컴퓨터 범죄에 대한 거시적 및 미시적 접근 방안

최경식(Kyung−Shick Choi), 김재준(Jaejoon Kim, 보스턴 대학교)

제1절

신분증 도용 및 인터넷 사기에 대한 정부의 노력 및 현재 제안

1. 정부의 노력

데이터 유출의 영향은 신원도용, 피싱 및 인터넷 사기에서 가장 큰 문제 중 하나이다. 이는 비즈니스에서 한 번의 해킹 사건이 개인정보의 오용을 통해 상당한 수의 피해자를 유발할 수 있기 때문이다. 전에 논의한 바와 같이 신원도용범은 개인과 조직을 대상으로 한다. 데이터 유출과 신원도용 사이의 관계를 조사하는 경험적 증거나 연구는 충분하지 않지만, 신원도용 조사 보고서와 Gordon et al.의 연구에 따르면 신원도용 사건의 12%에서 27%가 데이터 유출로 인해 발생할 수 있다고 한다. 517건의 신원도용 사례를 모은 미국 재무부 비밀경찰국의 데이터를 사용한 Gordon 등(2007)의 연구에 따르면 피해자의 37.1%가 금융기관으로 가장 많았으며, 신용 카드 사기, 대출 사기, 수표 사기, 불법 계좌 이체 등에 개인정보가 악용됐다. 소매업 또한 신원도용의 주요 대상이었으며 피해의 21.3%를 차지했다. 훔친 정보는 계좌 사기 및 사기 신용 카드 구매에 사용되었다. 또한 Gordon 등은 피해자의 59%가 가해자를 모른다는 사실을 밝혀냈다.

신분증 도용은 개인이 부정한 목적과 용도로 개인정보를 사용하여 타인의 금융 계정에 접근 후 금전적 피해를 입히는 경우를 말한다. 이 유형의 사기는 피싱 스캠, 악성 코드 또는 소셜 엔지니어링(사회 공학적 방법) 등의 다양한 방법으로 발생할 수 있다. Javelin Strategy & Research의 보고서에 따르면, 미국에서는 2019년에 약 1440만 명의 신분 도용 피해자가 발생하여 총 35억 달러에 달하는 손실이 있음이 보고되었다. 이 외에도 최근 발생한 계정 정보 사기 사례로는, 코로나 팬데믹 때에 한 범죄자 그룹이 도용한 신분증들을 사용하여 정부 실업수당을 불법적으로 수령한 경우가 있다. 미국 정부는 해당 사건들의 합으로 총 1630억 달러의 피해액이 발생한 것으로 추정했다.

개인 혹은 비즈니스 데이터 유출 통계의 이야기로 다시 돌아가서, 해당 범죄가 발생하였을 시, 대부분의 신원도용 피해자는 자신의 개인정보가 언제 어떻게 도난당했는지 알지 못하는 것이 당연하다. 이 경우 신원도용 방지를 위한 개인의 노력은 헛수고가 될 가능성이 높으므로 사이버 범죄 방지 전략에서 거시적 접근 방식으로 정부의 노력을 조율하는 기업 보안이 우선되어야 한다.

정부 차원에서는 매년 상당한 노력을 기울여 왔다. 의회를 위한 CRS 보고서는 데이터 위반 신고 의무의 중요성을 다룬다. 위반 신고 의무를 통해 사람들은 신원도용의 피해자를 즉시 인식하고 피해를 줄이기 위한 보상 조치를 신속하게 취한다. 비즈니스에 대한 신고 의무는 기업이 데이터 보안 표준을 강화하도록 자극하여 데이터 유출 및 잠재적인 신원도용 사건을 최소화할 수 있다.

정부 차원의 다른 제안들은 민간 및 공공부문 모두에서 잠재적인 신원도용의 위험에 광범위하게 노출된 사회보장번호(SSN)를 보호하는 것과 관련이 있다(CRS Report for Congress, 2010). 현재 제안은 아래와 같다.

- 주에서 운전 면허증, 자동차 등록증 또는 개인 신분증에 SSN을 표기하거나 전자적으로 포함하는 것을 금지한다.
- 메디케어 카드에 SSN을 표기하는 것을 금지한다.
- 연방 기금 보조금 프로그램과 관련하여 SSN과 같은 특정 형태의 개인 식별 정보 공개에 대한 제한을 증가한다.
- 개인의 동의 없이 SSN을 표기, 판매 또는 구매하는 행위를 범죄화하고 정부

발행 지불 수표에 SSN을 사용하는 것을 금지하며 SSN에 대한 수감자의 접근을 금지한다.

- 사회보장국 국장이 SSN이 여러 이름과 함께 사용되었다고 판단할 시 국토안보부 장관에게 개인의 식별 정보를 제공하도록 한다.
- 카드 소유자의 디지털 이미지가 포함된 변조 방지 소재로 SSN 카드를 제작한다. 또한 효과를 높이기 위해 의회에 법 집행 및 소비자 시스템을 도입하였다.
- 소비자 신고 기관이 신원도용으로 의심되는 사례를 미국 재무부 비밀경찰국과 법무장관에게 신고하도록 요구할 뿐만 아니라 테러 또는 이민 요소가 의심되는 경우 비밀경찰국이 연방수사국 또는 국토안보부에 신원도용을 통보하도록 한다.
- 신원도용으로 의심되는 사례를 사회보장국장이 위험에 처한 개인과 적절한 법 집행 기관에 통보하도록 요구한다.
- 위반이 발생한 기관이나 사업체가 개인 식별 정보가 손상되었을 수도 있는 개인에게 통지하도록 요구한다.

재계의 도움은 수사 정보를 보관하는 주요 자원이기 때문에 신원도용 사건을 수사하는 데 중요한 열쇠로 보인다. 위임된 정부 기관과 정보를 공유하는 것이 중요하다. 거시적 접근 방식으로서 효과적인 협업 작업이 범죄 피해를 방지하기 위한 최선의 전략이다. 정부 조직 내에서 개인정보를 보호하고 모든 수준의 법 집행 기관 내에서 효과적인 커뮤니케이션을 구축하면 사이버 범죄 피해를 완화할 수 있다. 더 중요한 것은 재정적 손실과 심각한 정서적 좌절을 겪고 있는 피해자들에 대한 체계적인 법적 구제책이 민간 및 공공부문 모두에서 제공되어야 한다는 것이다.

2. 개인적 노력

미국에서는 the Identity Theft and Assumption Deterrence Act of 1998과 the Fair and Accurate Credit Transaction Act of 2003이 주로 신원도용 또는 인터넷 사

기 피해자를 위한 피해자 지원, 불만 신고 및 소비자 교육 서비스를 용이하게 한다. 신용 조회가 이전보다 훨씬 쉬워졌기 때문에 민간 기업의 사기 통보 서비스를 이용하여 온라인으로 개인 금융정보 모니터링을 편리하게 할 수 있다. 그러나 이러한 편리한 온라인 서비스는 월 사용료를 받는 경우가 종종 있어 사람들이 신용 모니터링 서비스를 받는 것을 주저할 수 있다. 필자는 개인적으로 정부 후원을 통해 무료 서비스를 제공하는 것이 잠재적인 사기 피해를 방지하는 데 상당히 효과적인 방법이라고 생각한다.

교육은 사이버 범죄자가 범죄를 저지르는 방식을 근본적으로 바꾼다. 최근 사기가 어떻게 작동하는지 온라인 사용자에게 가르치는 것은 사기가 통용될 가능성을 약화시킬 수 있으므로 사이버 공간에서 개인 피해 발생률을 낮출 수 있다. 스스로 변화하는 적절한 온라인 행동에 대한 접근 방식도 우선되어야 한다. 정부 및 기업 웹사이트를 통해 이용할 수 있는 수많은 교육 자료가 있다. 가장 일반적인 충고는 진짜라고 하기엔 너무 좋은 것들은 인터넷에서 상품이나 서비스를 구매하려고 할 때 주의하는 것이 좋다는 것이다. 피싱에서는 사기꾼이 소셜 네트워킹 사이트 또는 웹 기반 이메일 계정에서 메일링 리스트를 얻는다. 피셔는 피해자의 이메일 계정으로 이메일을 보내 사용자가 개인정보를 공개하는 웹사이트를 방문하도록 유도한다. 온라인 경매에서 일반적인 경매 기간은 평균적으로 최소 7일이지만 사기꾼은 상대적으로 짧은 기간(1~3일 사이)에 다수의 경매를 진행한다. 피해자가 온라인 경매에서 돈을 보내면 사기꾼은 사라지고 나중에 새 ID로 다시 나타난다.

제2절

컴퓨터 범죄에 대한 미시적 개입

필자의 경험적 연구 결과는 사이버 공간에서 컴퓨터 중심의 생활양식을 간과하거나 컴퓨터 보안 소프트웨어를 소홀히 하는 대학생들이 피해를 입을 가능성이 있음을 시사한다. 그 결과, 사이버 공간에서 범죄 피해 발생과 직접적인 연관이 있는 차별적인 생활양식 패턴이 드러났다. 또한 본 연구는 컴퓨터 보안의 존재가 컴퓨터 범죄자로부터 컴퓨터 시스템을 보호하는 데 가장 중요한 요소라는 결론을 뒷받침한다. MacQuade는 "일상활동이론은 컴퓨터, 기타 IT 장치 또는 정보 시스템에 의해 저지르거나 방지되는 범죄를 이해하는 데 중요한 의미를 갖는다"고 말했다. 즉, 올바른 온라인 생활양식과 컴퓨터 보안기술을 갖추면 컴퓨터 범죄 피해를 획기적으로 줄일 수 있다. 이번 절에서는 제안된 연구 결과를 바탕으로 컴퓨터 범죄예방 프로그램 구축의 중요성을 제시한다.

연구 결과는 적절한 온라인 라이프 스타일을 장려하고 효율적인 컴퓨터 보안을 활용하는 친 사회적 관점을 확립하는 것이 컴퓨터 범죄 피해를 줄이는 데 기여할 것임을 시사한다. 적절한 온라인 생활양식을 습득하기 위한 컴퓨터 사용자의 자기 주도적 결정과 컴퓨터에 설치된 컴퓨터 보안이 점점 더 중요해지고 있지만, 현대 형사 범죄예방 프로그램은 이러한 문제의 중요성을 간과하는 경향이 있다. 또한, 컴퓨터 사용자가 나날이 증가하고 있지만 온라인 사용자가 체계적으로 구축된 컴퓨터 범죄예방 프로그램을 충분히 이용할 수 있는 것은 아니다. 그러나 컴퓨터 범죄예방 프로그램은 논리적으로 학교 기반 범죄예방 프로그램으로 분류될 수 있다. 실제로 일부 대학에서는 현재 컴퓨터 범죄 및 정보 보안 문제에 대한 입문 및 전문 과정을 제공하고 있다. 컴퓨터 범죄예방 프로그램의 주요 목표는 교육 환경을 기반으로 혹시 모를 컴퓨터 범죄 피해를 최소화하는 것이다. 많은 학교 범죄예방 프로그램이 이미 교실과 전체 지역사회에서 학생에 대한 책임을 설정하는 특정 지침을 제공하기 때문에 학교는 이 프로그램의 초기 노출 및 교육을 위한 환경이 되어야 한다. Gottfredson 등(1993)은 "행동에 대한 규범과 기대치를 확립하기 위한 개입"이 학교 범죄예방 프로그램에서 가장 효과적인 전략 중 일부라고 주장했다(p. 145). 이 주장은 컴퓨터 범죄예방 프로그램의 일반적인 전략 및 목표와 일치한다. 많은 연구에서 사회적 맥락 요인이 범죄 피해에 상당한 영향을 미친다고 제안한다. 즉, 적절하게 구성된 컴퓨터 범죄예방 프로그램으로 학생들을 교육할 때 개인의 적절한 온라인 생활양식을 확립하고 컴퓨터 사용에 대한 보호 기능을 구축함으로써 유익한 결과를 기대할 수 있다.

Duke(1989)는 공유된 가치와 기대를 촉진하는 학교 환경이 행동에 긍정적인 영향을 미칠 수 있다고 강조했다. 학교 및 교실 환경의 변화는 학교 및 규율 관리

개입을 통해 행동 규범을 명확히 할 수 있다. 이러한 기존의 효과적인 학교 프로그램은 규범을 확립하고 불법 또는 비행 행동에 대한 기대치를 조정한다. 컴퓨터 범죄예방 응용 측면에서 컴퓨터 보안 인식 프로그램과 컴퓨터 범죄에 대한 학교 캠페인의 결합은 프로그램이 적절하게 구성되고 구현된다면 학교의 사회적 환경을 통해 개인의 온라인 생활양식 변화를 촉진할 것이다. 향상된 정보 보안을 통해 컴퓨터 범죄를 최소화할 수 있는 주요 기회는 대중 인식, 공식 교육 및 전문 교육을 통해서라고 주장한다. 이 프로그램은 정보 보안에 대한 일반적인 지식과 컴퓨터 범죄예방에 도움이 되는 범죄 피해를 방지하기 위한 유용한 조언과 같은 구체적인 방법을 다뤄야 할 뿐만 아니라 학생들이 확고한 윤리적 기준을 습득할 수 있도록 사이버 범죄와 관련된 법률 및 규정을 강조해야 한다.

컴퓨터 범죄예방 프로그램은 학생들에게 정보를 보호하기 위한 효율적인 관행을 제공해야 하며 이에 다음의 사항들이 포함된다.

- 강력한 암호 사용 및 효과적인 암호 관리: 컴퓨터 범죄를 방지하는 가장 간단한 방법 중 하나는 강력한 암호를 사용하는 것이다. 개인과 조직들은 추측하기 어려운 복잡한 암호를 생성하고 여러 개의 계정에서 동일한 암호를 사용하지 않아야 한다. 또한 패스워드 매니저와 같은 프로그램을 사용하여 해당 계정에 관한 여러 암호들을 효과적으로 관리해야 한다. 추가적으로 효과적인 암호관리 방법으로는 수시로 비밀번호를 바꿔주어 보안을 강화할 수 있다.
- 2단계 인증: 2단계 인증은 비밀번호 외에도 사용자가 휴대전화나 문자로 전송된 코드와 같은 추가적인 인증 단계를 거쳐야 하는 추가 보안 프로토콜이다. 이는 외부, 혹은 외국 해커들로부터 계정의 무단 액세스를 방지할 수 있으며, 이러한 추가 장치를 통해 더 안전하게 개인정보를 보호할 수 있다.
- 정기적인 소프트웨어 업데이트와 방화벽 사용: 정기적인 소프트웨어 업데이트는 이전 버전의 소프트웨어에 존재할 수 있는 보안 취약점을 수정하여 컴퓨터 범죄를 예방하는 데 도움이 될 수 있다. 이것은 개인뿐만 아니라 조직의 산업 컴퓨터 시스템에도 동일하게 적용된다. 더 이상 공식적으로 지원하지 않는 컴퓨터 운영체제로 산업 프로세스가 진행될 경우 새로운 해킹 방법들과

악성코드들에 대한 보안조치가 업데이트되지 않아 치명적인 결과를 초래할 수도 있다. 추가적으로 하드웨어 방화벽의 설치 및 사용으로 보안을 강화할 수 있다.

- 교육: 조직/교육기관들은 직원들과 학생들에게 스미싱 이메일을 식별하는 방법 및 의심스러운 활동을 보고하는 방법과 같은 사이버 보안/사이버 범죄 예방법에 대해 정기적인 교육을 제공해야 한다. 정기적으로 이런 교육이 이뤄지지 않을 경우, 학생/직원들은 알지 못하는 새로운 유형의 소셜 엔지니어링(사회공학 접근법) 사기 수법에 당할 가능성이 높아진다.

- 백신 소프트웨어 사용: 백신 소프트웨어는 악성 소프트웨어 및 다른 유형의 바이러스들을 감지하고 제거하여 컴퓨터 범죄를 예방하는 데 도움이 될 수 있다. 여기에는 추가로 스파이웨어, 애드웨어 등을 추가로 설치하는 방법들이 있다. 해당 프로그램들은 온라인 및 컴퓨터 활동의 접근허용되지 않은 모니터링을 방지하고 악성 광고들을 차단한다. 키로거 프로그램/플러그인 무단설치 예방도 이에 포함될 수 있다.

- 암호와 및 디지털 서명 기술 사용: 암호화 프로그램을 사용함으로써 개인 문서나 파일 접근권한에 관한 보안을 강화할 수 있다. 또한 디지털 서명을 사용함으로써 문서에 대한 개인 서명 보안이 추가되어 문서 도용 또한 방지할 수 있다.

또한 이러한 교육이 이뤄지는 컴퓨터 범죄예방 프로그램은 학생들이 일반적인 온라인 행동 양상을 개인 생활양식으로 전환할 수 있도록 온라인 위험을 감수하는 행동을 개인에게 경고함으로써 적절한 온라인 생활양식을 사용하게 해야 한다. 또한 이 프로그램은 컴퓨터 사용자의 행동에 대한 윤리적 규범과 기대치를 강화하기 위해 컴퓨터 범죄에 대한 법률 및 규정을 강조해야 한다.

컴퓨터 기술이 나날이 발전함에 따라 컴퓨터 범죄 및 정보 보안 관리와 관련된 복잡성 수준도 변화하고 있다. 컴퓨터 범죄 문제에 관한 실증적 연구는 소수에 불과하다. 따라서 미래의 컴퓨터 범죄를 관리하기 위해서는 컴퓨터 범죄 관련 주제를 개발하고 연구하는 것이 필수적이다. RAT 문헌에서 언급한 바와 같이 동기가 부여된 범죄자와 그들의 적합한 표적은 사이버 공간에서 자주 충돌한다. 컴퓨터 속 개인정보는 컴퓨터 범죄자들을 끊임없이 유인하는 사이버 공간으로 귀중한 정보를 자연스럽게 실어 나르기 때문에 사이버 공간에서의 표적 적합성이 충분히 주어진 상황이기 때문이다. 또한 기술이 발전하고 컴퓨터 범죄자가 더욱 교묘해짐에 따라 법 집행 기관에서 해당 범죄를 예방하는 것이 어려워질 가능성이 높다. 다행스럽게도 비공식 사회 통제 요원들은 우리 사이버 사회에서 적극적으로 활동하지 않더라도 컴퓨터 범죄의 심각성을 서서히 인식하고 있다. 따라서 컴퓨터 범죄예방 프로그램의 구현은 효과적인 교육 방법을 통해 기존의 효과적인 보호장치를 강화하기 위해 강력한 비공식적 사회 통제 요원을 구축하는 것의 일부가 되어야 한다.

효과적인 컴퓨터 범죄예방은 제안된 프로그램만으로 달성될 수 없다는 점을 인식하는 것도 중요하다. 컴퓨터 범죄로부터 컴퓨터 사용자를 보호하기 위해서는 유능한 보호장치라는 공식적인 시스템도 필요하다. 컴퓨터 범죄에 대한 호주 법 집행 전략은 "훈련 및 교육, 개발 및 유지, 정보 및 정보 교환" 등의 주제를 강조했다. Carter와 Katz(1997)는 "기업, 정부 및 법 집행 기관의 의사 결정자는 침입을 탐지하고, 가해자를 조사 및 기소하고, 미래의 범죄를 예방하기 위한 정책, 방법 및 규정을 개발해야 한다(p. 12)"라고 지적한다. 다행스럽게도 정부는 민간부문과 비영리 부문, 국제기구와 공동으로 협력하여 컴퓨터 범죄를 예방하는 데 근본적인 관심과 역할을 가지고 있다.

거시적 접근으로 컴퓨터 남용자에 대한 사회적 인식 변화도 필수적이다. 미디어는 일반적으로 컴퓨터 범죄에 대해 자세히 다루지 않으며 종종 해커의 활동을 긍정적으로 묘사한다. 뉴욕 타임즈는 "컴퓨터 보안을 위반한 영리한 젊은이들은 비난이 아니라 칭찬을 받아야 한다"고 보도했다. 그들의 활동에 낙인이 거의 없기 때문에 해커는 컴퓨터 범죄를 저지른 혐의로 기소되고 유죄 판결을 받을 수 있음에도 불구하고 자신을 실제 범죄자로 생각하는 경우가 거의 없다.

따라서 미래의 컴퓨터 범죄를 관리하기 위해서는 이러한 활동을 할 수 있는 위치에 있는 사람들에 대한 사회적 환경과 개인적 환경을 모두 변화시킬 필요가 있다. 이 목표는 효과적인 사이버 보안을 알리고, 안전한 온라인 생활양식을 장려하고, 공식 및 비공식 보호 수준을 높이고, 컴퓨터 범죄자에 대한 호의적이거나 모호한 인식을 제거하여 효과적인 컴퓨터 범죄예방 프로그램을 구현함으로써 달성될 수 있다.

컴퓨터 범죄예방 프로그램에 대한 향후 방향

예방은 범죄를 다루는 데 선호되는 전략이지만 사이버 범죄예방 프로그램은 거의 없다. 존재하는 사이버 범죄예방 프로그램의 일부만이 실증적으로 평가되었다. 정책적 시사점 부분에서는 주로 일상활동이론에서 도출된 컴퓨터 범죄예방 프로그램을 간략하게 소개하였다. 효과적인 컴퓨터 범죄예방 프로그램을 구축하기 위해서는 잠재적인 컴퓨터 범죄 억제에 긍정적인 영향을 미칠 수 있는 다른 이론적 관점에 대한 성찰이 필수적이다. 최근의 범죄학 문헌은 불법 컴퓨터 범죄 활동을 사회적학습 과정과 연결한다(Akers, 1985; Hollinger, 1988; 1991; 1992; Skinner & Fream, 1997).

Skinner와 Fream(1997)은 사회적학습의 이론적 요소와 사이버 범죄자의 행동 사이의 관계를 시험하였다. 이들은 컴퓨터 범죄의 특성상 개인이 컴퓨터 장비를 작동하는 방법뿐만 아니라 불법 활동을 위해 컴퓨터를 사용하는 특정 절차, 프로그래밍 및 기술을 습득해야 한다고 주장했다. 또한 이들은 이 주장을 입증하기 위해 5가지 유형의 컴퓨터 범죄 활동을 조사했다: (a) 상업적으로 판매된 컴퓨터 소프트웨어의 "해적판" 사본을 고의로 사용, 제작 또는 다른 사람에게 주는 행위, (b) 다른 사람의 컴퓨터 계정이나 파일에 접근하기 위해 다른 사람의 암호를 추측하려고 시도하는 행위, (c) 단순히 정보나 파일을 보기 위해 타인의 컴퓨터 계정이나 파일에 소유자가 모르게 또는 허가 없이 접근하는 행위, (d) 소유자 모르게 또는 허가 없이 다른 사람의 컴퓨터 파일에 정보를 추가, 삭제, 변경 또는 인쇄하는 행위, (e) 누군가의 전산화된 데이터를 파괴하는 프로그램(바이러스, 논리 폭탄, 트로이 목마)을 만들거나 사용하는 행위.

다변량 회귀 분석 결과는 일반적으로 컴퓨터 범죄에 대한 설명으로 사회학습

이론이 들어맞는다는 것을 알려준다(Skinner & Fream, 1997). Skinner와 Fream(1997)은 컴퓨터 범죄를 저지르는 가장 중요한 예측변수 중 하나가 불법 활동에 가담하는 친구들과 교류하는 것임을 발견했다. 한 학생이 불법 활동을 위해 컴퓨터를 사용하는 방법을 배우고 싶다면 이러한 활동에 성공적인 경험을 가진 그의 친구들이 조언과 도움을 줄 것이다. 또한 친구들은 일반적으로 기꺼이 기술 정보를 공유하고 다른 사람들이 새로 발견한 게임, 프로그램 또는 기술을 알 수 있도록 도와준다.

Skinner와 Fream(1997)은 가족 구성원이 소프트웨어의 불법복제 행동에 대한 학생들의 학습에 상당한 영향을 미친다는 사실을 발견했다. 형제자매와 부모는 가정에서 가지고 있는 새로운 프로그램과 게임의 불법복제물을 배포하는 경우가 많다. 연구 결과는 흥미롭게도 불법복제를 무시하고 언행을 통해 불법복제를 강력하게 옹호하는 교사가 학생들 사이에서 불법복제 및 모든 유형의 컴퓨터 범죄 위반 빈도를 증가시킨다는 것을 보여주었다.

사회학습이론 및 연구에 따라 제안된 프로그램은 경험적으로 검증된 학교 기반 범죄예방 프로그램의 경험을 바탕으로 추진될 수 있다. 컴퓨터 범죄예방 프로그램의 주요 목표는 일반 학생, 컴퓨터 공학 학생 및 컴퓨터 전문가가 사이버 범죄자가 되기 전에 습득해야 할 견고한 윤리 기준을 습득하는 것을 촉진시키는 것이다. 학교는 윤리에 대한 초기 노출 및 교육을 위한 환경이지만 그 과정은 직장에서도 계속될 것으로 예상된다. 연구자들은 잘 구성된 컴퓨터 윤리 프로그램을 통해 미래의 사이버 범죄를 억제할 수 있는 잠재적으로 효율적인 전략을 제안한다.

윤리 프로그램은 우리 사회의 다양한 분야에서 폭넓게 활용되고 있다. 미국 대부분의 법 집행 교육에는 "적절한 행동과 부적절한 행동에 대한 명확한 정의, 부적절한 행동을 탐지하고 제재하는 메커니즘(Kappeler, 1998, pp. 216–217)"을 제공하기 위한 윤리 교육이 포함되어 있다. 미국의 대학에는 연구를 윤리적으로 수행하기 위해 IRB(Institutional Review Boards)가 있다.

ACM(Association for Computing Machinery) 및 AITP(Association of Information Technology Professionals)와 같은 컴퓨터 전문가 협회에는 컴퓨터 사용자 및 컴퓨터 전문가에게 기대되는 행동과 책임을 규정하는 윤리 강령이 있다. 그들의 윤리 강령은 "1) 능력 유지, 2) 이해 상충 공개, 3) 정보의 기밀 유지"라는 세 가지 주요 원칙을 공유한다. 윤리 강령에는 컴퓨팅 관행에 대한 충분한 윤리적 지침과 규정도 포함되어 있다. 그러나 ACM과 AITP 모두 민간조직이기 때문에 이러한 윤리 강령은 법적 효력이 없다. 따라서 컴퓨터 윤리를 준수하는 것은 컴퓨터 사용자에게 선택 사항이 되어 컴퓨터 범죄 및 오용 기회를 만들어 준다. 의무적인 컴퓨터 윤리 프로그램과 지속적인 강화는 차세대 컴퓨터 사용자들에게 사이버 행동에 대한 적절한 지침을 주입하고 유지하는 데 필요하다.

따라서 사이버 범죄에 대한 학생들의 친 사회적 시각을 형성하기 위해서는 의무 윤리교육 과정을 마련하는 것이 필수적이다. 차별적 연관성의 여섯 번째 명제는 법위반에 불리한 정의보다 유리한 정의가 훨씬 더 많을 때 개인이 범죄자가 된다는 것이다(Sutherland, 1947). 불법적인 컴퓨터 활동이 자신이나 타인에게 유익하다는 것을 반복적으로 보게 된다면, 불법 활동에 가담할 가능성이 더 커진다.

또한 컴퓨터 윤리 수업은 사이버 범죄와 관련된 법률 및 규정을 다루어야 한다. Akers(1985)는 사회적 행동이 보상과 처벌에 반응한다고 가정했다. 처벌보다 더 많은 보상이 따른다면 주어진 행동은 계속되거나 증가할 가능성이 있다(Akers, 1997). 이 이론은 범죄 및 비행 행동이 순응 행동과 동일한 과정에 의해 획득, 반복 및 변경된다고 제안한다. 즉, 개인이 자신의 행동 결과를 통해 보상보다 처벌을 더 많이 보게 되면 특정 행동을 중단할 가능성이 높다.

교육에는 법정 사건에 대한 연구와 법무부의 사이버 범죄 유죄 판결에 대한 연구가 포함되어야 한다. 또한 이 교육에서는 사이버 범죄에 대한 기존 정부 법률을 검토할 것이다. 형법 및 법원 사건을 검토함으로써 학생들은 사이버 범죄에 가담할 때 발생할 수 있는 부정적인 결과를 이해할 것이다. 과정 내용의 한 예는 다음과 같다. 1998년 가을, 의회는 신원도용 및 가정 방지법을 통과시켰다. 이 법안은 신원도용을 새로운 연방 범죄로 규정하고 다음을 금지했다:

적용 가능한 주 또는 지역 법률에 따라 중죄로 여겨지거나 연방법을 위반하는 불법 활동을 저지르거나 이를 돕거나 방조하려는 의도로 합법적인 권한없이 고의로 다른 사람의 신원확인 수단을 전송하거나 사용하는 행위(18 U.S.C. #1028[a][7]).

대부분의 상황에서 범죄는 최대 15년의 징역, 벌금, 범죄를 저지르는 데 사용되었거나 사용되도록 의도된 개인 재산 또는 범죄를 통해 얻은 개인 재산의 형사

몰수를 수반한다(Benner & Schwerha, 2002).

사회학습이론가들은 학습 과정이 우선순위, 강도 및 기간에 달려 있다고 주장한다(Akers, 1997). Skinner와 Fream(1997)은 대학생들이 불법적인 컴퓨터 활동을 저지르는 친구들과 더 많이 어울릴수록 행동의 빈도가 더 높다고 주장한다. 사회적학습 과정의 세 가지 원칙인 우선순위, 강도 및 기간은 제안된 의무 윤리 프로그램의 중요한 요소이다. 제안된 의무적 윤리 프로그램은 대학 1학년에 시행되어야 하며, 회사에서는 직원들이 공식적으로 직업을 시작하기 전과 후에 여러 교육 세션이 이어져야 한다. 이러한 윤리 강좌는 컴퓨터 범죄 예방에 효과적인 방법이 될 것이다. 또한, 대학을 졸업하고 기업에 취업한 후 전문 교육을 통해 자연스럽게 보강을 받게 된다. 따라서 제안된 윤리 교육은 대학에서 전문 교육 환경으로 전환하는 동안 계속되어야 하며, 개인의 윤리 기준을 지속적으로 높이고 강화할 것이다.

의무 윤리 프로그램은 개인이 불법 컴퓨터 활동에 참여하도록 권유하는 새로운 동료와 연결되기 전에 개입하기 위한 것이다. 사회적학습 과정을 통해 개인은 궁극적으로 학생 및 컴퓨터 전문가로서 컴퓨터 사용에 대한 윤리적 기준, 정책 및 절차 준수의 중요성을 인식하게 된다. 또한 의무 윤리 과정은 개인의 신념과 태도를 변화시켜 컴퓨터 범죄에 대한 긍정적인 정의를 내리지 않도록 해야 한다. 요컨대 미래의 컴퓨터 범죄예방 프로그램은 진정으로 일상적인 활동의 이론적 관점과 사회학습적 관점의 요소를 모두 고려해야 긍정적인 효과를 기대할 수 있을 것이다.

이러한 연구에 기반하여 최근 미 정부는 컴퓨터 사용 범죄를 예방하기 위해 다음과 같은 거시적인 조치를 취하였다.

■ 미 정부 사이버 보안 및 인프라 보안 기관(Cybersecurity and Infrastructure Security Agency, CISA)은 "Stop Ransomware(랜섬웨어 그만)"이라는 캠페인을 진행하여 개인과 비즈니스들의 랜섬웨어 예방에 힘쓰고 있다. 이 캠페인은 조직들과 사업체들에게 자원과 지침을 제공함으로써 랜섬웨어 공격에 관한 가장 효과적인 지침을 알리고 있다. 이 캠페인에 참여하는 대표적인 정부기관으로는 미국 법무부, 미국 직장 안전보건국(OSHA), 미국 국토안보부(TSA) 등이 있다. 이들 기관은 각각의 분야에서 랜섬웨어 공격에 대한 대처 및 예방 방안을 제시하고 있다. 또한 CISA는 미국 상업정보공급자 협회(Commercial

Internet Exchange)와 협력하여 DNS(Domain Name System) 보호를 강화하는 프로그램도 진행하고 있으며, 기업들이 랜섬웨어 공격에 대응하기 위한 대응 계획 수립 및 훈련과 도구도 지원하고 있다.

■ 근 몇 년간 암호화폐의 급성장에 따라 이를 이용한 범죄와 사기도 증가하고 있다. 특히나 세계적으로는 암호화폐를 이용한 금융사기 및 돈 세탁, 랜섬웨어 들의 범죄사례가 늘어나고 있다. 미국 정부에서는 이에 대응하기 위해 FBI와 DHS 등이 암호화폐 관련 범죄 수사팀을 구성하여 관련 규제 관리 강화 등 다양한 방안을 시행해 나가고 있다. 암호화폐의 분산성과 익명성은 범죄자들에게 악용될 수 있는 취약점으로 작용하기도 한다. 미 정부에서는 이에 대응하기 위해 암호화폐 사기와 범죄예방을 규제 관리하기 위한 국가 암호화폐 집행팀(National Cryptocurrency Enforcement Team, NCET)을 설립하였으며, 유럽 연합도 개인정보 보호를 위한 일반 데이터 보호 규칙(GDPR)과 네트워크 및 정보 시스템(NIS) 지침을 통해 암호화폐 범죄에 대응하고 있다. 이에 따라 범죄 예방을 위한 목적으로, 암호화폐 거래소들은 KYC(Know Your Customer)와 AML(Anti-Money Laundering)을 준수해야 한다. 또한 국제적으로는 돈 세탁과 테러자금 조달을 위해 해당 화폐를 사용하는 사례가 꾸준히 증가하고 있는 추세이다.

■ 미 정부뿐만 아니라 이에 관해서는 국제 금융 안정 위원회(FAFT)와 같은 국제기구들 또한 규제 가이드라인을 내놓고 있다. 하지만 궁극적으로 암호화폐의 중요성은 애초 이러한 통화가 개발된 기술 자체에 있기 때문에 완전한 통제와는 달리 보다 효과적이고 혁신적인 접근이 필요하다. 따라서 이러한 암호화폐 생태계가 현 체제보다 조금 더 성숙해짐에 따라 범죄예방법으로는 기술발전과 범죄 수사 및 규제가 상호 보완적으로 이루어져야 할 것이다.

정보기술은 전례 없는 속도로 빠르게 발전하고 있어 컴퓨터 범죄의 위험은 점점 더 대두되고 있다. 현 체제에서 행해지고 있는 대응방안들과 예방에 관련한 모든 노력이 확실히 가치가 있음은 자명한 사실이지만, 이 문제의 근본적인 해결책에는 더 혁신적인 접근이 필요하다. 위협 발발 즉시 반응함과 더불어, 추후 발생 가능한 위협까지도 예측하고 완화하는 접근 방식을 취해야 할 필요성이 있다.

　　이러한 목표를 달성하기 위한 유망한 방법 중 하나는 인공지능(AI)과 기계학습(ML) 알고리즘을 이용하는 것이다. 이 도구들은 대량의 데이터를 실시간으로 분석하여 사이버 범죄 활동을 나타낼 수 있는 패턴과 이상을 탐지할 수 있다. AI와 ML의 힘을 활용하여 더 지능적이고 효과적인 방어 시스템을 만들 수 있습니다. 이와 더불어, Chat GPT와 같은 고급 언어 모델의 등장도 컴퓨터 범죄 예방 분야에서 큰 가능성을 보여주고 있다. OpenAI에서 GPT−3.5 아키텍처를 기반으로 교육된 대규모 언어 모델인 Chat GPT는 대량의 텍스트 데이터를 분석하여 사이버 위협 또는 범죄 패턴 이상 감지의 잠재력을 가지고 있다. 이러한 인공지능 모델들과 ML 알고리즘과 함께 활용한다면 더 포괄적이고 미래지향적인 방어 시스템을 만들 수 있을 것이다.

참고문헌

Akers, R. (1997). *Criminological theories: Introduction and evaluation* (2nd ed.). Los Angeles: Roxbury.

Akers, R. L. (1985). *Deviant behavior: A social learning approach* (3rd ed.). Belmont, CA: Wadsworth.

Brenner, S. W. & Schwerha, J. J., IV. (2002). Transnational evidence gathering and local prosecution of international cybercrime. *John Marshall Journal of Computer and Information Law*, 20, 347-394.

Carter, L. D., & Katz, J. A. (1997). *Computer crime: An emerging challenge for law enforcement.* Retrieved November 20, 2004, from http://www.sgrm.com/art11.htm

CISA. (2022). Stop ransomware: CISA. Cybersecurity and Infrastructure Security Agency *CISA*. Retrieved April 17, 2023, from https://www.cisa.gov/stopransomware

DOJ. (2021, July 15). U.S. government launches first one-stop ransomware resource at stopransomware.gov. *The United States Department of Justice.* Retrieved April 17, 2023, from https://www.justice.gov/opa/pr/us-government-launches-first-one-stop-ransomware-resource-stopransomwaregov

DOJ. (2022, February 17). Justice Department announces First director of National Cryptocurrency Enforcement Team. *The United States Department of Justice.* Retrieved April 17, 2023, from https://www.justice.gov/opa/pr/justice-department-announces-first-director-national-cryptocurrency-enforcement-team

Duke, D. L. (1989). School organization, leadership, and student behavior. In O.C. Moles (Ed.), *Strategies to Reduce Student Misbehavior* (pp. 19-46). Washington, DC: US Department of Education.

Finklea, Kristin. (2010). Identity Theft: Trends and Issues. *Congressional Research Center*, January 5, 2010.

Gordon, G. R., Donald J. Rebovich, D. J., Choo, K−S., and Gordon, J. B,. (2007). *Identity Fraud Trends and Patterns: Building a Data−Based Foundation for Proactive Enforcement*. Center for Identity Management and Information Protection.

Gottfredson, D. C., Gottfredson, G D., & Hybl, L. G, (1993). Managing adolescent be−havior: A multiyear, multischool study. *American Educational Research Journal*, 30(1), 179−215.

Hollinger, R. (1998). Computer hackers follow a guttman−like progression. *Social Sciences Review*, 72, 199−200.

Kappeler, V. E., Richard D., and G. Alpert. (1998). *Forces of Deviance: Understanding the Dark Side of Policing*, 2nd ed. Prospect Heights, IL: Waveland Press.

Kereibayev, O., & Bonda, J. (2023, January 26). Crypto KYC guide 2023: *The sumsuber*. Sumsub. Retrieved April 17, 2023, from https://sumsub.com/blog/crypto−kyc−guide/

McQuade, S. C. (2006). *Understanding and managing cybercrime*. Boston: Pearson/Allyn and Bacon.

Romm, T., & Torbati, Y. (2022, September 8). 'a magnet for rip−off artists': Fraud si−phoned billions from pandemic unemployment benefits. The Washington Post. Retrieved April 18, 2023, from https://www.washingtonpost.com/us−poli−cy/2022/05/15/unemployment−pandemic−fraud−identity−theft/

Sav, D. (2023, April 21). Travel rule 2023 − FATF requirements for crypto: The sumsuber. Sumsub. Retrieved April 17, 2023, from https://sumsub.com/blog/what−is−the−fatf−travel−rule/

Skinner, W. F., & Fream, A. M. (1997). A social learning theory analysis of computer crime among college students. *Journal of Research In Crime & Delinquency*, 34(4), 495−518.

Sutherland, E. (1947). *Principles of criminology* (4th ed.). New York: Harper & Row.

Zolciak, A. (2022, November 7). A look at EU's GDPR and what it means for crypto privacy. *CoinDesk Latest Headlines* RSS. Retrieved April 17, 2023, from https://www.coindesk.com/layer2/privacyweek/2022/01/28/a−look−at−eus−gdpr−and−what−it−means−for−crypto−privacy/

최경식(Kyung-Shick Choi), **김재준**(Jaejoon Kim, 보스턴 대학교)

제1절

서 론

본 챕터는 한국 형사정책연구원의 사이버 테러 전담 연구보고서(2012)를 중심으로 구성하였다.

2001년 9월 11일 공격 이후 테러는 더욱 네트워크화된, 다양하고 복잡한 새로운 형태로 발전했다. 사이버 테러는 최근 유럽 국가와 미국을 대상으로 한 사이버 공격으로 인해 전 세계적으로 더 큰 관심을 받고 있다. DDoS(Distributed Denial of Service) 공격과 중국발 국가 및 정부기관의 해킹은 이러한 위협이 현실임을 증명한다. 사이버 테러의 직접적인 형태의 예로는 DDoS 공격, Stuxnet worm, 해킹 및 봇넷 사용이 있다. 다른 형태의 사이버 테러는 모집, 선전, 훈련, 교육, 자금 조달, 명령 및 통제, 보급품 조달과 같은 전통적인 활동에 인터넷을 활용하는 것이다. UNODC(United Nations Office on Drugs and Crime)는 이러한 유형의 활동을 "테러 목적을 위한 인터넷 사용"으로 정의했다. 사이버 테러는 전 세계적으로 국가 안보에 대한 근본적인 위협으로 인식되고 있다. 컴퓨터 시스템과 네트워크로 구성된 사이버 공간의 안전에 대한 침해는 현실의 공격만큼 심각하다고 볼 수 있다.

사이버 테러의 정의

사이버 테러의 정의에는 논란이 있다. 따라서 이에 대한 정의도 다양하다. 사이버 테러는 일반적으로 "정부나 국민을 위협할 목적으로 사이버 도구를 사용하여 에너지, 교통 및 공공 시설과 같은 중요 인프라를 교란시키는 행위로 볼 수 있다. 사이버 테러는 사이버 공간에서 소프트웨어와 네트워크를 활용하여 테러 행위를 저지른다(Yoon & Morris, 2012)".

CSIS(Center for Strategic and International Studies)는 사이버 테러를 다음과 같이 정의한다:

"컴퓨터 네트워크 도구를 사용하여 중요한 국가 인프라(에너지, 교통, 정부 운영 등)를 폐쇄하거나 정부 또는 민간인을 강압하거나 위협하는 것"

또는 the National (US) Conference of State Legislatures는 사이버 테러를 다음과 같이 정의한다:

"… 테러 집단과 개인이 그들의 의제를 추진하기 위해 정보 기술을 사용한다. 여기에는 네트워크, 컴퓨터 시스템 및 통신 인프라에 대한 공격을 구성하고 실행하거나 정보를 교환하거나 전자적으로 위협을 가하기 위해 정보 기술을 사용하는 것이 포함될 수 있다 …"

인프라 공격에는 중요한 데이터가 포함된 컴퓨터 시스템을 대상으로 비활성화하거나 파괴하는 것도 포함된다. 2001년 USA Patriot Act는 중요 인프라를 "물리적이든 가상이든 미국에 매우 중요하여 그러한 시스템과 자산의 무력화 또는 파괴가 안보, 국가 경제 안보, 국가 건강이나 안전 또는 이러한 문제의 조합을 약화시키는 영향을 끼치는 것"으로 정의하였다. 다만, 사이버 테러 행위의 책임자를 기소하기 위해서는 사이버 테러 행위를 실제로 저지른 자에 대한 신원확인이 필요하다. 공격이 다른 국가에서 시작된 경우 책임자를 식별하는 것은 거의 불가능하다. 위에 나열된 활동 외에 USA Patriot Act of 2001은 추가로 최소 $5,000의 심각한 재정적 손실, 개인에 대한 신체적 상해, 공중 보건 또는 안전에 대한 위협 또는 사법, 국방 또는 국가 안보 관리를 촉진하기 위해 정부 기관에 의해 또는 정부 기관을 위해 사용되는 컴퓨터 시스템에 영향을 미치는 손상을 요구한다.

사이버 테러는 사이버 공격의 한 유형이다. 사이버 공격은 국가 안보와 관련된 상황이나 사회 통념에 따라 사이버 테러가 될 수도 있고 사이버 범죄가 될 수도 있다. 제1장에서 살펴본 바와 같이 사이버 범죄는 일반적으로 인터넷과 연결된 컴퓨팅 기술을 도구로 이용하는 범죄 행위로 정의할 수 있다. 하지만 추후 범죄활동에 오용 가능성이 다분한 해킹기술 학습의 지원이나, 폭발물 제조법, 군사전략법 등의 정보와 공유 또한 사이버 폭력의 범위에 포함된다. 일반적으로 테러로 분류되지는 않지만, 사이버 스토킹과 온라인 괴롭힘은 정치적 또는 사상적인 이유로 개인이나 그룹을 위협하는 도구로 사용될 수 있으며, 앞서 정의된 바와 같이 테러리스트 조직이나 개인이 웹상에서 범죄의 목적으로 행동하는 것이라고 사료될 경우 테러 행위로 간주될 수 있다.

사이버 범죄와 사이버 테러의 결과와 그 행위 자체엔 공통된 부분이 있다. 사이버 공간에서 자행되는 범죄는 사이버 범죄로 간주될 수 있지만 테러리스트가 동일한 공간에서 범죄행위를 저질렀다면, 이는 사이버 테러에 해당한다. 또한 많은 사이버 범죄가 사이버 테러로 분류될 수 있기 때문에 사이버 테러의 적절한 분류를 이해하는 것이 매우 중요하다. 사이버 전쟁은 국가가 인터넷을 사용하여 침략하는 행위를 의미하고, 국가가 침략자라는 사실은 훨씬 더 심각한 결과를 초래할 수도 있다. 하지만 행위의 형태를 고려해볼 때, 이는 사이버 테러와 상당히 비슷한 양상을 띤다. 그러므로 사이버 전쟁에서 테러리스트의 인터넷 사용은 사이버 테러의 한 형태로 사료되는 것이 맞다. 사이버 테러에 대한 다양한 정의가 존재하지만, 이 범죄행위는 그 외의 사이버 범죄의 형태들을 암묵적으로 포함하고 있다. 예를 들자면, 악의적인 컴퓨터 해킹 및 사이버 공격을 포함하여 사이버 공간에서 행해지는 모든 사이버 범죄 활동들이 이에 해당한다. 이와 같은 테러행위들은 직접적인 형태를 띠거나(인프라 공격 등), 사이버 범죄 기술을 이용한 금전적 수익 창출(신용사기 및 신원도용 범죄 등)의 간접적인 형태를 띠기도 한다.

일부에서는 단 한 건의 사이버 기습공격일지라도 미국의 중추 인프라에게 치명적인 재앙이 될 것이라는 우려의 목소리가 나오고 있다. 실제로 이미 수차례 미국의 중요 인프라에 대한 사이버 공격시도가 행해졌을지도 모르는 일이지만, 현재로서는 해당 시도들이 테러 조직들과 직접적으로 연관 지어진 사례는 없다. 하지만 일부 사람들은 이러한 중추 인프라에 행해질 사이버 테러에 대한 두려움은 해당 주제에 대한 교육 부족과 더불어 부풀려진 미디어 보도에서 비롯된 것이라고 보기도 한다. 그러나 많은 보고서들과 조사에 따르면, 중국은 이미 최근 몇 년간 성공적인 대미(對美) 컴퓨터 해커부대의 구축을 시도하였으며, 미국 정보시스템을 성공적으로 공격하였다.

제3절
사이버 공격 도구

사이버 테러 공격의 유형에는 크게 Stuxnet Worm과 DDoS의 두 가지 유형이 있다.

- Stuxnet Worm은 원래 이란 나탄즈에 있는 이란 핵 농축시설의 원심불리기를 공격하기 위한 '사이버 무기'로 개발된 것으로 추측된다. Stuxnet Worm은 마이크로소프트 윈도우 운영체제의 약점을 이용하여 확산되었고 미국과 독일의 Siemens 산업용 컴퓨터를 공격했다. 해당 컴퓨터 바이러스가 상당히 고도화된 기술을 요하는 기술이었음을 미루어 볼 때, 일부에서는 국가 개입(미국과 이스라엘)의 의혹을 제시하기도 하였다. Center for Strategic and International Studies의 James Lewis는 Stuxnet Worm 사건을 사이버전의 첫 번째 사례로 정의했다.
- DDoS(Distributed Denial-of-Service) 공격은 네트워크 대역폭을 고갈시켜 컴퓨터 리소스에 과부하를 주거나 네트워크를 중지시키는 공격으로, 성공 시 피해 컴퓨터 시스템이나 네트워크를 마비시킨다.

사이버 테러의 유형

범주	Definition and Explanation
정보 공격 (Information Attacks)	전자 파일, 컴퓨터 시스템 또는 그 안의 다양한 자료의 내용을 변경하거나 파괴하는 데 중점을 둔 사이버 테러 공격 (Cyberterrorist attacks focused on altering or destroying the content of electronic files, computer systems, or the various materials therein.)
인프라 공격 (Infrastructure Attacks)	컴퓨터화된 환경에서 실제 하드웨어, 운영 플랫폼 또는 프로그래밍을 방해하거나 파괴하도록 설계된 사이버 테러 공격 (Cyberterrorist attacks designed to disrupt or destroy the actual hardware, operating platform, or programming in a computerized environment.)
기술적 촉진 (Technological Facilitation)	사이버 통신을 사용하여 테러 공격 계획을 보내거나, 공격을 선동하거나, 전통적인 테러 또는 사이버 테러를 조장하는 행위 (The use of cyber communications to send plans for terrorist attacks, incite attacks, or otherwise facilitate traditional terrorism or cyberterrorism.)
모금 및 홍보 (Fundraising and Promotion)	인터넷을 사용하여 폭력적인 정치적 명분을 위한 자금을 모으거나, 폭력적인 정치적 행동을 지지하는 조직을 발전시키거나, 폭력적 성향을 가진 대안적 이데올로기를 홍보하는 것 (The use of the Internet to raise funds for a violent political cause, to advance an organization supportive of violent political action, or to promote an alternative ideology that is violent in orientation)

Source: Ballard, J. D., Hornik, J. G., & McKenzie, D., "Technological facilitation of terrorism Definitional, legal and policy issue," In Ozeren, Suleyman, "Cyberterrorism and International Cooperation: General Overview of the Available Mechanisms to Facilitate an Overwhelming Task," Responses to Cyber Terrorism, Centre of Excellence Defense Against Terrorism, Ankara: Turkey IOS Press, 2008, p. 74

테러리스트는 정보 및 인프라 공격 외에도, 인터넷을 사용하여 통신, 계획 및 지원활동, 데이터 마이닝, 선전목적, 기금 모금과 같은 다양한 활동을 할 수 있다.

1. 기술적 촉진

사이버 통신 기술은 테러 조직 내 구성원들 간 전송 시간을 획기적으로 줄이는 데 큰 기여를 하고 있다. 웹 포럼, 소셜 네트워킹 사이트, 화상 회의 채팅 소프트웨어 및 VIOP(Voice－over－Internet－Protocol) 등은 모두 이러한 목적으로 활용될 수 있다. 이와 함께 IT 기술은 테러리스트들의 계획 및 지원 기능을 촉진시키는 역할을 하고 있다.

알 카에다의 인터넷 사용

미국의 대 테러 시민단체들은 2008년부터 알 카에다의 인터넷 활동, 특히 SNS 사용을 문제 삼아 항의하기 시작했다.

예를 들어, 버지니아주 알링턴 출신인 Awais Younis는 25세일 때 미국 전역에 위협 메시지를 유포한 혐의로 체포되었다. 당시 Younis는 페이스북 계정에서 폭발물을 설치하겠다는 위협을 발표한 바 있었다. 미 연방 수사국 합동테러대책위원회의 문서에 따르면 Younis는 파이프 폭탄 제조에 대한 기술적인 세부 사항을 작성하였고, 나아가 워싱턴 D.C. 교통시스템 구역의 운행되는 지하철 차량에 총 3~4개의 파이프 폭탄을 배치할 계획을 밝혔다. 이 위치는 대부분의 출퇴근자들이 밀집되는 곳이므로 설치된 폭탄이 보이지 않게 할 수 있기 때문이었다.

또 다른 사례는 Zachary Adam Chesser이다. 그는 사이버 공간에서 위협을 표현한 혐의로 기소되었는데, 그는 위협뿐만 아니라 다른 사람들에게 테러 행위를 권유한 혐의도 제기되었다. 이 공고는 그의 블로그와 인터넷 게시판에 게재되었다. Chesser는 소셜 네트워킹 서비스에 "지하드, 이슬람 그리고 전쟁" 관련 서적 200여 권을 게시하고, 테러 "준비"에 관한 책도 올렸다. 검찰은 인터넷에서 발견된 증거를 통해 Chesser가 알 카에다와 관련이 있다는 사실을 발견하였고, 이 혐의도 그의 사건에 추가되었다.

알 카에다는 인터넷을 통해 정치적인 메시지를 공유하고 지지자들을 결집시키는 경향이 있다. 이러한 행동은 국가에 대한 잠재적인 위협을 노출시킨다. 이에 관하여 미국 수정헌법 제1조에서 보장되고 있는 "표현의 자유"는 다양한 문제를 일으킬 수 있다. 그러므로 현재 수정

헌법 제1조는 표현의 자유라는 본질적인 요소의 침해에 대한 안전을 보장하되, 테러리즘의 도발, 선동, 유인, 음모를 표현하는 인터넷상의 표현은 해당조항의 보호에서 제외된다.

(1) 기술적 진보: 통신

인터넷 통신은 규제가 엄격하지 않은 분야 중 하나이기 때문에 테러리스트들이 가장 많이 이용하는 수단 중 하나이다. 웹 사이트, 포럼, 블로그, 이메일, 인스턴트 메시징, 인터넷 전화 등은 테러리스트들도 자주 사용한다. 이러한 인터넷을 통한 소통은 테러리스트와 테러 조직 간의 정보 교환을 용이하게 하며, 언론 및 대중과의 소통에도 중요한 역할을 한다.

근 몇 년 사이 디지털 암호화는 대중들이 배우기에도 매우 쉬워졌다. 이제 사람들은 겉으로는 무해해 보이는 디지털 파일(이미지 등)에 정보를 숨기는 것도 매우 쉽게 할 수 있다. 사람들은 다양한 무료 소프트웨어 프로그램들을 사용해 메시지와 정보를 쉽게 암호화할 수 있으며 인터넷을 통해 피해 대상에게 쉽게 접근하고, 암호를 해독하며, 이를 테러 공격의 목적으로 악용할 수 있다. 실제로 테러리스트 조직들이 데이터 암호화를 사용한 것은 2001년 9월 11일 미국 공격과 관련하여 보고된 바가 있다. 한 보고서는 알 카에다가 포르노 웹 사이트와 스포츠 채팅방에서 암호화를 통해 숨겨진 정보를 사용했다고 보고했다. 이러한 정보는 누구나 언제든지 접근할 수 있도록 웹상에 노출되어 있어 왔지만, 저장되어 있는 디지털 파일 자료 양의 방대함 때문에 테러 관련 정보를 검색하는 것은 거의 불가능하다.

인터넷은 글로벌 네트워킹 및 리크루팅을 위한 다양한 방법을 제공한다. 테러리스트들은 이러한 인터넷 기술을 활용하여 새로운 구성원을 모집하는 데 사용하고 있으며, 점차적으로 다양한 형태로 인원을 충당하는 조직 활동을 이어가며 진화하고 있다. 테러 조직들은 극단적인 이념을 전파하고, 구성원을 모집하며, 공격을 계획하는 데 있어서 소셜 미디어 플랫폼, 암호화 메시징 앱 그리고 다크 웹을 주로 사용하고 있다. 이 중 ISIS는 구성원 모집과 선전 프로파간다 유포 목적을 위해 인터넷과 소셜 미디어를 가장 많이 활용한 조직 중 하나로 손꼽아지고 있다. 민간 통계센터인 브루킹스가 발표한 보고서에 따르면, ISIS는 트위터, 페이스북, 유튜브를 비롯한 여러 소셜 미디어 플랫폼에서 큰 입지를 유지하고 있었다. 그들은 이와 같은 플랫폼들을 이용하여 프로파간다를 전파하고, 신입 회원을 모집하며, 그들의 작전에 관한 정보를 공유했다. 해당 보고서에서는 2014년 9월부터 12월까지 ISIS가 하루 평균 46,000번의 트윗을 게시한 것으로 추정된다고 밝혔는데, 이는 그들의 온라인 활동 규모를 잘 보여주고 있다.

또한 ISIS가 잠재적인 회원들과 개인적으로 의사소통하고 공격을 조율하기 위해 텔레그램과 왓츠앱과 같은 암호화 메시징 앱을 이용했다는 사실이 밝혀졌다. ISIS는 자체 암호화 메시징 앱인 "아막 에이전시"를 만들어 활동하고 있었고, 이 앱은 ISIS 구성원들이 공격을 계획하고 조율하는 데 중요한 도구로 활용되었다. 다크 웹을 이용한 모집과 선전 프로파간다에 대한 또 다른 예로는, 신나치주의 그룹인 아톰와펜 디비전(AWD)이 있다. "아톰와펜"은 독일어로 "아토믹 웨폰", 즉 핵무기를 일컫는 용어에서 유래된 이름이다. 해당 그룹 또한 Wire와 Discord와 같은 암호화 메시징 앱을 이용하여 회원들과 소통했음이 밝혀졌다.

(2) 기술 활성화: 기획 활동 및 지원 기능

- 공격 및 활동에 대한 지침은 다운로드할 수 있고 포럼에서 대중에게 공개되며 종종 따라 하기 매우 쉽다.
- 가이드북 또는 핸드북("Terrorist's Handbook", "Mujahadenn Poisons Handbook", "How to make Bombs" 등)을 통한 교육은 인터넷에서 무료로 이용할 수 있다.
- 개인과 조직 간의 공격 시 지원(통신, 선전, 조정, 관리 등)을 기능한다.
- 공격 및/또는 정치적 상황에 대한 반응으로 "외부인"의 자발적인 지원을 포함한다.

DDoS 공격을 시작하는 방법이나, 간단한 폭탄을 만드는 방법 등과 같은 덜 정교한 공격 및 활동에 대한 지침은 때문에, 공격의 효과와 결과가 크게 증폭될 수 있다.인터넷에서 무료로 쉽게 열람할 수 있으며 따라하기도 쉽다. 대화형 자습서나 가이드북 및 다양한 온라인 교육 기회가 접근가능해짐에 따라, 관심 있는 모든 상대에게 완벽한 가상 교육 캠프 내지는 열린 대학과 같은 역할을 한다. 또한 인터넷은 유사시, 개인과 조직 간의 통신, 선전, 조정, 관리 등의 활동을 지원하는 역할을 한다. 또한 위에서 언급한 바와 같이, 온라인 환경에서는 외부인으로부터의 자발적인 지원을 비교적 쉽게 받을 수 있기

(3) 기술적 진보: 데이터 마이닝

- 테러 활동에 대한 정보, 연락처 및 배경 조사 그리고 표적 분석
- 빈번한 정보용 오픈 소스 사용(구글 어스, 구글 지도, Microsoft Virtual Earth, NASA World Wind 등)
- P.W. Brunst: 분류되지 않은 인터넷상 모든 정보의 조합은 결국 분류되어야 하는 어떠한 것(정보의 형태)으로 나타난다.

데이터 마이닝은 테러 활동 계획 및 지원과 밀접하게 연결되어 있다. 인터넷에서 자유롭게 사용할 수 있는 정보의 양은 놀라울 정도로 많다. 구글 어스 또는 NASA World Wind와 같은 오픈 소스는 기존 지도보다 더 많은 정보를 제공하고, 사람, 대상 및 보안 조치의 배경을 조사하는 것 또한 단순한 몇 번의 클릭만으로도 가능하게 되었다.

2. 모금 및 홍보

테러리스트 그룹은 또한 개인적인 지원을 받기 위한 선전을 유포할 목적으로 디지털 기술을 사용한다. 홍보에는 사이버 통신 기술을 사용하여 테러 집단의 대의를 홍보하거나, 구성원을 모집하거나, 정보를 요청하거나, 수익을 창출(기금 모금 등)하는 것이 포함된다. 대부분의 주요 테러 조직은 인터넷상에 존재하며 합법적인 사업과 마찬가지로 디지털 기술을 도구로 사용할 수 있다.

(1) 온라인 선전

- 인터넷은 경제적이고 신속한 글로벌 매체이다:
  - 테러리스트의 신념을 제시하고 특정 조직, 역사, 지도자의 프로필, 견해, 신념, 목표 및 야망에 대한 정보를 퍼뜨리는 행위
  - 홍보(뉴스레터, 동영상, 사진 등)
  - 위협
  - 주로 테러리스트 웹사이트를 통한다
  - 미국 국무부에 따르면 2005년에 4,500개의 테러리스트 웹사이트가 존재하는 것으로 알려졌다.

인터넷은 테러 조직들에게 있어서 자신들의 신념과 역사, 지도자 프로필, 견해, 목표, 그리고 야망 등에 대한 정보를 저렴하고 빠르게 세계 어디에서나 전파할

수 있는 매우 효과적인 수단이다. 이러한 선전은 테러를 조장할 뿐만 아니라, 새로운 공격을 예고하고 대중에게 공포감을 일으킬 수 있다는 이유에서 매우 위협적이다. 선전에 쓰이는 주요 도구로서는 테러리스트 웹사이트와 자유롭게 유포되는 다양한 뉴스레터, 비디오, 사진 등이 있다.

(2) 모금 및 재정 활동

- 웹사이트를 통해 활동을 위한 자금을 직접 모으는 행위(금전 및 기타 물품 기부, 전자 상거래를 통한 수익 등)
- 불법적인 수단을 통한 자원 동원(신용카드 사기, 마약 밀매 시 전자 통신 및 암호화를 사용하는 것, 사기 메일 등)
  - 온라인 환경은 후원자에게 익명성을 제공한다

자금은 인터넷을 사용하는 테러리스트들이 가장 걱정하는 부분이었다. 그러나 웹사이트를 통해 금전 및 물품 기부, 전자 상점 수익 및 사이버 범죄 수익 등을 직접 모금하는 것이 가능해졌다.

제5절
사이버 테러 사례 연구

최근 들어 사이버 범죄로 인한 위협 수가 증가하면서 현대 정보 사회의 취약성도 증대되고 있다는 우려가 일고 있다. 이에 국제 사회에서는 국가 입법을 통해 사이버 범죄에 대한 대응책 마련이 강조되어 왔으며, 이러한 정치적 동기가 새로운 사이버 공격의 발생 원인 중 하나가 되었다. 또한 이러한 사건들은 보다 포괄적인 사이버 보안 접근 방식의 필요성에 대한 문제를 제기하고 있다. 이 섹션에서는 에스토니아(2007), 리투아니아(2008), 조지아(2008), 소니(2014) 등 4대 사이버 공격을 소개하고 공격의 배경, 대상, 수단 그리고 효과에 대해 설명한다.

1. 2007년 에스토니아 사례

(1) 배경

첫 번째 사례 연구는 2007년 에스토니아에 대한 사이버 공격이다. 에스토니아는 북유럽의 소규모 IT 선진국이다. 국가는 시민들에게 1,000개 이상의 다양한 전자 서비스를 광범위하게 제공하며 인터넷은 공공 및 민간 영역 모두에서 적극적으로 사용된다. 전자 서명으로 문서에 서명하고 온라인 의회 선거에서 투표하는 것은 에스토니아인에게 일반적이다. 에스토니아에서는 모든 은행 업무의 95%가 전자적으로 수행된다. 이는 정보 통신 기술(ICT)의 광범위한 사용과 동시에 이에 대한 의존성을 보여주는 예시 중 하나이다.

2007년 Soviet Bronze Soldier의 재배치는 정치적 긴장을 불러일으켰고, 그 결과 거리에서 폭동이 일어났으며 곧 사이버 공간에서의 폭동으로 변했다.

(2) 대상

주요 공격대상은 공공 및 민간 부서들의 정보 배포 채널이었다. 대통령, 정부, 국회, 정부처, 감사원 등 공공기관 홈페이지와 은행, 언론 등 공공 그리고 민간 전자 서비스가 공격을 받았다. 또한 ISP와 일부 정당의 웹사이트가 공격을 받았다. 이러한 사이버 공격들은 초기, 비교적 단순한 형태의 공격을 특징으로 하는 감정적인 공격에서부터 시작되었다. 이때 단순한 형태의 공격이라 함은 다양한 인터넷 포럼에 공개 배포된 DDoS 공격 가이드나 웹사이트 훼손 방법들을 말한다.

다음 단계의 공격은 이전 단계보다 더욱 정교하게 진행되었다. 대규모 봇 넷을 활용한 DDoS 공격이 발생하였으며, 이를 통해 전문적인 지휘체계가 관찰되었다. 이 공격은 에스토니아 외부의 유저들에게 더욱 치명적인 영향을 미쳤다. 과도한 트래픽으로 인해 많은 외부와의 연결이 차단되었고 가장 활발했던 시점에는 58개의 웹사이트가 동시에 폐쇄되기도 하였다. 또한 정부 이메일 서버 및 개인 이메일 계정에서 대량의 스팸 메일 수의 증가가 확인되었다.

에스토니아의 사이버 공격은 빠르게 국제적인 관심을 받았으며, 이를 통해 사이버 공격의 스펙트럼, 국가적 대응, 법적 체계 그리고 현대 정보 사회의 취약성에 대한 공개적인 토론이 일어났다. 이러한 공격은 사이버 위협이 국경을 초월한 문제임을 다시 한번 입증하며, 다양한 관할권과 관련된 문제를 국제 사회에 노출시켰다. 이러한 공격은 성공적인 수사와 대응을 위해 국제적인 협력이 필요하다는 점을 강력히 부각시킨다. 공격의 출처가 불분명하다는 점에서나, 178개국의 컴퓨터가 문제에 영향을 받았다는 점에서나 이는 국경을 초월한 문제임이 공공연하다.

2. 2008년 리투아니아

(1) 배경

두 번째 사례 연구는 2008년 리투아니아에 대한 사이버 공격에 관하여다. 동유럽에 위치한 국가인 리투아니아는 ICT 보급 통계가 꾸준히 증가하고 있는 현대 정보 사회이다. 2007년에는 인구의 48%가 인터넷과 다양한 온라인 공공 서비스를 사용하고 있었다. 포괄적인 IT 규제 체계는 2002년부터 시행되었다.

(2) 2008년 6–7월: 사이버 공격과 일치하는 법률 개정에 대한 정치적 불만

2008년 리투아니아는 의회가 언론의 자유와 집회의 자유에 관한 법률 개정안을 채택하고 러시아 연방이 개정안을 비난한 후 수많은 사이버 공격에 직면했다.

(3) 대상

보고된 주요 공격 유형은 웹사이트 훼손이었다. 300개에 가까운 웹사이트들의 원문이 구 소련과 관련된 공산주의 이미지로 대체되었다. 훼손된 웹사이트 중에는 최고 기관 윤리 위원회, 리투아니아 사회 민주당 등 공공 기관 및 민간 기관이 모두 포함됐다. 또한 공격자들은 인터넷 포럼을 사용하여 그들의 선언문을 강조하는 스팸 이메일을 보냈으며, 한 ISP의 취약점을 악용하여 이러한 범죄를 저질렀다.

리투아니아 사례는, 공공 기관이 공격의 가능성에 대해 경고를 받았지만 제때에 위협을 민간 부서에 알리지 않았다는 점에서 중요하다. 이 공격은 또한 정치적 결정과 사이버 공격 간의 연관성을 나타낸다. 명예훼손은 리투아니아 형법상 범죄 행위로 간주되지만 공격의 발단이 불분명해 수사가 막다른 골목에 이르렀다.

또한 사이버 취약성이 높은 국가의 정부는 정보 인프라의 원활한 운영을 위해 추가 보장을 고려해야 하기 때문에, 공격으로 인하여 야기되는 e－서비스의 서비스 수준의 계약 문제가 제기되었다.

3. 2008년 조지아

(1) 배경

세 번째 사례 연구는 2008년 조지아에 대한 사이버 공격에 대한 것이다. 조지아는 러시아 남쪽 코카서스 지역에 위치하고 있다. 이 나라는 활발히 인터넷을 사용하는 자의 수가 10% 미만이며, 전국적인 정보 사회 서비스가 부족하고 IT 규제 체계가 상대적으로 취약하다. 또한 조지아의 정보 인프라는 주변 국가에 크게 의존하고 있다. ICT에 대한 의존도가 낮음에도 불구하고 2008년에 사이버 공격을 받았다. 이 사례의 고유성은 사이버 공격이 러시아 연방과 조지아 간의 더 광범위한 무력 충돌의 기간과 맥락에 속했다는 사실에 있다.

(2) 대상

사이버 공격의 대상은 앞의 두 경우와 유사하다. 주로 공공 기관, 정부 사이트, 신문사, 언론사, 은행 등의 홈페이지가 공격 대상이 되었으며, 이러한 공격들은 대부분 웹사이트 훼손 및 DDoS의 형태로 나타났다. 여러 웹사이트 들은 아돌프 히틀러와 같은 20세기 독재자의 사진이 사이트에 도배되는 형식으로 여러 웹사이트가 손상되었다. 또한 공격 실행 지침, 악성 소프트웨어 및 스팸 메일 주소가 블로그와 포럼에 배포되었다.

조지아에 대한 사이버 공격은 국가적으로 전쟁 상태가 선포되었을 때 발생했기 때문에 국가 안보의 우선순위가 아니었다. 그럼에도 불구하고 이렇게 고도화로 조직된 정보 차단의 발발은 첨단으로 발달된 IT 사회만이 사이버 위협에 취약하다는 일반적인 신념을 뒤집었다. 법적인 관점에서 본 사건은 무력충돌법, 형법, ICT 인프라의 법적 관계라는 세 가지 다른 법 분야의 상호 관계를 다루고 있다고 결론지을 수 있다.

4. 2014년 소니 해킹

2014년 11월 22일 소니의 컴퓨터 시스템이 해킹당했다. 소니의 주요 기밀 데이터를 노출시키겠다는 협박 메시지와 함께 직원들의 화면에 해골이 나타났다. 알려지지 않은 해커그룹인 Guardians of Peace는 사이버 공격의 배후에 자신들이 있다고 주장했다. 이 공격을 통해 기업의 기밀 이메일, 직원의 사회 보장 정보, 상사의 급여와 같은 소니의 회사 내부 기밀정보가 대중에게 노출되게 되었다. 또한 소니의 신작 및 미공개 영화들도 도난당하였고, 이는 다양한 P2P 웹사이트를 통해 공유되었다. 북한이 사이버 공격에 가담했다는 추측은 지난 6월 코미디 영화, "인터뷰(The Interview)"의 개봉을 앞두고 소니에 첫 위협을 가한 데서 비롯됐다. 이 코미디 영화는 북한 지도자 김정은을 암살하기 위해 CIA에 포섭된 두 명의 언론인이 TV 토크쇼 인터뷰를 허락받고 일어나는 일들에 관한 내용이다.

"Guardians of Peace"가 소니 영화를 상영하는 영화관에 9.11 유형의 공격을 가할 것이라고 주장한 후 해킹의 중요성이 더욱 커졌다. 해당 영화의 뉴욕 시사회가 취소되면서, 소니는 이전에 발표했던 계획과는 달리 2014년 12월 25일에 영화를 개봉하지 않을 것이라고 발표했다. 그러나 소니는 결국 1,500만 달러를 들여 크리스마스에 영화의 극장 및 온라인 개봉을 허용했으며, 며칠 만에 200만 회 이상 다운로드되었다. 사건의 시간표는 아래와 같다.

- 11월 22일: 소니 컴퓨터 시스템이 해킹되었고 당혹스러운 이메일과 스타들에 대한 개인정보가 유출되었다.
- 12월 7일: 북한은 사이버 공격의 배후라는 비난을 부인했지만, 이를 "의로운 행위"라고 칭찬했다.
- 12월 16일: "Guardians of Peace" 해커그룹이 영화를 상영하는 영화관에 대한 9.11 유형의 공격을 한다는 위협을 가했다. 뉴욕 시사회가 취소되었다.
- 12월 17일: 미국의 주요 영화 단체들이 영화를 상영하지 않겠다고 밝혔다. 소니는 크리스마스 개봉을 취소했다.

- 12월 19일: 미 연방 수사국이 북한이 해킹을 조직했다는 결론을 내렸다. 오바마 대통령은 소니의 취소를 "실수"라고 일컬었다.
- 12월 20일: 북한이 해킹에 대한 미국과의 공동 조사를 제안했으나 미국이 거부했다.
- 12월 22일: 북한에 심각한 인터넷 장애가 발생했다.
- 12월 23일: 소니는 영화 인터뷰의 크리스마스 한정 출시를 확정했다.
- 1월 2일: 미국은 사이버 공격에 대응하여 북한에 제재를 가했다.

5. 2020년 호주 정부와 민간 부서에 대한 사이버 공격

(1) 배경

2020년 6월, 호주 정부와 민간 부서가 금융, 보건, 교육 등 다양한 산업을 대상으로 행해진 대규모 사이버 공격을 받았다. 이 공격은 호주의 정치 및 경제 체제에 대한 민감한 정보를 빼내기 위해 외국 국가 주체로 추정(중국으로 추정)되는 공격자들에 의해 수행되었다.

(2) 대상

이 공격은 호주의 공공 및 민간 부서를 대상으로 하였으며, 정부 기관, 정당 및 민간 기업을 포함한 다양한 대상에게 강행되었다. 공격자들은 네트워크에 접근하기 위해 스피어 피싱 이메일을 포함한 다양한 방법을 사용하였으며, 데이터를 도난하고 침입한 시스템에 대한 접근을 유지하기 위해 악성 코드를 배포하였다. 이 공격으로 인하여 호주 시민의 개인정보 및 정부의 정책 및 전략 정보를 포함한 많은 민감한 정보가 도난당하였다. 호주 정부는 사이버 공격에 대한 보호를 강화하고 추가적인 자원을 투입함으로써 추후 사이버 공격으로부터 보호하고자 대응하였다. 이 공격은 호주와 중국 사이의 긴장을 고조시켰으며, 호주 정부는 이를 수행한 공격자로 중국을 공개적으로 지목하였다.

6. 2021년 아일랜드 보건 서비스 실행위원회(HSE)에 대한 사이버 공격

(1) 배경

2021년 5월, 아일랜드 보건 서비스 실행위원회(HSE)는 치명적인 사이버 공격을 받았으며, 이로 인해 병원 서비스, 의료 프로토콜, 예약 시스템 등이 마비되었다. 이 공격은 서양 정부에 대한 광범위한 캠페인의 일환으로, 정치적 동기가 있는 러시아 기반의 사이버 범죄 조직인 위자드 스파이더(Wizard Spider)에 의해 수행되었다.

(2) 대상

이 공격은 공공 부문 기관인 아일랜드 보건 서비스 실행위원회(HSE)를 대상으로 하였으며, 광범위한 마비와 금전적 손실을 초래하였다. 공격자들은 분산 서비스 거부(DDoS) 공격을 비롯한 다양한 방법을 사용하여 HSE의 IT 시스템을 마비시켰으며, 가짜 뉴스와 정보 조작을 통해 온라인 프로파간다를 전개했다. 이 공격으로 환자 기록과 직원 정보 등 민감한 의료 및 개인정보가 유출되었다. 이 공격은 의료 프로토콜과 IT 인프라의 마비 혹은 예약을 취소시킴으로 인해 시스템을 수기로 작성하게 되는 사태를 불러일으키는 등의 심각한 영향을 미쳤다. 이에 아일랜드 정부는 국가 비상사태를 선포하고 군대를 투입하여 서비스 복구와 추가적인 사이버 보안 조치를 취하였다.

7. 2022년 인도의 전력 부서 대규모 사이버 공격

(1) 배경

2022년, 인도의 전력 분야는 대규모 사이버 공격에 시달렸다. 이 공격은 중국 정부와 연계된 그룹에 의해 수행된 것으로 추정되며, 인도의 전력 인프라를 방해하고 지역에서 경제적, 정치적 불안정을 일으키는 것이 목표로 했다. 이 공격은 전력 공급을 방해하는 것뿐만 아니라 전력 회사에서 민감한 공격이었한 정보를 도용하기 위한 목적도 있었다. 이 공격은 인도 역사상 가장 큰 규모의 핵심 인프라 사이버 공격 중 하나이며, 사이버 테러의 국가 안보에 대한 위협이 증가하고 있다는 추세를 잘 보여준다.

(2) 대상

공격 대상은 인도의 경제와 국가 안보에 중요한 역할을 하는 전력 부서였다. 공격자들은 DDoS 공격과 악성 코드를 포함한 다양한 방식을 사용하여 민감한 정보에 접근하고 전력 회사의 IT 시스템을 방해하였다. 공격으로 인해 몇몇 지역에서는 수 시간 동안 정전이 발생할 정도로 전력 공급이 중단되었다. 또한 공격자들은 온라인 선전을 이용하여 허위 정보를 퍼뜨리고 대중들의 불안감을 조장하였다. 이 공격으로 인해 전력 생산 및 배급과 관련된 민감한 정보가 도용되었으며, 이는 추후 인도의 전력 인프라의 보안을 위협할 수 있다는 시사점을 준다.

인도의 전력 부서에 행해진 공격은 이와 같은 공격을 예방하고 대처하기 위한 정부와 민간 부서 간의 긴밀한 협력과 협조가 필요하다는 점을 나타낸다. 인도 정부는 전력 부서 외에도 다른 핵심 인프라의 사이버 보안을 강화하고 있으며, 이 공격이 중국 정부의 후원 그룹에 의한 것이라고 발표했다. 이 사건은 국가 안보에 대한 사이버 테러의 중대한 위협과 핵심 인프라 분야에서 견고한 사이버 보안 조치의 중요성을 상기시킨다. 또한 핵심 인프라에 대한 공격은 전 세계적인 영향을 미칠 수 있기 때문에 국제적인 협력이 필요하다는 점을 알 수 있다.

8. 사례 분석

사이버 공격은 빠르고 비용이 적게 들며 동시에 매우 파괴적이지만, 유사 시 사이버 무기만을 사용하여 싸우지는 않는다. 왜냐하면 이는 상대방의 의지와 저항 능력을 손상시키는 정도에만 효과적이기 때문이다. 사이버 공격은 보다 큰 규모의 강력한 상대를 굴복시킬 수는 없다. 국가 행위자들이 관여되는 대부분의 시나리오에서는 상대방이 치명적인 계산적 오류를 범하거나, 위험 감수도 수준이 높아서 공격행위가 은밀하게만 이뤄질 것이라는 착각을 하지 않는 이상(이에 따라 결과적으로 피해대응을 하지 않을 가능성이 높지 않은 이상), 단순히 "사이버상"의 공격만으로 끝나는 경우는 없다.

서술된 사례 연구들은 많은 유사점을 공유한다: 첫째, 공격들이 정치적, 사회적 동기로 인해 시작되었다는 것. 둘째, 공격이 웹사이트 훼손, DDoS 공격, 온라인 선전 등의 대부분 동일한 수단을 통해 수행되었다는 것. 셋째, 공격 대상이 공공부서와 민간부서를 통틀어 거의 동일하다는 점. 추가적으로, 모든 공격은 조직되어 지시된 공격들로 보이며 공격자는 식별되지 않았다는 점에서 유사하다. 이러한 공격에 대한 대응에는 국제기구뿐만 아니라 공공 및 민간 기관의 협력이 필요하다는 점이 강조되어야 한다.

제6절

사이버 테러에 대한 전략적 계획

이 장에서 논의한 바와 같이, 사이버 공격의 최근 추세는 정치적 동기가 놀라울 정도로 증가하고 있음을 나타내며 공격자를 식별하는 것은 거의 불가능하다. 따라서 성공적인 대응은 국제적인 정보 교류 및 국제 사이버 보안 정책 수립을 통해 정치적, 법적, 기술적인 대책을 종합적으로 적용하는 것이 필수이다. 이러한 결론은 Yoon과 Morris가 저술한 "Cyberterrorism: Trends and Response"에서 제안한 대책들에 기반하였다.

미래 전략 계획을 수집할 때 아래 두 가지 대안을 고려하는 것이 중요하다.

1) 사이버 공간에서의 상호작용의 복잡성으로 인해 특정 대상에 집중하기는 어렵지만, 법 집행 기관은 대상 테러 조직을 감시할 수 있는 기술적인 역량을 확보해야 한다.

2) 최근 정보 접수 역량의 확립이나 부서기관 간 정보 공유 개선 등 법 집행기관에 긍정적인 변화가 나타나고 있지만, 아직 개선의 여지가 다분하다. 이를 위해서는 정부 기관 간의 국제 협력이 필요하다.

1. 국제적 협력

유럽 평의회는, 1) 사이버 테러와 같은 형사 사건들에 대한 국제 공조 방안을 마련하는 것, 2) 사이버 테러 행위의 수사, 기소, 적발을 위한 국제적/국내적 지원 그리고 3) 신속하고 공정한 국제적 협력을 의무로 지정하였다. 이와 같은 노력은 해킹이나 DDoS 공격과 같은 범죄를 규제하기 위해 필요한 것이며, 초국가적 조직범죄에 대한 유엔 협약과 마찬가지로 147개국이 비준한 것으로 알려져 있다. 해킹이나 DDoS 범죄 용의자를 추적하기 위해서는 관련국 간 긴밀한 협조가 필요하며, 용의자의 즉각적인 추적 또한 매우 중요하다.

G8 High Tech Crime 24/7 Network는 총 49개국으로 구성된 다국적 수사 기관 네트워크로서, 초국가적 사이버 범죄 수사의 지속적인 협력을 목적으로 설립되었다. 공식 외교 채널을 통한 국제 공조 절차의 형식적 체계는 시간이 너무 오래 걸리고 초국가적 사이버 범죄 수사에 부적절하다는 점을 인식하여 비공식적 접촉(전화, 이메일, 팩스 등)을 통해 사법 절차를 요청하는 협력 절차를 채택하고 있다. 선 지원 후, 공식 채널을 통해 절차를 밟음으로써 신속하다는 고유 이점이 있다. 이러한 범죄 유형에서 가해자와 보호자의 공통점은 같은 도구를 사용한다는 것이다. 가해자가 어디에 있든, 사이버 테러 행위를 저지르는 데 사용하는 도구는 보안 전문가도 사용하고 있고, 이는 소프트웨어 개발자가 만드는 도구와 동일하다.

이러한 사실에 비추어 볼 때 하드웨어 및 소프트웨어의 알려진 결함과 취약점을 관련 공무원이나 보안 전문가와 공유하는 국제적 협력은 사이버 테러에 대한 가장 필수적인 안전장치 중 하나가 된다. 즉, 보안 전문가와 IT 개발자는 자신의 컴퓨터 시스템을 해킹하고 실험하는 방법을 연구하여서 사이버 테러리스트나 사이버 범죄자가 목적을 위해 악용하기 전에 수정할 수 있다. IT 개발자, 보안 전문가 및 정부요원들이 모여 결점과 취약점을 공유하고 사용을 방지할 수 있는 장소를 활용하는 것은 사이버 테러에 대한 매우 중요한 조치가 될 것이다.

2. 법 집행기관 교육

사이버 테러 등 사이버 공간에서 발생하는 범죄는 기존의 범죄와 다르다. 물리적 증거와 목격자의 부재 외에도 사이버 테러 사건 범죄 현장의 개념은 대체로 모호할 수 있다. 사이버 범죄와 유사하게 사이버 테러는 공격자가 물리적으로 한 국가에 위치할 수 있고 다른 국가의 서버를 통해 공격 경로를 지정할 수 있다는 점에서 "분열된 범죄 현장"을 생성하며, 결국 제3의 대상 국가에 피해를 입힌다.

사이버 테러에는 테러 행위와 정보 기술 모두에 대해 교육을 받은 법 집행관의 새로운 대응방식이 필요하다. 그러나 이러한 교육은 미국에서 흔한 일이 아니다. 일부에서는 이에 관하여 연방 정부가 다양한 방법으로 지역 부서에 지원을 제공해야 한다는 제안이 있었다. 대다수 부서의 주요 요구 사항은 사이버 테러 계획, 전문 교육 프로그램 및 장비에 대한 자금 지원이었다. 현지 법 집행 기관에 필요한 재정 지원을 제공하고, 효과적인 사이버 테러 방지 절차에 대한 교육을 개발하며, 사이버 공격을 탐지하고 조사하는 기술을 제공하는 것은 현지 부서의 대비를 위한 귀중한 자원이 된다.

또한 연방 정부는 지역 법 집행 기관과 인터넷 서비스 공급자(ISP) 간 제휴를 촉진하여 사이버 테러 수사를 용이하게 할 수 있다. ISP가 최신 기술을 사용하여 연결 기록을 기록하도록 허용하면 사이버 테러 사건에 대한 법 집행 기관의 조사에 중요한 정보를 제공할 수 있다. 이러한 공격 이후 ISP가 이 정보를 지역 부서와 공유하도록 장려하는 것은 연방 정부가 사이버 테러와 싸우는 데 사용할 수 있는 중요한 기회를 나타낸다. 국토 안보법의 하위 섹션인 2002년 사이버 보안 강화법은 이러한 방식으로 조사에 협력하는 ISP에 대한 법적 보호를 제공한다.

또한 연방 법 집행 기관은 사이버 테러 조사 및 사이버 테러리스트 체포에 있어 주 및 지방 법 집행 기관과 협력해야 한다. 사이버 범죄 교육 프로그램은 법 집행 요원들에게 디지털 증거를 탐지하고 대응하는 방법을 가르치기 위해 고안되었다. 이러한 교육 계획은 주로 Regional Computer Forensic Laboratories(RCFL) National Program Office(NPO)가 이끄는 미 연방 수사국의 16개 RCFL들에 있다. NPO는 2002년에 설립되어 사이버 테러, 온라인 아동 포르노, 지능 범죄 및 기타 여러 사이버 범죄 수사와 관련된 디지털 증거 조사를 포함하는 전국적인 RCFL 프로그램의 생성을 관리한다(Regional Computer Forensics Laboratory, 2012). 미 연방 수사국의 Regional Computer Forensic Laboratories 프로그램에 대한 법무부의 2011년 연례 보고서에 따르면 2004년에서 2011년 사이에 32,000명 이상의 인원이 RCFL에 의해 교육을 받았다. 그 결과 미국 법 집행 기관 3개 중 1개는 RCFL이 후원하는 사이버 교육에 참석한 경찰관을 최소 1명 고용하고 있다.

The National Cyber Forensics & Training Alliance(NCFTA)는 사이버 테러 퇴치를 전담하는 또 다른 주요 기관이다. NCFTA는 법 집행 기관, 민간 산업 및 학계의 지원을 촉진하여 전문성, 소통, 및 자원을 결합하기 위해 1997년에 만들어졌다. 해당 계획은 인턴쉽 프로그램을 통해 국제 협력을 제정하여 사이버 범죄 수사에 대한 더 많은 지식을 함양한다. 2010년에는 우크라이나, 리투아니아, 네덜란드, 호주, 영국, 독일의 수사관들이 90일간의 인턴쉽 프로그램에 참여하여 지식을 공유하고 수사를 지원했다. 사이버 테러의 근본적인 전 세계적 근원을 퇴치하기 위해 국제 체제에 대한 교육이 필요한 것으로 보인다. NCFTA는 버락 오바마 대통령 행정부에서 국가 사이버 보안의 "효과적인 모델"로 언급되었다. 최고의 주제 전문 지식뿐만 아니라 동맹에 가장 중요한 정보를 제공할 수 있는 민간 기업과의 협력을 간과하지 않는 것이 중요하다.

3. 법 집행 분야의 전 세계적 협력

세계에는 미국의 연방 법 집행 기관이 사이버 테러와 싸우기 위한 국제 동맹의 형성을 위해 노력해야 한다는 시선이 있으며, 그러한 조직 중 하나가 UN의 International Multilateral Partnership Against Cyber Threats(IMPACT)이다. IMPAC는 사이버 테러만을 싸우기 위해 형성되지는 않았지만, 144개국의 회원국들은 사이버 위협에 대한 인식과 대응을 지원하는 국제기관, 기업, 학계 및 현장 전문가 네트워크를 형성하고 있다. 신뢰할 수 있는 전 세계적 자원들을 통해 수집된 정보는 사이버 테러 사건을 식별하는 데 도움이 될 수 있으며, 이럴 경우 위기 대응의 "모범 사례"를 제공할 수 있다. 또한 미 연방 수사국은 캐나다, 영국, 컬럼비아 및 우크라이나를 포함한 다양한 국가와 협력하여 사이버 공격 조사에 국제 협력을 제공한다고 보고되고 있다. 이는 사이버 테러 유사 시 쉽게 활용 가능한 자원이다.

IMPACT는 사이버 위협 대응에서 글로벌적인 힘을 발휘하는 중요한 역할을 하고 있다. 2008년 설립 이후 모든 회원국가들의 사이버 위협 대응을 위한 정보, 자원 및 전문 지식을 공유하고 있다. 게다가 IMPACT는 다양한 용기 부족 국가들에게 기술적인 지원과 교육을 제공하여 사이버 위협에 대한 탄력성과 대응능력을 강화하는 다양한 능력 강화 프로그램을 진행하였다. IMPACT의 두드러진 성공 중 하나는 말레이시아 사이버자야에 위치한 글로벌 대응센터(GRC)의 설립이다. GRC는 IMPACT의 작전본부로서, 사이버 전문가와 분석가들이 실시간으로 사이버 위협과 공격을 모니터링하고 대응한다. GRC는 설립 이후 수천 건의 사이버 공격에 대응하며 그 피해를 완화하고 추가적인 피해를 방지하는 데에 기여했다. 더 나아가, IMPACT는 사이버 범죄의 기소에 있어 중요한 역할을 해왔으며, 국제적인 법 집행 기관들과의 협력은 사이버 범죄 대응에 중요한 영향을 미쳤다. 정보와 전문성의 공유는 격변하는 사이버 위협 이슈에 관한 포괄적인 이해를 돕고, 더욱 효과적인 사이버 공격 대응방법을 개발하는 데에 이바지했다. IMPACT와 그 파트너들의 노력은 사이버 스토킹, 온라인 사기 및 아동학대 피해자를 포함한 많은 사이버 범죄 피해자들의 구조에도 큰 공헌을 하였다. 이러한 노력은 국제적인 협력의 중요성과 IMPACT와 같은 조직이 사이버 위협 대응에서 발휘하는 중요한 역할을 보여준다.

4. 주/지방 및 연방법 집행 기관의 예방 노력

사이버 테러리스트의 공격에 대한 대응 및 조사는 사이버 테러와 싸우는 법 집행 기관의 역할 중 하나이다. 사이버 테러리스트의 공격을 방지하는 것은 테러리스트의 위협을 크게 최소화할 수 있는 선제적 접근 방식을 나타낸다. 정보 공유를 통해 사이버 테러리스트 식별 성공률을 높이고 사이버 테러리스트 활동에 대한 처벌을 공표하면 어느 정도 억제 효과를 얻을 수 있다. 그러나 사이버 테러의 예방 및 조기 탐지에 초점을 맞춘 대응이 더욱 효과적일 것이다.

(1) 연방 수준의 예방

일부에서는 연방 정부의 주요 역할이 사이버 테러에 대한 국제 소통 강화라고 주장한다. 위에서 언급한 다국적 조직인 IMPACT는 국가 정부, 민간 기업 및 현장 전문가와 협력하여 이러한 기관이 정보를 공유하고 글로벌 규모에서 강력한 사이버 보호 개발을 이끌 수 있도록 지원하는 UN 후원 조직이다. 이 연합의 미국 연방 정부 대표는 다른 국가에서 얻은 교훈을 국경 내의 기관 및 기업에 이전할 수 있다. 마찬가지로 미국 내에서 발생하는 위협은 전 세계적 IMPACT 파트너를 교육하는 데 사용되어 전 세계적 사이버 보안을 강화하고, 궁극적으로 사이버 테러리스트의 의제를 방해할 수 있다.

(2) 주/지역 차원의 예방

주 및 지역 수준 내에서 사이버 테러 위협을 최소화하는 가장 효과적인 방법은 인터넷에서 잠재적인 사이버 테러리스트 활동을 인식하기 위한 적극적인 커뮤니티 참여이다. 지역 및 주 법 집행 기관은 시민들에게 의심스러운 온라인 활동에 대해 경고하고 그러한 행동을 전담 부서에 보고하도록 권장해야 한다. 이상적으로 법 집행 기관은 잠재적인 사이버 테러리스트 그룹을 인식하고 의심스러운 활동이나 그룹을 법 집행 기관에 보고하는 방법에 대해 커뮤니티 네트워크를 교육해야 한다. 이러한 유형의 노력은 잠재적인 테러 활동에 대한 온라인 보고를 증가시킬 것이다.

5. 사이버 테러 위협에 대한 공공 및 기업체 교육

일반 대중을 교육하는 것은 잠재적인 위험을 최소화하는 효과적인 전략이 될 수 있다. 민간 교육의 또 다른 측면은 사이버 보안에 대한 일반적인 지식을 제공하는 것과 관련이 있다. 인터넷 접근에 대해 강력한 암호 보호를 사용하는 가장 간단한 방법으로 가정용 무선 네트워크 보안을 지키는 행위의 중요성을 대중에게 알리면 잠재적으로 사이버 테러 공격의 위험을 최소화할 수 있다. 또한 국가 정부는 ISP가 제공하는 모든 무선 라우터에 대한 암호를 요구하고 사이버 보안의 최신 기술을 보급하도록 장려해야 한다.

역사적으로 정부 기관은 귀중한 정보를 경쟁사와 공유하는 것에 대한 두려움, 사이버 공격과 관련된 부정적인 언론, 취약한 인프라의 발견으로 인해 민간 기업과 사이버 테러 계획에 협력하는 문제에 직면했다. 그럼에도 불구하고 제안된 협업은 민간 기업이 거의 모든 미국 중요 인프라를 운영한다는 점에서 중요한 노력이다.

기업체는 자체 네트워크에 대한 제어를 강화하기 위해 최신 인증 기술을 채택해야 한다. 기업이 비즈니스 네트워크 내에서 취약점을 찾고 공격 위협에 대비하여 온라인 입지를 강화하는 방법을 찾는 관행을 체계적으로 확립해야 한다. 미 연방 수사국의 프로그램인 InfraGard는 미국 내 50,000개 이상의 민간 및 공공 기관에 이러한 서비스를 제공한다. 이 프로그램은 민간 기업과 개인에게 사이버 테러 활동 기술에 대한 정보와 피해 위험을 최소화하는 방법에 대한 조언을 제공한다. 미 연방 수사국 특수 요원 코디네이터가 이끄는 지역 지부를 통해 민간 및 공공 부문의 관심 있는 개인은 해당 지역 내에서 사이버 테러공격 사건을 처리하는 방법에 대해 동료 사회 구성원과 조정할 수 있다. 이러한 유형의 협력은 사이버 테러의 위협을 줄이고 사이버 테러 사건에 대한 정보 공유를 늘리며 사이버 테러리스트로 인한 피해를 최소화하는 역할을 한다.

이상적으로는 기업은 처음부터 보안을 가장 중요하게 생각하고 능동적으로 안전한 네트워크를 구축해야 한다. 기업은 사이버 테러의 위협에 대해 직원을 교육하고 업무 공간에서 안전하고 적절한 온라인 행동을 실천하도록 지시해야 한다. 또한 기업이 사이버 테러 사건을 보고하고 고소하도록 권장해야 한다.

제7절
요약

테러리스트는 아직까지 큰 피해를 입힌 인터넷 공격에 대해 책임을 지지 않고 있지만 목적 달성을 위한 선전, 자금 조달, 소통, 데이터 마이닝, 계획 및 지원을 위해 인터넷을 점점 더 많이 사용하고 있다. 사이버 공간을 전략적 전쟁터로 활용하는 가상의 움직임이 점차 확산되는 사이버 테러의 특성상 인터넷 및 다양한 전자 서비스에 대한 의존도가 높은 글로벌 사회에서 테러 목적의 인터넷 사용에 따른 위협에 대한 인식 제고가 필요하다. 가장 두려운 결과를 초래할 수 있으므로 중요 인프라에 대한 공격 가능성에 특별한 주의를 기울여야 한다.

제시된 사례 연구는 국가 간 조사를 수반하는 정치적 동기가 있는 사이버 공격이 놀랍도록 증가했음을 보여준다. 세계 공동체는 이러한 범죄 효과적으로 규제하기 위해 사이버 보안 정책에 더 많은 관심을 기울이고 정치적 동기가 있는 사이버 공격에 대한 국가 법률을 준비해야 한다. 이러한 공격에 대한 방어는 민간과 공공 부문의 국가적 노력과 함께 국제적 협력을 요구하며 정치적, 법적, 기술적 조치의 총체이다.

논의 주제 1

사이버 범죄와 사이버 테러 사건은 많은 공통점을 공유한다. 미국 법률 지침에 따른 차이점과 유사점에 대해 논하라.

논의 주제 2

사이버 테러 및 사이버 테러리스트 기소를 처리하기 위해 어떤 권장 사항을 만들어야 하는가?

논의 주제 3

역사적으로 정부 기관은 사이버 테러 계획에서 민간 기업과 협력하는 데 문제가 있었다. 민간 부문과 정부 부문 간의 관계를 촉진하기 위해 어떤 유형의 권고를 만들겠는가?

논의 주제 4

온라인 아동 포르노, 데이트 폭력, 사이버 스토킹 등과 같은 다양한 사이버 범죄를 처리하기 위해 어떤 유형의 권고를 만들겠는가? 사이버 테러 이외의 사이버 범죄를 하나 선택하고 본 장의 권고 사항을 반영한 예방 전략에 대해 논하라.

수사관과 검사가 사이버 범죄 및 정보 보안 문제에 대해 자세히 알아볼 수 있는 교육 프로그램, 컨퍼런스 및 기타 기회를 찾기 위해 온라인으로 조사하라. 교육을 후원하는 사람, 교육 내용 및 비용, 형사 사법 및 정보 보안 전문가가 참석할 수 있는 시기와 장소에 관한 세 가지 예를 간략하게 설명하라.

참고문헌

Australian Government. (2020). *Cyber security strategy 2020 — home affairs*. AUSTRALIA'S CYBER SECURITY STRATEGY 2020. Retrieved April 22, 2023, from https://www.homeaffairs.gov.au/cyber–security–subsite/files/cyber–security–strategy–2020.pdf

Ballard, J. D., Hornik, J. G., & McKenzie, D. (2008). Technological facilitation of terrorism Definitional, legal and policy issue," In Ozeren, Suleyman, *Cyberterrorism and International Cooperation: General Overview of the Available Mechanisms to Facilitate an Overwhelming Task, Responses to Cyber Terrorism, Centre of Excellence Defense Against Terrorism*, Ankara: Turkey IOS Press, 2008, p. 74)

Brookings. (2015, March 6). Brookings — quality. independence. impact. The ISIS Twitter Census: Defining and describing the population of ISIS supporters on Twitter. Retrieved April 17, 2023, from https://www.brookings.edu/wp–content/up–loads/2016/06/isis_twitter_census_berger_morgan.pdf

Brouard. (2013, July 1). ITU Regional presence. *ITU*. Retrieved April 17, 2023, from https://www.itu.int/en/ITU–D/Pages/Regional–Presence.aspx

Burke, E. (2021, May 17). *What's going on with the HSE cyberattack? Silicon Republic*. Retrieved April 18, 2023, from https://www.siliconrepublic.com/enter–prise/hse–cyberattack–explainer–conti–ransomware

Chung, F. (2020, June 19). Australia hit by Massive Cyber Attack — news.com.au. *News.com.au*. Retrieved April 18, 2023, from https://www.news.com.au/techno logy/online/hacking/australian–government–and–private–sector–reportedly–hit–by–massive–cyber–attack/news–story/b570a8ab68574f42f553fc901fa7d1e9

Council of Europe. (2005, May 20). *Media and terrorism*. Council of Europe. Retrieved April 22, 2023, from https://assembly.coe.int/nw/xml/XRef/X2H−Xref−View HTML.asp?FileID=11217

Dillow, C. (2021, April 24). ISIS has its own secure messaging app. *Fortune*. Retrieved April 17, 2023, from https://fortune.com/2016/01/13/isis−has−its−own−secure −messaging−app/

HSE. (2022, November 29). Cyber−attack and HSE response. *HSE.ie*. Retrieved April 18, 2023, from https://www2.hse.ie/services/cyber−attack/what−happened/

ITU. (2009, April 16). ITU−D Cybersecurity Deployment of Cybersecurity Capabilities − IMPACT Global Response Centre. *ITU Development Cybersecurity*. Retrieved April 16, 2023, from https://www.itu.int/itu−d/sites/cybersecurity/

Kon Briefing. (2022, September 25). Cyber attacks on Energy Supplier. *Cyber attacks on energy supplier* | KonBriefing.com. Retrieved April 18, 2023, from https://kon briefing.com/en−topics/cyber−attacks−2022−ind−energy−industry−h1.html

Mascellino, A. (2022, December 12). HSE cyber−attack costs Ireland $83m so far. *Infosecurity Magazine*. Retrieved April 18, 2023, from https://www.infose− curity−magazine.com/news/hse−cyber−attack−ireland−dollar83m/

National Human Rights Commisison. (2022). *Crimes In Cyberspace: A Threat To Human Rights & National Security*. Retrieved April 18, 2023, from https://nhrc.nic.in/ sites/default/files/Group%201%20April.pdf

Singh, J. (2022, October 14). Tata Power, a top power producer in India, confirms cyberattack. *TechCrunch*. Retrieved April 18, 2023, from https://techcrunch.com/ 2022/10/14/india−power−company−tata−power−cyber−attack/?guccounter= 1&guce_referrer=aHR0cHM6Ly93d3cuZ29vZ2xlLmNvbS8&guce_referrer_sig=AQ AAAMkZ91K5wCw5bY6eDmqIwoTeaXoYtJtgNIJjEmg9dQJjNP8NWmA_rFq−9mP gQ2K6ivC7ZsFCYu0wlMGmWQ−s_6Onv0OoJBEB54lOlPvuChPdUuGhw1gQJDn 3_5sLbIWGl346Il2nIyLKLbg9x3Rv1azNUYCBwkN02tgaEecxPT1B

The Soufan center. (2020, August). Home − the Soufan center. *The Soufan Center*. Retrieved April 17, 2023, from https://thesoufancenter.org/wp−content/up− loads/2020/08/The−Atomwaffen−Division−The−Evolution−of−the−White −Supremacy−Threat−August−2020−.pdf

U.S. Government Publishing Office. (2016, July 6). Isis Online: Countering Terrorist

Radicalization And Recruitment On The Internet And Social Media. — ISIS online: Countering Terrorist Radicalization and recruitment on the Internet and Social Media. Retrieved April 17, 2023, from https://www.govinfo.gov/con—tent/pkg/CHRG—114shrg22476/html/CHRG—114shrg22476.htm

Yoon, H., Yun, M., Freilich, J., Chermak, S., Morris, R. (2012). *Cyberterrorism: Trends and Responses*. Korean Institute of Criminology

Zeiger, S., & Gyte, J. (2021, October 13). Chapter 12: Prevention of radicalization on so—cial media and the internet. *Handbook Of Terrorism Prevention And Preparedness*. Retrieved April 17, 2023, from https://www.icct.nl/sites/de—fault/files/2023—01/Chapter—12—Handbook_0.pdf

북한의 사이버 공격과 정책적 대응: 학제 간 이론적 틀을 바탕으로

황지선(Jiseon Hwang, 북경 대학교), 최경식(Kyung-Shick Choi)

본 연구는 북한 사이버 테러의 목적, 형태, 동향 및 특성 등을 정성적으로 분석하여 성공적인 국제 정책 대응을 위한 개선 방안을 제시한다. 최근 변화무쌍한 국제정치 환경 속에서 북한은 지속적인 핵무기 및 장거리 탄도미사일 고도화를 통해 국제정세 안정을 위협하고 있다. 사이버 테러는 공격자 색출의 어려움과 적비용으로 인해 북한에게 매력적인 선택지가 되었다. 본 연구는 이러한 상황에 대해 주의를 환기시키고자 한국 사이버 테러 전문가들의 관점을 공유함으로써 사이버 테러와 사이버 범죄에 대한 학술 토론과 정책에 기여하고자 한다. 나아가 본 연구는 범죄학적 이론 틀과 세계 정치 네트워크 이론적 관점을 적용하여 포스트모던 국제정치의 맥락에서 사이버 테러리즘의 다면적이고 비대칭적인 성격을 보유한 북한의 사이버 테러에 대해 보다 포괄적인 시각을 제시하고자 한다.

1. 서론

21세기 들어 사이버 공간은 국제 안보에 있어서 중요한 영역이 되었다. 사이버 범죄, 사이버 스파이, 사이버 전쟁 및 핵티비즘과 같은 사이버 공격은 적대적인 국가나 비국가 행위자(non-state actors)의 계산적이고 논란을 불러일으킬 목표를 설정하기 위한 표준 절차가 되었다. 사이버 공격은 원래 개인이나 독자적 조직에 의한 소행으로 간주되었지만 국가의 지원을 받는 사이버 공격 또한 보편화되고 있다. 상대적으로 저렴한 공격 비용 그리고 공격자 색출 및 상응하는 수준의 무력으로 보복의 어려움은 제한적인 군사적, 경제적 자원을 가진 부랑국가(왕따국가)들에게 사이버 공격을 매력적인 선택지로 만든다. 북한은 첨단 사이버전 능력을 보유한 것으로 알려졌으며, 상당한 인력이 정권의 명시적인 지원하에 "인터넷의 어두운 측면 활동"에 연루된 것으로 알려져 있다(Kshetri, 2014). 사이버 안보에 대한 위협의 증가에도 불구하고, 국제사회뿐 아니라 학계 및 관련 국제 사례에서도 사이버 테러리즘이 하나로 정의되지 않는다는 사실은 테러리즘 연구에서 중요한 문제로 남아 있다(Kim, 2017). 그러나 본 연구 목적에 적합한 정의를 도출하기 위해서 사이버 테러리즘으로 널리 알려진 과거의 사이버 공격으로부터 어떤 특징을 추출하는 것은 가능하다.

사이버 공간에서의 테러리즘이란 이념적 목표를 달성하기 위해 집단 정체성을 공유하는 행위자들이 조직적으로 행하는 범죄행위라고 여겨진다(Choi et al., 2018). 이러한 관점에서, 고도로 훈련된 북한주민 및 조직화된 시스템을 이용하여 북한이 다른 국가의 조직에 대하여 행하는 사이버 공격은 사이버 공격뿐만 아니라 사이버 테러의 한 형태로 정의될 수 있다.

일반 북한 주민은 고급 인터넷 인프라에 대한 접근이 제한되어 있지만, 북한은 고도로 훈련된 사이버 군대를 가지고 있을 뿐만 아니라 역사적으로 다른 국가를 대상으로 하는 사이버 공격을 오랫동안 지속해왔다. 2009년 조지아, 오스트리아, 독일 및 미국에 있는 서버를 경유한 북한의 사이버 공격은 며칠간 서울 청와대 컴퓨터를 셧다운시켰으며, 2009년 7월 4일 해커들은 미국 재무부와 비밀경호국의 서버를 공격했다(Mauro, 2009; Warf, 2015). 2011년에 발생한 유사한 DDoS(Distributed Denial of Service) 공격은 한국 정부와 은행 사이트를 마비시켰으며, 2012년에는 한국의 중앙일보에 해킹 공격이 가해졌다. 이러한 일련의 사이버 공격에 이어 2013년 3월 20일 북한은 한국의 은행과 방송국에 악성코드를 이용한 사이버 공격을 수차례 감행하였다. 북한이 48,000대의 컴퓨터를 무력화시키고 네트워크를 마비시켰다는 사실이 확인되었음에도 불구하고 그들은 지속적으로 디지털 흔적을 숨기려는 노력해 왔으며 관여를 단호하게 부인했다(Cho, 2013; Choe, 2013; Warf, 2015). 2013년 3월 북한 해커들은 서울에 있는 수많은 ATM을 무력화시키고 바이러스 백신 소프트웨어를 우회하기 위해 디자인된 Dark Seoul이라는 악성코드를 유포했다. 청와대,

군 웹사이트, 미 재무부 및 미 연방무역위원회에 대한 비슷한 공격도 보도된 바 있다(Sang-Hun, 2013a; 2013b; Warf, 2015). 세간의 이목을 끄는 이러한 사이버 공격에는 북한이 저지른 것으로 알려진 다른 공격들이 수반되었는데, 많은 경우 대한민국이 북한의 사이버 공격 대상이 되었다. 국방부에 따르면 한국군을 대상으로 한 해킹 시도는 2017년 4,000건에서 2018년 약 5,000건으로 늘어나고, 2019년에는 9,533건으로 대폭 증가하였다(VoaKorea, 2020).

한국이 북한의 사이버 테러 공격을 가장 많이 받아왔지만, 북한의 사이버 공격은 국제 안보에 대한 위협도 되며, 미국 또한 공격의 주요 대상이다. 미국 국토안보부(DHS)는 북한이 통신사 및 주요 인프라 시설에 대한 사이버 테러 공격을 자행하고 있으며 이러한 사이버 테러 행위의 형태에는 데이터 파괴 및 데이터 탈취가 포함된다고 밝혔다(Kim, 2017).

북한이 사이버전 전력을 전략무기로 활용하는 이유는 여러 가지가 존재한다. 비용 효율적이고, 활용하기 쉽고, 빠르게 확산되며 엄청난 반향을 일으킬 수 있다. 또한 물리적 침투가 필요 없고, 익명성으로 비밀이 보장되며, 제재와 보복이 어렵다(Lee, 2009b; Lim et al., 2014). 이러한 특성을 고려했을 때 북한이 사이버 공간의 비대칭적 특성을 경제 및 정치 의제 추진에 활용하는 것은 충분히 예상할 수 있는 일이다. Erlendson(2013)에 의하면, 북한이 사이버 전략을 군사 및 국가안보 전략에 포함시키면서 사이버 전쟁 전력은 북한의 국가적 목표를 달성하기 위한 전략적 무기이자 핵심 자원으로 자리 잡혔다(Lim et al., 2014). 이를 통해 북한 사이버 테러 공격의 동기 및 목적은 국가의 장기 정책목표에 포함되며, 사이버 공격은 미래에 형태뿐 아니라 수적으로 증가할 것이라 결론지을 수 있다.

따라서 앞으로 일어날 수 있는 사이버 공격의 피해를 줄이기 위해 북한의 사이버 공격에 대한 철저한 분석과 체계적인 대응이 필요하다. 아쉽게도 북한의 사이버 공격에 대한 학술적 논의는 일반적으로 부족하다. 이러한 상황에 대한 관심을 유도하기 위해 본 연구는 범죄학적 이론의 틀을 활용하여 북한 사이버 테러의 목적, 형태, 동향 및 특징 등을 분석하였다. 또한, 이에 대한 국제 정책 대응을 마련하기 위한 방안을 제시한다. 사이버 수단을 통해 국가의 권력을 투사하는 능력은 주로 정부 부처 내 그러한 능력의 기밀성 그리고 관료제를 통한 책임의 확산에 의해 어려운 경우가 많다(Warf, 2015). 또한 북한의 사이버 정책과 관련된 정보는 북한의 은둔성으로 인해 매우 제한적이며, 일부 소수의 탈북자 주장에 의존할 수밖에 없게 된다. 또한, 지금까지 공개된 많은 정보의 유효성을 판단하는 것도 어려움이 존재한다(Lee et al., 2016).

직접적인 증거를 확보하는 것이 매우 어려울 수 있음을 인식하여 본 연구는 문제 중심의 전문가 인터뷰 방식을 활용하여 북한의 사이버 공격에 대한 정성적 분석을 수행한다. 나아가, 국제 정책 대응을 형성하기 위해 나아갈 수 있는 방안 또한 제시한다. 본 연구는 사이버 테러 및 사이버 범죄에 대한 기존 학술 토론에 기여한다. 또한, 북한의 사이버 공격에 대한 보다 포괄적인 관점을 입증하기 위해 세계 정치 네트워크 이론을 적용하여 포스트모던 국제 정치의 맥락에서 사이버 공격의 다면적이고 비대칭적인 특성을 고려한다.

2. 이론적 틀 및 이론적 활용

인터넷의 발달로 인해 민간 및 비국가 행위자가 자신보다 훨씬 강력한 상대에 대해 사이버 공격을 감행할 수 있게 되었다. 북한은 다른 국가에 대한 사이버 공격의 자행에 있어서 최고 수준이다. 이 장에서는 세계 정치 네트워크 이론을 적용하여 북한의 사이버 공격에 대한 보다 현대적인 정치적 맥락을 제공한다. 이로부터 도출되는 결론은 다음 장에서 정책 대응 관련 전문가들의 개인적 견해를 분석하고, 현재 국가들이 이행하고 있지 않은 조치 방안을 제시하기 위해 사용된다.

사이버 공격이 국제 사회에 미칠 수 있는 파급 효과에 비추어 보았을 때, 북한의 사이버 공격 동기에 대한 더욱 자세한 분석이 필요하다. 따라서 본 연구는 세계 정치 네트워크 이론 그리고 북한의 성격을 설명하기 위한 차별적 기회 이론을 이용하여 북한의 외교 정책, 하위문화와 이념 그리고 사회적 학습 메커니즘을 분석한다.

(1) 세계 정치 네트워크 이론

세계 정치 네트워크 이론은 국제 환경에서 북한의 사이버 공격에 대한 이해와 정책 대응 수립에 필수적인 권력의 개념에 대한 관점을 제공한다. 정치 네트워크 분석은 국가의 전통적인 제도적 접근 방식에서 다면적인 정책 영역으로 초점을 이동시키는 데 기여하며, 이는 네트워크 국가라는 새로운 유형의 형성을 의미할 수 있다(Anttiroiko, 2015; Laumann & Knoke, 1987). 세계 정치 맥락에서, 네트워크는 집단 행동과 협력을 촉진시키거나 영향력을 발휘하며 국제 거버넌스의 한 형태로 작용하는 조직 방식으로 여겨져 왔다(Halfner-Burton et al., 2009). Castells(1996)의 이론적 목표는 시대의 변화에 대한 분석을 거대이론으로 제시하는 것이었다. 이 거대이론은 정보주의와 함께 네트워크 논리를 설명 체계로 채택하고 네트워크 개념이 거시적 수준의 이론화에 사용될 수 있는 방법을 재고하기 위해 네트워크 분석의 전통에 의문을 제기한다(Anttiroiko, 2015). 네트워크 관점에서 권력을 분석한 Rosenau (2005)는 "Fragmegration"이라는 용어를 사용하여 권위의 이동에 있어서 일어나는 통합과 분할의 상호작용을 통해 네트워크된 사람 대 권위의 노드 역할을 하는 공직자와의 관계를 서술하였다. 또한 Kim(2008a)의 네트워크 파워, 네트워크 국가, 네트워크 질서(networkarchy)에 대한 분석은 물질적 권력의 의미를 넘는 새로운 네트워크 행위자들에 의해 구현된 권력 정치의 메커니즘은 개별 노드(예: 군사력, 경제력)에 의해 소유되며, 문화, 규범, 외교 등의 네트워크 맥락을 바탕으로 비물질적 권력의 차원으로 확장되고 있다고 주장한다.

네트워크 관점에서 테러리즘에 접근하는 행위는 주요 행위자 그리고 적대적 및 협동적인 연결 고리를 식별하는 것과 같이 기존에 인식되지 않았던 관계성을 드러낼 수 있기 때문에 효과적인 테러 대응 전략이 될 수 있다. 이를 통해 조직 구조에서 공간적 근접성을 분리하고 정보, 인적 및 물적 자원이 활용될 수 있는 방법을 식별할 수 있게 된다(Stohl & Stohl, 2007). 물리적 테러는 그 행위가 발생한 특정 장소나 지역에만 영향을 미치는 반면에, 사이버 테러는 공간적 제약이 없으며 사이버 테러 네트워크가 여러 계층의 네트워크로 구성됨에 따라 '인프라', 사회적 '구조'와 '시스템', '운영원칙'이 위태로워질 가능성이 지속적으로 증가하고 있다 (Kim, 2017). 네트워크 분석을 테러리스트 네트워크에 적용하면 이러한 네트워크를 해체할 새로운 정책 제안이 가능하게 되며, 동시에 네트워크의 형태와 기능에 대한 포괄적인 가정이 단순하다는 사실이 강조된다(Halfner-Burton et al., 2009).

본 연구는 북한의 사이버 테러에 대응하기 위한 포괄적인 국제협력의 틀을 마련하기 위해 Kim(2008a)의 네트워크 권력 분류에서 권력이 개별 노드의 속성이 아닌 노드 사이의 연결고리 그리고 네트워크 자체에서 나온다는 관점을 차용하였다. Kim의 분석틀은 네트워크 권력을 집합권력, 위치권력 그리고 설계권력으로 분류한다. 집단권력은 상대적으로 큰 네트워크가 더 작은 네트워크에 대하여 영향력을 발휘할 수 있는 능력과 관련되어 있다. 위치권력은 노드가 네트워크상에서 차지하는 특정 위치로부터 비롯된다. 설계권력은 게임의 규칙을 설계할 수 있는 능력으로부터 비롯된다. 위 세 가지 개념은 전문가 인터뷰 분석에서 적용될 것이다.

네트워크 이론의 관점에서 보았을 때, 북한은 국제적 관점에서 노드로 여겨지면서도 동시에 그 자체로도 고도로 중앙 집권적인 네트워크로 볼 수 있다. 북한은 Cloward와 Ohlin(1960)의 비행조직에 대한 묘사에서 등장한 것과 비슷한 계층구조를 가졌으며 고립되고 통제된 규모로 운영된다. 이러한 조직은 위계적으로 조직되어 있으며, 나머지 사회의 구성원에 대한 적대감과 불신을 나타낸다(Cloward & Ohlin, 1960).

(2) 북한의 차별적 기회구조

차별적 기회이론은 일탈을 야기하는 압력의 원인들에 대한 이론적 관점을 사회 구조가 일탈 해결법을 규제하는 방식과 함께 통합시킨다. "Delinquency and Opportunity: A Study of Delinquent Gangs"에서 Cloward와 Ohlin(1960)은 비행 규범이 발달한 이유에 대하여 탐구한다.

차별적 기회 이론의 대표적인 주장은 다음 인용구에서 확인할 수 있다:

하층 계급 청소년들이 원하게 되는 것과 그들이 실제로 가질 수 있는 것 사이의 괴리는 적응에 있어서 큰 문제로 작용한다. 비행 하위문화를 구성하는 청소년들은 전통적인 목표에 대한 강조를 내면화하였다. 이러한 목표에 접근할 수 있는 합법적인 경로에 대한 제한에 직면할 때 그들은 그들의 열망을 하향 조정할 수 없기 때문에 극심한 좌절을 경험한다. 비순응적 대안의 탐색이 그 결과로 나타날 수 있다(Cloward & Ohlin, 1960, p. 86).

이 이론은 기존에 개별 사회의 구성원에게 적용되었으므로 국가를 개인 행위자와 비교하는 데 동의하지 않는다면, 이 이론을 국제 관계에 적용하는 것은 문제가 될 수 있다. 실제로 국제관계에서 국가를 분리할 수 없는 '당구공'으로 보는 개념은 단순하다는 비판을 받은 바가 있다. 그러나 세계정치의 네트워크 이론은 북한을 고도로 중앙집권화된 네트워크에 더해 개별 노드로 볼 수 있게 한다. 북한은 국가의 목표가 대부분 최고 지도자 김정은의 목표에 기초하고 있는 독특한 정치체제를 보유한다. 이 시스템은 1) 최고 지도자의 목표가 전면적인 반대에 직면할 확률이 매우 적다는 점과 2) 국가의 목표가 사이버 테러 정권을 구성하고 있다는 점에서 범죄학적인 분석에 적합하다. 또한, 개인이 자행한 사이버 공격은 국가로부터 보상을 받는 행위자의 공격과는 다른데, 후자는 어떤 국가가 공격 대상 국가의 안보를 직접적으로 위협하는 사례로 볼 수 있기 때문이다. 이 경우에는, 범죄행위의 심각성에 따라 전쟁 또한 가능해진다(Kim, 2017).

이처럼 우리는 북한 사이버 공격의 이론적 적용 가능성을 연구하여 아노미, 하위문화, 차별적 접촉 그리고 북한 사이버 공격의 네 가지 요소를 선택하고 도출하였다. 북한이 행하는 사이버 공격의 트렌드는 정당한 목적과 수단의 차이로 인한 아노미, 그로 인한 하위문화의 창조 그리고 더 많은 사이버 공격의 발달로 이어지는 차별적 접촉/학습의 세 단계를 포함한다.

(3) 북한 외교 정책의 아노미

뒤르켐은 긴장, 좌절 그리고 그에 따른 일탈을 피하기 위해 사회가 구성원의 사회적 목표를 규제하고 가능한 성취의 한도 내에 그들을 유지해야 할 필요성을 강조했다(Cloward & Ohlin, 1960). 뒤르켐(1897; 1951)은 인간의 욕망이 충분히 규제되지 않았을 때 아노미가 발생한다고 설명했다. 뒤르켐의 아노미에 대한 개념화는 머턴(1938)에 의해 발달되고 수정되었으며, 그는 아노미가 문화적 목표와 제도적 수단 사이의 균형이 깨졌을 때 발생한다고 주장했다. 이 이론적 주장을 바탕으로 Cloward와 Ohlin(1960)은 지위불만족은 개인으로 하여금 더 높은 지위를 차지하기 위해 경쟁하게 하여 산업질서의 생존에 기여하기도 하지만, 일탈행위에 대한 극심한 압박감을 주기도 한다고 주장했다.

테러리스트 조직은 전통적으로 사회적으로 인정된 목표를 달성하기 위해 문화적으로 인정된 수단을 거부하며, 특정 국가의 조직은 이러한 목표에 대해 다른 해석을 제공하는 경우가 있다(Choi et al., 2018; Schmidt, 2012). 아노미 개념을 국제관계에 적용할 때, 국력은 적법한, 즉 국제적으로 정의되고 수용되는 수단으로 유능한 조직과 쉽게 조율되지 않는다. 이로 인해 국제사회의 다른 구성원들이 용납하지 않는 불법적인 국가 행동으로 이어지는 경향이 생길 수 있다.

역사적으로 북한의 대외정책은 국제사회의 규범과 규정의 영향을 크게 받지 않은 것으로 보인다. 북한은 국제 사회로부터 대체로 고립되어 점점 더 강한 제재에 직면하고 있으며, 따라서 북한이 정치적 또는 재정적 목표를 이루기 위해 취할 수 있는 정당한 수단이 심각하게 제한되어 있다. 이로 인해 북한은 불법적인 수단(예: 핵 위협, 자금 세탁)을 사용하여 이러한 목표를 달성하고자 한다. IT의 발달에 따라 국제 규범에 구애받지 않으면서 치명적인 병기고를 보유한 독재정권은 더욱 위험하다(Cronin, 2014). 이는 북한이 자신의 목표를 이루기 위해 불법적인 수단을 이용할 더욱 쉬운 채널을 제공한다.

(4) 북한의 하위문화와 이데올로기

차등기회이론은 사회적 지지를 얻지 못하는 일탈자가 공적 제도에 저항할 수 있는 확고한 기반을 수립하는데 더 큰 어려움을 겪을 것이라고 예상한다. 이는 일탈자가 자신의 신념에 대한 정당성과 일탈행위의 타당성에 대한 사회적 검증을 필요로 하기 때문이다(Cloward & Ohlin, 1960). 일단 개인이 목표와 정당한 수단 사이에 극복할 수 없는 불일치를 깨닫고 나면, 비행이 발전하기 위해서는 내부에 하위문화가 형성되어야 한다. 이 하위문화는 어려운 상황에 대한 반응으로 규범의 변화를 합리화하는 일련의 신념과 가치를 획득하기 시작한다(Cloward & Ohlin, 1960). 이 하위문화는 사회적 가치와 규범이 일탈 행위가 발달하도록 지원하는 방향으로 변하는 토대를 제공하게 된다.

북한의 고립은 IT와 사이버 공간의 발전에 선행하는 고유한 하위문화가 발전할 수 있는 충분한 기회를 제공했다. 비행 하위문화의 가장 중요한 요소는 정식 구성원에게 요구되는 활동을 정의하는 처방, 규범 또는 행동 규칙이다(Cloward & Ohlin, 1960). 북한의 대외정책은 공격적 현실주의, 공격적 수정주의 그리고 초민족

주의의 패턴에 크게 중점을 두고 있으며, 이는 엄격한 공산당 중심의 채용, 교육 및 외교 엘리트 양성에 의해 유지되어 왔다(Kim et al., 2019). 이러한 대외정책의 패턴은 자력갱생에 중점을 둔 "사람중심의 사상"인 주체사상에 의해 지지되어 왔다. 이러한 이데올로기는 사람들로 하여금 적대적인 환경을 유리한 환경으로 만들기 위해 투쟁하도록 만든다(Kim, 2011). 북한의 개인 독재 역시 국가, 시스템 그리고 지도자가 하나가 되는 이데올로기에 의해 지지되어 왔다(Kim et al., 2019). 김일성의 사망 이후, 선군정치가 북한의 핵심적인 운영원칙으로 작동하기 시작했다. 따라서 이 두 가지 요소(주체사상과 선군정치)는 탄도미사일과 핵 실험 등과 같은 도발 행위를 정당화하는 데 도움이 되었다. 더욱이 인터넷의 발달은 사이버 기반 전술을 더욱 매력적으로 만들었다. 그 이유 중 하나는 소위 "운동 에너지" 공격(예: 폭탄 투하, 총탄 발사)과 비교했을 때, 사이버 공격은 익명이기 때문에 이러한 공격의 근원지를 찾기 어렵기 때문이다(Kshetri, 2014).

(5) 북한 사이버 부대의 사회적 학습 메커니즘

하위문화의 형성이 일탈 행위에 대한 사회적, 문화적 이유가 되기는 하지만, 일탈 시스템이 나타나기 위해서는 행동이 학습되고 전달되어야 한다. 환경은 개인이 가치와 기술을 습득하기 위해서 핵심적이며, 개인이 특정 역할을 맡으려면 그것을 지원하는 시스템이 필요하다(Cloward & Ohlin, 1960). 사회적 학습은 개인의 성격과 환경이 상호작용에 지속적으로 참여하는 인지 과정이다. 이 이론의 주된 견해는 범죄를 지지하는 집단 권력을 중심으로 전개된다(Akers et al., 1979).

이 이론은 비규범적 행동의 합리화, 규범, 규칙 및 동기가 학습되는 방법을 지정하며, "학습자"를 범죄에 대하여 접근하거나 멀어지게 하는 긍정적이고 부정적인 사회적 메커니즘의 역할도 정의한다(Akers, 1985; 1992; Bandura, 1977; Winfree et al., 1994). 북한은 김정은의 비밀 안보기구인 군, 조선인민군, 정찰총국이 통제하는 엘리트 사이버 부대를 지속적으로 발전시키고 투자하고 있다(Ioanes, 2020). 실제로 북한은 1980년대 중반부터 미림대학과 모란봉대학 등을 설립하여 사이버 공격 능력을 향상시키기 위해 학생들을 전문 해커가 되도록 훈련시키고 있다(Boo, 2017). 비행 하위문화 내에서 지배적인 역할을 부여받은 자는 종종 구성원들에게 비정상적인 행동의 이행을 요구한다(Cloward & Ohlin, 1998). 성공한 자들은 비밀리에 동아시아, 중동 및 남미에 배치된 사이버 군인이 되어 국가로부터 지시를 받는 사이버 임무를 수행하게 된다(Kim & Yang, 2020). 이러한 사이버 군인은 국제 안보에 대한 위협으로 지정된다. 예를 들어, 박진혁이라는 사이버 군인은 2017년 WannaCry 랜섬웨어 공격, 2014년 소니 해킹("FBI Charges", 2018) 사건 등 세간의 이목을 끄는 사이버 공격을 실행했다는 혐의를 받았다. 북한이 이 사이버 군인 그리고 공격과의 연관성을 부인하고 있고, 사이버 공격의 특성상 책임소재 확인도 어렵지만, 위와 같은 예시는 하위문화의 발전이 해당 하위문화의 규범에 동의하는 개인의 학습을 촉진시키는 방법을 보여준다.

위에서 설명한 바와 같이, 아노미, 하위문화 그리고 사회적 학습의 개념을 적용하면 북한의 사이버 테러 활동 동기를 더 잘 이해하는 데 도움이 된다. 북한은 국가 목표를 달성하기 위한 정당한 방법이 없기 때문에 국가가 불법적인 수단을 사용하게 된다. 북한의 지속적인 고립은 국제사회에서 인정되는 규범과는 다른, 이데올로기에 의해 강요된 하위문화가 발전할 수 있는 풍부한 기회를 창출했다. 또한, 북한의 사회적 학습 메커니즘은 구성원들이 이러한 규범을 수용하고 수행하는 차별적 접촉을 통해 더 많은 학습 기회를 부여한다. 결과적으로, 전문적인 훈련을 받은 사이버 부대는 지속적으로 성장하고 있으며, 이들은 북한 엘리트의 지시하에 사이버 테러 공격을 수행한다.

3. 방법론

본 연구는 반구조화된 전문가 인터뷰 방식을 활용하여 정보보안 및 사이버 범죄 분야의 전문가들이 북한의 사이버 공격을 어떻게 인식하고 있는지 살펴보았다. 그 후에 차등기회이론과 세계 정치 네트워크 이론을 개념적 틀로 사용하여 응답을 분석하였다. 전자는 북한 사이버 테러 공격의 동기와 패턴을 설명하는 데 이용되며, 후자는 이러한 공격을 규제하고 대응하는 방법에 대한 방향성을 제시한다.

눈덩이 표집 방법으로 선택된 한국의 국가 및 정보보안 전문가 8명과 정성적인 인터뷰가 진행되었다. 처음에는 사이버 범죄 분야의 교수, 국가정보원 전문가 그리고 경찰관 2명으로 총 4명의 전문가가 연구에 참여하기로 동의하였다. 이 4명의 참가자는 의도적인 샘플링 방법론에 따라 선택되었으며, 선정 기준은 이들의 직업과 북한의 사이버 공격의 관련성이었다. 최초 참여한 전문가들은 모두 국가 안보, 사이버 테러 또는 인터넷 보안 분야에서 10년 이상의 경력자들이다. 최초 참여자들은 다른 전문가들을 소개하였으며 이들은 그 후에 연구에 참여하도록 연락을 받았다. 최종 표본은 사이버 범죄·정보학 교수 2명, 국가정보원 전문가 2명, 경찰전문가 4명으로 모두 사이버 테러 관련 지식과 경험을 보유하고 있다. 이 표본은 7명의 남성과 1명의 여성으로 구성되었으며, 10년부터 20년 이상까지 근무 경력이 있었다.

인터뷰 가이드는 현재 예방 전략의 추세, 동기 및 영향 그리고 강점과 약점에 대한 응답, 효과적인 예방 전략 그리고 정책 입안자에 대한 제안을 응답 받을 수 있도록 구성되었다. 초반의 질문 문항들은 자유응답형으로 설계되었고 이후 연구 주제에 대하여 구체적인 답변을 도출하기 위한 더욱 구조화된 질문들이 뒤따랐다. 제1저자는 인터뷰 문항과 함께 익명성 보장을 전제로 연구 동의서를 각 참여자에게 발송한 후, 각 전문가별로 일정을 조정하여 2달에 걸쳐 인터뷰를 진행하였다. 연구 참여에 동의한 전문가들에게 연구의 목적과 과정이 전달되었다. 응답의 비밀과 익명성이 보장되었으며, 인터뷰 질문에는 응답자의 인적사항을 식별할 수 있는 표시가 존재하지 않았다. 모든 인터뷰는 COVID−19로 인해 온라인 컨퍼런스 플랫폼 또는 이메일을 통해 진행되었으며, 관련 응답은 모두 기록되어 인터뷰 후 분석 프로세스에서 활용되었다.

4. 결과

(1) 전문가 인터뷰를 통한 정책 분석

본 연구는 북한 사이버 테러의 동기와 동향을 살펴보고, 사이버 테러 억제에 대한 전문가들의 공통된 입장을 분석하였다. 총 8명의 전문가를 인터뷰한 후 수집된 데이터는 2단계 분석을 거쳤다. 사이버 테러의 동기 및 경향과 관련해서는 차등

기회이론이 활용되었으며, 이때 특히 아노미, 하위문화 그리고 사회적 학습의 개념이 응답 분석의 이론적 틀을 형성하였다. 기존 분석 이후에, 정책 형성에 더 심화된 2차 분석이 진행되었다. 세계 정치 네트워크 이론, 특히 집합권력, 위치권력 및 설계권력 개념이 응답 분석의 기초가 되었다. 분석 결과는 다음과 같다.

(2) 북한 사이버 공격에 대한 범죄학적 설명: 동기

차등기회이론은 행위자가 관습적인 목표를 내면화하지만 합법적인 방식으로 실현할 수 없는 상황에 초점을 맞춘다. 이러한 목표에 접근할 수 있는 합법적인 경로에 대한 제한에 직면하지만 열망을 하향 조정할 수 없을 때, 이들은 극심한 좌절을 경험하며 비순응적 대안의 탐색이 결과적으로 일어날 수 있다(Cloward & Ohlin, 1960). 아노미의 개념으로 보았을 때, 북한의 사이버 공격은 단순히 호전적인 표현이나 자기 방어적인 전술에 그치지 않고, 오히려 증가하는 제재와 국제적인 고립으로 인해 기존의 목표를 달성할 수 있는 방법이 거의 없는 상황에서 국가의 전략적 이익을 반영한다.

전문가들은 국가 권력과 부라는 전통적인 목표가 북한 사이버 테러리스트 체제의 발달을 촉진했다는 사실을 인정했다. 인터넷의 발달로 인해 북한이 오랫동안 관여해 온 불법행위가 새로운 통로를 가지게 되었고, 공격의 궁극적 목적이 기밀정보에서 금전적 이익으로 바뀌었다는 것이 통설이다. 인터뷰에 응한 모든 전문가들은 특히 금전적 이득이 북한 사이버 공격의 강력한 동인이라는 데 동의했다. 다음 인용문이 이와 같은 관점을 설명한다:

2011년 이후부터 북한은 해킹 능력을 이용하여 민간부문을 공격하고 금전적인 혜택을 얻기 시작했다. 공격 대상 또한 한반도로부터 더 넓은 범위로 퍼졌다. 2014년 소니 픽처스 해킹 사건, 2016년 방글라데시 절도사건 그리고 2017년 워너크라이 공격이 북한이 저지른 대표적인 사이버 공격이었다(전문가 2, 개인서신, 2021.03.13).

북한의 사이버 공격은 한국의 군사 및 안보 프로그램에 대한 기밀 정보를 얻기 위한 수단으로 시작되었지만 도박, 금융 및 가상화폐로 더욱 다양한 목적을 가지게 되었다. 이러한 변화는 정보뿐 아니라 경제적인 이득을 필요로 하는 북한의 요구로부터 도출되었다(전문가 4, 개인서신, 2021.03.18).

2017년 이전에 북한의 사이버 공격 동기는 주로 정보의 필요성에서 비롯되었으나 이후 가상화폐 거래소 및 금융기관에 대한 공격으로 확대되었으며, 공격 대상도 정부 관료, 탈북자 등 북한 관련 대상에서 더 광범위한 대상으로 변경되었다(전문가 6, 개인 서신, 2021.03.26).

악성코드의 특성과 공격 방식에 따라 북한 해킹조직 라자루스, 킴수키 그리고 APT37은 기존에 정보 탈취과 파괴를 목표로 했지만 최근 트렌드를 살펴본다면 외화를 얻기 위한 APT 공격 증가를 찾아볼 수 있다(전문가 8, 개인서신, 2021.03.26).

전문가들의 응답은 차등기회이론의 아노미 개념이 북한의 경우에 성립함을 보여주며, 사이버 테러 배후의 동기가 국가의 변화무쌍한 목표에 의해 달라질 수 있다는 사실을 보여준다. 과거에는 정보가 우선이었지만, 현재 추세는 사이버 공격을 실행할 때 금전적인 기회의 역할이 강조되며, 많은 전문가들은 비트코인 해킹과 랜섬웨어 공격을 언급하고 있다. 랜섬웨어 등 사이버 공격은 북한 정부의 자금 조달과 핵무기의 추가적인 개발을 목적으로 실행된다. 랜섬웨어 공격은 파밍 멀웨어와 비교했을 때 훨씬 더 광범위한 파괴를 일으킬 수 있다. 2017년부터 랜섬웨어는 지속적으로 증가하고 있으며, 현재 북한 사이버 테러의 주요 형태로 간주될 수 있다. 또한, 피해자의 경우에도 랜섬웨어 공격으로부터 피해를 복구하는 데 드는 비용이 점점 커지기 시작했다. 랜섬웨어 관련 사이버 범죄로 인한 복구 비용은 올해 200억 달러를 넘어설 것으로 예상되며, 11초마다 랜섬웨어 공격이 발생한다(Solomon, 2021). 랜섬웨어로 인한 금전적 손실은 앞으로도 증가할 것으로 예상된다.

(3) 북한의 하위문화와 사회학습체계

북한의 하위문화 그리고 사회학습체계에 대한 이해를 다룬 답변들은 북한 외부로부터 추세를 분석하여 더 쉽게 관찰할 수 있는 아노미의 개념에 비해 덜 견고했다. 이는 북한이 은둔적인 특성을 가졌으며, 북한의 하위문화와 사회학습체계의 내적 작용을 정확하게 알기 어렵기 때문이다.

북한의 사이버 범죄는 사이버 군대와 기술의 정확한 범위에 대한 불확실성으로 인해 잠재적 피해를 평가하기 어렵기 때문에 위험성을 가진다(전문가 6, 개인서신,

2021.03.26).

　사이버 테러에 대한 집중은 주로 국가안보에 대한 사이버 공격의 예방과 대응에 국한되어 문제의 표면에만 집중한다 … [사이버 공격과 관련된] 활동들은 잘 알려져 있지 않기 때문에 다소 모호하다(전문가 6, 개인서신, 2021.03.26).

　그러나 전문가들의 답변은 일반적으로 그들이 북한의 하위문화에서 사이버 범죄가 사회적으로 용인되는 지위와 하위문화의 규범을 영속화하기 위해 마련된 사회적 학습 시스템에 대해 알고 있음을 보여주었다:

　북한은 국가안전보위부, 통전부, 정찰국 외에 우리의 경찰에 해당하는 사회안전성(인민보안성)에 해커팀을 신설했다(전문가1, 개인서신, 2021.03.01.).

　북한의 사이버 전사 프로그램에 대한 방대한 양의 정확한 정보를 입수하기는 어렵지만, 북한의 사회안전성이 자연과학연구소 인근에 명목상 연구센터인 해커훈련원을 설립하여 김일성종합대학, 김책공대 그리고 특정 고등학교에서 선발된 학생 약 100명을 훈련시키고 있다는 사실은 널리 받아들여지고 있다(Kim, 2021). 전문가들의 답변은 북한의 하위문화가 차별적 기회 이론에서 정의되는 범죄적, 갈등적 및 도피적 세 가지 하위문화 중 절도, 갈취 및 기타 불법적인 수단에 전념하는 비행집단의 유형인 범죄적 하위문화와 가장 유사하다는 사실을 보여주었다(Cloward & Ohlin, 1960).

　더욱이 북한은 10대 컴퓨터 영재를 직접 선발하여 적극적으로 훈련시키고 그들을 후원하여 엘리트 사이버 부대를 만들고 있는 것으로 알려졌다. 사이버 전사의 선발은 한국과 일치하는 교육과정을 갖춘 명문 교육기관인 평양제1중학교에서 시작된다("Pyongyang no.1", 2007). 제1고급중학교에서 선발된 인재들은 금성제1 및 제2고급중학교의 '전문 컴퓨터 프로그램'에서 엘리트 IT 교육을 계속 받는다. 이들 중 두각을 나타내는 이들은 김일성대학, 평양컴퓨터과학대학, 평양과학기술대학 및 함흥대학교 컴퓨터공학부에서 사이버 전문가로 활동하게 된다(Kim & Yang, 2020). 가장 우수한 인재들은 보다 전문화된 훈련을 받게 되며 해킹 부대에 배치된다. 사이버 전사 양성의 경쟁적인 선발 과정은 사이버 전사 부대에서의 역할 확보와 관련된 명성을 높이며, 사이버 군인이 되는 것이 가장 우수한 이들에게만 주어지는 엘리트 특권이라는 하위 문화를 만드는 동시에 북한 시민들이 사회적 학습을 통해 새로운 역할을 내면화하도록 하는 강력한 동기를 제공한다.

(4) 세계정치 네트워크 이론: 정책적 모범 사례

그동안 테러와 네트워크 파워에 대한 국제관계 연구는 많이 이루어졌으나, 네트워크 관점이 정책적 시사점을 제공하는 데 활용된 경우는 거의 없었다. 따라서 본 연구는 세계정치의 네트워크 이론을 활용하여 테러리즘으로 널리 여겨지는 북한의 사이버 공격을 억제하기 위한 효과적인 정책을 수립하고자 한다.

(5) 정부 부서 및 국가 간 협력

Kim(2008)은 네트워크 파워를 행위자(actor), 과정(process) 그리고 시스템(system)의 세 가지 메커니즘에서 작용하는 것으로 보았다. 네트워크 파워의 첫 번째 측면인 '행위자'는 노드를 집합시키는 '네트워커'의 역할을 한다. '행위자'가 행사하는 권력은 네트워크 자체의 규모나 네트워크 노드의 수에 따라 영향력이 달라지는 집단적 권력과 같은 기능을 한다(Kim, 2008). 집단적 권력으로서의 네트워크 권력의 관점은 더 강력한 노드를 가진 더 큰 네트워크가 다른 노드나 네트워크에 대해 권력을 행사할 수 있음을 의미한다. 그러나 이 권력이 제대로 기능하기 위해 노드 간의 집단행동이 전제조건이 된다. 초국가적 활동가 네트워크 또는 범죄자나 테러리스트의 불법 조합에서 시작될 수 있는 네트워크화된 집단행동은 조직화된 경쟁자보다 더 뛰어난 능력을 보여줄 수 있다(Kahler, 2010).

국제 관계에서는 집단행동이 가능한 합의점에 도달하는 것이 어려울 수 있다. 그러나 국제협력과 관련하여 국제기구와 국제조약의 네트워크 권력이 여전히 강조된다. Halfner-Burton과 Montgomery(2006)는 국제기구 참여가 국가들을 구조적으로 동등한 클러스터로 분할시키고 국제 시스템 내에서 명성의 위계를 확립한다는 사실을 발견했다. 그러나 대테러 정책규제 분야에서는 아직까지 다수의 노드를 결집하고 대북 저지를 위한 집단적 네트워크 파워를 발휘할 수 있는 '네트워커'가 존재하지 않는다. 이는 주로 사이버 공격이 상대적으로 최근에 발생하기 시작했으며,

한 국가 내에서도 아직 사이버 범죄에 대한 입법에 대해 단일 합의가 존재하지 않기 때문이다. 게다가 사이버 공격의 귀속은 공격자가 식별되더라도 행동이 개인적인 동기에서 비롯되었는지 국가로부터 조직된 공격에서 비롯되었는지 항상 판단할 수 없기 때문에 여전히 어렵다. 따라서 국가가 개인이 아닌 국가에 대한 보복을 정당화하게 되고, 사이버 보안 분야에서 국제적 합의에 도달하기 어렵다.

인터뷰 응답을 살펴보았을 때, 그간 국제적 합의에 도달하기는 어려웠지만 많은 전문가들이 국제협력이 필요하다는 데 동의하고 있다는 사실을 알 수 있다. 실제로 인터뷰 중에 전문가들이 제안한 대부분의 해결책은 다음 인용문에서 볼 수 있듯이 국제적 영역에서 집단적 권력의 긴급한 필요성을 강조하였다:

> 사이버 보안은 더 이상 개별 국가의 문제가 아니라는 국제적인 합의와 함께 글로벌 기업과 각국 정부는 사이버 보안 시스템을 업그레이드하면서 지속적인 경계 상태를 유지하여야 한다(전문가 2, 개인서신, 2021.03.13).
>
> 사이버 범죄협약에서 볼 수 있듯이 사이버 테러를 공동으로 억제하기 위한 국제적 노력은 계속 존재해왔다. 그러나 국가마다 다른 사법 시스템과 상황으로 인해 한국을 비롯한 많은 국가들이 협약에 가입하지 않았다는 것이 문제가 된다(전문가 2, 개인서신, 2021.03.13).
>
> 사이버 공격은 외국 서버를 자주 경유하므로 국제 협력이 필요하게 된다. 국제협력이 원활하게 이루어지기 위해서는 국가 간 협력 메커니즘이 필요하다(전문가 7, 개인서신, 2021.03.26).

북한과 같이 비행 하위문화를 내면화한 국가는 합의를 통한 규칙이 존재하더라도 이를 지키지 않을 가능성이 높다. 그러나 국제 협력은 불법 사이버 활동의 감시 및 규제를 더욱 용이하게 할 수 있다.

유엔(United Nations, UN), 국제전기통신연합(International Telecommunication Union, ITU), 경제협력개발기구(Organization for Economic Cooperation and Development, OECD) 그리고 북대서양조약기구(North Atlantic Treaty Organization, NATO) 등 다양한 국제기구에서 사이버 보안에 대한 적절한 규칙에 대한 합의에 도달하기 위해 노력해 왔지만, 지금까지 도달한 합의는 아직 사이버 공간 규제에서 중추적인 역할을

하지 못했다. 국제인터넷주소관리기구(Internet Corporation for Assigned Names and Numbers, ICANN)는 민간-공공 파트너십의 글로벌 거버넌스 모델이며, 전 세계에서 인터넷의 기술, 비즈니스, 학술 및 기타 비영리 커뮤니티로부터 선출된 국제 이사회에 의해 관리되고 있다(Kim, 2014).

ICANN은 다른 문제들도 있지만 사실상 미국 패권의 도구로 이용되고 있다는 의심 때문에 아직까지 중대한 변화를 만들지는 못했다. 국제 협력에 대한 공통 관심과 국가 간 실제 협력 메커니즘의 차이는 집단적 권력이 제대로 행사되기 어렵게 만들었다. 또한, 높은 수준의 사이버 보안을 달성과 수용 가능한 프라이버시 범위 간 갈등은 국가가 자국 영토 내에서도 '네트워커'의 역할을 수행하기 어렵기 만든다. 이 두 번째 문제는 '프로그래밍 파워'와 관련하여 더 깊게 언급될 예정이다.

(6) 중앙통제센터를 통한 대응 조정

네트워크 권력의 두 번째 면모는 권력이 조직이나 네트워크 자체의 원리로부터 발생하며, '프로그래머'가 게임의 규칙을 디자인하는 '권력구조'이다(Kim, 2008). 워싱턴 컨센서스는 프로그래밍 능력의 작용을 보여주는 대표적인 예시이다. 베이징 컨센서스는 중국이 전통적으로 서양 국가들의 지배를 받던 지역에서 자국의 프로그래밍 능력을 어떻게 형성하는지 보여준다. 사이버보안은 단일 '프로그래머'가 존재하지 않으며, 최근 담론을 살펴보았을 때 단일 행위자가 게임의 규칙을 세울 수 있을지는 아직 확실하지 않다.

전통적인 권력과는 달리 '프로그래밍 권력'은 덜 강력한 행위자도 행사할 수 있다. Kim(2014)은 프로그래밍 권력을 행사하는 중간 세력을 분석했으며, 그들의 권력은 패권국이 설계한 시스템 자체를 보완하고 개조할 수 있는 가능성과 관련되어 있다고 주장했다. 한국은 북한과 인접해 있고 역사를 공유하고 있어 중견국으로서 설계 권력을 행사할 수 있는 잠재력을 가지고 있다. 이는 규범적 가치와 합법성을 강화하면서 상호운용성과 호환성을 높이는 시스템 조정과 적응을 제공할 수 있다(Kim, 2014). 그럼에도 불구하고, 통일된 정책의 부재와 북한과의 불안정한 관계는 한국과 다른 국가들이 이러한 잠재력을 실현하는 것을 지속적으로 방해하고 있다. 사이버 공격에 있어서 변화무쌍한 기술과 기술의 급속한 발전으로 인해 많은 국가에서 사이버 보안 및 사이버 테러 관련 규칙이 아직 확실하게 확립되지 않았다. 따라서, 어떤 행위자가 사이버 테러를 저지하기 위해 프로그래밍 권력을 행사할 것인지 아직 결정할 수 없다. 앞서 북한의 경우에서 언급한 바와 같이 사이버 전사와 노동당 가입에 위계적인 체계를 만든다는 것은 게임의 규칙도 노동당이 정할 수 있음을 의미한다.

다른 국가에서는 이러한 높은 수준의 중앙 집권화에 도달하기 어렵다. 그럼에도 불구하고 전문가들은 특정 수준의 중앙 집중화에 도달하여 국가가 해당 관할권 내에서 게임의 규칙을 결정하는 프로그래밍 권한을 행사할 수 있는 몇 가지 방법을 제안하였다.

> 관련 분야에 대한 투자를 늘리는 국가 정책과 공공 및 민간부문에서의 적극적인 인재 양성과 인식 개선이 필요하며, 무엇보다 이러한 개별 영역을 연결하고 제어할 수 있는 중앙 조직이 필요하다(전문가 6, 개인서신, 2021.03.26.).
>
> 국가 차원의 사이버 테러 대응은 보다 신속하고 체계적인 대응이 가능하고, 국가적·사회적 안전망을 구축할 수 있으며, 선진산업으로 자리잡을 가능성이 있다는 점에서 장점이 있다. 그러나 행정적 요인 및 특정 규제로 인한 비용도 발생할 수 있다(전문가 3, 개인서신, 2021.03.13).
>
> 물론 인터넷 기술 분야에서 혁신과 성장을 촉진하기 위해서는 어느 정도의 탈중앙화가 필요하다. 사이버 보안 분야에서는 국가가 어느 정도의 프로그래밍 권력을 행사할 수 있어야 할 필요성이 그 어느 때보다 더 커졌다. 이는 보안 위협이 결국 군, 경제 그리고 사회적인 부문에서 일어나는 국가 간 경쟁에서 우위를 결정하기 때문이다(전문가 3, 개인서신, 2021.03.13.).

개인정보보호와 같은 문제를 보장하면서 중앙 감독기구를 창설하기 위해서는 개인 및 공공 네트워크의 가치를 훼손하지 않으면서도 효율성이 높은 게임의 규칙을 마련해야 한다.

(7) 전략적인 위치 전략을 통한 중재

Kim(2008)은 네트워크 권력의 세 번째 측면인 '과정'이 네트워크 간 접근성을 결정하는 'switcher'의 역할에 집중한다고 주장하였다. 네트워크의 구조적인 분석이 특정 노드의 권력을 그 노드가 네트워크상에서 점하는 위치와 동일하다고 보며, 이는 다른 노드들과의 일정한 관계로부터 정의된다(Halfner–Burton et al., 2009). 위치 권력에 있어서 중점적인 개념 중 하나는 '중심성'의 구조적인 개념이다. Freeman (1978)은 연결, 근접 그리고 매개의 세 가지 개념을 바탕으로 9가지 중심성 척도를 정의하여 위치 권력의 개념을 구체화하였다.

연결 중심성은 한 가지 노드가 다른 노드에 대하여 가지는 접근성을 측정할 때, 근접 중심성은 노드 간의 간격과 관련되어 있다. 사이버 공격에서 연결, 근접 그리고 매개 중심성은 노드의 물리적인 위치에 비례하지 않는다. 오히려, 매개 중심성은 네트워크 내 특정 노드를 통과하는 최단 거리 노선의 수와 관련되어 있으며, 이는 네트워크가 연결성을 유지하기 위하여 특정 노드에 얼마나 의지하는지 측정한다(Halfner–Burton et al., 2009).

높은 정도의 매개 중심성을 보유하는 노드는 그 노드가 노드 간, 네트워크 간 그리고 네트워크와 노드 간 중재자 역할을 할 수 있는 구조적으로 전략적인 위치에 있다. 구조적인 틈을 연결함으로써, 중재자들은 네트워크 구조 내 중심적인 위치를 차지하며 다수의 거래가 이루어지는 노드의 역할을 한다(Burt, 1992; Kim, 2014). 노드 그 자체는 연결과 근접 중심성에 있어서 권력을 가지지 않을 수 있지만, 중재를 통해 노드가 서로 다른 시스템 간 번역을 할 수 있으며, 네트워크상 위치 권력을 가질 수 있게 한다. 또한, 중재는 네트워크의 구조를 다르게 할 수 있으며, 행위자들이 기본적으로 다른 네트워크 연결을 가질 수 있게 되며 네트워크 내 어젠다를 바꿀 수도 있다(Kim, 2014).

위치 권력의 국제적인 상태는 북한의 사이버 테러 공격을 예방에 유리하지 않다. 지정학적 관점에서, 중국은 북한과 타 국가 간 교류를 촉진시킬 수 있으며, 이를 통해 높은 매개 중심성을 가진 위치에 있지만 현재 미국과 중국 간 긴장 상태를 보았을 때 중국이 적극적으로 미국이 주도하는 북한 사이버 공격 저지 노력에 적극적으로 참여할 확률은 낮다. 매개 중심성을 이용하면 국가 간 전통적인 외교 관계로 제한되지 않는다는 점에서 어려움이 있다. 사이버 공간의 탈중앙화된 성격은 국가가 여전히 핵심 노드지만, 다른 노드 또한 그 역할이 중요해지는 환경을 제공한다.

이러한 탈중앙화된 네트워크에서는 거점의 출현이 어려워, 결과적으로 단순 노드 또는 단순 집합체에 비하여 노드로 이루어진 집합체를 발견하는 것이 더 힘들 어진다. 따라서, 특정 위치를 점하는 것이 특정 노드가 높은 위치 권력을 가진다는 것을 꼭 의미하지는 않는다. 노드 또는 네트워크 사이의 간극을 정의하고 이러한 간극을 연결시키려는 노력은 노드들에게 어느 정도의 권력을 부여한다. 이러한 노 력이 사이버 공격의 트렌드에 반하지 않는다면, 변화를 만들고 트렌드를 천천히 바꿀 수 있다.

국가가 위치 권력을 행사할 수 있는 한 가지 방법은 정보와 보안의 서로 다른 네트워크 사이에 중재 역할을 하는 것이다. 다음 인용구가 보여주는 것과 같이, 다 수의 전문가들은 흔히 사이버 테러 공격을 보안 문제로 인식하고 이에 대응하지만, 많은 사이버 테러 공격은 공공 및 민간부문의 정보에 의존하므로 통일된 대응이 어렵다.

> 국가 안보에 대해서는 국가사이버안전센터, 경찰청 사이버안전국, 대한민국 사이버 사령부에서 북한의 사이버 공격을 저지하기 위한 준비를 하지만, 민간부문은 한국인터 넷진흥원이 1차적 책임을 담당하여 북한의 공격일 경우 대응 효과가 떨어진다(전문가 2, 개인서신, 2021.03.13).
> 정부기관을 신설하고 교육을 강화하고 내·외부망을 분리하는 물리적 방어체계를 강화하기 위한 노력이 계속되고 있지만, 이메일, 휴대폰 등을 통한 개인정보 유출로 인한 해킹은 계속되고 있다(전문가 4, 개인서신, 2021.03.18).
> 사이버 공간에 대한 능동적 감시가 필수적이지만, 정치적 환경 변화로 어려움이 지 속된다 … 사이버 공간에 대한 감시는 정보관행과 관련되어 있어 형법만으로는 효율적 인 대응이 어렵다(전문가 2, 개인서신, 2021.03.13).

이러한 인용구는 국가가 정보와 보안의 두 가지 네트워크 사이의 중재자 역할 을 하려 할 때 직면할 수 있는 어려움을 보여준다. 이 두 가지 네트워크가 서로 다르게 인식되고 관리되었을 때, 사이버 테러의 혼합적인 성격이 적절한 대응을 더 복잡하게 만든다. 그러나 정보와 보안의 두 가지 네트워크가 정부 정책 또는 구조적인 개혁과 연결될 수 있을 때, 더욱 통합된 대응이 가능해지며, 국가적인 보안과 개인적인 프라이버시의 문제를 동일하게 다룰 수 있다.

인터넷 인프라에서, 국가는 내부와 외부 네트워크 사이의 중재자 역할을 할 수 있어야 하며, 이를 통해 정보의 흐름을 통제할 수 있어야 한다. 다음 인용구들은 내부, 외부 네트워크 사이의 관계가 효과적으로 통제되어 더 효과적인 대응이 가능해지는 이중 전략을 묘사한다.

공격자의 궁극적인 목표인 내부 전산망 보안을 강화하기 위해서는 내부망과 외부망의 연결점 보안을 강화하여 내부망에 대한 침입을 방지하거나 접속 단계를 연장하여 관리자가 문제를 인지할 수 있는 시간을 늘릴 수 있다(전문가 5, 개인서신, 2021. 03.26).

일차적으로 국제적, 국가적으로 최소한의 보안조치가 구현된 일종의 펜스가 필요하며, 이 펜스 내에서 사회 각 부문이 상황에 따라 맞춤형 대응을 할 수 있는 유연성이 필요하다(전문가 3, 개인서신, 2021.03.13).

[그림 14-1] 북한 사이버 테러 권력과 관련한 정책적 모범사례

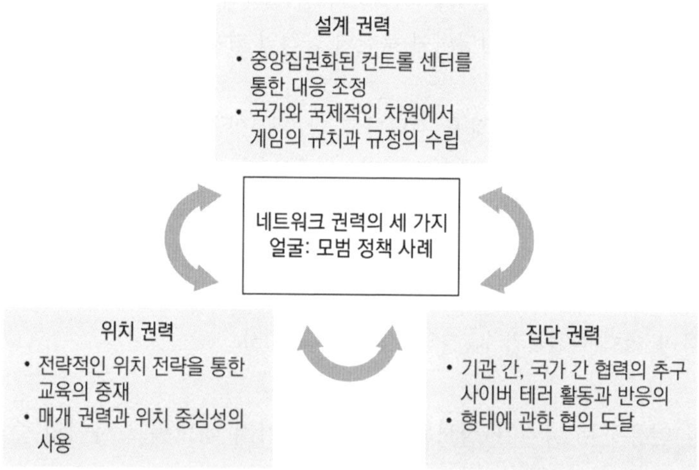

즉, 위치권력의 관점에서 보았을 때, 국가가 보안과 정보 네트워크 사이의 관계를 중재하고 내부와 외부 인터넷 네트워크 사이의 변화를 통제함으로써 중재자의 역할을 할 수 있다.

5. 정책적 시사점 및 논의

세계 정치 네트워크 이론 관점 분석 그리고 사이버보안 전문가들의 자문을 통해 정책은 정부가 위치, 설계 그리고 집합 권력을 행사할 수 있는 능력에 집중해야 한다는 사실을 알 수 있었다. 집합 권력은 포괄적인 법적 틀을 만들고 사이버 테러 대응에 대한 국제적 합의를 강화하는 방향으로 정책적 대응을 제시한다. 설계 권력은 정부가 정책을 수립할 때 공공 및 민간부문을 포함하도록 제안하며, 사이버 공격을 억제하고 사이버 테러와 관련하여 게임의 규칙과 규범을 설정하도록 권한다. 위치 권력은 정부 조직이나 공무원이 서로 다른 네트워크 사이에서 중개자 역할을 하는 것을 제안한다. 예를 들어, 정보기술 네트워크와 보안 네트워크 사이에서 중개자 역할을 하면 보다 효과적으로 사이버 테러 공격에 대응할 수 있을 것이라고 본다. 이러한 정책적 함의는 법적 프레임워크와 국제적 협력, 사건 대응 및 교육으로 분류할 수 있다.

(1) 법적 프레임워크와 국제적 협력

개선하고자 하는 노력에도 불구하고 대부분의 국가에는 사이버 범죄에 관한 규정을 제시하는 포괄적인 법적 프레임워크가 존재하지 않는다. 사이버 범죄에 관한 한국의 법제도가 이를 잘 보여준다. 사이버 보안 전체를 관장하는 포괄적인 법률이 존재하기보다는 개별적인 공법 및 사법이 존재하며 이들의 효과는 다소 약하다. 정부가 2017년 국가사이버안보법을 발의하였지만 20대 국회 임기 만료와 함께 효력을 잃었다. 개별법에 규정되어 있는 공공부문에 관한 법률은 국가정보화기본법과 정보통신기반보호법이 있다. 민간부문에 적용되는 법률로는 정보통신망 이용촉진 및 정보보호 등에 관한 법률과 전재금융거래법이 있다(Kim & Yang, 2020). 국가안보분야뿐 아니라 공공부문과 민간부문 간 단편적인 입법은 정부의 사이버 테러 공격에 대한 효과적인 대응을 저해한다. 사이버 보안 전체의 요소를 통합하는 포괄적인 법률뿐만 아니라, 정부와 의회의 변화에도 불구하고 법의 연속성을 보장하는 규정이 필요하다.

마찬가지로 국제협력도 이끌어내기 어려웠다. 전문가들은 사이버 공격이 여러 국가 간 관계와 점점 더 직접적으로 부딪치고 있다고 지적했다.

　　과거에는 개인 또는 소규모 집단이 주로 금전적 이익, 영광 그리고 기술적 우월감을 목적으로 행했던 해킹이 공격 배후에 더 큰 그룹, 조직 및 국가가 있는 사이버 보안 차원에서 공격 및 방어의 형태가 되었다(전문가 3, 개인서신, 2021.03.13).

　　현재는 법적 효력이 있는 포괄적인 국제 사이버 테러법이 없다. 국제적인 지지를 얻었지만 결국 법적인 권력을 행사하는 데 실패한 탈린 매뉴얼을 포함한 과거의 국제적 노력은 주로 규범적인 접근 방식으로 수행되어 왔다. 그러나 더 많은 국가의 지지와 국제 협약의 힘을 강화하려는 노력 없이는 국가들이 국제적인 차원에서 집합권력을 행사할 수 없을 것이다. 사이버 공격의 비용이 이익을 능가하도록 보장하기 위한 노력으로, 세계적으로 정부들은 사이버 공간에서의 군비통제정책을 고려할 수 있다. 이와 같은 정책을 구현하면 사이버 세계 내에서 범죄 행위를 줄이는 데 도움이 되는 국가 간 합의를 수립하는 데 도움이 될 수 있다(Lee & Choi 2021; Nye, 2015).

(2) 대중 인식과 사이버윤리 교육

　　또 다른 정책 목표는 기술 지원으로 뒷받침되는 대중 인식 및 교육에 있다. 전문가들은 사이버 공격에 대한 대중 인식의 중요성을 강조했다.

　　북한은 공격 대상에 대한 정보를 빼내기 위해 피싱 메일과 피싱 사이트를 활용하는 경향이 있으며, 이 정보를 이용하여 APT 공격을 실행하고 내부 시스템을 장악하며 기밀정보와 금품을 훔친다. 사회공학 기법을 사용하는 피싱이 자주 사용되어 감지하기 어렵다. 이메일 확인과 같은 간단한 작업에도 각별한 주의를 기울여야 한다(전문가 8, 개인서신, 2021.03.26).

　　사이버 테러의 경우, 정보수집 초기에는 시민, 더 넓게는 대중이 포함되며, 한 부분만 보면 전체를 인지하기 어려워진다 … 사이버 테러의 경우 장기간에 걸쳐 정보수집 및 피해가 발생한다(전문가 6, 개인서신, 2021.03.26.).

대중 인식이 사이버 공격을 보다 효과적으로 방지하기 위해 중요한 것으로 인식되고 있지만, 대중 인식을 제고하기 위한 노력이 충분하지는 않았다. 안전한 비밀번호로 무선 홈네트워크 보호의 중요성에 대하여 대중을 교육하면 잠재적으로 사이버 테러 공격의 위험을 최소화할 수 있다(Choi, 2015). 정보기술전문가협회(AITP)와 컴퓨터기계협회(ACM)는 컴퓨터 실습에 적용되는 윤리 규칙이 있지만, 이것들을 적용할 법적인 권한을 가지고 있지는 않다. 따라서, 사이버 범죄 인식 교육은 사이버 범죄 관련 법령과 규정을 함께 고려하여 사이버 공격에 대응하는 법률에 대한 인지와 지지를 제고하는 것이 바람직하다.

국내 및 국제적으로 사이버 윤리 규범을 확산하는 것은 사이버 공격을 저지하기 위한 노력에도 도움이 될 수 있다. 차세대 컴퓨터 사용자를 위한 적절한 사이버 공간 행동을 사이버 범죄로부터 차단하고 유지하기 위해서는 의무적인 윤리 프로그램 수립 및 강화가 필요하다(Choi, 2015). 사이버 윤리 기준이 널리 보급될 가능성은 적지만, 프로그래밍 권한을 실행하기 위한 보다 엄격한 기준을 설정하기 위해 노력하면 국가가 사이버 공격에 더 적절하게 대응할 수 있다. 또한, 사이버 윤리 요소를 국제 협력을 위한 법률 및 프레임워크에 통합할 수 있는 가능성이 검토되어야 하며, 윤리 교육은 항상 실제 적용이 수반되어야 한다.

(3) 사고 대응 정책

본 연구 결과는 북한의 사이버 테러 공격이 짧은 시간에 대규모 피해를 줄 수 있음을 보여주었다. 사이버 테러에 대한 국민의 인식을 고취하고 법적인 틀을 마련하는 것과 같은 장기 정책 목표도 중요하지만, 이미 발생하고 있는 사이버 테러 공격에 국가가 대응할 수 있도록 즉각적인 조치도 필요하다. 전문가들의 인용문들은 사이버 테러 공격에 민첩하게 대응하기 위해서는 관리자의 역량이 필요할 수 있음을 보여준다.

하드웨어 및 소프트웨어 보안 기술을 구축하는 것 외에도 이러한 기술과 정책이 사용되고 있는지 확인하기 위해 각 기관의 최고 보안 책임자가 필요하다(전문가 3, 개인 서신, 2021.03.13).

디지털 포렌식 증거의 보존과 이를 분석하는 전문가에 관한 정책은 사이버 공격이 발생한 후 공격의 특성, 피해 규모 및 적절한 대응 공식을 신속하게 감지하기 위해 필요하다(전문가 5, 개인서신, 2021.03.26).

위 인용문에서 설명한 바와 같이 사이버 보안 분야의 모든 직무에서 사이버 공격을 효과적으로 저지하고 대응하기 위해서는 기술적 지식이 필요하다. 정부 기관에 대한 권고는 직원들이 충분한 기술 지식(예: 시스템 패치 방법, 백업 파일 생성 방법)이 있다고 가정하고 사이버 공격 예방 방법을 제공한다(Choi et al., 2021).

안타깝게도 대부분의 법 집행관은 효과적인 사이버 범죄 수사에 필요한 기술과 지식이 부족하다. 주/지역 법 집행기관의 요구 사항을 충족시키기 위해 전문 사이버 범죄 수사 교육 프로그램이 필요하며, 사이버 테러 공격에 대응하기 위한 규정을 이행할 수 있도록 사전 기술 세미나가 필요하다. 또한, 학제 간 협력과 다국적 협력은 새로운 사이버 범죄 연구에서 기술을 활용한 범죄 문제를 해결하는 데 도움이 될 수 있다. 향후 연구는 정보, 기술 그리고 글로벌 협업을 이용하는 사이버 범죄의 영향/원인을 탐구하고 예측할 때 반응적이고 능동적이어야 한다(Choi, 2021).

[그림 14-2] 네트워크 권력의 세 가지 얼굴로부터 도달한 정책적 시사점

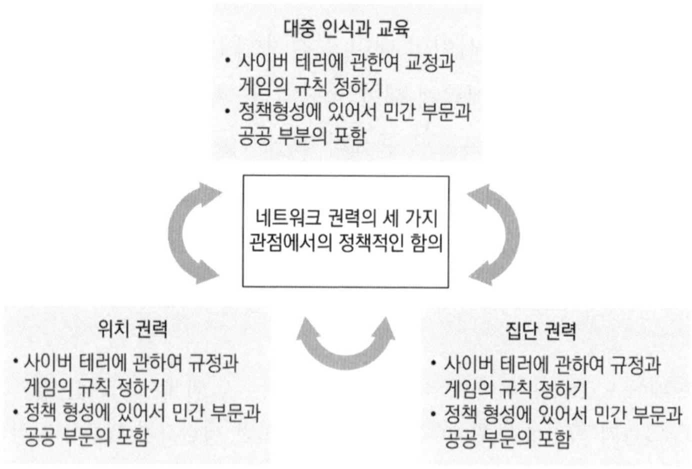

대중 인식과 교육
- 사이버 테러에 관한여 교정과 게임의 규칙 정하기
- 정책형성에 있어서 민간 부문과 공공 부분의 포함

네트워크 권력의 세 가지 관점에서의 정책적인 함의

위치 권력
- 사이버 테러에 관하여 규정과 게임의 규칙 정하기
- 정책 형성에 있어서 민간 부문과 공공 부문의 포함

집단 권력
- 사이버 테러에 관하여 규정과 게임의 규칙 정하기
- 정책 형성에 있어서 민간 부문과 공공 부문의 포함

6. 결론

본 연구에서는 두 가지 다른 이론을 사용하여 북한 사이버 테러의 동기, 동향 및 특징을 살펴보았다. 차등기회이론의 요소로는 아노미, 하위문화, 사회학습 등이 있으며, 이를 바탕으로 북한 사이버 공격의 발생원인과 동기를 분석하였다. 세계 정치 네트워크 이론은 북한의 사이버 테러 공격에 대한 정부 정책 대응의 틀을 잡을 수 있도록 기초를 제공했다. 집단 권력, 위치 권력 그리고 설계 권력은 추후 정책 방향을 제시하는 데 사용되었다. 이 두 가지 학제 간 이론적 관점은 그 후 전문가 인터뷰를 분석하여 현재 북한의 사이버 공격과 향후 조치에 대한 포괄적인 이해를 구성했다.

본 논문은 범죄학 이론과 국제정치학 이론을 통합하고 사이버 보안 분야의 전문가들에 대한 인터뷰를 분석하여 선행연구에 기여하였으며, 이론적인 접근에 구체성과 타당성을 제시하였다. 그러나 본 연구 역시 몇 가지 한계점이 있다. 인터뷰에 응할 수 있는 전문가의 표본 크기는 전문가 8명으로 비교적 작았으며, 코로나19의 지속적인 확산으로 연구자들은 인터뷰 참가자들과 더 긴밀한 의사소통이 가능한 대면 인터뷰를 진행할 수 없었다. 향후 큰 표본의 전문가를 활용한 연구는 본 연구 결과의 일반화에 기여할 수 있을 것이다.

참고문헌

Akers, R. L., Khron, M. D., Lanza−Kaduce, L., & Radosevich, M. (1979). Social learning and deviant behavior: A specific test of a general theory. *American Sociological Review*, 44(4), 636−655.

Anttiroiko, A.V. (2015). Castells' network concept and its connections to social, economic, and political network analyses. *Journal of Social Structure*. 16(11), 18.

Boo, H. (2017). An assessment of North Korean cyber threats. *The Journal of East Asian Affairs*, 31(1), 97−117.

Choi, K. S. (2021). The driving force behind cybercrime: Cyber resilience and cybercriminology. *Journal of Contemporary Criminal Justice*, 1−3.

Choi, K.S. (2015). *Cybercriminology and Digital Investigation*. LFB Scholarly Publishing.

Choi, K.S., Lee, C.S., & Cadigan, R. (2018). Spreading Propaganda in Cyberspace: Comparing Cyber−Resource Usage of Al Qaeda and ISIS. *International Journal of Cybersecurity Intelligence & Cybercrime*. 1(1), 21−39.

Cloward, R. A., & Ohlin, L. E. (1960). *Delinquency and Opportunity: A theory of delin−quent gangs*. Free Press.

Cronin, P. M. (2014, December 07). *North Korea's Cyber Security Strategy*. The Dong−a Ilbo. https://www.donga.com/en/article/all/20141207/409646/1/North−Korea%C2%92s−Cyber−Security−Strategy

Durkheim, E. (1897/1951). *Suicide: A study in sociology*. (J.A.Spaulding&G.Simpson, Trans.). New York, NY: The Free Press.

FBI Charges North Korean Park Jin Hyok over Wannacry, Sony Cyber Attacks. (2018, September 7). *AP Reuters*. https://www.abc.net.au/news/2018−09−07/fbi−announces−charges−against−north−korean−sony−hacker/10212078

Freeman, L. C. (1978). Centrality in social networks conceptual clarification. *Social*

Networks, 1(3), 215−239.

Hafner−Burton, E. M. & Montgomery, A. H. (2006). Power positions.' International or−
ganizations, social networks, and conflict. *The Journal of Conflict Resolution*,
50(1), 3−27.

Hafner−Burton, E. M., Kahler, M., & Montgomery, A. H. (2009). Network analysis for
international relations. *International Organization*, 63, 559−592.

Ioanes, E. (2020, June 17). Kim Jong Un has quietly built a 7,000−man cyber army that
gives North Korea an edge nuclear weapons don't. https://www.businessinsider.
com/north−korea−kim−jong−un−cyber−army−cyberattacks−nuclear−wea
pons−2020−6

Kim, H. (2017, June 16). Mi, saibeo gonggyeok judojaro bukan jimok [U.S. Attributes
Cyber Attacks to North Korea]. Daily Security. https://www.dailysecu.com/news/
articleView.html?idxno=20987

Kim, J., Park, H., Oh, K.& Han, K. (2019). Bukan oegyojeongchaek: jeongchaekpae−
teongwabukaegoegyoplsaryebunseok [North Korea's Foreign Policy: Policy
Patterns and Analysis of North Korean Nuclear Diomacy]. Korea Institute for
National Unification Report 19−14.

Kim, M. (2021, February 11). "Namhan eunhaeng mojori teoreora" donjul mareun bu−
khan, ireon haekingtimkkaji [North Korea Establishes a Hacking Team to Solve
its Funding Problem]. *Chosun Ilbo*. https://www.chosun.com/politics/north_ko−
rea/2021/02/11/SZSUMEV5DFGEDNZ22SZGJ7NPOY/

Kim, S. (2008). The world Politics of network power.' Beyond traditional theories of
power in international politics. *Korean Political Science Review*, 42(4), 387−408.

Kim, S. (2014). Cyber security and Middle Power diplomacy.' A network perspective. *The
Korean Journal of International Studies*, 12(2), 323−352.

Kim, S. (2017). Four neighbouring network−states and South Korea in cyber security.'
Network structure of powers and strategies of a Middle Power. *The Korean
Journal of International Studies*, 57(1), 111−154.

Kim, Y. (2011). *North Korean Foreign Policy: Security Dilemma and Succession.*
Lexington Books.

Kim, Y. (2012). How to approach the state−sponsored cyber terrorism? Be emphatic
about the necessity for Jus ad Bellum and International Security Regime change.

    Journal of Global Politics, 5(2), 117−153.

Kim, Y., & Yang, C. (2020). A Study on the improvement of legal system for cyber terror response in North Korea. *European Constitution Journal*, 33, 355−384.

Kshetri, N. (2014). Cyberwarfare in the Korean Peninsula: Asymmetries and strategic responses. *East Asia*, 31, 183−201. https://doi.org/10.1007/s12140−014−9215−1

Lee, H & Choi, K.S. (2021). Interrelationship between Bitcoin, ransomware, and terrorist activities: Criminal opportunity assessment via cyber−routine activities theoret−ical framework. *Victims & Offenders*, 16(3), 363−384.

Lim, J., Kwon, Y., Chang, G., & Baek, S. (2014). North Korea's cyber war capability and South Korea's national counterstrategy. *The Quarterly Journal of Defense Policy Studies*, 102, 9−45.

Mathews, L. (2020, Jan 26). Average Cost to Recover from Ransomware Skyrockets To Over $84,000. Forbes. https://www.forbes.com/sites/leemathews/2020/01/26/average−cost−to−recover−from−ransomware−skyrockets−to−over−84000/?sh=2502a8d713a2

Mathews, L. (2020, July 29). North Korea−Linked Hackers Are Now Spreading Their Own Ransomware. *Forbes*. https://www.forbes.com/sites/leemathews/2020/07/29/north−korea−hackers−lazarus−vhd−ransomware/?sh=1feb20105b11

Merton, R. (1938). Social structure and anomie. *American Sociological Review*, 3(5), 672−682.

Nwalozie, C. J. (2015). Rethinking subculture and subcultural theory in the study of youth crime − A Theoretical Discourse. *Journal of Theoretical & Philosophical Criminology*, 7(1), 1.

Pyongyang No. 1 Senior−middle School, the Most Elite Training Institute in North Korea. (2007, October 22). *Daily NK*. https://www.dailynk.com/english/pyongyang−no−1−seniormiddle−school/

Rosenau, J. N. (2005). Illusions of power and empire. *History and Theory*, 44(4), 73−87.

Solomon, Matt. (2021, February 18). North Korean Hackers Charged in WannaCry Ransomware & $1.3 Billion Cybercrime Spree. *Security Bouvelard*. https://securityboulevard.com/2021/02/north−korean−hackers−charged−in−wannacry−ransomware−1−3−billion−cybercrime−spree/#:~:text=Ransomware%2Dre lated%20cybercrime%20costs%20expected,email%20that's%20laced%20with%20 ransomware.

Stohl, C., & Stohl, M. (2007). Networks of terror: Theoretical assumptions and pragmatic consequences. *Communication Theory*, 17(2), 93−124.

Winfree, L. T., Bäckström, T. V., & Mays, G. L. (1994). Social learning theory, self−reported delinquency, and youth gangs. *Youth & Society*, 26(2), 147−177.

사이버 범죄학 개론 교과서 용어 정리

Classical theory	고전주의이론	Rational choice	합리적(인) 선택
computer crime	컴퓨터 범죄	Routine activities theory	일상활동이론
control theory	(사회) 통제이론	Self-control theory	자기통제이론
cybercrime	사이버 범죄	Social bond theory	사회유대이론
deterrence	억제이론	Social learning theory	사회학습이론
-certainty, severity, celerity	확실성, 엄격성, 신속함	Social structure theory	사회구조이론
General- Specific-	일반 억제, 특별 억제	Strain theory	긴장이론
deviance	일탈	General-	일반긴장이론
Differential association theory	차별적 접촉이론	Techniques of Neutralization	중화 기술
Jurisdiction	사법권, 관할권	traditional crime	전통적인 범죄
Lifestyle theory	생활양식이론		

Routine activities theory 일상활동이론

- Motivated offender: (범죄를 저지를 동기를 가지고 있는) 잠재적인 가해자
- Suitable target: (범죄의 대상이 될 만한) 적절한 표적
- Absence of capable guardians: (범법행위로부터 표적을 보호할 수 있는) 보호자의 부재
- Spatiality: 공간성
- Temporality: 시간성

저자소개

최경식 (美 보스턴대학교 범죄학과 교수)
- 美 노스이스턴대학교 졸업(형사정책학 학사)
- 美 보스턴대학교 졸업(형사정책학 석사)
- 美 인디애나 펜실베이니아주립대학교 졸업(범죄학 박사)
- 美 보스턴대학 사이버수사&보안 프로그램디렉터
- 美 보스턴대학교 사이버수사&보안 센터장(Center for CIC)
- 美 매사추세츠주 사이버보안 자문위원
- 美 범죄학회(ASC) 사이버범죄분과 창시자 및 초대회장
- 美 형사사법협회(ACJS) 사이버범죄프로그램 의장
- 美 재미범죄학회 부회장
- 美 사이버 범죄 및 사이버 보안 인텔리전스 국제저널 수석편집장

강 욱 (경찰대학교 행정학과 교수)
- 경찰대학교 졸업(법학사)
- 서울대학교 졸업(행정학 석사)
- 美 미시간주립대학교 졸업(형사정책학 박사)
- 드론시큐리티연구원장
- 경찰대학교 산학협력단장
- 한국 금융범죄예방협회장
- 총리실 대테러센터 정책위원
- 중앙일보 범죄예방대상 평가위원장
- 경찰연구학회 부회장

백신철 (美 스크랜턴대학교 범죄학과 교수)
- 美 노스이스턴대학교 졸업(경영학 학사/정치학 부전공)
- 美 브릿지워터주립대학교 졸업(범죄학 석사)
- 美 플로리다국제대학교 졸업(국제범죄학 박사)
- 美 스크랜턴대학교 사이버국가안보학 프로그램디렉터
- 美 보스턴대학교 사이버수사&보안 센터(Center for CIC) 부회장
- 전 美범죄학회(ASC) 사이버범죄분과 부회장
- 대한민국 해병대 수색대(예비역 대위)

박인선 (美 애크런대학교 범죄학과 교수)
- 경찰대학교 졸업(법학사)
- 서울대학교 졸업(심리학 석사)
- 美 신시내티 대학교 졸업(형사정책학 박사)
- 美 보스턴대학교 사이버수사&보안 센터(Center for CIC) 자문위원회
- 美 재미범죄학회 한인 커뮤니티와 형사정책 분과 회장
- 美 Center for Artificial Intelligence and Digital Policy 연구 그룹

사이버 범죄학

초판발행	2023년 9월 30일
지은이	최경식 · 강 욱 · 백신철 · 박인선
펴낸이	안종만 · 안상준
편 집	사윤지
기획/마케팅	정영환
표지디자인	BENSTORY
제 작	고철민 · 조영환
펴낸곳	(주) **박영사**
	서울특별시 금천구 가산디지털2로 53, 210호(가산동, 한라시그마밸리)
	등록 1959. 3. 11. 제300-1959-1호(倫)
전 화	02)733-6771
f a x	02)736-4818
e-mail	pys@pybook.co.kr
homepage	www.pybook.co.kr
ISBN	979-11-303-1860-8 93350

정 가   28,000원